蒋介石家史

沈寂／著

戴敦邦书

上海社会科学院出版社
SHANGHAI ACADEMY OF SOCIAL SCIENCES PRESS

图书在版编目(CIP)数据

蒋介石家史 / 沈寂著. —上海：上海社会科学院出版社，2018
ISBN 978-7-5520-2381-7

Ⅰ. ①蒋… Ⅱ. ①沈… Ⅲ. ①蒋介石(1887-1975)—家族—史料 Ⅳ. ①K820.9

中国版本图书馆 CIP 数据核字(2018)第 160758 号

蒋介石家史

著　　者：沈　寂
责任编辑：黄飞立
封面设计：周清华
出版发行：上海社会科学院出版社
上海顺昌路 622 号　邮编 200025
电话总机 021-63315900　销售热线 021-53063735
http://www.sassp.org.cn　E-mail：sassp@sass.org.cn
照　　排：南京前锦排版服务有限公司
印　　刷：江阴金马印刷有限公司
开　　本：787×1092 毫米　1/16 开
印　　张：16.25
插　　页：1
字　　数：396 千字
版　　次：2018 年 9 月第 1 版　　2018 年 9 月第 1 次印刷

ISBN 978-7-5520-2381-7/K·457　　定价：49.80 元

目　录

一　奉化蒋氏先祖

从西晋末年起，有一些蒋姓的氏族，陆续从各地移民到山明水秀、商市云集的浙江。

东汉时已定居在江苏宜兴徐舍镇的蒋澄，父亲蒋横在东汉初官拜将军之职。汉光武帝建武二年(26年)，蒋横随刘秀征讨赤眉军有功，被封为浚遒侯；后来，遭到中央监察官匡路的诬陷，被判死刑。蒋横的九个儿子被迫向四处迁徙。最小的两个儿子蒋默和蒋澄，到阳羡(今江苏宜兴)安身。

后来，蒋横的冤案得到平反昭雪。蒋默封云阳侯，官拜谏议大夫。蒋澄封函亭乡侯，任婺州刺史。

蒋澄因政绩显著，多次受到朝廷嘉奖。六十多岁，他告老还乡，在阳羡安居。他热心公益，修桥铺路，周济贫民。蒋澄和蒋默的子孙，分别任丹阳太守、荆州刺史、兖州刺史等官职。蒋氏便成为宜兴的名门望族。

蒋澄于七十二岁时无疾而终。乡人为了纪念他，在宜兴城内东庙巷及官林镇各建一座函亭侯祠。官林镇的函亭侯祠的庭院中，还有一石碑。碑额上篆刻“九侯世家”四字。

蒋澄的后裔，曾于晋朝时迁居到以天台山得名的浙江台州。他的第五代蒋显，竟任四明盐官，除主收盐税外，私下与盐商联络，获利不少，因此将全家搬至四明(今浙江宁波)。

蒋显的儿子蒋光，在五代后梁时又移居风光绮丽的奉化山岭，成为奉化蒋氏的始祖。

蒋光有两个儿子。长子名宗祥，次子名宗霸。宗祥名祥，命却不祥，早年便夭折。宗霸字必大。名字中含义自大逞霸，他为人倒慈善温顺，而且敬神信佛。因祖上曾封侯为官，加上本人熟读经书，被遴选为明州“评事”，去宁波上任。这是一种职位不高而责任重大的小官吏，专事决断疑狱。

几年下来，他埋头在一堆堆案卷里，释疑解难，使他终日苦心冥想、殚思竭虑，不禁终日神志恍惚、疑心疑惑，仿佛有无数冤魂纠缠不休地向他求援讨命。可能是因为他无权为民申冤，不由得义愤填膺，忍不住常与上司顶撞，也可能他一时糊涂，错断冤案；或者是明知故犯，使罪犯冤上加冤，成为冤魂。使多少无罪的人关入牢内甚至进入地狱，也让有罪的逍遥法外。最后终因“评议”不当，不善理案为由，遭黜罢官。他从此洞悉人世，看破红尘，弃家出走，皈依佛门。在宁波天童寺旁小盘山上自筑一间小庵，超凡脱尘地躲在里面隐居静修。从早到晚，嘴里只念一句：“摩诃般若波罗蜜多。”这是梵文佛经的音译。意为“胜利者到达彼岸”。总的含义是凡崇仰苦行主义的信徒，通过布施、持戒、忍辱、精进、静虑和智慧的“六度”，可以摆脱物质世界的束缚而达到灵魂的解脱。他自称是“摩诃居士”，乡人也就称他为“蒋摩诃”。

一个人独宿小庵，口中只念一句“摩诃般若波罗蜜多”，很难成为一个解脱灵魂、到达彼岸的胜利者。他听到奉化大桥有座岳林寺，寺里住着一个出生于长汀村、名叫“契此”的和尚，形体肥胖，面带笑容，袈裟披身，袒胸露肩，肩上背根木棒，棒上吊只口袋，常常到闹市行乞，嘴里念念有词，宣读佛经，教化百姓。人们被他落拓不羁的神态和那嬉哈笑谑的讲道所吸引，一等到他出现在街头，就道路壅塞，听他笑谈，把冷饭残菜倒进他的布袋。不知道他名字的干脆叫他“布袋和尚”。蒋摩诃仿佛受到启示和点化，认为这位游方和尚一定能带领他到达解脱灵魂的彼岸。于是从狭小而黯暗的小庵里破门而出，四处寻访。最后，终于在奉化剡溪旁找到了“布袋和尚”。他当着众人的面，扑身下跪，口称“师父”。“布袋和尚”既不谦让，也不拒绝，仰面呵呵大笑，扬长而去。蒋摩诃急急跟随，亦步亦趋，紧追不舍。从此，师徒二人，云游四方，浪迹天涯。“布袋和尚”每到一处，满面嬉笑，施教布道。蒋摩诃站在一旁，神色肃穆，口口声声：“摩诃般若波罗蜜多。”

相传在后梁贞明二年，他们跋山涉水去到福建长汀，因气候燠热，满身风尘，便脱下僧衣，跳入温泉里洗浴。蒋摩诃意外地在“布袋和尚”赤裸的背心上发现有一只眼睛，炯炯发光。他惊奇地呼叫起来：

“师父背心长眼，莫非是仙佛？”

“布袋和尚”缓缓转过身，收敛笑容，露出从未有过的尊严神态，喃喃相告：

“吾已被你窥破，当去矣！”

于是，他迫不及待地回到浙江奉化。一踏进岳林寺，就将从不离身的那只布袋，交给跟随三年的蒋摩诃，以庄重而又神秘的口吻嘱咐：

“吾将此布袋送给你。”说罢，卧躺在寺院东廊的磐石上，仰天呵呵大笑，笑个不停。蒋摩诃接过布袋后，想牵扶他进禅房安息。不料布袋和尚盘膝坐起，敞开袈裟，眯缝双眼，张着大嘴，吐出一句惊动天堂人间的遗言：“吾乃弥勒佛化身是也！”骤然含笑圆寂。

弥勒佛原是印度菩萨，是释迦牟尼的弟子。在千万年以后，竟然化身为布袋和尚，下凡到浙江奉化，这一震动天界凡间的奇迹，当然引起哄动。身为弥勒佛弟子的蒋摩诃更是受宠若惊，魂不附体。他四处宣扬，召来乡民，以最隆重的佛教仪式，将弥勒佛化身的遗体葬于岳林寺的后山。还和寺院的和尚一起外出募化，按照“布袋和尚”生前的形态塑成笑口长开的弥勒佛神像，供在天王殿正中神龛里，其左右是高大的四大天王像，更显得宏伟庄严。

之后，蒋摩诃就像布袋和尚生前一样，用木杖背着布袋，四处布施。有人问他：为何不把布袋与和尚同葬。他就将弥勒佛的神旨，郑重宣告：“这布袋是菩萨赐给蒋家，世世代代可高官荣禄。”借此宣扬蒋家未来的荣耀。一年之后，有人从四川回奉化，惊惶地告诉蒋摩诃：他曾经在峨眉山遇到布袋和尚。蒋摩诃不信，一起到岳林寺，发冢一看。坟内只有禅杖和净瓶，和尚的遗体印迹全无。众人都目瞪口呆，只有蒋摩诃领悟到他的师父是真正神仙，连忙问：“你见到我师父，他有没有提到我？”那人思索片刻，记了起来，“布袋和尚要我带口信给你，只有一句话：相见之日已近，愿自爱！”

蒋摩诃听了，顿时浑身寒栗。他原以为师父会暗示蒋家未来的荣显，不料反明告他本人生命的结束。他恍惚地自语一句：“我知道了。”便遍访亲友，一一告别，然后回到他的小庵，闭门不出。几天之后，他的儿子前去探访，打开庵门，只见蒋摩诃也学布袋和尚，盘膝而坐，无疾而终。那只布袋却不知去向，遍寻不得。家属和乡人便将这位弥勒佛弟子，自称摩诃居士的蒋氏太公葬在小盘山上，成为奉化蒋氏先祖中第一位成佛的神仙。

蒋摩诃成佛，他的儿子却碌碌无为，只是个俗世凡夫。凡夫的儿子蒋浚明，居然又能立志继承祖业，也许受到弥勒佛赠布袋、传神旨的鼓励，发奋求学，居然高官荣禄，在北宋神宗时，拜大理“评事”。他和祖父蒋摩诃同任“评事”，但地位悬殊。祖父隶属地方，孙子擢升“中央”，复审各地方的奏劾和疑难大罪。后来，又升职为尚书金部员外郎，在皇帝左右办事，掌管文书奏章，协助皇帝处理政务；还掌管全国库藏钱帛出纳账籍的审核等政令，是中央官员中的要职。更由于他忠心耿耿，尽责尽力，受到皇帝宠信，又御赐他为金紫光禄大夫。他“怀黄金之印，结紫绶于腰”，一身穿戴高级阶官的衣冠。每年清明，他总要衣锦荣归，到宁波小盘山祖父蒋摩诃坟前祭拜。非但显示本人高官进爵，还借此荣宗耀祖。奉化乡民也都蜂拥而至，称赞蒋氏祖辈积德，蒋门有后。也总有人提到：光禄大夫的紫绶衣冠，就是弥勒佛升天时赠给蒋摩诃的那只讨饭布袋。蒋浚明虽登官阶，还不满足，为了抬高自己在众官中的地位，查考蒋氏宗谱。发现在《左传》里记载有：“凡蒋、邢、茅、胙、祭，周公之胤也。”就不管来龙去脉，肯定奉化蒋氏就是周文王之后，还考查出最早的祖先是周公的第三子伯龄的嫡系！他就更为自豪，也不免自大，竟敢公然上书反对丞相王安石主张的新法，惹皇帝发怒，遭谪降职。他心灰意懒，告老还乡，在宁波采莲桥一带河巷安居。他的两个儿子蒋璿、蒋琉后来虽都登“进士”，但与尚书相比，有天壤之别。直至元朝，蒋氏后裔蒋仕杰，因不能再在宁波逗留安居，便在白水巷筑造一座蒋家祠堂，供奉蒋浚明牌位，以显示蒋家在浙江的荣禄，自己率领全家连同蒋家数世坟茔，一起迁回奉化。其利用先祖为官时获得的余荫和财帛，在奉化溪口买进田地、竹山和房屋；从此，蒋家十几代子孙都是男耕女织，依靠收租换粮，过着式微的农村生活，直到第二十六代蒋斯千，奉化蒋氏的命运才有较大的转机。

二　玉泰盐铺

蒋斯千，字玉表，生于清嘉庆十九年(1814年)，他有两个哥哥斯生和斯水。他父亲蒋祁增生养斯千这个小儿子时，已是中年，因身弱多病，无力耕种，加上不断灾荒，田园荒芜；又称家室所累，一家数口，实在难以度日。在苦难中蒋祁增不禁追念先祖的显荣，痛惜后代坎坷的命运。他惊愕地发现：蒋氏家族自从仕杰公迁居溪口以来，经历元、明、清三个朝代，历时约四五百年，世世代代都是力勤稿事，靠天吃饭，二十多代子孙中从未有一人读书做官。随着漫长岁月的流逝，蒋氏的家道渐趋衰落，长此以往，势必陷于穷途末路，以致使曾显赫一时的蒋家，将默默无闻地泯灭在乡里山谷间。他自己已经力不从心，便将希望寄托在三个儿子斯生、斯水和斯千身上。斯生、斯水庸碌无用，安贫由命。只有小儿子斯千长得眉清目秀，一副读书人样子，而且聪明智慧，也很有志气。于是，他典卖掉祖传周坑岙法华庵三十多亩田地、几座竹山，让斯千进私塾读书。斯千不负父望，也很争气。不出五年，非但熟读经书，还谙医学。在太平军兴起时，也舞弄棍棒，愿望将来当一名武将。只是蒋家被踢出官阶久远，在几易朝代之后，一个乡里书生，既无求通仕籍之途，也乏进爵求荣之术，几次进京投考，都名落孙山。父亲蒋祁增悲观绝望，便倾其所有家产，为三个儿子娶亲成婚后，一命呜呼。蒋斯千知书达理，深知蒋家是为了培育自己才落得如此下场，决心挑起振兴家业的重担。做官无望，田里又长不出黄金，只有弃农从商，从事贸利的营生。

溪口是奉化县境内一个小镇，通往新昌、嵊县、余姚、鄞县四个县的交通要道，又是附近八个乡的交易中心。镇上有三里长街横贯东西，平时来自四面八方的客商、乡民，络绎不绝，川流不息，贩运和买卖米、盐、酒等日常生活用品。富有善心而又聪慧的蒋斯千福至心灵，转念想到如果在镇上开一家盐铺，兼售食米，既减轻贩运者长途跋涉的疲劳，又能方便附近乡民，省下的运费足以削低售价，岂非是利民的善事？而且蒋氏先祖从江苏宜兴迁至浙江后，曾任四明盐官。有了先祖的荫庇和余威，还有祖传的经营之道，虽非一本万利，也是事半功倍，实在是名为国计民生实是谋富图利的良策。于是，他将旧宅抵卖，在中街簟场弄口开起盐店，招牌名为“玉泰盐铺”。“玉”字取自他的名字玉表，“泰”字图个吉利。

蒋斯千在开设盐铺后，为了让人知道我即盐铺，盐铺即我，就对外改用“玉表”名字。数年之后，在奉化的蒋氏家族中也算蒋玉表著称乡里。原已破落的蒋家就此以商业起家，由拮据而小康，把以前典卖的周坑岙法华庵三十多亩田地、几座竹山买回来不算，又在盐铺附近造起一幢二层的新楼房，名为“素居”，供全家住宿。他与两个哥哥没有分家，合住一起，全由他供养。外人称赞他有手足之情。也有人认为他不该如此慷慨，忘了“亲兄弟，明算账”的古训。而蒋玉表不愧是蒋摩诃之后，信佛、行医和开店都是为了济世利人，普渡众生，何况是同枝兄弟？好心必有好报，在他身发财发之际，接连生了两个儿子。按照蒋家宗谱排行，自二十五世起为五言四句，即："祁斯肇周围，孝友得成章。秀明启贤达，奕世庆吉昌。"他的儿子是肇字辈，长子肇海，次儿肇聪。他看到二哥斯水无子，就好心地把自己的长子立嗣给二哥，免得哥哥绝后，自己的儿子就此成了二哥的儿子，哥哥的后代也就是他的子孙，真是名副其实的"一家人"了。

常言道："命运虽好，劫数难逃。"正当蒋玉表家业兴旺之际，"太平军"突然兴起，战乱使奉化人民的生活失去安宁。由于交通的堵塞、米盐价的涨落，玉泰盐铺也不免受到损害。有几次难民过路，逃荒者乞讨，更让这位善心的商人蒋玉表为难，不得不以救济的名义，"慷慨"解囊。更令人懊丧悲痛的是两场大火，将玉泰盐铺烧了又造，造了又烧。十几年来辛辛苦苦挣得的家产，毁于一旦，损失殆尽。奉化蒋氏家族再度过艰难贫困的生活。他们蹉缩在"素居"房屋里，一家老小穿布衣素裙，除过节忌日外，长年吃芋艿头、霉干菜。斯生和斯水重又耕种，玉表仍振作精神挑起兄弟三家十余口的衣食重担。他又一次把田地、竹山典卖，带着十二岁的大儿子肇聪贩运盐、米，还在家里悬壶行医，勉强糊口，但积少成多，聚沙成塔，几年下来，又积累资金，在已成废墟的原址再造起房屋，开办玉泰盐铺。开张之日，鞭炮怒放，站在店铺门前的蒋玉表，经过几十年岁月流逝，世局播迁、家业兴败和本人在风尘中的悲欢忧哀，才五十不到，已两鬓染霜，在原本眉清目秀的脸庞上刻下难以磨灭的条条皱纹。他伤感地抚摸自己唯一的儿子肇聪的头，禁不住老泪盈眶。

蒋肇聪自小跟随父亲，既读书，又经商。他年轻有为，血气方刚，目睹蒋家乍兴乍败，也亲历世间多变沧桑，不忍苍老衰弱的父亲再一次承担振兴蒋氏家族的使命，便毅然将玉泰盐铺的营业从父亲手里移到自己肩上。从此蒋玉表只要清闲地坐镇店堂，手指拨动算盘，计算每月盈利。蒋肇聪比当年精明能干的父亲更有魄力，也有手腕。他因为祖先蒋显曾任四明盐官，后代子孙当然可以世袭，便特地在店堂内挂上一块"盐官"的招牌，表示玉泰是奉化唯一"盐官专卖"的店铺，这个办法也真有效验，可以打着"官"牌，直接向宁波批发盐，甚至从远处的富阳运来大米，真是"官"名亨通，四通八达。他为了扩展盐铺的业务，除了盐、米、酒外，还兼营茶、饼、石灰等。又为了增强实力，除了吸收存款，增加流动资金外，还设法打开局面，与溪口镇毛颖甫开的"太昌盐酒店"、萧王庙镇孙昭水开的"永兴行盐酒店"、亭下乡孙惠祥开的"永利米店"等合伙，克服陆路交通不便的困难，租用木船运货，自宁波溯奉化到萧王庙，再用竹筏沿着剡溪至溪口。由于他善于经营，生意兴隆，不到几年，盈利所得，超过他父亲掌管时的几倍。蒋玉表满心欢喜，但见儿子终日劳累，需要生活上的体恤和精神安慰，要肇聪早日成亲，也可以为又复兴的蒋家传宗接代。可是蒋肇聪信誓旦旦：事业不成，决不结婚。他一心扑在生意上，脑子里只想到为奉化蒋氏重振家业。他将父亲当初抵卖的田地、竹山一一赎回买进，再增加盐铺店面，从两间扩充为三间，后屋增设作坊，砻米、酿酒，还做菜饼。他雇用帐房、伙计、学徒和长工，一整天围着他转，还忙不过来。此外，他花了一大笔钱财，将"素房"重新翻造，不但在素居门内栽有两棵色彩鲜艳呈现富贵气的紫玉兰，还在院子中间种下两株飘香的金桂，更在住屋四周栽上七株又名"子孙树"的银杏，意思是前辈积德，为子孙后代造福。为了另立房名，父子俩查考宗谱，发现奉化蒋氏原来是一千多年前周公的血统，而"斯"字辈的伯父和父亲兄弟三人分为"夏房"、"商房"和"周房"，则"周房"的斯千当是周公嫡传无疑。由此再作考据，查到一千多年前周文王建都"丰"邑，周武王建都"镐"京，今将"丰、镐"两字合在一起，取名"丰镐房"，正是蒋玉表父子显示自己是货真价实、查有实据的周公后裔。

当蒋肇聪不负厚望，事成业就之日，他自己已年满三十。这真是一个蒋氏门中志高威重的孝子贤孙。父亲玉表对这个为了家族不惜辜负自己青春的儿子，又是歉疚，又是感激。他希望肇聪勿再延迟婚期，本人也抱孙心切，便擅自做主，与离溪口镇五里路的上白村徐家配亲。这是奉化蒋氏最为隆重的一次婚礼。因为新郎蒋肇聪在奉化既有财又有势，赫赫有名。年近花甲的蒋玉表也要趁机炫耀蒋门的兴旺和威风。徐氏过门后，先生一女，取名瑞春。后养一子，按排行为“周”字辈，谱名为周康，学名锡侯，奶名瑞生，名介卿。当时，蒋玉表看到他的大哥斯生只有儿子肇余而无孙子，便又将自己的孙子介卿过继给他们，作为肇余的继承人。蒋玉表这一巧妙而又合乎情理的安排，使“夏”房和“商”房的后代全是“周”房的子孙，也就像古代时的“周”朝将“夏”“商”先后并吞。

肇聪喜得爱妻，又获麟儿，说不尽的欢悦和兴奋，在事业上更要求猛进。他已不满足于仅仅是一家盐铺的老板，而奢望成为整个奉化出人头地的乡绅。于是他每天穿了长袍马褂，手拿水烟壶，来去奔走，在热心公益的名义下包揽讼诉，他仗着自己读过八年书，又谙知官场内幕，凡是涉及财产、商业等经济案子，便以“讼师”自居，为原告或被告出谋献策，包打官司，他能使原告获得加倍补偿，也能使被告转败为胜。反正“鹬蚌相争”，得利者是渔翁。八年下来，他声名昭著，成绩累累，人们便公认并推举他为“管公堂”，也就是包揽整个溪口的诉讼。做生意有亏有盈，他的盐铺年年招财进宝；诉讼有输有赢，这位“管公堂”每场官司必得好处，而且还不会被人抓住把柄。人们因他热衷公益，为人调和排难，而且待人接物总是严肃中微露笑意，当着他的面，称他为“好好先生”；可是十有八个在他背后指着他瓜皮帽下拖出的发辫，叫他“埠头黄鳝”。他常穿一件古铜色长袍，走路时甩动的辫子，也真像游动的黄鳝尾巴。这是奉化人对“狡猾者”极为刻薄而又非常形象的嘲骂：黄鳝在洞里容易抓住，一旦游到埠头边，就难以捕捉。他能获得别人好处，别人占不到他的便宜。蒋肇聪这条“埠头黄鳝”，凭着本领和威信，被推选为乡间庙社的“首事”，即成为民间的“官吏”，管辖溪口男女老少乡民。

“管公堂”却无法管住自家的命运。他宠爱的贤妻徐氏，在与他成婚十年后，一病不起，撇下九岁的儿子周康，于光绪八年二月，含泪离世。蒋肇聪一家人遭受人生三大不幸，蒋玉表老年丧子，肇聪中年失偶，他的儿女幼年死亲，偌大的玉泰盐铺和丰镐房变得悲凉凄清，食无味，夜失眠，再也无心思经营。他心里还隐藏着一件不可告人的心事：那就是他唯一的儿子周康，就是那由父亲玉表做主过继给蒋斯生的介卿，也等于一半给了别人，难保将来没有缠不清的纠纷。所以即使是亲生骨肉，也不是十分可靠。原以为可以因此吞掉别人，也可能反过来被人吞掉！他不由得忧心忡忡。人们看在眼里，既劝慰又勉励。有人说只怪徐氏无福，不得寿终。还有人甚至以“五年不死老婆，要大败流年”来减轻鳏夫的悲痛。更有不少人来说媒求亲。蒋肇聪一向以事业为重，找配偶不但要贤惠温淑，还要对盐铺和自己的名望有利。他在众多的求亲者中，选中了曾与他合伙的萧王庙镇“永兴行盐酒店”老板孙昭水的女儿。孙昭水患足疾，行动不便，盐米的水运全由蒋肇聪做主。而孙家后代中有的出任户部主事官职，如果配亲，既门当户对，在营业上和名望上都有利可图。从不让别人占他便宜的“埠头黄鳝”便欣然允婚。这次婚礼不及前次隆重，为了表示他仍对前妻徐氏的哀悼，但内心却比娶徐氏时更是兴奋，孕育着将来更兴旺发达的愿望。只是天违人愿，虽因蒋、孙两家亲密合伙，增加了玉泰盐铺盈利，但孙氏过门不到两年，忙于抚育徐氏留下的一对孤儿，自己却来不及为丈夫生育一个有关继承大事的儿子，就被一场突如其来的“时疫”夺去生命。蒋玉表捶胸自责，懂得医道的公公却无法挽救媳妇性命。从此不再行医。蒋肇聪更是悲痛，失去爱妻也就是失去将得的利益。大多族里人都为他惋惜，予以同情，也有曾受他气、吃过他苦的人暗暗攻击：“肇聪命太硬，又不积德，一连克死两个老婆，谁也不敢嫁给他了！”蒋肇聪也因两次丧失配偶感到悲痛和迷茫，甚至怀疑自己真有克妻的宫官。于是心灰意冷，提不起再娶的兴趣和愿望了。

两年之内蒋肇聪就在孤独和寂寞中苦度光阴。年老的父亲不幸死去老伴，无人侍奉；年幼的儿女缺少慈母的爱抚，就将已经过继出去的儿子介卿干脆推给二房去养育，引起徐氏娘家的不满，说他死了妻子也不要儿子！他本人在营业忙碌之后，孤独苦闷，毫无闺房之乐。玉泰盐铺的老账房王贤栋看在眼里。有一天，悄悄地对东家耳语，他已经为肇聪物色到一个妇女，按照双方的情况，可以配成一对。

“谁家女儿还肯嫁给我?”蒋肇聪坦率地苦笑两声。

“是我堂妹。”王贤栋介绍那女人和他的亲戚关系后，又详加补充：“就是我家乡葛竹村王有则的女儿——王采玉。”

三 孝女王采玉

葛竹村和溪口相隔五十多里。从溪口向西经过一条蜿蜒曲折的羊肠小道，再搭竹筏漂游在两边临山的葛溪，然后到达风景如画的葛竹。过一座桥，就能见到山谷里的一片村屋。村屋缘山而筑，山谷又状同“交椅”，一直有“金交椅”之称。村前排峰数矗，形似笔架，便有“仙笔乡”的雅名。这里世代耕读的村民几乎都姓王。王有则的祖先在明朝洪武年间从奉化连山迁来，一连六代全是单丁，务农为本。直至传到二十二代，王有则的父亲王毓庆，在少年时读了几本书，总算踏进官阶，当了“迪功郎”。这是个不在皇帝眼里的卑小官职，可是在山里小村却成了大人物。他的三个儿子有则、有模和有金，也都是“国学士”，可惜几次应试，全未登仕籍。“迪功郎”眼见王家缺少官运，便放下官架子，弃仕从商。他先是收购山里乡间的土产：笋干、干菜，运到宁波去贩卖。没想到宁波也有同类土产，而且价廉物美。好在晒干了的笋、菜不易霉烂，赶紧运到苏州。那个吃不到笋干、干菜的天堂，物以稀为贵，居然高价脱售。几次贩运所得，竟能在家乡造起一所砖木结构五间两层的楼房。还收藏不少真假古董。人说“书中自有黄金屋”。“迪功郎”和“国学士”都不能使王家增加一砖一瓦，亏得细细的笋干竟成了王家屋宇的栋梁。王有则三兄弟便先后在这新造的住宅里成亲。有则娶的是嵊县欢潭姚家之女，五年之内，为他连续生了三个儿子贤侯、贤宰和贤达。怀才不遇的郁闷和家室之累的苦恼使精通诗礼的王有则仿佛长年被困愁城。平时钓鱼打猎，消遣时光。不幸他的妻子又因疲劳过度，生育过多而夭逝，三个儿子也相继死去。当时王有则正年富力强，壮志未泯，他早就不甘心屈居于山间小村，也不愿做一个庸庸碌碌的商人儿子，这次丧偶和丧子，更使他灰心丧气，失去人生乐趣。他为了宣泄苦闷，排遣失意，也宁愿舍弃尚称小康家庭的安乐生活，竟洒脱放浪地远离家乡，出游四方，到皖北浙西。在安吉开荒，经营垦殖，开始富足。西北粗犷的民风和人心的凝集，激励了这位南方书生的斗志。他回到家乡后，见乡民族人因太平军败亡，悒悒不乐，无心耕作，以致田园荒芜。他便迈动轩昂魁梧的身躯，精神抖擞地从外地招集流亡佃农，为各家各户经营垦殖，三五年后，全村遍田稻禾，五谷丰登。他自己还献出大半祖产和部分古董，疏河渠、开道路，使葛竹成为兴旺发达的村庄。他又兴办保甲，褒善罚恶，使地方安宁太平，人人安居乐业。人们见到他无不肃然起敬，比对皇帝还要尊重。曾任“迪功郎”的父亲王毓庆，目睹儿子的显荣，耳闻乡邻的奉承，不禁捋须颔笑，仰望大柱合抱，古色古香的王家祠堂“溯源堂”，得意非凡，忍不住拍额庆幸王家有后，出了个没有官衔的地方官。王有则本人也陶醉于众星捧月之中，他公而忘私，到四十三岁才想起应该续弦，娶与前妻同村同姓的姚氏。

这一位姚氏比前一位姚氏出身好，是欢潭乡乡绅姚培松的女儿，父亲质直方刚，闻名嵊县。女儿性情娴静，仪容温厚，待人和蔼，持家勤俭。一手“女红”更是出色。她比王有则小十七岁，但因怀着敬慕之心，不顾年龄的悬殊，只求美满婚姻。她过门后的第二年，也就是清同治三年，在王家砖瓦住宅的东厢房里，生下女儿王采玉。接着又是两个儿子贤巨和贤裕。这些年下来，王有则的两个弟弟，在父亲死后吵着分家，把富裕的祖产分去一大半。王有则本人又因热心公益，将所得遗产几乎耗费半数。家里人口多吃饭多，即使金山银山也要坐吃山空。他每年每月，入不敷出。可是为了维护自己名声和地位，“豆腐翻了，架子没有倒”，他还硬撑着这个快成空架的家。最使他气愤和伤心的是，第二个姚氏所生的大儿子贤巨，长一头瘌痢，没头发保护的脑子不发达，难怪他无心读书，也不愿下田，成天找人赌博不必用脑的“牌九”，他从早赌到晚，一夜赌到天亮，赢了钱自己花，输了回家伸手要。二儿子贤裕倒很争气，非但爱读书，而且入了迷，从早读到夜，半夜读到鸡叫。白天他手捧书本，口念唐诗，围着屋子兜一圈，念一首。走完三百六十圈，念完全本唐诗为止。晚上，闭着眼睛背《三国》，睡熟了，梦里也在背诸葛亮的《出师表》。这两个宝贝，一懒一呆，气得王有则天天长吁短叹。长女王采玉既懂事又孝顺，父亲教她识字，过目不忘，又在母亲那里学会那手出色的“女红”。她从小就梳着双螺髻，侧着圆浑红润的面庞，睁着一对水灵的眸子，帮母亲穿针引线，裁裁缝缝，无论男人的长袍马褂、短衫鞋袜，女人的圆袄花裙，滚边绣花，学啥会啥，做啥像啥，她后来还请人用篾竹做成大小两只圆圈，绷着布，端端正正坐在明堂门槛上用红绿丝线绣花。十三岁以后，每天早晨和下午，帮娘做完家务，就在窗口前，用四根钻满小洞的木条做成绷架，左右两端架在两只椅背上，自己坐在一张木椅上，一针上一针下，穿梭不停地刺绣。她不但能在枕头上绣出一对对五彩鸳鸯，还能在整幅绸缎被面上绣成富丽豪华的“金玉满堂”，博得全村甚至周围四乡的赞赏。哪村哪家要办嫁妆，就事先半年三个月来定货。出色的绣品换取丰裕的报酬。她千针万针辛苦所得的钱财，除了家用外，几乎全被大弟赌博输掉，二弟又只知看书，什么也不会，父亲未老先衰，耳聋眼花，难得出门，母亲白天上灶头，晚上忙纺纱，一家人的开支，全靠女儿一双手。可是王采玉毫无怨言，也不因此娇恣，她认为自己是长女，应该尊老爱少，应该义不容辞地挑起家庭重担。于是，她勤勤恳恳整天低着头，在窗前灯下，双手如一对扑翅盘旋的彩蝶，在绷架上下飞舞。冬天手冻僵，她不怕痛；夏日满身汗，她不罢休。父亲爱惜地望着她弓屈的背影，暗暗吁叹。母亲听到针穿锦缎发出的唰唰声，就像一针针刺痛她心房。王采玉是王家的独养女儿，也和她的名字一样，成了父母心里一块光彩的宝玉。

一年复一年，过不完的日子，一针又一针，做不尽的“女红”。从十岁到十七岁，在这几年内，她忙碌地为人作嫁衣，裁缝绣花。她不愿坐空心而显得过低的竹椅，而坐在结实的靠背木椅，埋首于搁得高高的绷架上，绣得双目酸痛，刺得手指出血。就靠她这一双手，好让两个弟弟早日娶妻，使二老可以早日抱孙。除了王氏家族婚嫁外，她又为别人家女儿绣了多少结婚用的喜字枕被和千百件嫁妆。现在该轮到她为自己绣嫁衣了。四乡八村早就注意到这位既贤惠又孝顺，而且灵巧能干的少女，也已经纷纷托人来说媒，都被一心为家、埋头操劳的采玉摇头谢绝。可是天下仁慈的父母怎么忍心要心爱的女儿埋没青春，甚至断送终身幸福？尤其是王有则，一个既当不上官又热心公益的读书人，胸怀大志却因家累而潦倒落拓，眼看孝顺温柔的女儿在强度辛劳下，脸上的红晕渐渐褪色，苗条的身体一天天荏弱，难道还要她委屈一生，牺牲一切，独处终身？每到深夜，老夫妇相对而泣，深为焦虑、惭愧和歉疚。他们已知道采玉出嫁将使王家失去可靠的依傍，但总不能让女儿为了爹娘而陪葬在日见破落的祖业下。他们再也不顾自己，也不再为今后考虑，在求婚者中间认真挑选。最后拣中从葛竹搬到跸驻乡曹家田村的俞家。俞家原和王家是近邻，家道小康，父母勤俭，独养儿子除在家务农外，还在乡镇做珠宝首饰生意，有不少收入。女儿嫁过去非但不愁吃穿，从此可以享受在娘家得不到的人生乐趣。实在是一桩理想的婚姻，可是采玉还是一百个摇头。一个年过十六的少女，正是青春年华。别家姑娘早已成亲，早婚的还生儿育女，难道采玉为别人作嫁衣之时，看到邻家姊妹的婚礼，在半夜三更，肩背酸痛，彻夜难眠之际，一点也不想自己的终身大事？她实在是不忍离家，撇不下慈蔼而又孤苦的双亲，还心甘情愿地要为父母养老送终。经过母亲含泪慰劝，动之以情，父亲苦苦哀求，晓之以理，自己也想到嫁后对娘家更有帮助，才勉强允诺。

乾坤两家定了亲，也选了黄道吉日。男家送来较为丰厚的聘礼，大儿子贤巨想拿去作赌本，二儿子贤裕要将饰物变卖供自己乱用，王有则一气之下，猝倒在地。他临死时一手握妻，一手携女，含泪遗嘱：他不放心这一对孳障儿子，既不争气，怕也不能为王家传宗接代。他又将平生收藏的一些不值钱的古董交给母女，必需时可以抵卖，但其中那只购自安徽歙州的古瓷玉器，一定要给女儿作为嫁妆之用。王采玉在父亲死后，改变主意，要求已定亲的夫家，以守丧为名，推辞婚期，却为两个比她年轻而不长进的弟弟张罗婚事。她做主抵卖了家里仅有的二十亩田地，和除了古瓷玉器的全部古董，完完美美地为两个弟弟成亲娶妻。赌棍和痴子欢欢喜喜成家以后，已经倾家荡产，再也没有余钱为王采玉置办陪嫁。而夫家却越催越紧，非要她在年内完婚不可。王采玉只有加倍勤力，将日夜刺绣换来的钱重新置备嫁妆、办喜事。母亲看在眼里，痛在心里，一滴滴伤心的泪水落在一件件女儿用血汗换来的奁品上。那些从前曾请王采玉刺绣嫁衣和枕被的亲友姊妹们，知道采玉自己要出嫁，缺少嫁奁，就纷纷前来馈送各种各式代“贺仪”的礼品，大大小小堆满半间屋子。王采玉噙着感动的泪水，近邻亲自去道谢，远路的托人还礼。在自己尽力和亲友的相助下，喜事办得像模像样，衣衫饰物不算，从大小碗盏到锡壶脚炉，应有尽有。搬嫁奁时，八只披红带彩的杠箱装得又满又重，十六个强壮的青年连扛也扛不动。可是她将父亲遗留给她的那块古瓷玉器交给母亲，以防急用，自己只要求把那把坐了十多年的红漆木椅带去，继续做“女红”。

大喜之日，男家抬来花轿迎亲。门外，吹吹打打，屋里，母亲含着泪，为做新娘的女儿喂“上轿饭”。王采玉三口饭下肚，跪倒在母亲身前，痛哭流涕：

“娘啊，娘。女儿今天出嫁，心里一直想家，想你，娘。以后家里有事，你老有病，两个弟弟有难处，我还是王家的人，一定回王家来，和大家一起承担苦难，我过好日子，也和你们有福同享！”

不料，千拣万拣，拣了个“无底碗盏”。王采玉所嫁的夫婿，就是一只没有底的雕花瓷碗。外表精巧玲珑，可是放进去的佳肴米饭，一下子从缺口的碗底漏走，颗粒不留，就像他赚来的钱，乱花乱用，连家里的老本，也用得一干二净。他脾气暴躁，稍不称心，就火星冒顶，在妻子身上出气。对贤惠勤劳的采玉他竟有三不满：不满意她过分节省使他不能任性挥霍；再不满她贴补娘家，甚至怀疑她在葛竹有“私情”，不许她回家门；三不满她一天到夜只知道忙碌家务，不懂得打扮，也不会奉承献媚，不如镇里那些妖冶放荡的私娼，能博取他的欢心。还有那个整天看不到笑脸的婆婆，常常指桑骂槐地嫌她娘家穷，怪她的嫁妆少。更使她难过的是不许她坐那把从娘家带去的她最心爱的木椅，说作为小辈媳妇，只能低人一头坐竹椅，还不准发出声音，否则就是不稳重，连坐也犯穷相。王采玉实在不明白，自己规规矩矩、勤勤恳恳，为何得不到丈夫喜爱，却天天遭到冷待、白眼，甚至恶声怒骂，拳打脚踢。她百般忍受，眼里噙泪，心里流血，只怪自己命苦。原以为成亲嫁人，可以不再操劳，没想嫁到婆家，犹如跌进受煎熬的深渊，在皮肉之痛外还受到心灵的摧残！亲人变冤家，姻缘成孽缘！

最使王采玉心酸悲痛的是她知道母亲体弱多病，两个弟弟，一个赌棍，一个痴子，还不务正业，将仅有的微薄家产吃尽当光，还欠债累累。她曾亲口答应母亲要承担娘家的苦难，可是自己连一点"私房"也没有，也不能将嫁妆偷出去典卖，只得瞒着公婆和丈夫，趁白天有限的空闲，晚上在僻静的屋角，带着她那只木椅偷偷地做着"女红"，把一件件刺绣，托人暗暗送到娘家变卖换钱。这是她唯一力所能及对娘家的支持。然后回报的却是丈夫一顿毒打，她忍住伤痛，还是不断地刺绣。为了娘家，为了老母，即使打死她也甘心。她母亲接到女儿捎来染有血渍的刺绣，知道自己心爱的这颗光彩宝石受到残酷折磨，伤心地发出撕心裂肺的号啕哭声。

人的命运，有时由仁慈的神佛在主宰，便迎来幸福；有时被万恶的魔鬼所支配，就遭到灾祸。王采玉的那位无情丈夫，在做尽坏事，虐待妻子之后，自己也遇到最坏的下场。一个寒风凛冽的冬夜，喝醉酒，输了钱，玩够女人，从镇里步履蹒跚地摸黑回家。从桥上踉跄滑下，跌进溪里。溪水很浅，但他不省人事，淹沉半夜，寒冷彻骨，得了"时疫"，回家躺了一天就一命呜呼。除了一屁股债，什么也没有留下。王采玉对这无情无义的丈夫却有夫妻恩情，悲伤地抚尸痛哭。她虽然从此可以逃脱丈夫的恶骂毒打，却成了寡苦伶仃的寡妇，将要凄凄切切、寂寞而苦难地走完漫长的人生驿道。最使她难堪的是夫家的公婆和跸驻乡的人非但不同情她、不怜悯她，反诬说她是"扫帚星""八败命"，从娘家带来厄运，败坏俞家门风，最后还活活将丈夫"克死"。俞氏族长们在祠堂里碰头议论，慷慨激昂地要把王采玉这个"晦气星"的寡妇赶出曹家田村。扣下她全部嫁妆，还把她那把心爱的木椅用柴刀劈成碎片，作为报复泄恨！

王采玉，身穿白衣白裙，头扎白布，孑然一人，拣了几块被劈的木椅碎片，孤单单地回娘家。她一路走，一路哭。到今天这个地步，还有何脸面回娘家？又怎么向老娘哭诉自己的委屈、苦衷和悲恸？她知道爱她疼她的娘亲一定比她还要伤心，她不忍心让老人为她小辈悲惨的遭遇而痛苦。可是此时此刻，不回娘家又能到哪里去？不向亲娘哭诉还能向谁哀告？她蹒跚地刚进葛竹村，就从自己家里传出来娘亲凄楚的哭声，满面憔悴，步履艰难地拄着竹杖，踉跄从门内赶出。王采玉悲叫一声："娘！"还要扑身上去，冷不防她弟弟贤巨夫妇从左边冲出，侧着瘌痢头，恶狠狠地指着采玉吼叫：

"你要进王家门，除非把你的嫁妆全部拿回来！"

弟媳妇又将那把破碎的木椅当作垃圾，狠狠地朝屋角扔去。王采玉有口难辩。只在肚子里骂一句葛竹的土话："这棺材！"就潸然泪下，她的嫁妆已全被丈夫典卖不少，余下的也由公婆扣下，自己光着身体，两手空空，还能拿得出什么东西？现在娘家有兄弟夫妇挡道，自己就别想踏进娘家的门。她悲恸地唤叫一声"爹！女儿跟你来了！"又伸长头，提高声音，喊声："娘！"掉转身，朝葛溪奔去。她神志恍惚，泪眼迷糊，好几次被高低不平的卵石绊到，等她跌跌冲冲跑到溪滩边，僵直身子要扑到深溪里时，突然从身后发出一长声她母亲震撼山林的凄厉唤叫："采玉……！"把她从死亡边缘拯救过来，她怎么忍心离弃生她、养她、爱她、靠她，对她充满希望的老娘啊！她缓缓地踅过身来。霎时际，一对祸福相关、生死与共的母女，发疯似的朝对方奔去，紧紧拥抱，抱头痛哭，哭倒在溪滩边上。溪水也潺潺地不断悲泣，那山风也凄怆地发出哀鸣。

被婆家横蛮地驱逐，遭兄嫂无理地阻拦。茫茫大地，何处找栖身之地？母女俩泪眼相对，细诉衷情。最后，垂垂欲倒的老母，竭力支撑着病弱的身体，她气愤地把竹杖在溪滩上击得咚咚响，白须抖动，激动地怒骂挡在门口的两个儿子。

“这是我们王家祖宗传下来的房子，姓王的儿女子孙不住，谁住？采玉，跟我回去，我娘活一天，你住一天！”

平时疯疯癫癫的贤裕，这时也在母亲的规劝下，老实巴交地去拉姊姊。采玉被老母的深恩厚爱和姊弟骨肉之情所感动，又在乡邻们的劝慰鼓励下，含悲忍泪回娘家。

当夜，两对儿媳各自吃了晚饭，留下冷饭残菜，回屋去休息。母亲含着泪和女儿采玉一口口扒完冷饭，喝干菜汤。然后躺在床上，哀婉沉痛地嘱告女儿。

“你阿爸一生积德，谁料竟生出不肖子孙，只有你，从小到大从姑娘到出嫁，为王家吃尽苦头，支撑祖业。爹娘原指望你有个好归宿，不料……”说到这里，王采玉用手帕为病弱的老母抹去泪花，不让她再吃力地往下说。可是母亲吃力地从床底下的一只旧箱里取出那件古瓷玉器来，“这是你阿爸留给你的祖传古董，我担心会被你两个弟弟偷去，还是交给你保藏。”

“不，我不要。”王采玉惶恐地推辞，“还是给两位弟弟。”

“一个赌鬼，一个痴子，给了他们也被糟蹋。听说这玉器能压邪，你阿爸要你好好保存，望你福寿绵绵，还为王家保住唯有的这一份祖产。”

父母的遗赠，不仅是对心爱女儿的祝愿，也赋予保护祖业的责任，王采玉跪在地上，双手接下。

在婆家成为寡妇被赶出，回娘家又是孤女遭欺凌。在王采玉回家后不到半月，两个弟弟怕姐姐留在家里要分去产业，就以“嫁出去的女儿，泼出去的水”为理由，赶她出门。

王采玉无处归宿，寻死舍不得老母，求生又无门路。母女二人相抱痛哭。最后，母亲带着女儿到常去烧香拜佛、掩映在竹林深处的金竹庵，带发修行，皈依佛门。

四　寡妇再醮

王采玉在竹林间、小庵里、青灯下、黄卷前，身披深灰海青，头戴披下头发的僧帽，日日夜夜，长跪念佛。她一面有节奏地敲着木鱼，一面数着佛珠背诵《金刚经》《楞严经》和《观音经》。接着总不忘记对佛默祷，求佛保佑慈母身体康健，长命百岁。她不记旧恨，祝两个弟弟事成业就，子孙满堂。她自己，已是"欲无烦恼须念佛，知有因缘不羡人"，看破红尘，六根清净，什么都无所企求，也不再有任何幻想。对今世已经绝望，只求来世多福多寿。她所以还活着，因为放心不下母亲。她不削发受戒，因为与慈母的恩缘未尽。她常常躲在佛殿后幽黯的僧寮里，坐在蒲团上，手持竹圈绷架，一针针做着"女红"，换钱去供养母亲。

每当她母亲王姚氏接到"修行"女儿托人送去的几十个"制钱"时，流下的老泪比手里的钱数还多。她怎么忍心收下这由女儿的血汗、痛苦和生命凝成的钱？好几次她送还金竹庵，可是挚情而坚烈的女儿拒不收回，有时还把僧寮门紧紧关闭，在门内下跪哭求：

"我如今一无所有，也一无所求，只求能报答娘的养育之恩。让娘过得好点，长命百岁！"

她的啜泣代替千言万语，哽咽使她不能把话说完。不说娘也明白：意思是只等娘归天之后，她也立即离弃这无可留恋的人世。

知道女儿苦心的母亲，心里更苦，她实在不忍年纪轻轻的女儿永远受此痛苦。好几次前来规劝和试探：希望身入空门而六根未净的王采玉重返家门，寻求人间的美缘，再享天伦之乐。然而不等母亲说完，女儿便毅然摇头，像要把人生一切因缘断绝。

可是，她虽下决心与尘世绝缘，而人间与她的缘分却还未到尽端。某日，一连数天秋风秋雨后的晴朗清晨，王采玉在做完早课后，到庵门外打扫满地枯黄落叶。一个白发皤皤、形销骨立，穿一身飘逸道袍，举止潇洒的相面先生，踽踽路过。他瞥见采玉，骤然驻足怔望，眉宇际露出惊愕神色。接着捋一把花白胡须，喟然长叹：

"可惜呀，可惜！"说罢，仍停留不走，双目炯炯地直望着带发修行的王采玉。

王采玉见有人对她看个不休，又听到这人为自己表示惋惜，不禁诧异，就停止扫地，也异疑不解地对着他看。

相面先生上前两步，伫立在王采玉身前，再认真地从头到脚打量一眼，又把她的面庞从额际到下颏，细细观看一番，才宽心地嘘出一口气，欣然颔首：

"还好，还好，你是带发修行！"削瘦脸上又转为严肃神情，谆谆劝告："千万勿落发为尼。从你面相上看，你来日非但大富大贵，而且——"相面先生又严肃而神秘地对王采玉耳语了四个字。

这一段话，尤其是最后四个字，使王采玉既惊讶又困惑，她发呆地瞪目怔视。是他故意戏弄的取笑，还是金玉良言的忠告？想这样一位慈祥白发、雍容儒雅的老翁绝不会轻薄和失礼。

可是她也实在不敢相信，尤其是对她耳语的四个字！这怎么可能呢？一个已经死去丈夫并未留下后代，又在尼庵里带发修行，只求早死的女人，怎么可能有这等好事？她真希望相面先生再说几句，让她知道个究竟。可是，只见他闭口缄默，不再说话。她恨不能向他提问，又耻于开口。她又羞又慌。多少日子来一直憔悴、苍白的面庞，刹那间泛起红晕，原已黯淡的眸光这时也骤然闪烁出惶惑光芒，连手里的扫帚也失手落地。她弯下腰慢慢地去拾扫帚，一边动作一边思考如何再发问，等她伸直身子时，那相面先生已飘然离去，只留下渐渐消失的脚步声。

那白发矍铄的老人来了又走了，对她说了几句既使人高兴又令人迷惘的话，在这寡妇又是尼姑的心里留下一个神秘的谜。从此，每当冬日长夜、梦中苏醒或者在寒风中独自沉思时，这个谜就像一只无形的小虫爬到她平静如死水的心上，引起轻微的波澜，拨动她断了的心弦，也带来片刻的温馨。但只要一想到悲凄的命运，目前的处境，和渺茫的未来总是一声长叹，嘴角露出凄楚和绝望的苦笑。听着庵外吹刮着凛冽的风声，心冷如冰。

日子一天天过去，那个相面先生的形象在她心里渐渐淡漠，对那神秘得不可信的谜，也慢慢地遗忘了。

到了第二年春天，艳阳普照，万物苏醒。蓝天白云和遍地锦花绿茵交织成一幅激人奋发的美景。王采玉枯寂的心灵受到春风撩人的熏染，时时隐现对美好人生的憧憬，她自己也不知为了什么，已不能安心念经，尤其是相面先生那句纤言般的提示，仿佛生了根似的，又不断地在她心灵里冒出新芽。

平时，她的母亲王姚氏总是接到她送去“女红”后，再来金竹庵。这次，出乎意外地倥偬来到，而且一进庵门，就悄悄地拖着她进入僧寮，还谨慎地关上门，压低声音，对女儿耳语。

王采玉一听，就和过去一样，惶恐地摇摇头。但她的神色却不像以往那样坚决，只黯然地低下头，目光垂视，默不作声。

老娘叹了口气，哀愁地向固执的女儿诉苦：

“采玉，你不能老是这样下去，我死了，也不瞑目呀！”双目老泪晶莹。

其实，王采玉的一池死水已被春风吹动。可是她既感到羞赧，又面临种种艰难，觉得难以启口。心里涌起一阵辛酸和悲痛，忍不住扑到母亲身前，仿佛儿时受到委屈，躲进母亲怀里，要求庇护和援助。

老母抚摸伤心饮泣的女儿，用颤抖的手指梳理她蓬乱的一头青丝。

“我本来也不想对你说。”她说出自己的苦衷：“可这是你堂哥贤栋来提的，是他的东家。姓蒋，溪口玉泰盐铺的老板。”

王采玉从来没有到过溪口，更不知道玉泰盐铺。一个有财有势的盐铺老板，会要娶一个已经带发修行、被人骂“八败命”的寡妇？她乍一听，心里一动，但立即恻然消沉，认为这是一件既不相配，也没有缘分的亲事，就默默无言地倾听老母往下叙述。直听到那盐铺老板曾两次成亲，两个妻子又先后死去，被人视为有“克妻”之命的鳏夫。这使王采玉心里的郁闷得到宽弛，两个有同一命运的男女之际可能存在别人所无的姻缘，可是她仍有顾虑，又不敢直问，只含蓄地自怨自艾：

“我是吓怕了。要是姓蒋的也像俞家那样呢？我犯不着再去吃苦！”

她母亲从贤栋那里已经打听明白。蒋家的先祖是弥勒佛徒弟、宁波有名的摩诃居士。上代有官封光禄大夫的尚书。蒋肇聪父子以商业起家，还因热心公益，在地方上颇有名望。论出身、地位、名誉和家业与王家相似。只因王家后继无人，家道日渐败落，而蒋家子孙有出息，年年兴旺。蒋肇聪连死两妻，果然命硬，也怪这两个女人运舛命薄，无福消受。第一个妻子虽然留下一个儿子，也早已由祖父蒋玉表做主，过继给二房，蒋肇聪所挣的财产，将来无形中就会转移到别人手中，所以他也急于要再娶，希望能为他生个儿子，继承他的产业。

王采玉一直默默地聆听，越听越觉得自己和那从未见过面的男人，有一段越来越接近的缘分。当老母提到姓蒋的希望能有个儿子时，相面先生的话又从她心底里冒了出来。这一次不像过去那样像闪电一般，一闪即过；而是变成了隆隆雷声，震撼着她的心。莫非相面先生那四个字的谶言竟应验在这件婚姻上？难道冥冥中真有一段命中注定的姻缘？

老母不知道女儿心中千丝万缕、翻腾不定的思绪，只见她红着脸，低着头，像是心神不宁，犹豫不定，便再用道理和感情去打动她、说服她：

"我和你阿爸养你兄弟姊妹三个，你两个弟弟不争气，你是又有志气又孝顺。你在娘家时，王家老小全靠你，你出嫁了还来接济。到今天这个地步，你仍旧不忘娘家。没有你，我怎么也活不到今天。不过，你再要反过来仔细想想。靠你做针线生活赚来的钱，就算养活了我，也不能帮你两个不争气的弟弟重振门庭！你死去的爹，王家祖宗，在九泉之下都巴望着你啊！你要我长命百岁，可是我眼看你为我吃苦，真恨不得早一点去见阎王！我至今还活着，就是想看到王家子孙能有出头之日，让我再能真正享几年儿孙福啊！"

老母满面滚滚热泪，满口肺腑之言，使孝顺的王采玉感动不已，又倏然憬悟到作为王家后辈应挑起光复家门的重任，她那少女时代的青春热情，仿佛死灰复燃；她过去那种坚强刚烈的性格，也重新回到她身上。她应该从昏暗的囚室里冲出，从虚无走向现实，重新做人，使王家重振门楣！

"那姓蒋的我没见过，"老母又哄劝，"听你堂兄贤栋说他为人不错，只是年纪比你大二十二岁。如果你能为他生个儿子，那——"

王采玉再也抑制不住内心的兴奋，把相面先生对她说的那四个字脱口而出：

"相面先生说我将来大富大贵，'必得贵子'！"说罢，自知失言，羞赧地连忙低头。

没想到从女儿嘴里冲出来这么一句包含着允诺希望和喜悦的话。再也不必多说了。老母兴冲冲地离开金竹庵，派人把在溪口玉泰盐铺当账房的王贤栋叫来，答应了这门亲事。

蒋玉表、蒋肇聪父子知道王采玉也是名门之女，虽然先对她又是寡妇又是带发修行有些顾忌，在知道她命中"必得贵子"后，便引起他们无限遐思和神往，仿佛蒋家的兴旺和福根就落在这位比她年轻二十二岁的寡妇身上，便毫不犹豫，也不顾第一个妻子娘家的反对，欣然让王采玉嫁到"丰镐房"。

丰镐房在奉化溪口是名门望族，前几次办喜事都是挂灯悬彩，吹吹打打，用四人抬的花轿将新娘接来。可是按照浙江奉化的旧俗陋习，男的妻亡续弦，只要对方是黄花闺女，他仍是"新郎"，可用花轿将新娘接来，在鼓瑟齐奏中拜堂，在宾客的祝贺声中合卺洞房。然而女的要是夫亡再醮，不论男方曾经结过亲还是未婚，女的就不许穿戴新娘应有的凤冠霞帔，不许坐花轿，也不正式拜堂。男家门口不挂灯结彩，除了几房亲属外，概不请客，要在毫无喜事的气氛中悄悄成亲。

王采玉服从家乡的风俗，她既不感到委屈、自卑，也不在乎人们对她的歧视和奚落，她先从金竹庵回到家里，脱去海青僧衣，将一头青丝梳成发髻，又亲手做一套绣着细花的素色袄裙。

在一个乾宅挑中的黄道吉日，先去王家祠堂叩祭祖宗，拜别亡父之墓，又在已经破旧的明堂里，跪在老母面前哭别，再和两对弟妇告离，然而跨出家门，以稳重端庄的脚步，走出葛竹村，足足走了两百步远，才见到一顶男家派来接她的蓝布小轿。轿夫请她上轿，她回头朝娘家依惜而又满怀信心地顾盼一眼，毅然登上小轿，像平时刺绣时一样，坐得端端正正，脸色庄重肃穆，又微露迎接新生的喜容，双手捧住亡父遗赠的古瓷玉器，心里蕴蓄着外人无法理解的对未来的憧憬和希望，没有热闹的吹打，没有响亮的鞭炮，她悄悄地，再嫁到溪口丰镐房。

五　蒋介石出世

四十五岁的盐铺老板蒋肇聪娶二十三岁的寡妇王采玉，成为溪口街头巷尾津津乐道的话题。大多是诽谤年轻寡妇已带发修行又不肯守节的流言蜚语。有的说“八败命”的寡妇也一定会给蒋家带来厄运；有的说王家嫁女，是看中玉泰盐铺的钱财，倒贴娘家。更有人谗言：王采玉母女故意编造相面先生说她“大富大贵，必得贵子”的谎言，骗蒋家掉进设下的圈套。可是蒋肇聪毫不在意，他眸顾比他年轻二十多岁、端庄娴淑、沉稳能干的“续弦”，真是心满意足，同时在她身上也真寄予“必得贵子”的期望。新房就设在蒋家“发祥地”玉泰盐铺内东楼的一个房间里。除原有家具外，王采玉只要求添置一把在娘家时坐着绣花的同样红漆木椅；又将亡父遗赠给她的那件古瓷玉器，放置在镜台上，这是她唯一作为永远纪念的嫁妆。在三天“闺房之乐”中，肇聪对采玉的不幸命运十分怜惜，也同情葛竹她娘家的衰落，便慷慨允诺按月送钱供养年老岳母和庸碌无用的两个阿舅。又为了使采玉享受迎亲时未能得到的欢乐和尊重，并抬高她在家乡溪口的地位，竟破例摆脱盐铺的事务，在父亲蒋玉表鼓励下，亲自带着她去祭祀历代祖先，遨游溪口胜地。

他们先坐轿去宁波东乡小盘山，祭拜四明第二代蒋氏先祖、后又成佛的“蒋摩诃太公”坟墓。又去白水巷的蒋家祠堂，叩拜曾官封光禄大夫的蒋浚明牌位，让王采玉知道奉化的蒋氏家族不但有世间少有的仙缘，还有高人一等的官运。第二天，他们双双登上雪窦山，瞻仰千丈岩。只见千丈素流，在阳光下，汇为五彩瀑布，气势雄伟，澎湃直泻。他们又上行至又名“天柱”的妙高峰。在峰顶遥望与蔚蓝天边相衔的绝色风光，如临仙境，使人心旷神怡。蒋肇聪赞不绝口地吹嘘溪口风水好，是个山明水秀、人杰地灵的寄瑰宝地。在王采玉眼里，这些美妙的风景，都将成为她五彩刺绣的图本。她要用自己灵巧的手指，在上面绣出她向往的人生美梦和蒋家辉煌的前程远景。想到这些，她从未有过地纵情嬉笑。她又把恢宏绮丽的溪口与重山闭塞的葛竹和穷乡僻壤的曹家田相比，前者商市云集，四通八达，真是财源旺盛，人尽其才！谁都愿意在这里生根发芽，开花结果，如今她能与既真情又体贴的蒋肇聪结为姻缘，丈夫又不嫌卑她的身世和家庭，反以礼相待，就更禁不住心花怒放，便真诚而又亲热地向丈夫表示：此生此世，以身相许，矢志克尽妇道，亲自抚养前妻留下的儿女来报答夫君赐予自己的情义和恩情。

蒋肇聪按照乡间俗习，婚后三朝要双双回门拜见岳母。可是采玉的母亲，自忖只比女婿大五岁，羞于接受这位贵婿的叩头，加上两个不争气的儿子，将会趁机生事，便婉言谢绝了。

由于蒋肇聪对新娶妻子的宠爱和抬举，使四邻八舍对王采玉渐渐地另眼看待，改变口气，只有与蒋家有切身利害关系的两个前妻的娘家，却不肯放过，第一个妻子的徐家更是胡搅蛮缠。在听到王采玉要亲自抚育徐氏遗留已有十岁的介卿和十三岁的瑞春姊弟俩时，就诽谤“八败命”一定要把蒋家唯一的后代断送，就气势汹汹声言，如果蒋家不把介卿姊弟送到外婆家，便要派人来上门接走。第二个妻子孙氏的娘家是萧王庙镇永兴行盐酒店老板，永兴与玉泰两家店铺，早在配成姻亲前，就是经商的合伙者。孙氏死后，肇聪也没有“人走茶凉”，反而格外热络，在营业上竭力支持，现在蒋肇聪这条“埠头黄鳝”另娶新妇，会不会有了新人厌弃旧亲？孙家不负焦急，很想前去试探，然而子有关规矩要紧，不能就尊屈驾先去说情，只得矜持地等蒋氏夫妇上门。

其实，王采玉早已准备到徐、孙两家去拜亲。在听到种种风声后，顾不得自己“三朝”回门到葛竹，便催丈夫先去前两位妻子的娘家。按路程徐家和溪口只有五里之遥，而去萧王庙孙家来回要半天路程。可是玉泰盐铺正有一笔货，要与永兴行合伙，需要立即接头，而且去徐家一定要带上瑞春和介卿。介卿因吃喜酒吃坏了肚子，连私塾也不上，哪里能去外婆家？蒋肇聪夫妇便备了“三头六包”礼品，坐轿去萧王庙镇。孙家事先得到讯息，没想到贵女婿和娇新妇，不去徐家先到孙家，有些受宠若惊，就要儿子孙琴凤到村门口放爆竹迎接。

王采玉把孙家当作自己娘家，完全以“三朝回门”的仪式去见孙氏父母。她一下轿，就像对自己亲兄弟一样拉着来迎接的孙琴凤的手，与丈夫一前一后跨进大门。看见客堂里一对老人，不等指点，就赶紧上前，亲热地唤一声：“阿爸，阿姆！”请二老上座，自己跪下行见面礼。二老还来不及掏出见面钱，王采玉又亲自倒了两杯热茶，双手捧上，拐脚的孙昭水高兴得眉开眼笑，要妻子赶紧从房里取出一朵珠花，赠给王采玉。

大家坐定后，孙家二老作为长辈，表示关心地寒嘘几句，蒋肇聪便开门见山地提出：

“玉泰盐铺接到一笔生意，人家要一万斤盐，我想和永兴合作，各出一半。不晓得永兴有没有现货？”

过去两家店铺合伙，主要是水陆两路的货运，生意各做，这次“埠头黄鳝”居然提出合作经营，分明是女婿挑丈人赚一笔现成的外快。这说明蒋肇聪娶了新妇，非但不忘记旧亲，还比前更亲。孙家老夫妇高兴地表示谢意，也看到蒋肇聪与王采玉相视而笑，便意会到这位贤惠的新妇在这件事上一定帮了不少忙，为蒋、孙两家继续保持亲缘出过好主意。

为了迎接姊夫和新阿姊，孙家的三个儿子都奉命在场。大儿子孙润木，因父亲患足疾不便，近年来就由他出面主持店务，润木生性温润木讷，不善经营，店里营业不如以前那样兴旺。听到蒋肇聪答应以后要大力支持，生意合做，钱财分享，像找到有力靠山，高兴地笑得嘴也合不拢，活像一只“敲开木鱼”。二儿子孙玄木，是举人出身，现任户部主事，同时还在奉化风麓学堂担任教习，他一心攻学求仕，对商业不感兴趣，所以对经商的姊夫也较冷漠。三儿子孙琴凤，自从在镇口迎接姊夫和新阿姐进家门后，一直笑眯眯地站在既是客人又是亲人的新婚夫妇身后，还殷谨地送茶敬烟。王采玉拿他和自己两个弟弟——一个赌鬼、一个痴子相比，就格外喜欢和亲近。在来萧王庙镇之前，她已经和丈夫商量过：她嫁给蒋家，是她那位在玉泰盐铺当账房的堂兄王贤栋做的媒。别人要怀疑葛竹王家族人事先有串通。堂兄在盐铺做账，堂妹当了盐铺老板娘，岂不是要把蒋家祖传的玉泰盐铺落进王家手里？为了辟清这种并无其事的流言，证明王家的清白无私，也让乡里人知道蒋肇聪决非喜新厌旧，最好的办法是请孙家的人也到玉泰盐铺来管事。于是蒋肇聪在和孙润木谈完交易后，与王采玉交换一下眼色，又诚恳地向岳父母提出：

“玉泰盐铺生意忙碌，店员不够用，我和——”他故意朝王采玉瞧一眼，表示是她出的主意，“我和她商量后，想请琴凤弟去帮忙，琴凤弟读过几年书，能写能算，人又灵慧聪明，又是我至亲，店务托给他，最放心不过了。不知道二位是不是舍得，琴凤弟自己愿不愿意？”

这对于孙家真是一个意外的喜讯，没想到已经徒有虚名的女婿蒋肇聪在娶了新妇后，非但继续相帮孙家，还将前妻的弟弟，像对待自己弟弟一样请到蒋家盐铺去当手。这位别人的女儿对孙家比自己女儿还要亲近，还要重情。孙氏全家都感动了，拐脚的孙昭水，忍不住站立起来向女婿和王采玉拱手道谢，他的老妻也紧握采玉的手，含泪嬉笑，一句话也说不出来了。

在孙家吃了一顿丰盛的午饭后，肇聪和采玉坐了轿子，匆匆从二十多里远的萧王庙镇赶回溪口。只见有几个人拥在玉泰盐铺门口，好像这里曾经发生过什么事。等肇聪踏进店门，平时不管店的父亲蒋玉表霍然从柜台后面走出，神色肃穆地拉着儿子进内屋。王采玉不敢跟随，便转身上楼去自己房间，心神不宁地等待丈夫。

蒋玉表气愤地告诉儿子：在他们去萧玉庙镇不久，第一位妻子徐氏的娘家就派了人来。从来人的口气中听出，他们认为蒋肇聪这次再娶续弦，非但事前未征得徐家同意，而且婚后也没及时去拜亲赔礼。最使他们不能容忍的是今天居然不去仅仅五里路的徐家，而绕道到二十多里远的孙家，而且明明徐氏是原配，孙氏是续弦，故意前后颠倒，岂不是存心歧视和奚落！所以等蒋肇聪夫妇前脚刚出门，来人后脚就踏进来像“抢亲”一样将徐氏所生的独苗儿子介卿和他的姊姊瑞春接走。蒋玉表上前交涉。来人不管尊卑大小，气势汹汹地开口就骂：

“你们蒋家娶‘八败命’‘扫帚星’做媳妇，谁也管不着。可我们徐家不能让没娘的外孙和外孙女有‘八败命’的晚娘。这寡妇尼姑不是要生贵子吗？就叫她自己生个尼姑儿子来独吞蒋家财产吧！”

蒋玉表不肯被人把唯一的孙子抢走，据理力争：

“不管是啥，介卿是肇聪的儿子，你们要接介卿去，总要他阿爸答应，才——”

不等蒋玉表说完，就被来人打断，而且说得斩钉截铁：

“四邻八乡啥人不晓得，介卿已经‘过继’出去，蒋肇聪没权做主！”

平时能说会道的蒋玉表被对方说得哑口无言，眼睁睁地看着孙子介卿被徐家来人连哄带吓、糊里糊涂地接走。

蒋肇聪对徐家的蛮横无理，十分气愤。“埠头黄鳝”顿时像游进油锅里，连蹦带跳要赶到上白村去把介卿要回来。他关照轿夫，正要动身。王采玉从里面急急追出来，劝阻丈夫。

“怪来怪去，都怪我不好，”王采玉自认过错，“我们应该先到徐家去，就不会引起他们责怪。现在你留在家里，我三步一拜到徐家去赔罪。”

“你不许去！”丈夫声音很响，实在是体恤新婚妻子，“他们恨你，一定要欺侮你！你犯不着送上门去讨骂！”

夫妻俩争着要去徐家，店里的伙计不敢插嘴，四方邻居和过路客人站在门外也只有旁观。正在这时，玉泰盐铺斜对面那家糕饼店老板唐兴坤和他怀孕的妻子唐徐氏悄悄商量后，慢慢走过来。唐徐氏的娘家也在上白村，和肇聪的第一个妻子徐氏非但同族、同姓，还是嫡堂姐妹。过去徐氏活着时，来往甚密，也多亏蒋肇聪帮忙才在溪口开起这家唐兴坤糕饼店。溪口四乡有谁办红白喜事、寿庆忌日，要买祝寿的桃糕或祭祖的面食，都看在“埠头黄鳝”面上，有的定做，有的现买。唐兴坤夫妇和蒋家既是姻亲，也有恩情。虽然蒋徐氏已经亡故，但饼店和盐铺的缘分未断，这一次蒋、徐两家争吵，自己和双方都是近亲，加上蒋家又是近邻还是恩人，如果袖手旁观，一定要被人骂没良心，不记情义。夫妻俩先哄劝肇聪夫妇进入内房，兴坤还提出个两全其美的主意：

"现在都在火头上，再好不要碰面。否则只会火上加油。"通达人情的饼店老板先摆出理由，实际上是讨好肇聪，"依我看，这件事双方都有道理，只是想得不够周全。这样吧，由我出面，明后天代你们到徐家去说几句好话，也顺便把瑞春和介卿带回溪口，亲家总究是亲家，千万不要破脸，你说对不对？"

蒋肇聪也不想要回已经过继出去的儿子介卿。他心里明白，这孩子将会给新婚的家庭带来不少麻烦。他既然被外婆家领去，自己也落得清静。刚才只是想出口气，也为了不让采玉受委屈。现在唐兴坤竟自告奋勇地去要回介卿，他就假装赌气地一甩手：

"我不要他了，譬如没生这对儿子女儿！"

王采玉认为丈夫的话说过了头，使人疑心是她这个"晚娘"要把前妻的儿子推出门，便立即挽回：

"怎么可以不要他？他没娘已经可怜，你再厌弃他，岂不要遭人骂，连我也——"

不等她说完，唐兴坤的妻子唐徐氏在一旁接嘴。她是蒋徐氏的堂姊妹，自然对娘家人有偏心。说的话听上去是阿谀王采玉，实际上话中有刺，隐含着讥嘲：

"肇聪嫂，介卿这小鬼不争气，领回来也受气。你喜欢小囡，快自己生一个。你不是'必得贵子'吗？"

这句话说得王采玉两颊通红，不知道是羞赧还是难堪。可是蒋肇聪和唐兴坤却欢悦地相对嬉笑。一场风波就在一句又似预祝又似讥讽的戏言中结束。

可是在王采玉的脑海里却激起翻腾不止的波涛。"必得贵子"这四个字始终在心里回响，相面先生的预言是否真有灵验？万一生不出儿子，岂不要被人嘲笑和咒咀，咒骂她编造谎言，欺骗蒋家！她自己也不由得怀疑：当初嫁到俞家三年，也没留下一男半女，公婆怪她断绝俞家后代，难道蒋家家门有幸，她真会生个儿子，而且还是贵子！她不知道能不能实现这愿望，自己又怎么能证实那句玄虚的谶言！她内心忧急、焦虑，甚至悔恨。在丈夫面前感到惭愧和歉疚，仿佛自己做了件对不起人的亏心事。她无处诉说内心的隐衷和苦闷，只有在忙碌家务之后，借口回娘家，偷偷地独自一人去雪窦寺，在送子观音象前，虔诚地点香燃烛，叩头默祷。

蒋肇聪"当手"玉泰盐铺后，又有孙琴凤做帮手，他父亲蒋玉表就赋闲在家，难得为店里的营业出点主意。他虽已年逾古稀，七十二高龄，然身骨健朗，精神矍铄。正如他自己所说，"跨高山如平履，走平原如卷席"。他平时乐善好施，在武岭庙门前，备下干粮茶水，供路人饮食。每逢初一月半，二十四节气，他这位"摩诃公"的后代总要朝山进香，趁机游山玩水，他还常常到周坑岙法华庵去收租。他深谙医道，又自称是为民除害的光禄大夫的子孙，只要听到四乡八邻，有人患疾，他就远近勿论，赶去医治，还施诊送药，分文不取。他超脱世俗，只想在逍遥自在、行善为乐中度过晚年。可是在他飘逸坦荡的心灵里有一粒微尘始终沾住不去，那就是自己做主把孙子介卿过继出去，虽然也不出蒋家门，然终于使三个儿子中最有出息的肇聪"出送"半个后裔。这次风波，徐家还把介卿夺走，更使他斫伤和悔恨。他在烧香拜佛时，对祖先"摩诃太公"的师父弥勒佛默默祈祷，许愿让他"早日得孙"。

有一天，春寒料峭，蒋玉表从雪窦寺回来，听说媳妇王采玉呕吐，以为是受到风寒，就漫不经心地为她切脉。竟大吃一惊，欢愉地脱口而出：

"你有喜了！"

从这天起，蒋肇聪不让妻子再操劳家务，还雇了一个女佣来服侍她。公公亲自开了几帖安胎药，希望媳妇平安顺利地分娩。平时操劳惯了的王采玉不愿坐着不走，躺着不动。可是也怕一不小心惊动胎气，也就尽量减轻劳动。然后她和丈夫最关心的还是腹中胎儿是男是女，公公好几次切脉，只是默默点头，不吐露半点口风。又听说唐兴坤的妻子生了个儿子，更使人焦急、不安、又愁又忧。

王采玉的母亲自从女儿嫁到溪口蒋家后，怕被人说"年轻丈母大女婿"，加上"必生贵子"是骗婚的风言风语，就不敢来看望女儿，平时只托王贤栋带个口信，或送上采玉喜欢吃的食品，将思女之情寄托在问候中。这次听到女儿怀孕的喜讯，便再也忍不住，兴冲冲地从葛竹赶到溪口，帮王采玉赶制婴儿衣服，从里到外，从头到脚，一年四季，鞋袜裤袄，包括老虎鞋和蜡烛包，舒舒齐齐，一样不少。母女俩在缝裁时，总要悄悄地猜测胎儿是男是女。老母看女儿的肚形像是女胎，见孕妇的胎气，又像是男孩，不敢贸然肯定。不久，葛竹村来人带口信要老母回家去帮儿子做家务，老母一走王采玉连一个商量和慰藉的人也没有，蒋肇聪常常问长问短，听起来是关心妻子健康，心里是揣摸胎儿性别。他一定盼望未来的婴儿是个儿子，是儿子才能成为贵子，否则要被人讥笑甚至嘲骂。王采玉的脸上总是露出毫不在意的神色，心里暗暗忧愁，肚里时时蠢动的胎儿，像是一块千斤石头，重压在她心上，使她昼夜不安。

光绪十三年九月十五日，王采玉腹痛分娩，肇聪要账房王贤栋找来撑船为生的蒋肇富的娘——昭仁婆婆来接生。蒋肇富和肇聪同辈，他娘又是当地出名的接生婆，而且还能取"富"字的口彩。从上午到下午未时，二楼房内才传出婴儿响亮的啼哭声，肇富娘汗水淋淋地到客堂来报喜：

"恭喜！恭喜！生个大胖儿子！"

蒋肇聪父子相对而视，抹去额上的汗水，会心微笑。祖父腹中早已为孙儿取了名，至此才正式郑重宣布：

"按蒋氏世系排列，我为孙子取谱名周泰，奶名瑞元，元者，首也，长大后必为人之首，学名志清，字——"故作神秘地稍停片刻，不立即说出。

"周康字介卿，周泰他字什么？"蒋肇聪问。

"他就叫'介石'吧——蒋介石，一个人双脚稳立在磐石上，这名字好！"

六 喜庆与灾祸

王采玉在千盼万想中终于养了个儿子，多少日子来压在心上的一块重石头，顿时化成一团欢喜。婴儿的哭声，使整幢玉泰盐铺的屋宇充溢着热闹和喜气。在经过剧烈痛楚后的产妇，竟毫无睡意，还连连催促接生的昭仁婆婆去请对街唐兴坤糕饼店的唐徐氏来，给婴儿喂“开口奶”。

唐徐氏没想到王采玉会请她去为蒋门贵子喂第一口奶，立即放下自己刚生下三个月的儿子，用手巾抹清爽胸脯，全身上下穿换一新，还从店里拎作面食馅用的一包枣子和桂圆，急忙去到玉泰盐铺，一进房门，就双手恭喜，又恭维又自谦：

“肇聪嫂，你生贵子，要我来喂开口奶，我唐家真是鸿运高照了!”

王采玉真挚而又诚恳地含笑相告：

“兴坤嫂，你和肇聪的原配妻子是堂姊妹。我生的儿子也就是她的儿子，请你来喂‘开口奶’，等于吃姨妈的奶，再有，你唐家子孙满堂，福气好，蒋家要沾你们光呢!”

唐徐氏被王采玉抬举得乐不可支，连忙撇开衣襟喂奶。王采玉还在一旁唤叫儿子的奶名：

“瑞元，你长大以后，要记得报答姨妈，是姨妈给你吃第一口奶! 千万勿能忘记啊!”

唐徐氏望着知恩达理的王采玉，感动得泪水莹莹。

第二天，产母还是没有奶水。婴儿饿得闭着双眼哇哇直哭，哭得眉际发红，嘴唇转青。蒋肇聪还想去请唐徐氏。王采玉另有主意，说既要讨好亲家，也不能忘记本家。她知道与肇聪同辈的堂弟肇性之妻蒋单氏，儿子胜坤周岁不到，正好有奶，就由肇聪派轿子把她接来。当蒋单氏给婴儿喂奶时，王采玉也在一旁叮嘱不懂事的婴儿。

“这是地地道道蒋家门里的奶水，吃了不要忘本!”

蒋单氏临走还捏出一大花碗奶汁，拿了采玉馈送的一包桂圆，高高兴兴再坐轿回家。这怕是她一生中除了坐花轿外最光彩的一次。终生难忘。

第三天，喝了公公亲笔开方的催奶药，又一连吃两只“七星蹄”，产妇开始有了“血奶”。她眼望着亲生骨肉用力吮吸从自己乳房里流出来由生命血肉凝成的乳汁，恨不得将身体里所有的奶、汗血、肉和骨髓都送进儿子嘴内咽入肚里。婴儿吃饱后，竟张开他那对一直紧闭的双眼，乌亮的眸子对母亲直望，采玉心里一阵激动，紧紧抱住。母子俩的面颊贴近，出自内心地冀求：

“瑞元啊，我的儿子，我受尽委屈吃尽苦，你一定要为娘争气啊!”

在葛竹的老母，由玉泰盐铺账房王贤栋捎来喜讯，知道女儿果然生下儿子，非但放下压在心上的石头，还为母女俩所受委屈出了口气。她先到金竹庵向送子观音叩头，又准备了“生姆担”，亲自拎着，迈动她那双小脚，步行到溪口，她走得满身是汗，但一点不觉得累，兴奋和信心使她原很健壮的身体格外有劲，毫不疲困。她一到玉泰盐铺，也不让王贤栋接过去“生姆担”，只顾兴冲冲登上楼梯，直奔女儿房间。

王采玉见到和自己共患难，同受委屈又一起担忧的老母，禁不住流下辛酸而又喜悦的泪珠。她将婴儿抱给老母："外婆，叫外婆！"老母含着老泪，抱起婴儿，眯着双眼，仔仔细细看个够，最后对女儿直笑。

"儿子！儿子！采玉，你终于生了个儿子！"

母女俩的热泪，滴落在婴儿的脸上，奶名叫瑞元的蒋介石抽动一下嘴角，像在笑，又像要哭，还很不安稳地手脚在蜡烛包里踢动，外婆从口袋里摸出一个小红纸包，包里是一只用红线穿着、黄豆大的小白银木鱼。这是她自己生下时她的外婆送给她的见面礼，现在由她送给唯一的外孙，小小的银木鱼历经了五十个年头，从外婆的外婆的老手上转到外婆唯一外孙的小手上，其间蕴藏着一代一代的回忆、深情和期望。王采玉犹如接到了世间最珍贵的宝藏，套进诞生才三天的儿子手腕上。

几天之后，外婆亲自下厨，染红五百只鸡蛋，分送至亲好友、街坊邻居。孙琴凤像自己得了个外甥，十分起劲，到处奔走，最主要的是蒋氏本家和蒋肇聪两位前妻的娘家。萧王庙镇孙家由三儿子琴凤送去红蛋后，立即派人送上厚礼。还带来"蒋门有后"的真心诚意的祝贺。对王采玉一直蔑视而且存有偏见的上白村徐家听到蒋家来人报喜，以及要求带寄养在外公家的瑞春和介卿姊弟去溪口与新生的弟弟介石见面，便反感地以为王采玉有意向自己炫耀，气得非但不还礼，还好话也不说一句，还将真想去看弟弟的介卿扣住不放。甚至把八只红蛋扔进"泔脚缸"里，白白臭掉，又恶言咒诅这尼姑的儿子将来必定是个臭坏蛋！

为了弥补王采玉再醮时的冷冷清清，蒋肇聪决定在儿子"满月"时，大大热闹一番。王采玉竭力劝阻，怕过分招摇，会引起人们嫉恨。可是体恤妻子的丈夫为了煊耀蒋家的门庭，也为了显示果真养了"贵子"。在得到他父亲蒋玉表允诺后，由孙琴凤一手包办，在盐铺门口挂灯结彩，大摆酒宴，还特地招来一班乡亲大舞龙灯，表示自己的儿子虽然不能确定是"贵子"，但将来一定能登峰造极，大跳龙门。

前来祝贺的客人，在向蒋玉表和肇聪夫妇道喜后，由外婆抱着外孙出来和众人见面。大家围聚过来观看，只见刚弥月的婴儿，前额高阔，双眼浓黑，鼻直唇厚，两眸乌亮，先是骨溜溜怔视四周，忽然不耐烦地张嘴啼哭，引起大家一阵哄笑。有的阿谀奉承，有的品头论足，都说这婴儿将来必定大富大贵。

过后，溪口的街头巷尾却流传起一些决然相反的谣言。有的说王采玉既然当过尼姑，她儿子当然是和尚的后代；也有说这儿子是王采玉再醮前就已经怀胎，在青布小轿里带过来的；更有人说原来是女孩，临盆时掉包，偷偷换来男婴；更其荒唐的是说谁不相信，可以当场去把蜡烛包拆开，看看究竟是雌是雄！这些凭空捏造的流言蜚语，甚至是侮辱和攻击，真使王采玉难堪、痛苦和愤懑。蒋肇聪表面上只当不知，毫不在乎，暗中却作种种调排。他把接生的肇富娘请来，要她向人公开证明：是她亲自接的生，绝没有掉包，也不是从娘家带来。唐徐氏作为蒋家的近亲，在唐兴坤糕饼店门口做生意时，也口口声声说："是我喂的'开口奶'！还闻到小毛头身上血腥气，会是假的？"王采玉想得更是周到。一天两次，总要十六岁的盐铺店员廖阿毛抱了儿子到店堂门口去立一回，说是晒晒太阳，实际是让过来行人看看这婴儿像谁？不到半个时辰，王采玉便匆匆地从内房出来，当场给儿子把屎，露出小屁股，向人公开婴儿是男是女！一些谣言不攻自破。只有那"和尚后代"的毁谤，无法肃清。孙琴凤像维护自己亲姐姐一样为王采玉辩白。蒋玉表却捋着胡子，颔首微笑：

“说瑞之是和尚后代，也有道理。我们奉化蒋氏祖先，不就是做和尚的‘摩诃太公’吗？”还颇为自信地加一句，“当年弥勒佛将布袋给摩诃太公，说蒋家后代有人要做大官，说不定就应验在瑞元身上呢！”

冬至那天，蒋玉表还特地雇了两顶轿子，要媳妇抱了孙子，到宁波小盘山去祭祀“摩诃太公”，引起四方八乡注意。“和尚后代”的蜚语却成了神圣庄严的证词。

蒋肇聪在喜获麟儿之后，玉泰盐铺的营业也一天比一天兴隆。人们又奉承又讥嘲地说他生财有道，善于经营。有一句话不好意思出口：“埠头黄鳝活络得不费力气，就把四周的虫鱼虾蟹吃得一干两净，将四乡的盐生意都抢得精光。”蒋肇聪每天在店里拨算盘，计算着所得利润；然后迈动着吃得日见肥胖的身躯，却又像黄鳝一般灵捷，脸上挂着严肃的笑容，一路上受人敬仰，回到房屋。他总是亲热先抱着儿子，又喜滋滋地望着妻子微微一笑。从他欢愉的笑容和目光中流露出内心的庆幸：妻子为他带来喜气，儿子带给他运气。

然而，“山有高低，水有深浅”，一个人的命运也总有曲折起伏。正当蒋肇聪喜气洋洋，自以为从此生意兴隆，又后继有人。不料，就在这个“贵子”诞生的第二年，蒋肇聪因临近年关，带了账房王贤栋到宁波、慈溪一带去收账。路远、账多，来不及回家，留下孙琴凤看店，由于东家外出，也无营业，伙计们便提前关门，熄灯安睡。王采玉因丈夫不在，格外谨慎，门里屋内，关门落锁。灶前锅下，火烛小心，连烘尿布的脚炉也不留一颗火星。在放心地安排停当后，才拥着吃饱奶的儿子，安心睡觉，忙碌了一天，倒下便睡熟。不到半夜，大约正是子时三刻，睡在母亲身旁的瑞元，不知道是出尿苏醒，还是别的缘故，猛地大哭，手脚乱颠，又是咳嗽又打喷嚏。人在梦里心在儿身的母亲被吵醒，先嗅到一股烟熏气，慌急从床上跳起，推开窗户，只见盐铺隔壁的豆腐店，已经火舌穿顶。天空一角被烈焰染得一片煊红。屋子燃烧发出的爆裂声和人声的喧嘈，混成一起，在半夜更尽，显得格外恐怖。更使王采玉吃惊的是，自己的玉泰盐铺，靠近豆腐店的是堆满盐包酒昙、石灰和面粉的作坊，在屋顶的瓦爿间也已经冒出浓浓白烟，浓烟中羼着闪烁不止的火星。随着风势，直向里屋卷扑过来。王采玉连棉衣也来不及披，先张口直喊：

“救火！救火！”不等她喊毕，十七岁的店员廖阿毛只穿了一件褡裢，赤着足，冲上楼梯，拼命擂门：

“师母！师母！店里火烧了！”

王采玉急忙打开门，又气又急，又催又问：

“店里火烧？烧光了？琴凤呢？你们怎么不救！快去救火！”

廖阿毛又做手势，又口吃地说不清楚：

“琴凤先生拼命在救火，要我来救你们！”说罢，冒冒闯闯地直奔床前，把正在哭叫的介石连人带被一把抱起，朝外就逃。

王采玉哪里放心将宝贝儿子交给这个虽然忠心但很不懂事的伙计？她更担心越燃越旺的火势会从作坊蔓延到店堂以至住屋楼房，就从阿毛手里抢过儿子，一面焦急地顿足责怪催促：

“这里不用你管！还不快去救火！”

憨厚的阿毛没想到好心反遭埋怨，便气也不透一口，闷在肚里，直奔店堂去救火。

阿毛一走，王采玉立刻想到公公蒋玉表。年已七十四岁的老人，恐怕还不知道一场凶灾已经逼近。如果再睡在梦里不醒，谁知道会不会被火烧身。贤惠的媳妇想到丈夫不在，应负起小辈护老的重大责任，便不顾一切，抱着儿子冲下楼去，还没走近公公房间，在烟雾中只见房门洞开，七十老翁早就闻讯赶到作坊去救火。这玉泰盐铺是他一手开创起来的发迹地，半生心血都洒在这上面，怎么能让无妄之灾，顿时三刻把它化为灰烬！儿子不在，孙子还小，他拼老命，也要把辛辛苦苦赚来的财产从火焰中抢夺回来，即使一包盐，一坛酒，也是他家的血汗和未来再生发的资产啊！

王采玉发现公公也冒险去救火，自己不能坐视不管。她正要迈出一双小脚，朝外赶去时，忽听到楼上传来房门被风吹得一开一闭咯咯作响，就猛地想到：自己房内藏着丈夫赚来的财宝，如果有人趁火打劫，房里无人看管，岂不要被人掠夺一空？何况自己又不能抱着孩子去救火，把儿子一人留在房里又不放心，还不是自己和儿子一起，回到楼上，面对亡父遗赠给她的那古瓷玉器，强自镇定，坐在她的木椅上死守，这位贤德贤能的主妇，在危急时刻，果断地作出最后决定。

救火的人很多，几乎街上所有壮丁都出动了。曾受过蒋家恩惠的亲友，如对街唐正兴饼店老板唐兴坤，既是姻亲，又是近邻，还得到过不少好处，他妻子又是喂介石“开口奶”的，就不顾自己身家性命，要店里的大小伙计，一起拎了水桶去救火。也有平时妒羡蒋家富裕又暗恨“埠头黄鳝”刻薄的乡邻和同行，以救火为名来看热闹。嘴里啧啧地感叹惋惜，心里暗暗幸灾乐祸，说是借公济私、为富不仁的报应。可是人虽多，水桶有限，而且从百来步远的河浜一桶桶拎到火场，非但远水救不着近火，近百担干柴，一烧就着，加上石灰碰上水，反而沸腾地爆烈开来，无异火上加油。孙琴凤衣服也烧焦，手脚也灼伤，还是拼命救火。年老而健壮的蒋玉表绝望了。他立即命令伙计们撤离作坊，坚守店堂，把一切力量放在扑灭店堂里的火焰。最后店堂烧去一半，作坊全部毁灭。坚强的老人痛心地瞪视着夺去他大半财产的熊熊烈火，居然毫不颓丧，还负气地伸出双臂，咬着牙对天呐喊：

“烧吧，越烧越兴旺！旧的勿去，新的勿来！”喊声未止，已禁不住老泪纵横。

等蒋肇聪收账回家，等待他的是整个作坊和半边店堂变成余烬未息的一摊废墟。他目瞪口呆，欲哭无泪，他悔恨不该外出，有他和能干的王贤栋在场，不是单靠孙琴凤一个人，火灾不至于害他遭到如此巨大损失。父亲的鼓励和妻子的安慰，并不能递减他内心丝毫悲伤。而儿子张开小嘴，不断刺耳的哭声更增加他恼恨。于是当街头巷又流传不堪入耳的风言风语：“‘八败命’就是‘八败命’，败了第一个夫家，又败第二个蒋家！”“说啥寡妇生贵子，原来‘扫帚星’生了个‘火神菩萨’！”蒋肇聪听在耳里，羞在脸上，怨在心里，便将肚子里全部怨气发在儿子身上，介石自小脾气急躁，稍不如意，张嘴就哭，母亲哄劝不住，父亲烦恼地掀起开裆裤子，打小屁股。介石越打越哭，他越哭越打，打得王采玉心痛难熬，又不敢阻止、规劝，只会两眼通红、泪水满眶。最后还是祖父蒋玉表出来挡住，还严厉地训斥儿子：

“你把他打死，蒋家要断种！”接过孙子去，百般逗哄。

蒋介石还是张开嘴大声啼哭。不管你强压还是软骗，他依旧任性地哭过不休。最后是不出眼泪的干号。直到精疲力尽，哭不出声为止。才出世一年几个月的蒋介石，在幼儿时代就显示他那倔强而又恣肆的骄横脾气！

七　顽皮的童年

一场烈火，烧毁了蒋家的货栈和半爿店铺，但泯灭不了蒋玉表重振家业的雄心和蒋肇聪从不服输的精神。他们不动用祖产，在曾经合伙的同行以及亲友们的支助下，在废墟上重建玉泰盐铺，而且造得比前更有气派。店铺作坊和住房四周，用粉垣青瓦两尺厚的"风火墙"团团围住，矗立街头，显得分外庄严和神秘。

大面积的翻造房屋，必须留出空场和住屋，堆放木料砖瓦，和供无处安身的职工住所。于是蒋肇聪就带领妻儿移居到丰镐房去。丰镐房当年落成后，前厅共三间，中堂又名"报本堂"，供奉蒋氏曾祖以下神位。每年清明立春，祖先生辰忌日和岁末送年正月迎新，子孙都要来此拜天祭祖。厅西有一幢两间一弄楼屋的小楼，专为别处来溪口祭祖的后辈暂时栖住之用，平时空关着。蒋肇聪一家就住进小楼，俨然成了丰镐房主人。他比过去更自负，对人也更威严了。

四乡八邻都认为蒋肇聪这一房住在这由他们自己出钱建造的祖宅内，名正言顺，理所当然，不料却惊动了肇聪原配夫人蒋徐氏的娘家——上白村徐家。徐家为了打击王采玉的威风，逼迫她暴露后娘的真面目，故意突然地派人传来喜讯，说由外婆做主，将蒋徐氏遗留下的女儿瑞春许配给离溪口五里路的任宋村农民宋周运，要肇聪夫妻出钱出力，在三个月内筹办全副嫁妆。肇聪心里虽然不满这件婚事，然看在前妻面上，只得慷慨解囊。王采玉没想到徐家对她有意为难，倒是满心欢喜，毫无怨言地承担起做母亲的责任，比亲娘还想得细心周到。她要丈夫把瑞春从徐家接回来住，仿佛亲生女儿出嫁，筹备嫁妆，从女红到家具，一样不少。三个月下来，嫁妆堆满一客堂，她在王贤栋和孙琴凤相帮下，日夜忙碌，汗流一钵斗，人瘦一大圈！未来新娘子瑞春虽只有十五岁，早年丧母的女孩格外懂事。过去对后母有隔阂，三个月下来她深深感到后母王采玉对自己不比亲娘少一分关心、亲切和体恤。任凭别人如何挑拨，她还是本着良心，把后母当亲人，她为了表示对后母的敬爱，常常抱着顽皮好动的异母弟弟介石到大门口去站立，到剡河沙滩上去玩耍。出嫁那天，她敬重地叩别了父亲和后母，又紧紧抱住介石，含着泪亲了又亲。

小白村徐家万万没想到，瑞春出嫁并没难倒王采玉，反让她获得贤妻良母的美称，抬高她在丰镐房的地位。于是，他们就在介卿身上打主意。当初他们留养外孙介卿，作为向王采玉当蒋家主妇的抵制，也就是不让这个既是寡妇又做过尼姑的"八败命"充当蒋家唯一后代介卿的后母。王采玉生下儿子，而且奶名瑞元，其用意无异是夺取蒋门的魁首，就更嫉恨。玉泰盐铺一场大火，徐家幸灾乐祸，对王采玉母子极尽诽谤之能事，暗暗责怪上天没将"八败命"活活烧死，消灭掉蒋家的祸种。谁料"眼中钉"居然因祸得福，堂而皇之住进蒋门祖宅丰镐房，竟成了蒋氏嫡裔正宗，丰镐房唯一继承人。本来等蒋肇聪过世之后介卿以唯一长子的身份接受蒋家遗产。现在看来，介石将是唯一的继承人。于是，在经过几次密谋后，决定将介卿送回给蒋肇聪。虽然已过继出去，但仍是丰镐房嫡传子孙之一。而且介卿比刚两岁的弟弟大出十二岁，长得已经像个大人，在私塾读了六年书，又进政法学堂去求学，能写能算，又知情达理，这样一个堂堂正正的青年男子在人前一站，谁不承认他是蒋家无人可比的后代？也是未来的“埠头黄鳝”！外婆家还用尽心计为他作出安排，不许他住进丰镐房和王采玉合住一起，怕受欺侮和哄骗，也表示他们之间不是一个窝里的鸡种，要他和祖父蒋玉表同住在玉泰盐铺，日夜侍奉老人。平时在店堂柜台前一坐，帮父亲蒋肇聪看管店铺，算算账，在众人眼里成了无人可替代的小老板，玉泰盐铺真正的接班人。他上任后的第一件事，就是对付孙琴凤，话语中责怪一场大火的酿成应由琴凤负主要责任；又背着父亲故意在细小事务中找岔。老实耿直的孙琴凤一气之下托故告退回家。

王采玉知道上白村介卿外婆家的心计，可是她并不在意，还真心热诚地将介卿当作自己小辈，一天三餐，送饭送菜；一年四季，问暖问寒。不能说比自己儿子还喜爱，可是和自己儿子一样对待。她要儿子亲热地叫介卿哥哥。而受到外婆家教唆的介卿不要说对弟弟冷待，连对比他只大十一岁的继母也从来不愿意叫声“娘”，人前人后都称她“瑞元阿姆”。蒋肇聪实在看不过，训斥了几次，但抵不过外婆家的暗中支持和怂恿，介卿除了祭祖外，从不踏进“瑞元阿姆”屋门槛。祖父当然宠爱“必成贵子”的小孙子介石，然眼见大孙子介卿少年老成，沉稳能干，是管事理财的能手，他自己年过七十，儿子精力不济，介石又幼小无知，蒋家的事业财产，也实在需要有介卿那样的后辈来主撑门庭！

蒋介卿俨然以蒋门小主人自居后，他的外婆家又提出，理该为介卿早日成亲。他们并不和蒋家商量，便自做主张，与徐家同村的一家远房亲戚配婚；还拣了黄道吉日，限期定婚和结亲。祖父蒋玉表希望能四世同堂欣然同意。蒋肇聪认为失去做父亲的尊严怏怏不乐，准备借口反对。倒是王采玉为了息事宁人，不愿被人怀疑又是后母在中间挑拨破坏，就力促其成。她还毫无私心地要丈夫拿出四式首饰、八件衣料，加上六百银元聘金，还有糖饼糖糕、万年青、吉祥草，装满四杠箱，直送小白村。结亲之日，她恳求丈夫要注意排场，免得被人说过继的儿子两样对待，就不惜花费盐铺三笔生意的盈利，还卖掉五亩地。她还费尽心力，亲自为介卿在盐铺内的楼房里布置新房。没想到王采玉一片好心，却落得一场没趣。大喜之日，新郎新娘向外婆家大大小小叩头见礼，唯独在拜见公婆时，只请蒋肇聪上座，还推说王采玉是没坐花轿的“偏房”，没资格也没福气消受媳妇的见面礼！王采玉当众受奚落，然而她还是吞下泪水，要丈夫把自己心爱的一朵珠花，作为见面礼赠给媳妇！

王采玉在搬进丰镐房的第二年，又怀了孕。别人都希望她再生个儿子，唯独她暗暗祈求生个女儿。温柔的母亲多么盼望有一个面貌像她性格相近的温柔女儿。女儿取名瑞莲，当时介石只有三岁，可长得比同龄的男孩高大，也比别的孩子顽皮。他心急脚头快，平时走路，不是摇摇晃晃，便是跳跳蹦蹦，做娘的怕他失足跌跤，尤其是一出丰镐房就是银波闪闪的剡溪。母亲担心粗野的儿子去溪边沙滩玩耍，一个莽撞跌进溪里，小性命不保。除非由她亲自带领，儿子的小手拉着她长袄后襟，步步跟随，平时就不许介石独自一人出丰镐房大门一步。介石只得在屋里，和初生妹妹一起玩耍。他常常表示亲热地用手使劲拧扭妹妹又嫩又白的小脸。妹妹痛得嘤嘤直哭。他非但不放手，还强要妹妹叫自己“阿哥”，急得母亲连忙赶过来，把介石推开，埋怨几句。蒋介石非但不认错，还认为母亲有偏心，不讲理，就委屈地一屁股坐在地上，双脚乱踢，不流一滴眼泪地哇哇直哭！

一过三岁，庄严冷清的丰镐房关不住生性好动的蒋介石。他已经不满足老是仰头观看报本堂走廊两壁“关公斩六将”和“岳母刺字”宣扬忠、孝、节、义的彩画，更无心再看挂在堂檐下“将军打仗”的走马灯。他虽然喜爱花卉，看多了也觉得无趣和厌烦，总觉得花朵长得太慢。他更不甘心每天只随母亲去一次盐铺问候祖父，便趁母亲在喂妹妹奶时，总要偷偷地溜到大门口去，坐在门槛上，两眼骨溜溜地眺望前面银波闪闪的剡溪和满山遍野的杜鹃花。啃着母亲给他的一只冷芋艿头，有一口没一口地吃得精光，对面唐正兴饼店老板娘看到，就要和介石一样大小的儿子唐文才，送过来一只咸光饼或者一只团子。两个孩子一边吃一边唱，摇头晃脑，辫子乱甩，高兴得再也坐不住。总是介石带头，沿着剡溪沙滩三步作两步地朝西奔跑。直跑到快近玉泰盐铺时，怕被店里的人看到就不敢再走远，便抬起头昂望矗立在西边苍穹的雪窦山。祖父常常兴趣勃勃地叙说山上的风景：千丈岩、妙高台、雪窦寺，等等。介石听得出神，在他小小的心灵里，那群峰簇秀的幽谷青山仿佛是个神秘而又诱人的神仙世界！可是他从来没有到过，只能遥望。每次直到传来母亲的叫唤，才依恋不舍地赶奔回家。母亲的责骂甚至拍打，也阻挡不住大自然对他的诱惑和他本人野性的宣发！

四岁那年，时近旧历岁末。蒋肇聪为了庆贺玉泰盐铺重建复业后生意兴隆，财源茂盛，不惜花费钱财，要热热闹闹过一个“发财年”。他自己为了收清本年内的欠账，还筹划明年的货运，便带了王贤栋离开溪口，将玉泰的店务和过年的种种事务，全交给学堂放假回来的介卿身上，介卿起先很不愿意，想到外婆家去过一个“快乐年”。他的舅舅却主张他留在溪口，父亲不在，他就成了玉泰的店主和丰镐房的“家长”。于是，他整天坐镇盐铺，在账桌前收钱记账。祖父下楼来相帮，他不是怂恿老人出去游山玩水，散散心，便热心介绍某村某人生病，请祖父行善去施诊。祖父见这个孙儿少年老成又精明练达，管店不放过一个客户，收账不错落一枚铜板，非但放心，还赞许地加以嘉奖。这就更引起这位小管家的狷傲和跋扈。特别对只比他大十一岁的继母王采玉，真是目无尊长，言无老少。

王采玉为了过年，忙碌异常。她先要为全家老小添置新衣，在两个月前，就要丈夫从鄞县买来绸缎棉布。这位闻名奉化的“女红”能手，亲自裁剪、缝纫。在烧饭、洗衣之余，一刻不放松地低头躬背做针线活，连喂奶时也抽出手来钉纽扣。赶到快近年底，从祖父起，丈夫、儿子、女儿，还有如同已出的介卿，内衣内裤，长袍马褂，一直到土袜布鞋，一个不缺，一样不少，单单来不及做自己的新衣服。丈夫已出门，家里要过年，作为主妇，有很多习俗的礼节都要应付，需要准备。一切事务都压在她身上。为了送旧迎新，屋内屋外，厅里房间，地板家具，都要洒扫洗刷得干干净净，一尘不染。为了使丰镐房增添过年的喜气，坐椅案桌披帏挂幔，廊前檐下贴红悬灯。既要备下去亲戚家拜年馈送的礼品，还要储藏过年前后一桌桌酒菜的鱼肉鸡虾。每当她单人双手，实在忙不过来时，很想请盐铺里的伙计来帮忙，可是小老板周康，推说店里生意忙碌，一概拒绝。有一次，廖阿毛偷偷溜出来代主妇“掸尘”。周康一翻脸，竟要他卷铺盖滚蛋！最使她难堪的是每当她想起要购买某种物品，不得不去玉泰盐铺，向主管银钱往来的介卿要钱，而介卿从来不爽爽快快答允，不是推说尚未结账，不能事先挪用，便是借口今天门市生意清淡，入不敷出。王采玉要一笔钱总要来来回回走好几次。即使给钱，也要后母报出购买什么，数量多少。那位“小老板”慢慢吞吞地将算盘拨来拨去，算出一个实数再打个折扣，最后一个铜板也不多地交给王采玉。她明白这个“儿子”有意跟她为难，但从不记气，还笑眯眯地接过钱，赶紧上街买这买那。买少了怕不够用，买多了又怕钱不够。只有横算竖算，店里的伙计以为玉泰盐铺老板娘，丰镐房的女主人，竟如此吝啬小气，连几个铜板也斤斤计较，王采玉心里委屈，有口难言。倒是丈夫第二位亡妻的弟弟孙琴凤，不时地派人来分担异姓妹妹的劳苦。王采玉千谢万谢，感激不尽。

最使能干而操劳的主妇感到沉重负担的是，过年前后有一大连串必不可少的礼节和习俗。蒋肇聪临走关照妻子，在他回来之前要做好“年糕”和“元宝”，而且要比往年增加一倍，显示今年比过去好。王采玉就从对面唐兴坤糕饼店请来十四个糕饼司务，在丰镐房院子里特地砌起个大炉灶，在浴桶一样大的铁锅里，烧出一锅锅白米饭。由两个司务，手里裹着浸湿了井水的白粗布，迅速利落地从热气腾腾的锅里捧起二十来斤重的热饭团，快步如飞地搬到报本堂前。那里放着一座小圆桌大的石臼，旁边站着两三个颈大臂粗的司务，一等饭团落进臼里，就扬起几十斤重的石杵，用力地一下下舂着饭团。每舂一下，有人趁石杵举起的片刻，在杵头上迅速抹一把水，又敏捷地将饭团翻个身，饭团舂成面团，捧到四周坐着糕饼师傅的长板桌上。师傅们既使劲又灵巧，不到半杯茶的工夫，十多斤重的面团，做成二百条年糕和叠成五层的大小“元宝”。王采玉亲自在一块块年糕上盖上由箬壳组成的梅花形红印，还特地在“元宝”中央盖着“玉泰盐铺”的印章，大冷天忙得满头大汗。在百忙中她最不放心的是顽皮儿子蒋介石。

今天是蒋介石最高兴的日子，也是他出世之后第一次见到丰镐房这样拥挤和热闹。他兴奋地在人丛里窜来窜去，爬上落下，一双小手帮母亲在年糕上盖印，小嘴巴也不停地咀嚼着包着咸菜虾米或芝麻白糖的甜咸年糕团！他最感兴趣的还是站在石臼旁观看师傅“舂年糕”。石杵他举不动，饭团他翻不起，可是对那在杵头上抹水的动作，觉得既冒险，又好玩。生性顽皮的介石，越是危险，越觉得有趣！母亲知道儿子粗野无羁，也怕他闯祸，不许他走近石臼。介石只得趁母亲在百忙中一个疏忽，一溜烟奔到石臼边旁。石杵的一举一落，帮手的一抹一翻，旁观者的呼吆喝彩，看得他眼红手痒，心花怒放，忍不住举起衣袖，在拿杵者举起石杵的一刹那间，他冲上一步，伸手一浸冷水，朝着正要落下的杵头拍去！大家被这四岁孩子突如其来的冒险举动吓呆了，同时齐声发出一阵惊呼。舂杵者立即将石杵煞住在半空，帮手慌急抢救似的抱开介石。所有的人急出一身冷汗，母亲几乎要吓昏过去，而粗蛮幼稚的介石却手舞足蹈，还满足地发出嘿嘿憨笑！

蒋肇聪外出收账，满载而归。回家看到妻子为过年安排得周周全全，毫无疏漏，而且克勤克俭，省下不少钱，更是赞赏。他赚回不少金钱元宝，要妻子把面做的“元宝”分赠给四亲八眷，左邻右舍，王采玉最先想到的是小白村徐家。年糕“井”字形地放满一杠箱，“元宝”叠得半人高，由介卿带着两名伙计抬去。萧王庙姚家也是满满一杠，王采玉在分遍所有亲友邻舍之后，才轮到自己娘家。不论是年糕还是“元宝”都比小白村徐家和萧王庙姚家少一倍，可是谁也不理解她的苦心，有人反说她在年糕底里藏着真元宝，接济穷娘家！她真是哑子吃黄连，有苦说不清！接着就忙“谢年”，将去年接来的财神爷在阵阵爆炸声中送走。介石在盐铺伙计敲打“年夜锣鼓”时满地乱滚。由叫花子和流民组成的唱班到门口唱“马灯调”时，介石听了一遍就学会，不是母亲喝止，他真会跟在班子后面，一起去唱曲讨赏！

到了大年三十，除夕夜蒋玉表在丰镐房大门贴上亲自书写的门联后，全家老少，在报本堂红烛高燃中，团团圆圆，围聚一桌吃年夜饭。祖父带头恭敬地向祖先神位叩头后，筵席开始，老人朝南一坐，自斟自酌，独饮三杯“花雕”。坐在左首的蒋肇聪，一手抱初生女儿，一手握杯，陪饮一盅。孙子介卿和介石在朝北的末座并坐。十六岁的哥哥，循规蹈矩地正襟危坐，等阿姆搬来炭烧的紫铜暖窝，正式开饭时才动筷子。才四岁的弟弟，将一只小矮凳搁在椅子上，坐着比哥哥还高。他一上桌，就双手撑着桌面，伏出上身两眼直瞪瞪盯住那碗他最喜欢吃的干菜烧肉，一阵阵香气使他压不住馋欲，好几次要拿筷子，去搛肉，都被身旁的哥哥捏他一把小腿阻止。他虽不服可也无法。直到母亲捧上暖窝，从饭筒里盛了热气腾腾的三碗白米饭，才要两个儿子和自己一起请祖父、父亲"慢用"。然后将鱼、肉搛给儿子，开始吃饭。哥哥故作斯文地"吃饭数珍珠，吃肉不油嘴"。而介石却肆无忌惮地"吃饭龙吸水，吃肉塞满嘴"。母亲对他白眼，父亲笑着抿嘴，祖父还特地把一块肉扔到小孙子碗里。哥哥见大人们这样偏心弟弟，实在气不过，就忍不住白眼乌脸地责骂介石：

"你人小，吃这么多！肚子装不下，当心满出喉咙来！"

蒋介石虽只有四岁，可是从介卿哥哥平时对他冷漠鄙视的态度，也知道这几句话是在骂他不该贪嘴。他很不服气，一肚子气，又不知道怎样出气。为了表示自己虽是个小孩并不比大人差，滚圆的小肚子可以装得下很多东西。他赌气地要让大家亲眼看看从自己的喉咙到肚子究竟有多少深浅！于是他把上身一挺，昂高头，张开嘴，将一只金漆的杭州圆木筷子，对住喉管，直插下去！

所有的人看到这骇人的举动，都吓呆了。只见介石身体僵直地靠在椅背上，喉咙里的筷子使他的头颈绷得笔直，头也不能动，手脚乱挥，嘴里发出痛苦的叫声，泪水流满一面。

母亲吓得手脚发软，父亲因抱着女儿瑞莲，不能起身，惶急地命令介卿赶快就近抢救。介卿也惊慌失措，又不知道该如何处置，就用力扯开弟弟的嘴，伸进手指去拔筷子。

一阵剧痛，蒋介石昏厥过去。背脊僵直地倒在椅上，声音也没有了。王采玉慌急扑身上去，悲痛恸哭。

多喝几杯酒的祖父，有些昏沉，刚才刹那间灾祸的发生，他还在迷糊中。只见眼前一片混乱，儿子惶急的唤叫和媳妇的哭声，使他猛醒过来。他踢开坐椅，沉稳地一步步走到已经痛死过去的孙子身前。挥手阻止众人的叫喊和哭声，捋起衣袖，不慌不忙抬起介石的下巴颏，然后从桌上拿起一双筷，伸进介石嘴里，又像用力又不费力地夹住露出孙子喉咙口的那只筷头，慢慢地、轻轻地、一点一点地朝外抽拔，等筷头拔到嘴边，才迅捷地朝外一抽，染着血丝的那只要命筷子"唰"地跳了出来，可是介石仍昏厥不醒。祖父双手颤抖捧住孙儿的头，轻声亲切地唤着孙子的奶名："瑞元！瑞元！"把自己留着胡子的嘴，凑着孙儿的嘴，连连接气。介石在祖父拯救下，终于苏醒过来。

这真是个不平凡的除夕，在送旧迎新之际，蒋家的孙子逢凶化吉，死而复生。那天夜里，蒋玉表不像往年那样，去玉泰盐铺守岁。他要介卿回店，在听到街上响起声声过年爆竹后，便催促肇聪夫妇带着伤痛的介石早早安眠。他独自一人去到报本堂，对蒋门祖先点香叩头，虔诚祈祷：保佑他心爱的也寄予极大希望的孙子平安无恙，前程无量。他精神抖擞地兀坐在寒冷的报本堂里，在烛光下守岁。他一直没有合眼，放心不下孙子，怕孙子筷子戳伤喉咙，变成哑巴，不会讲话。他一连五次到肇聪住房的窗下伫立，探听动静，忍不住关切地轻轻探问。儿媳回答：儿子喉痛，不能出声；或者说介石刚睡着。直到第六次，当老人忧急地再一次在窗下询问时，病卧花房的介石，可能是真的痊愈，也可能为了免使祖父担忧，竟忍着痛楚，亲自高声回答："阿爷，我好了，一点也不痛，我可以讲话了，阿爷放心吧"！祖父笑了，两行感动的老泪沿着满面皱纹潸然而下，他为自己有这样一个志高气昂、刚强而又有胆魄的孙子，感到无上高兴和自傲。

八　倔强和无赖

小小年纪的蒋介石，居然做出这种粗野而惊骇的举动。简直使人不敢相信。大年初一，亲眷乡邻们到丰镐房来拜年，为介石接生的昭仁婆婆、给介石吃“开口奶”的兴坤嫂，还有曾经喂过介石奶的蒋单氏，比自己孩子受到创伤，还要肉痛，围着介石母子问长问短，加以慰问。受到惊吓还未定下神来的母亲，哄劝受伤的儿子不要起床。可是任性而又逞强的蒋介石偏不听话，趁母亲离开房间去和亲友们交谈之际，他粗心忙乱地套上母亲为他准备好的新衣，不顾喉咙里的伤痛，七撞八跌冲下楼去，连脸也不揩，奔到报本堂，见了长辈，一个个跪下拜年，讨压岁钱。

大家哈哈大笑。母亲埋怨儿子年幼无知，毫不懂事。父亲笑着训话，但心里想到“大难不死，必有后福”，看来瑞元很可能是“贵子”的命！祖父却拍拍孙子的头，既夸耀祖先，又嘉奖后代：

“这是我蒋家祖宗摩诃太公显灵，也是瑞元他本人有佛缘！未来必成大器！”

蒋介石听不懂祖父话中的含意，但从祖父、父亲和亲友们的神色中，感觉到自己刚强不凡，与别的孩童很不一样。于是他越发顽皮和强横，处处显示出有超人一等的本领和气概。

他五岁那年，母亲又怀孕了。过度的操劳加上疲困衰弱，实在没有时间和力气去管教儿子，但是仍不断地叮嘱：不许乱动，不许出门。介石却生性好动，举止粗野，又是童心未泯的男孩，要他一整天安安稳稳坐在家里，真是比要他性命还难过。起先，他还能听从母亲的管教，真的不出家门，只在客厅的櫈桌爬上落下。有时在报本堂前乱奔乱跑，三步一跳！疲累时，门槛上一坐，喘了三口气，又开始活动。有一次，他活动得满头大汗，嘴里干得像火烧，便踅到“七石缸”前，想掏缸里的水喝，润润曾被筷子插伤过的喉咙。他扑到缸边，朝里一看，只见缸里的水面有自己的倒影，他仿佛第一次发现这个奇迹，伸手去捞，水纹的波动使他的面影闪忽消失，更触动他的好奇，就搬来凳子，站在凳面上，整个上身扑进七石缸里，还伸手想从缸底里捞出自己的面孔。不料用力过猛，扑通一声，整个身体倒栽进缸里，阴凉的水浸没他的身体。他恐惶地张嘴要喊，还没出声，满嘴是水，连气也咽不过来，就将露出水面的一双脚乱颠。

大概又是“大难不死，必有后福”。在玉泰盐铺管账的王贤栋因受不住小东家蒋介卿的气，又到丰镐房来向堂妹哭诉。经过报本堂时，瞥见屋前檐下的那只水缸上露出一双摆动的脚。他立刻认出这是外甥介石的鞋子，慌急奔过去，用足力气，拉住介石的辫子，把他从水缸里拖起来，让他平躺在地上，一面高声呼喊，叫介石的母亲王采玉。介石吐出两口水，忽然睁开眼睛，狠狠地用拳头猛搥舅舅的小腿。怪他多事，不该让母亲知道，王采玉闻声从楼上赶下来。看到儿子半身水湿，不问也知道是闯了祸，就举起手，气愤地狠打儿子的头。介石并不觉得太痛，可是害怕母亲的威严，就畏葸地跪倒在母亲身前，哭着求饶：

“我以后再也不碰水缸！再也……”

王贤栋也代这个顽皮的外甥求情，王采玉就把举起的手，轻轻放下，拖着半身透湿的儿子，到楼上去为他换下湿衣，怕他受冷生病。介石等换上温暖的新衣后，顿时忘了刚才自己闯的大祸，也不记得母亲的打骂，竟又笑嘻嘻地三步一跳下楼去玩了。

在"水缸之灾"以后，王采玉对粗野的儿子更不放心。她原以为介石到外面去要闯祸，不料把他关在屋里同样顽劣。筷子插喉、跌进水缸，这些令人惊悸的举动，连一般野蛮的孩童也不敢尝试，而在介石身上却一而再、再而三的发生，是儿子顽劣无知，还是他有别人所不及的胆量？顽劣使人讨厌，这种无理的胆魄也让人担心！王采玉不愿介石再这样撒野下去，可又不知该怎么教导。放出去不放心，关在家里不安宁，只有一整天将儿子像裤子带一样缚在自己身边，儿子每走一步，每做一件事，都要叮嘱再叮嘱，管教再管教。她好几次向丈夫提出，要做父亲的多加管教。可是蒋肇聪一来忙碌，二来对儿子有偏心，便挥挥手推托："随他去！男小孩是要蛮一点！省得被人欺侮！"还劝妻子：自己身体不好，怀了孕，家务又忙，一天忙到晚，不要时时刻刻去管住介石不放，总有一天，要身心交瘁。妻子却心情沉重、神色庄严地回答：

"我阿爸活着时常常对我们说，'玉不琢，不成器''人不教，不成材'！我不巴望介石将来是不是成为贵人，只要他成器、成才！'三岁脾气传到老'，像他这样强横，大起来非做强盗不可！我们葛竹有句老话：'毛竹从嫩压，做扁担就会直！人要从小管，长大后不会变坏！'我们一定要好好管教他！"

蒋介石在旁边歪着头听着，觑到母亲说话时严肃的眼色不由得栗然，就委屈地低下头去。他在母亲前害怕母亲，只要一旦不在母亲眼皮下，又要压制不住天生的野性。

这年除夕。他在母亲叮嘱再叮嘱的管教下，虽然受到过年热闹气氛的引诱，也只得规规矩矩，不敢乱动，先是坐在小板凳上，两眼直瞪着那盏他爱看的出相入将的走马灯。到了谢年祭神时，他再也忍不住，用手指暗暗地去挖象征元宝的鲫鱼的眼睛；送神时不怕炸痛地去抢炮仗头；人家盘龙灯，他手舞足蹈地在一旁学盘龙头的姿势；做年糕时，他不敢像去年那样公然用手蘸水冒险去拍石杵，而当年糕师傅将饭团扔到桌板上，他总要以小东家的身份，抢先去摘第一个年糕团！吃年夜饭时，当然不会再像去年那样将筷子插喉咙，可是他仍暗中与介卿哥哥赌气比赛。肚子虽比别人小，吃得要比别人多！情愿肚胀，宁可呕吐，就是不肯服输！

第二天过新年。上午跟随祖父、父亲和哥哥介卿一起在家祭神拜祖。又按照奉化的风俗，正月初一，各家各户子孙都要到蒋家总祠堂去参拜祖宗。过去，蒋介石因年幼辈分小，轮不到他，即使去也由母亲抱着，或者由父亲拽着，庄严的祠堂里，只有靠在一边旁观的份。今年，经过"筷插喉咙""倒身进缸"的风险，别人不再把他当作软弱娇嫩的稚子，他自己也以英雄好汉自居，要跻身在大人群中。母亲因怀孕而且即将临盆，不便进祠堂，只得不放心地候在外面。介石便由祖父带领进祠堂，祖父蒋玉表因是"摩诃太公"后代，在族里受人尊敬，父亲蒋肇聪既是乡绅又是公推的"管公堂"，在村里的地位显著。蒋介石作为蒋门子孙当然也就此沾光。可恨他同父异母的哥哥介卿为了表明自己是长子，处处沾先。进祠堂时，他要走在介石前面。拜祖时他也要先下跪叩头。蒋介石人小后进，抢不过他，心里又是恼恨又是妒忌，可也无法，便找机会在别处出气。长辈们祭祖后退出，小辈领取"拜岁饼"。介石按次序落在介卿后面。介卿恭恭敬敬地从族长太公手里领到一份，可是当介石伸出手，接到一份饼时，却并不罢休，圆睁两眼，涎着嘴角，黑心地开口索讨：

"太公，我要三份！"

从来都是每人一份，谁也不能多要。可是小小的蒋介石竟开口要三份。族长太公看在蒋玉表父子面上，勉强含笑地摇头，表示回绝。正要走开的介卿回头来做出长兄的样子，轻轻骂一声："贪心不足！"要把介石拉开，介石偏不走，仍向太公伸出手，还怕太公年老耳聋听不见，大声喊叫：

"我要三份！三份！三份！"还高高伸出三个指头！

介卿再也看不过，便放出长兄架子一把抓住介石的衣裳，就走。倔强的介石哪里肯依，他更不服这个哥哥管教，就伸手将介卿推开，还狠狠地骂：

"不用你管！"

哥哥和弟弟你拉我扯，争做一团。别家孩子上来劝阻，也没有用。有人赶紧到门口去告诉王采玉，王采玉没想到儿子居然在庄重神圣的祠堂里闯祸，就顾不得礼节，急忙进去。沉着脸阻挡儿子，在众人面前不便打骂，只得低声柔气地命令儿子。介石见到母亲，也有几分害怕，正要收场，不料在一旁的哥哥介卿得意地发出两声哧哧冷笑，分明在讥嘲弟弟屈服和退缩，性格强横的介石哪里肯就此罢休和认输，又不敢向母亲反抗，便抱着那份拜岁饼，躺倒在地，擂地十八滚，大耍无赖！一些围观的孩子们拍手叫喊。香烛店老板还鄙夷地抿嘴嘲骂："瑞元耍无赖了！"于是，那群孩子也指着介石一起哄叫："无赖！瑞元无赖！"要面子的母亲眼看着又哭又叫浑身尘泥的儿子，在众人面前撒泼、出丑、被人辱骂，真是又窘又气，不知如何处置！多亏族长太公出来打圆场，便从竹篓里再取出两份拜岁饼，塞到赖在地上哭叫的蒋介石手里，话也不说一句，做手势催王采玉带儿子火速离开祠堂。王采玉羞愧难堪，一把拉起正满足地捧着三份拜岁饼的介石，在众人的嘲笑和冷眼下，急急夺门而出。正在门口和别人闲谈的蒋肇聪，为了维持他乡绅的尊严，不得不虎着脸叱责一声！王采玉满面通红，拉了儿子从祠堂走到丰镐房。一路上人们也都以惊诧和指责的目光逼视他们。蒋介石却若无其事地一边咬饼，一边被母亲拖着走。吃了几口，觉得不好吃，就将剩下的拜岁饼毫不在乎地一起扔掉，惹得众人责骂。母亲恨得牙齿发痒，羞恨得连头也抬不起来，突起怀孕的肚子，脚高脚低地直朝前赶。一进丰镐房，跨入房门，举起从灶间拿来的柴爿，对着介石的屁股，狠命打去。蒋介石出生以来还没遭到过母亲这样凶狠的责打，隔着衣服痛倒不感到太痛，就是害怕，怕母亲越打越厉害，就双手捧住头，就地趴下，钻进床底去。

王采玉更是气恼，可是自己怀孕，弯不下身，便将拂尘狠狠地拍打床沿，朝床底喊骂。蒋介石不敢出来，又知道母亲不肯放过他，便伏在地上，呜啦呜啦大哭！

祖父蒋玉表知道孙子又闯了祸，想必定要受到惩罚，急忙赶回丰镐房，一面劝慰媳妇，一面要孙子爬出来，向母亲求饶。蒋介石知道有祖父庇护他，不会再挨打，就一骨碌从床底下蹿出来，对母亲叩个头，不等母亲训骂，就抹干泪水，撇转屁股逃出房去了。

王采玉放下柴爿，气愤难消，又感到羞辱难忍，禁不住掩面恸哭。

蒋玉表器重媳妇的品德，可又钟爱唯一的孙子，他既不愿看到媳妇伤心，又担心孙子会受委屈，便婉言相劝。

"我蒋家先祖摩诃太公是弥勒佛的徒弟，"他只得搬出一番媳妇无法否认的道理来，"弥勒佛仙逝时，给摩诃太公一个布袋，说是官服，说不定就应在瑞元身上。相面先生不也说你必得贵子吗？"

王采玉又痛心又气馁，失望地回答：

“瑞元这种脾气，会是贵子？”

“会！会！”祖父竟信心十足，“只要好好管教，必成大器！”

祖父和母亲虽然宽恕蒋介石，可是别人却不饶他。这次为争拜岁饼耍无赖的行为，使他出了个丑名——“无赖瑞元”！

蒋介石并不认为这可笑的绰号对他是个耻辱，反以为自己耍耍无赖，别人反而怕他。而且除了母亲，谁也压服不了他的“无赖”，倒是对付别人的好“法宝”。所以别人越骂他，他越得意，越加“无赖”，越加任性，而且还为自己能做出别人不敢做和做不到的事更感自豪。

事后，蒋肇聪在妻子面前不得不做出严肃的样子，责骂几句，可是心里却自言自语：“我乡绅的儿子，是可以比别人多要一些！”

母亲分娩了，又生下一个女儿，取名瑞菊。刚满六岁的介石，便有两个妹妹，高兴得常常以哥哥的身份亲昵地去抚弄小妹妹，只是手脚过重，嗓音过响，两个妹妹都被他威吓得哇哇直哭，反而受到母亲责怪。他委屈地抱了小妹妹瑞菊，去坐在丰镐房门口的门槛上，一面唱山歌哄妹妹不哭，一面神往地遥望天边和前面的剡溪。远处雪窦山的美景使他神往，恨不得一步跨上山去！眼前剡溪潺潺的流水声惹他心痒难熬，巴不得下溪去洗浴！他的两个小邻居唐文才和与介石同年的周运生，看到这个小无赖垂头丧气的样子，便用手指划脸皮取笑他：说他被母亲打了屁股，再不敢出家门一步。

蒋介石放下妹妹，霍地一站，双手叉腰，还赌气地为自己辩白：

“我天不怕，地不怕！想去啥地方就去啥地方！”

一直与介石作对的周运生故意怂恿：

“啥地方都去？”朝溪水一指，“剡溪去不去？你掉进过水缸，看到水吓得魂灵出窍！”

蒋介石从来只在溪滩边玩，母亲怕他闯祸，不让他走近剡溪。他也正想和别人孩子一样，脱光衣服，在溪水里拍水、游水，像溪底的小鱼一样，自由地来去穿梭。今天正巧母亲不在身边，而自己好强又好胜，在周运生面前决不能承认害怕，无论是怕娘还是怕水！于是他不管正在哭叫的妹妹瑞菊，挺起小胸脯、撒开双腿，抢先向溪滩冲去。

胆小老实的唐文才跟在后面，一路轻声劝阻他：当心被他娘知道，非“吃柴爿”不可！

吃柴爿就吃柴爿，大不了痛几下，总比别人从此羞辱自己胆小无用来得好。他望望在阳光下闪耀着熠熠粼光的溪面，毫不犹豫地脱去上衣鞋袜，将辫子在头颈上一绕，卷起裤管，横冲直撞地飞步朝溪水中央奔去。越走越深，湍急的溪流把他冲激得左右摇晃，他有些畏怯，溪滩上的唐文才唤阻他，要他快回去。周运生却故意逗弄他，问他敢不敢再向前。蒋介石心里有些畏葸，可又不肯让人骂胆小鬼。他又看到有几条小鱼，正挣扎着迎着逆水上游，心想自己难道比不上小鱼？好胜而不服输的蒋介石，顿时野性发作，什么也不管了，便鼓起勇气，壮着胆子迎着逆流朝溪水深处涉去。突然，一阵眩晕，左右摇晃，仿佛两脚踏了空，整个身子直朝下沉！溪水并不深，可是六岁的孩童太矮了，又不会游水，他来不及喊出声，瞬息间就没了顶。

在溪滩上起哄的周运生猛地发觉出事，来不及脱衣，就向溪水飞奔，去救和他对头的蒋介石，唐文才更是吓得魂不附体，掉身就向街上的乡邻求救。

第一个听到呼救的是蒋肇聪，他刚从盐铺回来，去探望分娩不久的妻子和关心顽皮的儿子，没想到儿子又出了事，便三步两脚，直奔溪滩。跌跌冲冲刚跨上滩边，听到前面传来呼救声，猛抬头，只见拉住介石辫子的周运生，反被介石拖着往溪底沉去。蒋肇聪吓出一身冷汗，身旁的唐文才急得张嘴大哭。蒋肇聪虽识水性，可是再也来不及抢救。正在这危急当口，有一条竹排，犹似水蛇，飞速朝溪水中即将没顶的两个孩子驶来。撑排人蒋肇富正是给介石接生的昭仁婆婆的儿子，他人高力大，一手一个把沉溺在溪水里的介石和运生救起，又左右两胁把他们一挟，踏着溪水，到溪滩。

蒋介石几乎在剡溪泅毙的经过，大家都瞒住正在产期里的王采玉，怕她受到惊吓而影响身体。倒是介石自己作为大难不死的奇遇，得意地向母亲炫耀。王采玉责骂也不是，爱惜也不是，在问明白详细经过后，一等自己满月，就迫不及待地和丈夫一起，带着介石，备了一份厚礼，到肇富家去，亲自道谢，还要儿子恭敬地朝肇富母子叩头，一面真挚地叮嘱：

“昭仁婆婆给你接生，肇富叔叔救你性命。你以后千万不能忘记大恩人呵！”

昭仁婆婆爱惜地抱住由她亲手接到世间来的介石，笑得像弥勒佛，从缺牙的嘴里吐出祝颂：

“介石是贵子！非但有后福，将来还要大富大贵呢！”

蒋介石像是第一次听到别人称他是“贵子”，他先是发愣，不知道“贵子”是什么意思，然而从昭仁婆婆虔诚而又神秘的颂扬，从自己父母虽谦逊又高兴的神色上感觉到，自己和别的男孩不同，非但命大福大，而且高人一等！

经过这次风险，更增加母亲的担忧。她恨不得用一根绳子把儿子缚在自己常坐的红木椅脚上，介石心野好动，你越看得紧，他越想朝外飞，只得求助祖父。祖父宠爱这唯一的孙子，自己小时候也爱舞弄棍棒、嬉耍水火，还认为男孩顽皮有蛮劲，是有出息的预兆。他常常带了孙子出门游玩，逢到庙会，祖孙俩就去看庙戏，蒋介石最爱看绍兴大班里的武戏。学大将的威武，和马夫的“甩虎跳”。祖父看了啧啧称赞，哈哈大笑。他没想到，在年幼的孙子的小肚子里，竟蕴藏着这么多“气”——志气、火气、勇气、豪气，就是缺少一点灵气！于是在清明之际，带了孙子，坐着轿子，先到鄞县祭拜“摩诃太公”的坟墓，还指点摩诃当年修持之所，然后再去佛界圣地。介石想去遥望已久的雪窦寺，祖父却因崇仰使众生都能得到和佛一样智慧的《法华经》，决定去法华寺。祖孙二人攀峰越岭，来到庄严肃穆的古刹，虔诚地烧香叩头，祖父代孙子向菩萨声声祈祷，回头又频频叮嘱介石：

“你虽刚强坚毅，也要有灵性。以后天天练武，好好读书，将来才能像关公、岳飞那样成为国家栋梁，做官显爵，为蒋门争光！”

蒋介石望着祖父慈蔼而又严肃的脸，聆听老人真诚又充满爱意的谆谆教导，小小心灵里顿时萌生对祖父敬重和钦慕的感情，他连连点头，牢记在心。

回家时，祖孙二人欢愉而又兴奋，都不愿坐轿，步行下山。介石平时就不肯好好走路，现在到了荒山野地，更是欢畅，他正路不走走小径，平地不行尽找高低地方跳奔。祖父拄杖款步在后，孙子飞腿疾奔在前。祖父声声唤呼孙子小心，孙子却逞勇地直往下冲。一路奔，一路跳，还口唱山歌，手舞足蹈，又兴奋地甩虎跳。在面临陡坡时，他更是欢腾，放步朝前，坡下有一凹坑，来不及煞住脚，一个跟斗，跌进坑里。他毫不在乎地霍地一翻身跳跃而出，兀立着迎接祖父。祖父见孙子坠坑，不免惊惶，踉跄赶上一看，只见介石右额破伤，血流如注。介石虽不喊痛，但怕被母亲责骂，不免懊丧。祖父不慌不忙，左顾右盼，从岩缝处采取到草药，放在口中咀嚼成团，敷在孙子额上。两人坐轿一路下山，祖抱孙，孙偎祖，亲热而体恤。祖父还把报本堂廊壁上彩画古代英雄的故事讲给孙子听，等轿子抬进溪口镇，祖父将草药取下，介石额上伤处非但血止，还不留一丝伤痕！

"还痛吗？"祖父仍关心地问孙儿。

蒋介石摸摸自己的头额，有些隐痛，但他竭力忍住，一是逞强，二是告慰祖父：

"不痛，一点不痛，阿爷，你比神仙还灵！"

蒋玉表又笑了，他不为自己的医道而倨傲，而是赞赏自己心爱的孙子：

"你只要用功读书，考取功名，说不定将来成为像关公、岳飞那样百战百胜的武将！"

九　六岁当大将

王采玉坐在她认为很牢靠踏实的木椅上，给女儿瑞菊喂奶，可是心里总恍恍惚惚地惦念着儿子介石。只要介石一走开，或者看不到他的身影，她就神魂不定，连坐着的木椅也像有些摇晃不稳。儿子一次次闯祸，差一点连命也要送掉，想起来真使母亲心惊肉跳，愁苦忧急。如果再不赶快阻止，要儿子收住野性，长此以往，必然要遭到不堪设想的后果。她自己除了打、骂，再也想不出更好的办法，只得去和丈夫商量。

父亲蒋肇聪一天到晚为经营盐铺忙碌。赚了钱，造屋买田。可是这还不能满足"埠头黄鳝"钻营好动的习性，他宁愿忙中抽闲，帮乡民诉讼、打官司，当然这既有好处，也抬高地位。他知道儿子顽皮，甚至得到"无赖"的坏名声。当着介石面，不得不严厉地训斥几句，可是心里对这未来的"贵子"总有一种出自肺腑的宠爱。他甚至认为男子汉大丈夫就要器宇不凡、刚强骄恣，否则要遭人欺辱，也不能出类拔萃。蒋家前十代祖宗都是"力尽穑事，敦崇礼让"，结果家道衰落，子孙低卑。直到他父亲蒋玉表，不甘心没落，以货殖起家，才使蒋家兴旺发迹，传到他手里，更是飞黄腾达。在溪口可称得上首屈一指有财有势的巨绅。唯一欠缺的是还没有能"富贵双全"。祖先曾有高官厚禄的显荣，然足足有十代子孙没有能继承，如今他就把这荣耀门庭的希望完全寄托在儿子身上！介石粗野，他认为是骁勇，儿子顽劣，反以为是倔强。在儿子小小的体躯内蕴藏着他自己所缺少的禀性和胆魄。他深感介石所以连连闯祸，一是生性恣野，二是年幼无知、不懂做人道理，于是他稍加思考后，就提出尽早让介石入塾读书。

蒋玉表听说要年仅六岁的孙子去求学，虽有些难舍，也觉得是家乡少有，又能炫耀蒋氏门庭的好事。他怀着喜悦和兴奋的心情，亲自为孙子物色老师。溪口没有学堂，只有两个曾进过考场而未中举的老秀才，在办家塾，收学生。其中一位年龄较老、离丰镐房较近的是任介眉先生。

任介眉今年才四十出头，已满面生皱，两鬓染霜，留着长须，一副衰弱枯槁的神态。他出身农家，家道尚称富裕。因自幼聪慧，父母期望他出人头地，入塾读书。在鄞县一位举人那里启蒙，认识一些字以后，就在家自学，他死读书、读死书，一知半解念完了《三字经》、囫囵吞枣地熟背《论语》后，自以为已经满腹经纶，可以得取功名。十五岁那年，参加乡试，却名落孙山。他毫不灰心，回家把《论语》倒背如流，企待佳运。以后每隔三年应考一次，连考五次，次次落空，直到三十岁还未中举。他父母活活气死。他妻子眼见丈夫天天捧着《论语》，做功名梦，便拖着七岁的儿子，跪下来苦苦哀求，祈望这位书生从迷梦中猛醒过来，否则要家破人亡，到阴间去做官了！任介眉先生这才渐渐省悟，可是"百无一用是书生"，既无经商之财，又无缚鸡之力，唯一的本钱还是装在肚子里的几篇文章，于是他在简陋欲倒的破屋里办了个家塾。连自己儿子在内，招收三四个乡邻的孩子，对那些七八岁的小学生，只能教认几个字，作为启蒙。学生的家长原来也只求儿子长大了能记账写信，进家塾两三个月后，居然能写自己的名字，还书声琅琅地背诵谁也听不懂的“四书五经”，真是喜笑颜开。任老师自己苦读经书却一无成就，对学生就不再严格要求；也担心学生因害怕读书而退学，自己就此要挨饿。于是他终日挂着和蔼的笑容，耐心地一遍遍教读。学生懒惰，他勿责骂，学生愚钝，他原谅，还在家长面前竭力辩护说好话，所以学生都愿意上他的家塾。好好先生成了“好先生”，蒋玉表就冲着他这“美名”送孙子来入学。

祖父从黄历里选了个“宜入学”的黄道吉日，送孙子到任介眉的家塾去，用学名志清，可是大家还是习惯地叫他奶名瑞元。母亲为了体面，为儿子赶制一件蓝布长袍和一字襟黑缎马夹；还按照外婆的叮嘱，烧了六盅大米饭上放两颗瓜子肉和一瓣熟核桃的“商量盏”，巴望自己孩子能和同学们志同道合、商商量量、不吵不闹，然后，由蒋肇聪陪着介石，带了香烛去拜师入学。

蒋介石穿着长盖脚背的袍子和过于宽大的马夹，很不自在地跟父亲来到任家。点燃香烛后，向老师叩头。再亲自把“商量盏”分给四个同学。多出两份，蒋介石就仰起脖子，用手扒饭，自己吃了。大家吃得高兴，嘻哈地一起发笑。

第一天上课，老师不教书，只要新生学写自己的姓名。“蒋”字笔画多，又难写。任老师把字拆开来：“草头蒋。大将头上加草字。”蒋介石不明白，只听得自己是“大将”，笑得合不拢嘴。

从此，他因自己是“草头蒋”，还想学做关公和岳飞，便以“大将”自居。在课堂上，任老师教他认字，有的字教了三遍他还读不出，有时前读后忘记。老师倒还耐心，教了又教。他却不耐烦，读了三遍便闭上嘴，再不出声。同学们见他又笨又倔，都忍不住抿嘴发笑。他就气恼地瞪视大家，仿佛将军对待小兵。放学回家他抢先一步出门，挡住大家去路，双手撑腰，发号施令：

“我是大将，听我命令！我要你们跟着我出去打仗！”

同学们谁也不服从这个“草头将军”，一声呼叫，四散离去，自封大将的蒋介石哪里肯放过，就从树上折断一根树枝，当作武器，把这些不服命令的“逃兵”当作敌军，粗暴地乱打一阵。同学们吓得不敢动弹，甘拜下风。蒋介石还不罢休，竟要他们一齐跪下拜他为“大将”，以后每次作战，都要以他为“头脑”。只见他已脱下长袍，辫子绕颈，挺立身子，然后双手拽地，两腿甩起，侧身反过，双脚落地后，再抬起手，拧身向前。这样一口气竟一连甩了十个“虎跳”。蒋介石已经气喘吁吁，却不停歇，要小兵们学他练本领。小兵们个个直冲横跌，倒在地上，“大将”绝不放过，一定要他们学会为止。然后要小兵们分成两队，双方对打，而他自己充当“头脑”，发号施令，要大家服从，他才称心。

读了一个月家塾，蒋介石识了不少字，也能背几句《三字经》。他读《三字经》等于“小和尚念经——有口无心”，也和他外婆一样，《金刚经》《心经》背得烂熟，却不明白其中意义。有一次，父亲想知道他的成绩，考问他。他竟把《三字经》里的第一句“人之初”，解释成为谐音的“绳子粗”，哥哥介卿在旁鄙夷地嗤嗤冷笑，气得父亲哭笑不得直皱眉。偏爱的祖父还是偏心，他认为不是孙子不用功，一定是这位因未中举而心灰意懒的任老师，竟忘了《三字经》里与他本人有关的警句：“教不严，师之惰。”没好好教导学生。他阻止儿子责骂孙子，准备过几天亲自去任氏家塾讯问。不料，他还来不及去兴师问罪，几个同学已由家长陪着来告状，控告蒋介石在一个月中几次带头“打仗”，使“小兵”们身上伤痕累累，再这样下去没有学生再敢去任氏家塾读书。

蒋肇聪是颇有名望的讼师。在罪证面前，他无可争辩地默认自己儿子动了众怒，非但不能去任氏家塾责怪任介眉为何“师之惰”，倒过来应该去认错道歉，是自己儿子这匹“害群之马”害老师因无学生上门而要坐冷板凳。在家乡享有声誉的“埠头黄鳝”当然不肯被人捉住把柄，成为街坊们谈笑的话题，便借口儿子听不懂任老师的话，就此退学。

蒋介石听到可以不再上学，又高兴又失望。高兴的是可以不必眼看鼻、鼻嗅书地读书；失望的是失去了“小兵”，“大将”就当不成。他母亲知道经过后，格外生气，她原以为入学对野性的儿子是束缚，没想到越来越野，祸越闯越大，便勃然地要儿子扑在红木椅子上，用柴爿打屁股！蒋介石天不怕、地不怕，就怕母亲发火，就畏缩地翘起屁股，一动也不敢动。母亲一边打一边骂：

“路也不肯好好走，攀高落低；书不肯好好读，还要做大将，称大王？难道大起来，你书生不做做强盗？你这不争气的孽子，我今天活活打死你！”

祖父连忙过来劝阻，一面替孙子抹眼泪，一面辩护：

“你把他当做十六岁大人？他还小呢！只有六岁！懂啥道理！”

伤心的王采玉不敢冲撞公公，只得含泪诉苦：

“常言说，‘毛竹从嫩压’，人也要自小教训！”话中暗示祖父不该包庇，成为《三字经》里“养不教”的父辈。

蒋玉表体谅儿媳的心情，就想出一个推卸自己责任的两全办法：

“任老师太老实了，管不住学生，明天我送我孙子到蒋谨藩那里去。蒋先生严格，他一定会听话，用功读书。”

蒋谨藩和丰镐房蒋家同姓不同族。因为是同姓，就有些同宗的血缘情分。他和任介眉年龄相仿，性格却迥异不同。他孤芳自赏，嫉世愤时。心里何尝不奢求功名利禄，可是眼见英才济济，考场舞弊，也就退避三舍，表示洁身自好。世间流传一句至理名言：“只有状元学生，没有状元老师。”意思是考不上状元的文人才去充当老师，是对身为人师者的讥嘲。蒋谨藩却持有不同主见。他认为“状元都有老师，没有老师哪来状元”？他为自己办家塾而标榜老师，而且公然声言：“我所教学生，至少要出几名进士，一名状元！”因此他对学生的选择十分严格，教学也非常认真。可惜学生们都只要求能写信、记账，没有一个梦想做状元。真是“孺子不可教也”！蒋谨藩感叹自己的冀求落空，他的教学宣言也成了哄人的空话。

等他同姓的蒋肇聪送子来入学时，他一看到蒋介石粗眉高腮，一副武士的模样，先就气馁。早就听说这个蒋瑞元自小顽劣，闯祸不说，还有“无赖瑞元”的外号。哪里有一点“状元”气息？也绝不是可以造就之才！可是既是同姓，蒋肇聪又是当地富绅，情面难却，也不敢怠慢。蒋肇聪还口口声声拜托：

“小犬蒙昧无知，望老师严加教导，学成之后，当重重酬谢。”前一句话是请求，后一句话是许诺。两句话都说到这位不求利禄只求人才的蒋老师心里。

蒋介石并不因换了个家塾，调了个老师而改变自己的强横脾气。入学第一天，当蒋老师要他讲读一遍曾经学过的《三字经》时，他还是把“人之初”说成是“绳子粗”，还将“师之惰”解释为“狮子多”！蒋谨藩气得脸色发白，又不能当学生面责怪前任老师介眉先生的失责，就表示自己是公认的出名严师，就举起戒尺，装装样，要打手心。

蒋介石除了母亲，谁也没有打过他，平时只有他打人，从没人敢打他这个“大将”！看到这个新老师，第一天上课就要动手，学生当然不能反抗，便施出早已出名的本领——“耍无赖”，扑的一声，仰天躺在地上，身体在地上乱滚，嘴里乱叫乱闹：

“我打伤了！要你赔！要你赔！”

蒋谨藩从来没有遇到过这样大胆强横的学生，非但不守塾规，不服管束，还竟敢和老师顶撞！如果任其放肆，做出榜样，以严格出名的蒋谨藩还能管教那些口服心不服的学生？谁还会相信蒋氏家塾能出状元？为了师道尊严顾不得同姓情分，为了威信不惜牺牲还未到手的重酬，他就不顾一切，举起戒尺，真的对准蒋介石的屁股，重重打了三下。

蒋介石痛得大叫一声，戛然停止号叫，他从来没有当众被人痛打，可见这个老师比任何人都厉害、凶狠。如果自己再要无赖，说不定将受到更严酷的惩罚！所以当老师叫唤他“快起来”时，连忙一骨碌爬起，还不好意思见人，将双手蒙住脸，假装抹眼泪。

蒋谨藩是怒目慈心，也可以说是色厉内荏。蒋介石毕竟是奉化溪口乡绅蒋家的独养儿子，得罪了，蒋家对他老师的打击怕要比自己打学生的屁股还要沉重！于是他转换脸色，爱惜地为蒋介石拍去满身泥尘，还温婉地又是劝又是哄：

“你要听话，好好读书！懂吗?”还为了减少自己责任，郑重地加上一句，“是你阿爸肇聪先生要我老师对你严格！”

蒋介石心里不服，可慑于老师的严格威胁，不得不老老实实坐下来，低着头听老师教书，在同学前丢脸的难堪，和屁股被打的余痛，使他虽一个字一个字跟着老师大声朗读，却一点也记不住。好不容易熬到放学，他低着头一溜烟跑回家去，哭丧着脸向父母申诉经过，得不到包庇和支持。只得抱着他心爱的妹妹瑞菊，默默啜泣，瑞菊居然用小手为伤心的哥哥抹着泪水。父亲因自己要求老师严格，不敢对儿子予以同情。母亲还正色地教训儿子：

“我去求老师，你以后不学好，就该狠狠打！回家来我也要打！”说着，从红木椅上霍地站起，真的要去找柴爿，吓得介石连连讨饶。

当时家塾的老师各有所长，各有所专。随着学生年龄的增长，教授程度不一的课目。如任介眉除启蒙外，专教《论语》《孟子》等，蒋谨藩进一步要学生读《大学》《中庸》。蒋介石在任介眉老师处连启蒙的《三字经》也未读懂，《千字文》更来不及学；蒋老师只得为他补课，所以，蒋谨藩也是蒋介石的启蒙老师。蒋老师自己不是死读书，也不要学生读死书。他一面教，一面解释，还加以启发。在三个月内把《三字经》和《千字文》教完。接着他对蒋介石教他自己专长的《大学》。《大学》是与《论语》《孟子》《中庸》相提并论的“四书”之一。朱熹称《大学》为“大人之学”，是要求人人能正心、修身和齐家、治国。是人人需要的常人之学。蒋谨藩严肃而认真地逐字逐句解释、分析，而且举一反三、举例说明，使蒋介石都能听懂，也开始对书本发生兴趣，野性也渐渐收敛，也不再耍无赖了。有时放学，他手脚发痒，又想做“大将”，带领同学们打仗。只要不伤人，蒋老师也不阻止。有时，他耀武扬威地带领一队小兵回家，在门口操练，还特地从屋里把妹妹瑞菊领出来，坐在门槛上观看。瑞菊拍手，他得意地哈哈大笑。

一年之后，蒋介石读书成绩斐然。不断地受到老师奖励。最高兴的是他的祖父。那年他已八十一岁，他早已为自己准备了寿材，并选定了坟地，虽然年迈体弱，但仍撑持着到庙门、凉亭去施茶，还坐轿外出给乡邻看病。有时疲劳，有时头晕，还竭力支持。听到顽皮的孙子居然从一个野蛮小郎变成文明书生，仿佛看到介石已经穿了官服，丰镐房也出现荣耀的景象。他常常躺卧在竹榻上，要八岁的孙子站在他身边，背诵课本。

立冬以后，天时寒冷，他哮喘不已，但是他就要求孙子在旁相陪，非但得到慰藉，还能减轻病痛。十月二十四日黄昏，他把孙子叫到床前，蒋介石向他问候后，就流畅地朗朗背诵刚学会的《大学》。在背到“……格物而后知至，知至而后意诚，意诚而后心正，心正而后身修，身修而后家齐，家齐而后图治，图治而后天下平……”时，蒋玉表仿佛听到了孙子将来必然富贵的豪壮誓言，便喜不自禁地仰起白发长须的头，从心底里发出哑涩的笑声。笑声未止，他骤然闭上双目，结束了在人间九十多年的生命。

蒋介石发觉祖父突然毫无声息，不免惊异和焦急，他伏在曾经无数次爱护地拥抱过他的祖父身上，连声唤叫：

“阿爷，阿爷，你讲话呀！我要听你讲话呀！阿爷……”

祖父再也不讲话了。他安详地合上眼皮，和孙子相握的手渐渐放松。他怀着死别的悲痛和对后辈的希望，永远离开人间。

当父母赶到，每人手握着香，跪着对蒋玉表遗体告别时，蒋介石再也压制不住内心的悲伤，为了宣泄对祖父的尊敬、热爱和永别之痛苦，倒在地上大喊大叫，一阵乱滚；又跪倒在祖父面前，狠命地将头撞地。唤一声“阿爷”，叩一个头，发疯似的一连叩了十多个头，顿时满面眼泪鼻涕，额角鲜血直流！

十　祸不单行

祖父的墓地是他生前亲自选定的村北石鳝岙幡竿丘。落葬那天，蒋肇聪率领介卿、介石和才三岁的瑞莲，全身披麻戴孝，脚踏草鞋，跟随在寿材后面，步行到幡竿丘。王采玉因公公死后第二天即分娩，生下第二个儿子，不能尽孝道去送葬，可惜的是只有一天之差，老人竟不能亲眼目睹另一个嫡传孙子出生。

从祖父的墓地回来，蒋介石小小的心灵里蒙上一层沉重的阴影。他每走几步路，总忍不住回头去探视那座孤凄地飘着纸幡的坟墓，真希望祖父忽然推倒墓碑土石，和往常一样，支撑着木杖，跟随儿孙回家。他三步一停地被父亲拖着朝前走。越走离开坟墓越远，等到再也见不到埋葬祖父的那座坟墓时，顿时热泪直流。祖父永远消失了，可是他对祖父的怀念和种种回忆，终其一生也不会忘记。他忘不了祖父曾一次次把他的小性命从风险和疾病中拯救过来，他忘不了白发苍苍的祖父平时捋着长须，以慈蔼钟爱的眸光顾盼着他，又以亲切温婉的声音谆谆教导，他一辈子不会忘记祖父是在他琅琅读书声中，含笑长逝。从此，祖父的面容再也见不到，祖父的声音再也听不到，祖父的死去，仿佛使他失掉了一切，幼小的心灵感到从未有过的无比孤独和寂寞。

回到丰镐房，蒋介石看到在报本堂的祖宗供龛里多了祖父的灵位。他怎么也不肯相信活生生的祖父倏息间变成没有生命的木头牌位。他竭力忍住泪水，回过身去，只见平时他喜爱的花坛和高悬的灯笼，都蒙上灰黯的薄雾，变得凄迷和怆楚。

服孝期内，孤子哀孙为了表示思亲之痛，应该息业停学，在家守孝。可是素性好动的蒋介石，他不愿意逗留在这祖父死后显得格外空洞和寂寥的丰镐房，也时时记起祖父临终时倾听他读书的情景。他不听父亲的叮嘱和母亲的劝慰，挟着书包到蒋谨藩家塾去读书。蒋老师认为“庶子可教”，便欣然地认真教导。

蒋肇聪在父亲死后，变得颓丧消沉。玉泰盐铺是他父亲一手创办起来，交给他负责经营。每逢遇到困难，像火灾、货运受阻等，都还是由年老的父亲出来抵挡。他也是靠着父亲在奉化的声誉和人缘才支撑住丰镐房门庭和盐铺的经营。多少年来，他一直认为父亲是自己的榜样，健壮长寿。父亲能活多久，他也必然长命，却没想到父亲信佛行善，长年过着无忧无虑的逍遥生活，而他成天为名为利，斤斤较量，常常为了盘算而食无味，夜难眠，还暗暗担心未可预料的种种厄运而畏葸和惧栗。每天，他在盐铺忙了一阵，精疲力尽回丰镐房，眼望着王采玉和八岁顽童的介石，才五岁略懂人事的女儿瑞莲，还有三岁不到茫然无知的瑞菊和刚出世不久、嗷嗷哺乳的幼儿瑞青，心里不由得充溢着忧愁和怅惘。他和父亲两代辛辛苦苦挣下的那份家产，怎能放心得下遗交给善良荏弱的妻子和四个幼稚的儿女？他当然没有忘记还有一个他第一个妻子所生的蒋介卿，说起来还是蒋家的长子长孙，可是因为把他自小过继出去，在名义上先造成一种无形隔阂，加上他外婆家舅舅等亲戚的不断挑拨，使介卿始终和家里隔层肚皮隔颗心。尤其是对后母王采玉以及同父异母的弟妹，既冷待又歧视，没有同胞手足那份亲热，却有互相敌对的仇视。他今年已经二十出头，也在法政学堂完成学业。理应外出求进，可是他却心甘情愿坐守盐铺，名义上是继承蒋家祖业，实际是为了掌权蒋门财产！祖父一死，父亲一病，他俨然以玉泰盐铺小当家自居，凭他有法政学堂一些同学的关系，与衙门、钱庄以及三教九流都有交道，使盐铺的营业蒸蒸日上，超过以往。蒋肇聪也认为他是目前唯一的也是最合适的当家。可惜他对后母和异母弟妹存有异心，这就使蒋肇聪不免担心，也不安心。

常言道“积劳成疾”，劳身固然能使人致病，劳心更要使病情加重。而父亲的死亡，使他像断了脊梁骨，身心交瘁。到了六月，天气闷热，加上心情忧悒，蒋肇聪心跳气急不已，卧床不起。他想起他父亲死于八十一岁，是双重的“暗九”，而自己今年正好五十四岁，也是个“暗九”的难关。不由得担忧心悸，在病中他最惦记的是玉泰盐铺和“贵子”介石。

蒋介石在蒋谨藩家塾就读后，在蒋老师严格而又耐心的教学下，很是用功，也有长进。可是这位孤傲而又开明的老师只要求学生勤奋读书，课余时间却听之任之。他一心只想能教出一个状元学生，也算为自己默默无闻的一生增添光彩。他眼见所教过的学生，虽都循规蹈矩，然碌碌平庸；唯有蒋介石与众不同，一举一动，一言一行，显示出老师本人所缺少的敢于反抗的顽强性格。

一天蒋介石从家里走到家塾，半路上看到平时不往来的邻居周运生，正在强暴地欺侮他从小要好的唐兴坤糕饼店儿子唐文才。他心里有气不问情由，便赶过去拦阻。周运生理也不理他，仍不讲理地作弄唐文才。唐文才被欺得哭了出来。蒋介石实在耐不住，一时性起，伸手将周运生一推。周运生毫无提防，一个倒反跟斗，跌倒在地。当然也不会服气，一骨碌爬起，骂一声：“你多管闲事多吃屁！”扑到蒋介石身上，拳打脚踢。蒋介石天性好胜，不肯屈服，也不认输，尤其是他生就一股蛮力，平时无处施展，这时便全部发泄在这周运生身上，他将发辫在头颈上一绕，像蛮牛一般冲低了头，闭上眼，朝周运生的肚子直撞过去，撞得对方倒退三步。蒋介石还不罢休，再扑上去，挥起双拳朝周运生两边面颊猛击。周运生痛叫一声，被打得动摇一颗大牙，满嘴鲜血。蒋介石还不肯轻饶，继续拳打脚踢。过路人上前劝阻，他正在劲头上，哪里肯就此“停战”。有人就拉住他的辫子，往后直拖。他无法挣脱，只得停手。

被打得头破血流的周运生，服输不服气，打不过蒋介石，便去找蒋老师哭诉评理。他一路哭，一面气吼吼地朝蒋谨藩家塾奔去。

蒋介石打了赢仗，以胜利者自居，得意扬扬，神气活现！唐文才既感激蒋介石“救命之恩”，又担心将会受到老师的惩罚而忐忑不安。蒋介石却毫不在乎，俨然像保护人一样，用手抱着受欺的要好同学的肩膀，一路安慰，一路坦然地去见老师。

“恶人先告状。”周运生早就在蒋老师面前控告蒋介石如何蛮不讲理，动手打人，还张开血嘴，让大家看那颗本要掉换、摇摇欲坠的大牙。

蒋谨藩听说自己的学生闯了祸，而且惹得路人皆知，不免生气。他神色肃穆，正襟危坐在师桌后，已经上学的学生们望着老师严峻的表情，吓得闷声勿响，连动也不敢动，都在为蒋介石担心。

蒋介石护着唐文才慢慢腾腾地走进家塾，屋内沉闷紧张的气氛，把胆小的唐文才吓得瑟瑟发抖。可是蒋介石并不害怕，对站在一旁的周运生瞅一眼，等待老师责问时申述理由。不料蒋老师一见到蒋介石，不问情由，举起戒尺，啪啪啪，猛击桌沿三下，铁青着脸，开口怒骂！骂蒋介石桀骜不驯、野蛮粗暴、恣意剽枭！

所有的学生都以为平时从不服输的蒋介石，一定会跳起来分辩，或者和周运生对质。唐文才甚至要为“有救命之恩”的蒋介石说明原委，不让他受冤枉。不料，受到老师如此严厉训斥的蒋介石，居然一言不发，仿佛他自己也认为闯了祸，默默认错，心甘情愿地忍受辱骂。

连蒋老师也暗暗觉得奇怪。他知道蒋介石在小时候虽然被人说是“无赖”，但读了几年书，绝不再是个蛮不讲理的闯祸胚！在一旁的唐文才见蒋介石代人受过，好心没好报，又不让他代为申诉，急得哭了出来。谁也不明白蒋介石为什么这时忍气吞声，不出怨言，谁也猜不透蒋介石此时此刻的反常神态，究竟心里在想什么。

蒋介石毫不畏惧也不反抗地低下头默默直立着。他心里有一个思念，正有力地在这难堪的压力下支撑着自己，那就是他自认为没有做错事，而且就应该这样去做，那么，即使受气、冤屈、挨骂，甚至凌辱，也都心甘情愿！仿佛一块坚硬的磐石，任凭风吹雨打，雷震刀劈，我行我素，固执到底！

这场风波迅猛而来，倏息即逝。蒋介石和唐文才身染灰尘，上了半天课，放学回家。蒋介石照常去向卧躺在床的父亲问候。母亲发现儿子衣服后襟上一团灰泥，以为又在外淘气，厉声责问，可是蒋介石死不开口，等候惩罚。正在这时，唐文才挽着他母亲——唐徐氏急匆匆从唐正兴饼店赶到丰镐房。母子俩你一句、我一言地把事情经过叙述一番。唐文才感激地拉住蒋介石的手，唐徐氏还不断地向王采玉连连道谢：多亏蒋介石，救了唐文才。

王采玉一面听一面思忖，介石虽然为唐家做了一件好事，但也得罪了另一家姓周的邻居，心里很是不安。在送走了唐氏母子后，就要带着介石去周家道歉。从来不认错的蒋介石哪里肯向“手下败将”赔罪？他双手抱着床架，死不肯走。母亲气愤地举手做出要打的姿势，躺在床上的蒋肇聪摇摇头阻止，并招手要儿子走到床前，瘦黄的脸上露出难得看到的慈蔼的笑容，颤抖的手抚摩着儿子的面庞，半晌，目光凝重、神色肃穆地对儿子道出一番出自肺腑的心语：

“我有很多话，早就想对你说。只是看你太小，不会懂。时到如今，不能不讲了！”稍等片刻，平了平气后，继续说，“我年轻时继承祖业，还为本地公益，奔走效劳数十年。可是我蒋家是周公之后，非同一般。后辈如我，于国于民，尚未尽心尽力。我余日不多，只期望你一意读书，学经学礼，来日有所成就，出人头地，不求富贵，只要是国家栋梁，就足以告慰蒋氏祖宗在天之灵了！”话未讲完，泪水盈盈。

父亲是第一次既严肃而又亲切地谆谆教导儿子。蒋介石也不知道为什么竟深深感动，也是第一次激动地扑在父亲身上，顺从地答应：

“阿爸，我记得，记得。”

第二天，母亲王采玉亲自领了儿子，要去向蒋老师赔礼。一路上还责骂儿子，走路脚步勿稳，不像是个斯斯文文的学生，蒋介石连忙将正要攀高落低的双脚收住，乖乖地跟随到塾馆后，蒋老师不等王采玉诉说完，却赞扬蒋介石，夸他将来必是有用之才。

今天上课，蒋老师一反常态。他将教到一半的《中庸》停止，又把《大学》扔在一旁，竟在课堂上大讲特讲中日交战的甲午战争。从日本利用朝鲜问题讲起，如何发动野蛮侵略，将中国打败，直到取得台湾、澎湖等地，讲得激昂慷慨，有声有色！最使蒋介石等学生感到兴趣而且振奋的是，中国的爱国官兵们如何浴血抵抗，以身殉国。一段段英雄的动人故事使学生们热血沸腾，摩拳擦掌！爱打不平自以为英雄的蒋介石更按捺不住满腔怒火和英勇气概，好不容易等到放学，跳出课堂，把一些正在捉迷藏、拍球的同学们召集一起，带到离塾不远的空地上，从树上拗断一根树枝，以枝上的树叶作为令旗，教同学"甩虎跳"，又自任大将，指挥同学们练武作战。那些大大小小的学生也真的服从他的命令，听他指挥。各人用木棒、扁担当武器，一会儿练操，一会儿打仗，整个空地上回响着蒋介石的口令和"小兵"们的呼号。周围有不少乡邻都围上来观看，蒋老师站在家塾门口眺望，含笑点头。他暗自高兴刚才一番话没有白费口沫，也庆幸自己虽没考上状元，说不定可以教出状元学生。

直到七月，热浪滚滚，暑气逼人。蒋肇聪的病随着气温的升高而加重，王采玉四处求医，可是药石无效，回天乏术。她万般无奈，只得去求神灵。七月初五那天，她要介石停学，又将在盐铺当账房的堂兄王贤栋请来服侍丈夫，自己带介石到雪窦寺去求佛，募化许愿，祈求蒋氏祖先摩诃太公的师父弥勒佛大显神灵，保佑丈夫平安渡过这六九五十四的"暗九"难关。正当她安排好了三个幼小的儿女，挽着介石要离开报本堂，在盐铺管店的介卿忽然闯进丰镐房来。

王采玉一直不满意介卿久久不管父亲的病情，直到今天才来探视。更令人气愤的是竟喝得满脸通红，酒气喷人，岂不要使病重的父亲气上加气？就毫不客气地责问：

"你阿爸病得这样，你还喝酒！"

蒋介卿不理睬后母的谴责，反而斜着一对黑少白多的眼珠，轻蔑地觑一眼王采玉，用讥嘲的口气反问：

"阿爸病得这样，你还有心思出去走亲？"

"我——"王采玉受到委屈，连话也说不出来，"我带介石去雪窦寺求佛，保佑你们阿爸……"

不等她说完，介卿仰起头，一阵狞笑，在令人寒栗的笑声里吐出恶毒的诬蔑：

"对了，对了！尼姑当然要去找和尚！哈哈——"

王采玉没想到这个平时傲慢无礼的继子，今天居然目无尊长地出口伤人。她气得浑身发抖，手足疲软，坐倒在她那张红木椅上。

在一旁的蒋介石早就对介卿心存芥蒂。这一对同父异母的兄弟，从他四岁筷插喉咙开始就面和心不和。今天亲眼看到自己孝顺的母亲受到侮辱，再也压抑不住他那强横、恣肆和敢作敢为的脾气，他一声不响，犹如猛虎一般，扑上去把比他大十二岁的兄长，拳打脚踢，一阵痛殴，代娘出气！喝醉酒的介卿，软弱无力，瘫在地上，只会喊叫呻吟。王采玉看到儿子为自己报复，也怕真的闯祸，便上前劝阻。可哪里拉扯得动，只得叫人相助。王贤栋从里屋出来，又是竭力劝架，又是大声吩咐：

"好了，好了，不要再吵了。你们阿爸在里面听到了，要你们进去！"

蒋介石霍地站起，维护地靠在母亲身前，气势汹汹喝令介卿：

"去呀！到阿爸那里去评理，你错还是我错！"

蒋介卿摇摇晃晃站起，他自知理亏，又不得不逞凶，便用袖子拍打着长袍上的灰泥，嘴里嘀咕：

"我天不怕，地不怕，难道怕你？"便色厉内荏地跟着大家进去。

蒋肇聪被一阵急促的喘息所压倒，像病魔已吮尽他的血液和精力，脸色煞白、憔悴不堪地僵卧在床。所有的人都以为他又会像往常那样，严肃而冷漠地训斥。不料他一一叫唤儿女的名字。等后辈们都围聚在床前时，才乏力地睁开眼皮，脸带很少见到的和蔼又很勉强的笑容，以“人之将死，其言也善”的语重心长的心情和口气，十分吃力然竭力支撑着吩咐妻儿，也是遗嘱：

“我真不放心。不放心盐铺，也不放心你们！”

妻儿们听了，忍不住哀哀啼哭，只有介卿冷漠地站在一旁。

蒋肇聪用目光示意妻子王采玉和介石等儿女近身，又无力地举起手招呼介卿过来，恳切而真挚地哀求介卿：

“介卿，你弟妹年幼。我死之后，你母一定哀痛。你是长兄，能不能对母尽孝，兄弟和睦？望你能做到，则我在天之灵也就安宁……”

介卿这时也不再执拗，忍不住伤心而且悔恨地落下泪水，跪倒在地，用力地点头：

“我——答应，答应。”

蒋肇聪纵有千言万语，也无法在生命结束前吐尽。他怀着不安、忧虑和无奈的痛苦心情，向妻子和子女们深沉地看了最后一眼，溘然长逝。

一年前，祖父死去。蒋介石失去了最爱护他、理解他的亲人，伤心地号啕大哭。一年以后，父亲又死了。他像失去了一座能庇护他，抵挡一切的靠山。才九岁的纯朴的心灵顿时蒙上一层重重的阴影，他感到从未有过的空虚和忧伤。只有扑在慈母的怀里，悲痛地哀哀啼哭。

十一 争夺财产

蒋肇聪一断气，王采玉就扑在他逐渐冰阴的尸体上，发狂地推动，妄想将丈夫从死神手里夺回来。最后，哀痛绝望地号哭一声，昏厥过去。蒋介石和弟妹们围着她焦急唤叫，使她从昏迷中渐渐苏醒。一家人抱在一起，伤心恸哭。

王采玉怎么也不会忘记，是蒋肇聪把她从人生苦海中拯救出来，使她由一个已万念俱灰、在庵里修行的寡妇，突然跳越出黑暗的生活深渊，当上了溪口数一数二乡绅的妻子，过着万人莫及的享乐生活。丈夫对自己的恩情时刻铭记在心。如今他竟不幸死亡，再也无法报答。她宁愿自己将来受冻挨饿，也要把丈夫辛辛苦苦赚来的钱，用在他本人身上。让这位在当地有威信、平时又讲究体面的蒋先生，在他人生的最后一次排场上，极尽风光。王采玉在征得丈夫至亲好友的同意后，去和蒋介卿商量，要他将玉泰盐铺里所有存货、账款和现钱，全部用在蒋肇聪的葬礼上。

披麻戴孝的蒋介卿，以孤哀子的身份，铁青着脸，竭力反对：

“玉泰盐铺是从阿爷手里传给阿爸，阿爸费了多少心血，才把这盐铺越开越大，越来越兴旺。他辛辛苦苦赚来这许多钱，舍不得用，为啥？为来为去为了要把这祖产传给子孙。我蒋介卿是蒋家的长子长孙，现在又是玉泰的小老板。我要把它办得比阿爷、阿爸更好，再一代一代传下去。为祖宗争气，为蒋家增光！你们现在要把盐铺的财产全用在丧事葬礼上。这非但违背阿爸的心意，我这个小老板以后还怎么当？”

诸亲好友们觉得王采玉是出于对丈夫的恩情，蒋介卿是为了继承祖宗的产业，双方都有理。于是经过几次斟酌和商量，决定从盐铺里取出一笔款子，给死者买一口上好棺材。在举办丧事和开吊时，只需准备二三十匹白布，分发给吊唁者。各处送来奠仪可以抵销三天三夜几十桌“豆腐饭”的开支，即使要贴补也很有限。至于送葬出殡的排场，全由奉化商界捐献。平时与玉泰盐铺合作经营和有所往来的商行，一律在各路口街角、门前店外，摆起香烛“路祭”。整条街上人头簇拥，鞭炮声连续不绝。比集市还要闹猛，比出会还要隆重。

三天丧事从头到底由长子蒋介卿出面主持。蒋介石只是扳麻戴孝、手拿哭丧棒，整天跪在父亲尸体旁守灵。他母亲几乎是日夜啼哭，蒋介石只有在吊丧客人来行礼叩头时，号叫几声。他毕竟年幼，虽然也有失去父亲的悲伤，可又禁不住灵帏外种种声音和难得见到各种奇异景象的吸引，更熬不住跪得两膝疼痛，恨不能偷偷溜出去看个明白，和小伙伴一起玩个痛快。

蒋肇聪的坟墓也由介卿一手包办。他自己的亲娘原葬在村北桃坑山。他就在此作为父亲的墓地，还为了表示小辈的大方风度，将蒋肇聪第二位妻子蒋孙氏死后临时安放在祠堂里的棺木，也搬过来一起合葬，还特地在三支坟墓的后座左右，围起一列厚厚的低墙，表示不许再有别人的坟墓挤入。等到“断七”一过，请风水先生挑选一个吉日，正式破土落葬。蒋家族人全部到齐。王采玉看到丈夫和他前两房妻室葬在一起的坟墓，而没有自己的地位，不让她死后成为蒋家鬼魂。更为醒目的是墓碑上只有蒋介卿的具名，仿佛他是唯一的继承人。这分明是蒋介卿有意安排，恶刻地把王采玉以及介石这一房排斥在蒋门之外。王采玉在丧夫的悲痛中，又骤然增加无限忧愤。她再也忍耐不住，扑在亡夫墓碑上撕心裂肺地放声恸哭。如果不是为了介石和几个幼小儿女，她真想一头撞死在丈夫坟前。

落葬以后，介卿和介石两房成了互不往来的两户人家。蒋介卿主管盐铺，一家人住在盐铺里的楼房里，妻子怀孕，等待分娩，雇了一个女佣，照管家务。蒋介石与母亲弟妹们住在丰镐房，屋子四周仍旧挂着白帏，连门口的大红灯笼也换了白底蓝字的丧灯。报本堂里摆着蒋肇聪的灵台，白烛、白帏和手画的遗像使本来洞落的厅堂显得更加阴森和凄楚。平时只有在玉泰当账房的堂兄王贤栋，悄悄地来探望堂嫂和几个外甥，带来一些令人不安的信息，如蒋介卿日夜忙碌盘算盐铺的账目和存货，银钱来往连管账的王贤栋也不让知道。同时，推说现款都用在丧事上，连以往每半月必送到丰镐房来的"开销"也故意扣住不给，使王采玉在经济上拮据，在斫伤的心灵上又蒙上惧疑的阴影。蒋介石记起父亲时，大哭一场，过后又溜到外面去，与唐文才等一起，顽皮地到处游荡。乡邻们看到这个还戴着重孝的孤哀子无忧无虑地嬉笑玩耍，又想到他母子目前的处境和未知的命运，禁不住暗暗叹惜和哀怜。

"百日"一过，王采玉所担心的"厄运"终于到来。蒋介卿神态冷漠地忽然出现在丰镐房。他对王采玉像平辈一样，用毫不敬重的口气提出：

"三天以后，请我们两家的娘舅到溪口来。"

"请娘舅来?"王采玉不明白蒋介卿的用意，"做啥?"

"分家!"蒋介卿说罢，掉身就走。

这是王采玉和她表兄早就预料到却没想到来得这么快的噩耗，筑坟已经明显地将王采玉排挤在蒋家之外，分家更要把介石一家五口置于窘迫的困境，要使王采玉母子死无归处，生陷绝地。她真是又气又急，浑身冷颤。坐在红木椅上，一句话也说不出来。

倒是她的堂兄王贤栋赶来劝慰："我看还是分的好。不分，你一家五口在他手里讨饭吃，日子不好过。还不如公平交易，一刀两断，各立门户，谁也不求谁。"

"能公平吗?"王采玉畏怯地问堂兄。

"你放心，妹妹。"王贤栋自以为是玉泰盐铺的账房，拍胸担保，"蒋家财产一本账，全在我肚子里，一清二楚。他休想占半丝便宜，我也不会让你和介石吃分毫亏。何况还要请娘舅来吗?徐家娘舅帮介卿，介石的娘舅帮自己外甥!"

刚从外面游荡回来的蒋介石，听说要去请娘舅，不问情缘，立即起劲地举起双手："我去!把外婆一起接来!"

王采玉急忙阻止。她一想到两个兄弟，心里就像浇上一桶凉水，又冷又沉。一个是赌棍，一个是痴子，这一对不争气的"棺材"，怎么能来担当为外甥"分家当"的重责？非但要被介卿奚落，说不定真会做出见不得人的事，反要使自己"坍台"！可是这样重要的事，自己娘家理应有人出场，否则真要吃亏，被人欺侮。于是，堂兄妹俩慎重地商议以后，决定去请肇聪已经亡故的第二房妻子蒋孙氏的弟弟孙琴凤来代表。

孙琴凤曾被王采玉请到玉泰盐铺当账房，对介石母子自有亲热的感情。后来，蒋介卿为了削弱王采玉的势力，逼他退离。他回家后，就去宁波浩河头新顺杂木行当"阿大先生"。他在姊夫蒋肇聪那里学到不少经营本领，新顺木行在他主管下，生意兴隆，财源茂盛，可是在他踌躇满志之际，始终记得王采玉对他的恩情。回乡时，也总要到丰镐房去探望这位不是同胞手足的姊姊和一群外甥。王采玉受介卿欺侮，可从来不向他诉苦。他只有暗暗恳求王贤栋要好好照料王采玉一家。蒋肇聪的死讯给他带来不祥的预感。因店务忙碌，来不及赶回溪口奔丧，而对未亡人比任何人更多一分关心，这次由父亲带信来，要他回溪口，以娘舅的身份，去负责蒋家的分家。即使有千万困难在阻挡，随你有千万铜钱可赚进，他也要排除一切，舍弃钱财，去为王采玉母子主持公道。

溪口的金字招牌玉泰盐铺和独一无二的丰镐房主人要分家的消息一传出，整个溪口以至奉化四乡都引起注意。一清早，丰镐房大门前就涌满了看热闹的人群，大家都想趁此知道：声望显赫的蒋家究竟有多少财产，小辈们的身份和家庭情况既复杂又烦难，不知该如何分家？谁多谁少，又要合情合理，又要公平正当。

原先约定：在当日的午时，两房人在报本堂祭拜祖宗，吃一顿团聚饭，然后开始分家。因为蒋介卿事先得知王采玉去请孙家娘舅孙琴凤出场，便临时改变主意。早饭刚吃过，便和前几天就接到玉泰盐铺的自己娘舅，穿一身长袍马褂，用蓝布包着账册、地契，神色庄严地来到丰镐房。王贤栋猝不及防地急忙跟随。可是蒋介卿一进入就将大门紧闭，不许任何人出入。

王采玉正忙碌地杀鸡斩肉，准备大家高兴地吃一顿团聚饭，没想到蒋介卿提前来临，不由心慌。

“我翻过黄历，”蒋介卿见了王采玉，也不招呼，就开口声明，“今朝宜分家，可午时这个时辰主凶，诸事不利，只有辰时是吉时，所以提前了！”

王采玉因为孙家娘舅来不及赶到，又不见堂兄王贤栋人影，自己无依无靠，顿时感到孤单无援。她急切地要向介卿提出，是否等候孙琴凤来到。但蒋介卿不由分说，就在报本堂灵龛前点起香烛，先三跪九叩拜过祖宗，然后一挥手，命令蒋介石也跪下叩头。蒋介石莫名其妙，望望母亲。王采玉无可奈何，只得向他点头同意。

不等蒋介石起身，蒋介卿就在龛案上打开包裹，取出账册、地契，然后对自己的娘舅尊重地鞠躬。

“今天，我蒋家分家，按照规矩，请娘舅来做公正人。”又严肃地对王采玉，“你介石的娘舅没有来，那就由我娘舅全权做主了！”

在这孤单无助被迫接受的情况下，王采玉只有紧紧依偎着蒋介石，听凭决定。

徐家娘舅在蒋介卿恭敬的邀请下，踏前一步，站在烛火熊熊的灵龛前，以唯一的长者自居，先宣布两房的不同身份和情况：

“奉化蒋氏第二十七代世孙蒋肇聪，生子介卿、介石等，介卿是长房长子。蒋肇聪一死，长子为父，分家理应多分一份。这是天公地道的千年老规矩。所以，凡是属于蒋家的财产，不论住屋、田地、店铺和现钱，长房介卿可得三分之二，介石这一房只能有三分之一。”

这是公然的抢夺！虽然长房可以多拿多得，但介卿已成婚立业。而介石年少，还有三个年幼弟妹，都未成人，无论读书、嫁娶等，有一连串大事要办，所得仅三分之一，不多几年也要坐吃山空！王采玉为了自己，为了儿女，为了丈夫的后代，决不肯退让。女儿时代的刚烈性格，在两次出嫁后已克制了多少年，重又爆发。她坐在自认为最牢靠扎实的木椅上，挺起胸，含着泪，理直气壮而又哀婉悲痛地提出抗议，陈述必须平分的理由。

蒋介石依偎在母亲身旁，母亲伤心的泪珠一颗颗掉落在他脸上，母亲痛心的陈诉一句句在耳际回响。他并不懂得“分家”的意义，可是他看出母亲被欺侮、受委屈。自以为“大将”的他一定要起来保护母亲，就在母亲喘息的片刻，从母亲身前跳出去，对介卿伸出拳头。

“要对半分！我们要一半！”

蒋介卿和他娘舅对看一眼。娘舅不露声色地轻轻点一下头。蒋介卿像得到了许可和支持，立即转换脸色，用怜悯的目光和口气回答。

“我在政法学堂读过书，懂法律。可是法律也不能不讲人情。”他开宗明义先阐述自己的心意，“你们这一房情形和处境，我哪里会不清楚？就是看在死去的父亲面上，我也要照顾你们。不要说平分，就是你们拿大半我拿小半，也心甘情愿……”

王采玉以为对方有些回心转意，心里就宽松下来。她也不想多要，只求公平，就心满意足，感激不尽了。可是蒋介石却趁此得寸进尺，又伸出手嚷道：“我们就要拿大半！”

“你们要多少，我可以给多少！”蒋介卿似乎变得特别慷慨，正使人猜测不出他的话是真是假，他突然神色庄严，郑重地说出一句令人惊骇的话来，“可是，我这样做，不是帮你们，是害你们！”

多分到财产，怎么会受害呢？王采玉发愣地直瞪着对方。

这时，介卿的娘舅从人后走到前面，做出一副长辈关心小辈的神气，温和地说出内情：“我娘舅来分家，主持公道，公道要讲，人道也要有。我这个外甥介卿，生铁面孔菩萨心，对你们真是情至义尽。他为啥不把财产多分给你们？你们知道吗？”边说边将放在毚案上的账册拿过来，一页页翻看，“我们计算过，玉泰盐铺这些年来，生意虽然兴隆，可是天灾人祸不断，一场大火，几次翻船，加上吃了几笔倒账，人欠欠人，入不敷出。总算一下，非但不赚钱，还亏本九千元！要是你分三一三十一，就是三千，一半是四千五，你们要三分之二，就是六千元。你们财产没分到手，却背了一屁股债。以后你们寡妇孤儿怎么过日子啊！”

王采玉刚才还振作精神，鼓起勇气，尽自己一切力量，奋然地为子女争取财产；听到这一番谈话，像全身被浇上一桶扑灭火焰的冷水，顿时泄了气，软瘫地呆坐在木椅上。她觉得那张她认为最牢靠的木椅也有些动摇。她一时还省悟不过来，心里对这位娘舅的话半信半疑。她怀疑平时对她冷漠无情的介卿今天怎会变得一片善心？她用异疑的目光直瞪着对方。

介卿甥舅俩大约也看出她的心意。那位娘舅便将几本账册交到她手里，还真挚恳切地表示：“不相信，你自己看！”

王采玉将几本又重又厚的账册接过来，无力地翻阅着。她过去在父亲那里学过认字，后来念经时也识了不少字，可是从来没有看到过账册。账册簿面上的名称“流水”“收支”“往来”等名目，她也不懂。至于账册里写得密密麻麻的一笔笔名称和数字，更看得她眼花缭乱，莫名其妙。她不知道该如何查账，又不能说不懂，又怕问错了，被人耻笑。管账的堂兄王贤栋又不在身旁，琴凤娘舅也没有赶到。没人商量，代她做主。她心里恍惚、惶急，便漫无目的又不知所措地一页页翻看。在一旁的蒋介石却忍耐不住，他自以为读过有高深学问的《大学》《中庸》，当然能看得懂简单账目，便性急地从母亲手中抢过一本账册，手指蘸唾吐，飞快地一页页翻看，账册上潦草的字迹和码子字，他一个也不认得，还没翻到一半，夹在账册里的收据和借条却雪片似的掉下来。娘舅连忙拾起，一面嘀咕：“这不能遗失，少一张就是少一笔钱财！”

这时，蒋介卿哀叹一声，走近介石母子身前，用从未有过的温柔口气，披露内心的哀情。

"我一直记得阿爸临终时对我的叮嘱,"他一脸悲痛,目光泫然,"他说:'你弟妹年幼。我死之后,你母一定哀痛。你是长兄,要对母尽孝,兄弟和睦,则我在天之灵也就安宁……'从这一天起,别人再说我不对,我也要好好照顾你们,所以,阿爸丧事,我力主节省。为啥人?为你们。一过'百日'我就提出分家,为我自己?不是,是为你们,可让你们早分早得利。我现在还想把玉泰盐铺全部分到自己名下,因为它亏本负债,如果把玉泰分给你们,你们又不会经营,连对付债户也来不及!谁叫我是长子?天塌下来只得由我去顶!我要把好处送给你们,由我一个人去顶罪、还债、抵命!"

王采玉看到蒋介卿哀怨忍辱的面容,听到他感人心肺的自白,不由得她不动情,不由得她不相信,她甚至为了过去曾对他误解而深为歉疚。她一时激动,便由衷地反过来真挚地向介卿恳求。

"介卿,我是妇道人家,介石又年幼无知,你既然对我们一片真心,我就拜托你和娘舅,一切由你们做主!"

蒋介卿这才宽心地松了口气,朝娘舅目光示意。娘舅就把预先写好的"分书"摊在桌上,然后一字一句,逐条逐项地边解释边念给王采玉听。为了照顾寡母孤儿,将已亏本并负债的玉泰盐铺一切生财和住房,分给自愿负责抵债的蒋介卿;将每年可以收租的周坑岙法华庵三十二亩田地和常年能挖笋割竹的一片竹山,加上丰镐房内西厢三间楼房,暂时归介石这一房所有,东厢楼房公用,其中报本堂系拜祖祭灵之公有厅堂。

王采玉一时分不清究竟谁吃亏谁便宜,也算不出是不是公平,只知道自己受到照顾,便怀着感激心情,代表介石这一房,在"分书"上盖上自己指印。

当蒋介卿舅甥二人拿了"分书",挟着账册离开丰镐房,一出大门,在外焦急地等候的王贤栋就前脚后跟地赶进来,看到报本堂蒋氏灵龛案桌上一对点燃的蜡烛,和王采玉母子凑在烛火前,一字一字地读看"分书",便忙不迭拿来"分书",粗粗一看,就发现严重问题,惊惶地失声追问:"怎么把玉泰归蒋介卿一人所有?这是蒋家最主要的财产啊!"

王采玉还代蒋介卿辩护:"介卿说,玉泰又亏本又负债,分给我们是害我们,他宁愿一个人去抵!"

"他还给我们看账册,"蒋介石也插嘴,表示自己曾认真对过,"我也看过了!"

"这账是他们假造的!"王贤栋气得直顿足,"这些天,他们瞒着我做账!刚才也不许我进门!我知道,这是——"

王采玉一阵忧急,一阵气愤,又全身软瘫地倒在木椅上。

蒋介石的霹雳性子又突然冒火。他气得满面通红,连话也说不出来,便一跳三尺高,推开王贤栋的阻拦,仿佛野马一般冲出报本堂去。他刚奔到丰镐房门口,孙家娘舅琴凤急匆匆赶到,一把将他拦住,和王贤栋一起横七竖八地将他拖回报本堂。

孙琴凤在聆听了王采玉悲伤地哭诉自己的上当受骗,以及沉痛的自怨自艾和自我谴责后,又婉言劝导外甥介石勿莽撞闯祸。再想到寡母孤儿今后的艰难岁月,身为娘舅油然而萌发出怜悯、同情和责任心,他虔诚地向蒋氏祖先的灵位行礼后,抚着介石的头,真诚恳切地慰劝王采玉。

"阿姊,我虽然不是你嫡亲兄弟,但既然结成姻亲,也算有缘分。我自己姊姊没生儿女,我就把瑞元当作自己外甥。以后你家有何难处,尽管来寻我。我琴凤一定像自己亲人一样对待你们……"

王采玉拉了介石扑通一声,跪倒在地,泪如雨下。

十二　初登雪窦山

蒋介卿独吞了玉泰盐铺，又为了掩盖自己侵占财产的野心和无耻伎俩，故意摆出盐铺因亏蚀过多而要倒闭的样子。先关门停业三天，清理账目，还趁机将王采玉的亲信王贤栋和对介石母子最忠心的廖阿毛一起辞退。王贤栋早就料到蒋介卿会来这一手，自己是这位小老板的眼中钉、肉中刺，既多年掌管盐铺的账目，又识破他这次侵夺财产的阴谋，留下他，当然对己不利，会生是非。所以，当蒋介卿皮笑肉不笑，用一种抱歉的口气，远兜远转地说明辞退理由时，他一句话也不说，毫无表情地站起身，去收拾铺盖行李。整装完毕，连蒋介卿特地送给他的双倍"月钱"也不拿，径直去丰镐房向堂妹辞行。

王采玉这几天来，为了分家的事，一直沉浸在斫伤、悔恨和痛苦的恶劣情绪中。儿子蒋介石不肯罢休，要去玉泰找蒋介卿评理。王采玉怕他闯祸，不许他出门。又担心他借上学为名，半途去盐铺，就干脆不让他去塾馆。母子俩整天争吵，使王采玉在哀伤的同时又陡增烦恼。今天王贤栋又带来使她心情更加消沉的消息，她觉得自己嫁到蒋家后，从来没有像今天那样孤立无援，无依无靠，真的成了被世间遗弃的寡孀孤儿。相处多年又有恩情的堂兄妹相对无言，默默流泪。最后，王贤栋安慰几句，正要离开丰镐房，廖阿毛又气吼吼来到。他一面骂蒋介卿蛮不讲理，翻脸无情，排斥"忠臣"，一面满怀深情地跪倒在王采玉身前："师母，我走了。你要多多小心！"不等王采玉还礼，又跳起来紧紧抱住蒋介石，像介石满岁时，在盐铺门口抱着玩笑一样。不同的是，那时是逗笑，今天是伤心地呜咽。

王采玉和儿子介石，亲自送王贤栋和廖阿毛到丰镐房门口，目睹他们依依不舍地远离而去。王采玉顿时觉得她的心和丰镐房一样，变得空空洞洞，再也没有精神和力量支撑住自己和这份微薄的产业了。

蒋介卿在重振祖业，玉泰盐铺再度开张时，郑重物色账房和店员，他想到当初王采玉所以能嫁到蒋家来，是靠她娘家的堂兄王贤栋。从此堂兄妹俩一个管店，一个管家，成了蒋氏家业的主柱。中国自古以来，无论是朝廷和百姓家，裙带风始终占上风。他自己娘舅家找不到合适人选，就想到嫁到宋村去的姊姊蒋瑞春。瑞春的丈夫宋周运是个识几个字、爱财如命的农民。他生性愚钝，古板俭朴。这种人对别人刻薄，对自己也吝啬。你给他一点好处，他把你当作恩公，你少给他一枚制钱，他一直记挂在心。他宁可走破一双鞋，从溪口到宁波来回百把里路，也不愿坐一次轿子，说是付给轿夫的钱可以买八双鞋子，足足可以穿四年。由他来当账房、管钱财，一定斤斤计较，多进少出，欠人不被人欠。他好像也不通人情，只认钱财不认人，对王采玉一家当然也铁面无私，不会有所庇护。宋周运扔掉锄头铁搭，舍弃田地，离妻别儿，背了铺盖，赤脚从宋村走到溪口，一本正经到盐铺来当账房。其实蒋介卿只因为他是裙带亲，自己人，请他来坐镇店堂，管理店务。他字识得没满一箩筐，算盘背不出口诀，哪能管得了繁杂的账目？

蒋介卿只得不放心地每夜亲自过目，不厌其烦地一遍遍重写、复算，只为了可以不必担心这位账房去包庇王采玉。

蒋介卿还不忘记先父的遗嘱，要他照顾寡母孤弟。所以他又要宋周运兼管丰镐房的钱财，代王采玉母子去收田租、交皇粮、砍竹、卖笋，把收来的钱，应存的存，该用的用。总之，丰镐房的收支全在介卿手掌之中。宋周运本来不愿多事，除非有多一枚钱收入，不肯多花一分力气。他的妻子蒋瑞春，虽不是王采玉所生，但在她出嫁时曾受到这位后母的恩惠，永世难忘。出嫁后还常常偷偷地回娘家来亲昵地偎抱异母兄弟蒋介石，亲如骨肉。她为丈夫能到玉泰去当管家而高兴，可也摸不透自己弟弟的心思，就千叮嘱万吩咐，要丈夫一定要真心诚意照顾王采玉，不能让已经倒霉的寡孀再吃亏。宋周运倒并不为难，他采取对王采玉既不包庇也不让便宜的折中办法。

在短短的一百天内，王采玉经历了死神攫走丈夫和财产遭人掠夺的两大灾难，还没有从沉重的厄运下透过气来，病魔又吞噬二女儿瑞菊的生命。瑞菊虽然不及姊姊瑞莲懂事，但活泼聪明，讨人喜爱。蒋介石特别喜欢她。从小和她一起玩，甚至背着她上街。跟祖父出去，总不忘买糖回来给小妹妹。放学回家，不是教她认字，就让她看"大将练兵"。瑞菊被这个好哥哥引得咯咯发笑，笑得整个身体抖得像风吹的小花。她突然夭折，哥哥从此失去一个最亲近最心爱的伴侣，蒋介石哭得满地乱滚，恨不能派一队小兵将妹妹从死神嘴里夺回来。他和瑞菊一直相处的短暂日子，犹如一场倏息即逝的美梦。美梦惊醒后留下无限悲伤和怀念。

丈夫和女儿相继死去，王采玉再也忍受不住痛苦的折磨，也不愿逗留在这充满父女俩遗物的丰镐房，便带领介石等子女三人，去葛竹，投奔如今世上唯一能给她慰藉的娘家，哭诉衷情。

王采玉的母亲王姚氏为女儿迭遭灾祸而悲痛。见了采玉顿时老泪纵横，抱住外孙悲恸不已。王采玉原想在娘家住上一年半载，老母也一心要苦命的女儿在自己身边相依相伴。不料，三天一过，曾受过胞姊恩惠的两个弟弟，记恨采玉在办丧事和分家时不来请娘舅出场，害得他们失去进财的机会，如今家破人亡了，却来投靠。他们没得到任何好处，反要供给吃住，虽然是老娘拿出棺材本来给外孙买肉吃，也像咬掉他们身的肉，一直痛到心里。他们越想越气，便一转脸，人前人后，把一切引灾惹祸的罪名都落在王采玉身上，骂她是"八败命"，到一家败一家，又要把丧气带回娘家；怪顽皮好动的蒋介石是闯祸坯，总有一天把祸水泼到外婆家。王采玉白天如坐针毡，夜里拥被啜泣。老母比女儿更痛苦，骂也不是，劝也无用。只得和女儿一起受辱，挨骂，委屈求全地只想能留住苦命的女儿和外孙。有一次，蒋介石为了认字，拿了《论语》去问痴子娘舅，娘舅将书一撕为两，自顾捧了《三国》，发痴地在院子里边奔边读。刚巧赌输了钱的贤巨娘舅回来，伸手向老娘要钱去翻本。老娘不肯，赌棍便把娘连采玉一起骂得个狗血喷头。老娘浑身发抖，采玉掩脸哭泣。蒋介石实在不忍娘亲受辱挨骂，立刻火星冒顶，脾气一发，就打仗冲锋似的用头朝娘舅的肚子撞去！这一下真正闯了祸，两个娘舅和舅妈一起，碰抬拍凳，一定要把王采玉一家赶出门！趾高气扬的蒋介石，不等外婆和亲娘吩咐，拔脚就走！

王采玉无可奈何地重回到丰镐房。死去亲人丈夫又少了个可爱女儿，这里显得更是空寂和凄凉。然而生活再困难、再痛苦，也要咬紧牙关忍受；房屋再阴悒、再破旧，一家人也要委屈忍辱地居住下去。因为它是丈夫留给她的遗产，也是今后数十年唯一栖身和死守的屋宇。她跪在报本堂蒋氏祖宗灵位前，默默祈祷：保佑她一家四口平平安安，苦度光阴，有朝一日，"瓦爿翻身"，重振家业。她回身含泪顾盼稚子幼女，最后目光落在介石身上。这样一个不懂礼教、粗鲁任性的顽童长大后真能负起荣宗耀祖的重任？她不由得怀疑当初算命先生的预言，难道他真的会成为她命中注定的贵子？怪不得很多人对他儿子讥嘲，甚至攻击她编造“必得贵子”的无耻谎言，现在连她自己对介石的期望和信心也禁不住动摇了，她又内疚又痛苦。但是，同时她又看到小儿子瑞青，生得眉清目秀，聪明温顺，一定比介石更成器，更有出息，她也更欢喜。莫非瑞青才是真正的“贵子”？少女时代的刚烈性格又在她身内冒发冲击，她心里重又充溢着幻想和奢望。只要两个儿子中间有一个能大富大贵，就可以为自己争气，为蒋家争光！

于是，一个受人欺压、迭遭不幸的孤弱女子，再一次振作精神、鼓起勇气，自己宁愿付出最大的牺牲，将希望完全落在儿子身上。仿佛一只折翅受伤的母雁，将整个爱心倾注给遭难后的孤雏。她特别溺爱瑞青，处处庇护；又不许介石再荒废学业。等不及守孝一年的习俗，立即去塾馆求学。蒋介石也真想出外去读书，不愿意被束缚在死气沉沉的丰镐房里。可是王采玉认为蒋谨藩老师收费较贵，而且管教不严，便借口路远不便，要儿子回到任介眉老师那里去。蒋介石是唯母命是从的孝子，心虽不愿，也只得遵命。任介眉除《三字经》外，只会教《论语》《孟子》。蒋介石也只得重读一遍。虽感到厌烦，然也比前多懂得一些。不幸的是，一场瘟疫使这位能倒背《论语》却始终倒运的塾馆老师丧生，死后连棺材也是由几个学生的家长凑钱买来。送殡者只是他生前教过而无成就的一些学生。

王采玉只得又让介石到蒋谨藩的塾馆去求学。她知道“守节易、养孤难”，所以对儿子特别严格，每晨上学，她总要检查儿子书包，不要遗忘课本笔墨，到门口还频频嘱告儿子放学归家她要考查当日的成绩，儿子要出外游要她定要知道去处。蒋老师对介石特别喜爱和关心，不等王采玉开口，自动将学费减半，而在教学上却加倍要求。除了未教完的《大学》《中庸》外，又要介石读《礼运》。针对介石刚强不屈的性格和桀骜任性的脾气，由浅入深地一遍一遍讲解“四书”中那些人生哲学以及处世之道。蒋介石在老师督促下，对书里一些重要的文句，死记硬背，都能记住，然对其中深奥的道理，蒙蒙瞳瞳，似懂非懂，说不清楚。每当在课堂里呆坐苦读了一个时辰后只等老师一挥手，就第一个冲出去当“大将”，举起树枝指挥小兵们打仗。蒋老师称赞他：读书时，专心一志，旁若无人；游戏时，似脱羁野马，自尊为王。

每天放学回家，母亲总是抱了瑞青伫立在丰镐房门口等候，儿子稍微迟到一会，她就追问。看到儿子衣服上因“打仗”而沾上泥尘，她就一顿训斥，责骂儿子贪玩，荒废学业，逼着他背诵今天所学的课目。蒋介石居然一字不差地背诵如流，使王采玉不由得暗暗诧异，怀疑是儿子骗母亲不认得字，胡念一起，否则顽皮成性、坐立不安又终日贪玩的儿子不可能有此长进。她不放心地抱了小儿子瑞青到塾馆去探视，正好看到儿子散学时和同学们打仗。她气愤地拉着他到老师前，要求老师严加训导。刚说了一句，就泪流满面，表露出一位处境困难的寡母对劣性不改的儿子的悲痛和失望。

蒋谨藩对这位善良而又坚韧的慈母，始终十分景仰。她一次次遭受常人难以抵挡的灾祸，坚持不屈地奋身顶住从四处向她压来的困难。她将一切希望都寄托在儿子身上，也是把儿子的前途拜托给老师。他深深感到自己身负重任，无论如何，应该对这位可敬的慈母予以真挚而恳切的安慰和鼓励。

“你儿子瑞元天资聪明，要苦其心志，劳其筋骨，好好读书，多加勉励，将来一定大有成就！”蒋老师又尊敬地赞扬王采玉，“你为人仁慈贤淑，人人称道，好心会有好报。如今你为儿子茹辛含苦，恨铁不成钢。有朝一日，老天会报答你！”

蒋谨藩说这番话，更多是为了要慰藉这位可怜可敬的母亲。王采玉对老师的鼓励，又感激又信任。从此对介石更加严格，也寄予更多希望，即使他将来不是"贵人"，也要把他培育成一个刻苦自立、知书达理、能支撑蒋家产业的支柱。每天早起，要介石和自己一起洒扫屋院，又到剡溪沙滩去，抬回来一桶桶水，倒满七石缸。然后要介石吃冷饭团和芋艿头充饥，介石总是边吃边沿着花坛用喷壶浇他心爱的花朵。出门前，母亲为他穿上虽钉有补丁，然洗得很干净的长袍，又检查所携课本，目送他出门上学。儿子走后，她与大女儿瑞莲揩抹报本堂灵龛，将龛案、柱栏揩得油光锃亮，再用清水冲刷院子内外的石板。太阳晒干后像是青玉一般，光彩夺目。母女俩再打扫房间，楼上楼下，一尘不染，接着气也不喘一口，在女儿帮助下，洗涤一家人的衣服。将一双双穿了半年的布鞋，破子就补，洗得像新的一样。洗洒完毕，准备午饭，宁可自己吃菜脚冷饭，也一定要让介石吃上他最喜爱也是仅有的霉干菜，逢时过节，加一碗又鲜又香的咸菜黄鱼汤和弟弟瑞青同享。

到了祭祠之日或逢年过节，母亲要介石穿得端端正正，到祠堂去祭祖，还要他上至族长各房长辈，下到异母哥哥介卿前规规矩矩叩头礼拜，并在一旁请求诸长辈对儿子严加管教。蒋介石沉着脸，垂着眼，心虽不愿，可不敢不服从。

越来越懂事的蒋介石，也越来越感受到母亲对自己的慈爱和厚望，他渐渐地知道要约束自己，少游戏，更多时间用在读书和家务上。尤其在听到老师称赞他聪明后，更是得意处处要显示。

蒋谨藩虽是塾馆老师，教学生读"四书"，可是他内心的郁闷。他有一次从孔子的"齐家、治国、平天下"谈到美国历史，说这个国家没有皇帝，也没有朝廷，只有政府。负责政府的人叫总统，总统只是"国民的公仆"，也就是为全国百姓办事的公共仆人。不像中国的皇帝，神圣不可侵犯，气焰万丈，俨然以国王自居，驾凌于全国百姓之上，不准违抗。

蒋介石第一次听到除了中国之外，还有其他国家。这使茅塞初开的小小脑袋里恍悟到：在自己狭隘的出生之地溪口外，正有着一个无法想象的广袤的世界。而世界上那些从未听到过的国家，形形色色，完全不同于中国。那里没有被尊为"天子"的绝对不许违抗的皇帝，那里的一国之主只是国民的仆人。天生不服管教又敢于和压力反抗的蒋介石，一下子受到启示，原来满腹都是从"四书"中学来的古训，这时突然闪过一丝从未想到过的念头，便不加思考，破口而出。

"这有何稀奇！"他既为自己的任性逞强找到依据，也想显示自己比别人聪明，就随口发表意见，"那个大总统是个人吧？平民也是人！既然如此，总统、皇帝和平民就该一样，不分上下！"

蒋老师也是第一次从他所教过的众多学生中听到这种言论，想不到年仅十岁的蒋介石竟有如此独特的见解，不禁侧目而视，含笑颔首。

蒋介石见老师同意甚至赞赏他的话，就异常得意。从此，为了博取老师的赏识，便自命不凡，更热衷地提出种种疑问。蒋老师见还是少年的介石竟如此好学求知，而且还关心天下大事，也就有问必答。他见想当"大将"的蒋介石对打仗更感兴趣，便生动地叙述中国与外国的几次战争中，不少爱国将士浴血抗敌的英雄事迹，使介石热血沸腾；又借此嘲骂朝廷腐败无用而惨遭失败，来发泄自己内心的愤懑，也令这个桀骜不驯的学生激愤得扼腕捶胸。

九月初九重阳节。蒋老师今年雅兴勃发，要去雪窦山登高，以抒胸怀。当他向学生们宣布放学一天时，别的学生高兴得来不及回家，唯独蒋介石缠住不放。他从小就听祖父谈雪窦山，说那里不但群峰簇秀，风景绮丽，而且有不少名胜古迹、圣地仙境。蒋介石童年时代也常常坐在大门口，或伫立在剡溪滩畔，仰首眺望蓝天白云下雪窦山的远景。在朝霞和夕阳的照耀掩映下，那仙境似的秀峰幽谷显得格外神秘诱人，使醉心于大自然景色，又酷爱游乐的蒋介石无限向往，也无比羡慕。曾好多次恳求祖父，祖父总推说他年幼力弱，登山不易，上次去法华寺坠足受伤，更使老人不敢担当风险。蒋介石这次再也不肯错过机会，就缠住老师，苦苦哀求。蒋老师见他不怕攀山翻岭的艰险，执着地一定要实现他的志愿，也就欣然同意。

蒋介石在得到母亲允许后，即随同老师出镇十余里，到达雪窦山。他们出于对神佛的虔诚，穿越丛林，顺径而上，先到雪窦寺拜佛。这是一座在晋朝就开始兴建的古刹，一次次毁于火灾和兵难，四毁四复，到清朝顺治年间重建。四周有九峰环抱，寺址纵横百余顷。蒋介石环顾群峰：顶圆如珠的玄珠峰、状如象鼻的象鼻峰、腾空飞越的天马峰、桫椤叶状的桫椤峰、五顶高耸的五雷峰、直插云霄的石笋峰和泉山喷激的乳峰，感到自己在大自然中变得如尘粒般渺小。蒋老师遥指那乳白如雪的泉水，告诉学生："那雪白泉水喷自乳峰下的一个石窦，所以山名为雪窦山，寺名为雪窦寺。"寺院大门上悬有宋真宗御赐的"雪窦资圣禅寺"匾额。他们跨进雪窦寺，步过供有宋孝宗圣赐"敕铸大钟"的院子，就是天王殿，正面供奉弥勒佛像。蒋老师指着这座形体肥胖、面带笑容的布袋和尚，笑说他的来历。蒋介石马上接口："听我阿爷说，这位弥勒菩萨还是我们蒋家祖宗'摩诃太公'的师父呢！"蒋老师也是第一次听到这段传说，似信非信，但对他的得意学生家族竟与神佛有过一段仙缘，不禁粲然。

他们出寺院时，蒋老师指着古木参天的园阜，对学生说："此乃是唐朝末年农民起义领袖黄巢墓地。我看过《奉化县志》，传说黄巢当年兵败后，退隐奉化，在雪窦寺削发为僧，死前还留有小诗，其中有'铁衣着尽着僧衣'，足可证明这位农民英雄曾在此当和尚，圆寂升天！"为了更进一步证实黄巢和奉化的关系，又举例说明："自溪口向西，有个驻岭村，相传是黄巢当年曾在此驻过兵而得名。"蒋介石也依稀记得，去外婆家时曾经听到过这地名，只是不知道它的出典，下次再去，一定要好好地浏览，这个因古代大将而出名的乡村。

离开雪窦寺，蒋老师忽然问介石："你可知道'放下屠刀，立地成佛'这个典故吗？"接着他侃侃地讲述起一个与雪窦寺有关的佛教故事。相传雪窦寺内，在几百年前有个小和尚，每天一清早，就听寺院内有一条蚯蚓在呜呜啼叫，催促小和尚起床做课。小和尚年少贪睡，对吵醒他的蚯蚓十分厌恶。某日，他用烧滚的开水，倒进蚯蚓洞里，把蚯蚓活活烫死。次日，太阳已高高升起，方丈还未见小和尚起床做课，就找来查问。小和尚只得据实相告，方丈怒骂："出家人应以慈善为本，岂可杀害生灵！"竟命小和尚到千丈岩舍身赎罪。小和尚被迫到达千丈岩，面对千丈深渊，吓得浑身发抖，号啕大哭。正巧附近东岙村有个杀猪屠夫路过，上前盘问，小和尚告诉他经过后，屠夫恍然省悟，想到自己曾杀过几百条猪，罪孽更是深重，早该舍身赎罪了！于是他放下屠刀，从千丈岩上纵身下跳。刹时间，天空五光十色，云间鼓乐齐鸣，一只仙鹤从空而降，驼着屠夫，徐徐升天。原来是玉皇大帝见小和尚平时修行至诚，此次又无意杀生，竟舍身赎罪，不禁怜悯，便派仙鹤迎接上天，不料错把自愿舍身的屠夫接走。小和尚见此情景，以为可以趁此登天，机会难得，也立即跳下千丈岩去，结果粉身碎骨，非但成不了仙，却成了笑柄。

蒋老师有意讲这富有哲理的佛教故事。蒋介石却心不在焉，急于要去屠夫和小和尚舍身的千丈岩。

千丈岩是溪口也是奉化的绝世奇景。由雪窦寺左右两道溪流，奔腾汇合在锦溪池，至岩口倾泻而下，形成瀑布，终日像一股水晶帘，顺着峭壁直挂下来。撞击岩壁半腰间的巨石，激起千万水珠，晶莹飞溅；散而复聚，犹如一匹银练，又宛若白龙，从空直奔人间。师生俩先在岩下仰观，又到岩顶飞雪亭俯视，对这个古奇景赞叹不已。蒋老师一时兴起，口咏宋朝名相、大诗人王安石的诗句："拔地万里青嶂立，悬空千丈素流兮。共看玉女织丝挂，映日还成五色纹。"咏罢，还摆头赞叹，"真是绝景绝句啊！"蒋介石想到屠夫在此舍身，不禁栗然。

蒋老师又带了蒋介石沿着青松夹道的山间小径，向高处前行，走了不满百步，就来到妙高台。它又名天柱峰，仿佛是一座擎天巨柱矗立在群峰之间，峰顶却是一块平原，其形如台，四面古木参天，直指苍穹，周围怪石遍地，宛如龙盘虎踞。蒋介石随着老师凭栏眺望，只见妙高台，上接无边云天，下临万丈深渊，真是一个巍然踞立的奇险绝景。蒋老师又指指点点，东望太白，西连天姥，南引天台，北跨四明。大好河山，隐隐约约出现在云雾间。蒋介石极目望去，千山万水，尽在眼底。他刚才在雪窦寺群峰之下，在千丈岩的飞瀑面前感到自己微贱渺小，现在在妙高台上，身居高峰，俯瞰天下，自觉气势不凡。过去，在乡邻亲友中传说，蒋氏门中祖宗摩诃太公是万众跪拜的弥勒佛徒弟，有几代祖先曾高官厚禄，祖父在乡里有威望，父亲又是一族之长，更使他感到非同小可的是自己原来是个"贵子"。祖先的荣禄和神圣、父辈的宠爱和期待，老师的称赞和鼓励，更惯坏了他。加上天生倔强专横的性格，不甘人后，从不屈服，仿佛自己将来必然是个顶天立地超人一等的杰出伟人，他一想到这些，就自满、自傲又自得，不禁踌躇满志，万分得意，忍不住高声吼叫，一呼百应。嘹亮的回音在群峰间回荡，久久不散。

十三　英雄出少年

蒋介石满怀豪情地离开雪窦山，一路上和蒋老师欢谈刚才看到的美妙景色，是那么谲丽瑰奇，又是那么恢宏庄严，也是他自出生以来第一次真正欣赏到大自然的广漠硕大和磅礴气派。他为自己的故乡骄傲，也萌生出要跳出狭小家乡去闯荡天下的最初愿望。

他兴高采烈地回到家里，却发现整幢屋宇笼罩着郁闷的氛围。他看到坐在木椅上满面愁容的母亲，就像突然泼来一桶冷水，浇灭了他从雪窦山上带来的欢快和游兴。

受蒋介卿委托，代丰镐房收租的盐铺账房宋周运，毫无表情地指着桌上一小堆碎银，还有些制钱。

“这两天，我跑了五家佃产。”他伸出手掌，扳着一个个手指，“一家收到了，两家欠一半。还有一家‘百年不还，千年不赖’，去年的租没有交，今年又推到明年！”

忧急的王采玉将小脚在地上一蹬，忍不住低声嘀咕：

“他们欺侮我们寡妇孤儿！”

“这四家还算好的。”宋周运愤然地在鼻子里“哼”一声，“最气人的是最后一家，说他家三亩田的租钱已经被大桥棺材店老板派麻皮阿毛收了去。我马上赶到大桥，那老板乱话三千，竟讲是去年肇聪伯伯大出丧，有一笔抬棺材的费用没付清，讨又讨不到，这次就去抢收田租抵数。还不够！他说至少要收三年！”

这次王采玉再也压制不住，霍地从椅子上站起。

“这帮强盗！”她嘴里骂，心里却很虚弱，自知没有力量对抗，就恳求宋周运，“这事只有去求介卿，请他出面去评理。”

“我对他说了，”宋周运摊开双手模仿蒋介卿的恣势，“他说，棺材店一个钱也没欠，与他无关，而且田已经分给你们了，他没权过问，也不愿管闲事！”

王采玉失望加上气愤，无力地又坐倒在木椅上。

一直在旁边闷声不响的蒋介石，在听明白事实后三步两脚走到宋周运身前，拉着他的衣襟，做出大人般郑重的表情，又用生硬的口气，对宋周运说：“姊夫，你一定要带我到大桥去寻棺材店老板！非要他把这笔钱吐出来不可！”

“我不去！”宋周运撒甩掉他的手，“棺材店老板吃啥饭？他的朋友都是红眉毛绿眼睛的地痞恶棍！啥人也斗不过他！”

“你不去，我独个子去！”蒋介石说罢就走。

宋周运先满不情愿地又是埋怨又是牢骚：“我来来回回走了百把里路，新买一双鞋子就在这三天里走破！破费不要说，还受气！”然经不起王采玉的哀求，就怨恨地朝地上吐一口唾沫，沉着脸答应介石，“算我倒霉！去，陪你去一次！”

虽然刚从雪窦山回来，可是蒋介石因火气冒上，还是劲道十足地朝大桥方向走去。他又性急，专抄近路，不走大道，尽在高低不平的田间小径上奔跳。宋周运平时走路慢慢吞吞，一脚下去怕踏死蚂蚁，现在怎么也赶不上蒋介石，可又只得紧随不放，怕蒋介石先到大桥，莽莽撞撞要闯祸，便跌跌冲冲急跟。蒋介石一口气走十多里，宋周运每走三步就要喘口气！

蒋介石在雪窦山的妙高台上，曾经以“大将”的气概俯瞰天下，这股气概一直带到大桥。他昂首挺胸，摇摇摆摆直扑南街三眼井旁的棺材店，自以为一定会像在学堂里与同学们“打仗”那样，一声令下，一扬军旗，就能把那些小兵们收服。凭自己一套“甩虎跳”的本领，还不把对方打得落花流水！不料他刚跨进棺材店店堂门槛，店里的伙计早已认出他，仿佛也知道他的来意，就像一对门神，过来挡住，不让他进去。

“我要寻你们老板，他抢我家丰镐房田租?”

那两个伙计见他还是个小孩，就笑骂一声“贱胎”！把他强推出门。蒋介石又气又急，不知道该如何显出自己威风，慌忙中拾了地上半块碎砖头，举起来就朝店内掷去！刚巧老板闻声从账房间里赶出，砖头落在他脚背上边，痛得像活虾那样跳起来，要伙计去抓蒋介石。蒋介石一见到老板，更是火上加油，又飞快地拾起一块馒头大的石块，要对准老板的头扔去。宋周运正好气吼吼赶到，上前拦阻，大声喝止：“放下！快放下！”蒋介石手里的石头被宋周运夺走，哪里肯罢休，就横着身子，仿佛一头小牛，朝店里冲去。宋周运急忙把他抱住。棺材店老板也怕蒋介石真的闯进店堂，急忙要两个伙计帮着宋周运一起拖牢蒋介石不放。

棺材店老板为了不想再为这件事承担责任和遭到麻烦，便请宋周运进去，把内情相告。原来蒋介卿当时付钱时对抬棺材的杠夫特别克扣，结了冤，可是又奈何他不得，于是由一个绰号叫“麻皮阿毛”的光棍跳出来，见王采玉寡妇孤儿好欺，就将分到他们头上的田租抢到手，名为还清欠款，实则是将丰镐房的田地霸占。他棺材店是光棍拿来当作门面招牌，自己一点好处也没捞动，蒋介石还来捣乱，店堂被打翻，自己被打伤。如果不赔礼道歉，他就要到衙门去上告。

老实怕事的宋周运本来不愿意当出头椽子，棺材店老板的一番话，说得他更是心软理亏。他真怕要上衙门打官司，便倒过来对老板讲好话、赔不是。正在他柔声和气地赔礼时，在门外的蒋介石突然挣脱两个伙计对他的束缚，冲进店去，用足力气，把一口空棺材推翻，还伸手问老板要还田租。老板刚哄服了宋周运，又受到蒋介石粗暴冲击，不由怒火上升。立即命伙计把蒋介石赶出店门，嘴里高声叫嚷：“我一定要去告状！把丰镐房告得家破人亡！”

蒋介石在门外尖声还嘴：“我也去告！告你霸占我家田租！”

宋周运一面用劲挡住蒋介石，怕他再冲进店去，一面急切地告诉他是谁真正霸占田租。蒋介石不管麻皮阿毛是光棍还是恶霸，要老板马上带他去讨钱。

“麻皮阿毛不比我，我是规规矩矩生意人，君子动口不动手。你要是落在麻皮阿毛手里，嘿！一定把你打得半死烂活！”

可是蒋介石不怕威胁，他也真敢和那些光棍拼个你死我活，见老板不肯说出麻皮阿毛在哪里，就兀立在街中心，头朝着天，直着喉咙高叫：“麻皮阿毛！你抢我家田租，我要和你拼命！你出来呀！怎么不敢露面?!”这时他心底里有些懊悔，没把他平时“打仗”的小兵们带来，准备和光棍们大打一场。

他叫喊了半天，没有看到麻皮阿毛露面。他越叫越响，越骂越凶，四面聚拢不少人，指指点点围观。宋周运劝也劝不住，拉也拉不动，自己又不能擅自走开，只得满头大汗站在一旁喘息。

蓦地有两个手腕刺花的青皮光棍，从蒋介石左右两侧走上来，一个一伸腿，一个一推背，蒋介石冷不防朝前一冲，扑倒在地，跌得鼻青脸肿。蒋介石知道受到坏人袭击，顾不得疼痛，骨碌爬起，脚没站稳，对方又一个"套槛"，蒋介石仰天一交，跌得头昏脑涨，再也站不起来。两个光棍脸带奸笑，其中一个还对宋周运伸伸拳头，甩手甩脚走开。

宋周运再也不敢逗留，拖起蒋介石就逃。蒋介石一是走不动，而是不愿走，坐在地上做"无赖"。宋周运急中生智，说一声："我去告诉你阿姆，让她来捉你回家！"他话没说完，蒋介石骨碌立起，拔脚跟上。可是，刚才跌了两次跤，只觉得浑身疼痛；然而他为了逞英雄，在众人眼里不肯坍蒋家祖宗的台，竭力熬住，一颠一拐朝前走。宋周运看他行动不便，要来扶他。他负气地推开宋周运，故意在高低不平的田梗上跳蹦，还逞强地"甩虎跳"，可是，好几次差一点跌跟斗。

回到丰镐房，见了娘亲，忍不住哇的一声哭了出来。他不是因受辱、受伤而委屈落泪，而是因讨不回田租，愧对母亲而伤心。王采玉看到儿子脸上的伤痕和痛苦的神色，再听宋周运讲事情的经过，就心慌意乱，再也无心训斥儿子，爱惜地与大女儿瑞莲一起为介石脱下满是尘土的衣裤，用温水为介石轻轻擦脸，再安排他躺下睡觉。蒋介石哪里睡得着，他有一肚子火要发泄，就在床上左右转侧翻身。当娘在外房同宋周运低声商量是不是请介卿出来为蒋家撑腰，他却拉住弟弟瑞青，手舞足蹈地将自己说成大闹棺材店的英雄，而被光棍打败在地却一字不提。弟弟瑞青奇异地瞪大两眼，也真的相信他，翘起拇指称他："阿哥是大将！"

王采玉本来要打骂这个闯祸的儿子，看到他脸青鼻肿的样子，和因失败而羞悔的神色，又不哼一声痛，只口口声声怪自己无用，就不忍心再对这可怜的孩子施加压力；又看到他饭也不想吃，蒙着被睡觉，就格外怜惜，这一夜就让介石和自己睡在一起，不时地问长问短，盖被喂水，使介石在外受尽欺侮之后，得到平时敬畏的母亲少有的百般温暖和亲热。

第二天，蒋介卿突然来丰镐房，不等王采玉向他询问这三亩地田租的情况，他却抢先一步，色厉词严地正告后母："介石昨天到大桥去闯祸。今天棺材店老板派人来告诉我，他要到衙门去告丰镐房，你带介石去，上刑判罪与我无干！"

王采玉凛然竦立不动。蒋介石从床上蹦跳起来，对介卿叫道："他告我，我告麻皮阿毛！"

"你告麻皮阿毛？"蒋介卿冷笑一声，"你昨天苦头还没吃够？他已经在外面放风声，只要在路上看到你，就抽你筋、剥你皮！你以后替我少惹是非，要不我们蒋家都要败在你手里！"

原以为身为长子的蒋介卿应该出面为受委屈的母弟去评理，不料蒋介卿反凶嘴恶脸地来责怪，还故意用公堂和光棍来威胁，目的无非是要她们母子不再提田租的事。蒋介石当然不服，气得双拳在床沿上乱敲，而王采玉却在恶势力的恫吓下不禁恂栗。她知道在公堂上她一定是下风，官司必败无疑；而儿子脾气暴躁，不服输还要咆哮，势必受罚吃苦。而一出衙门在光棍的暴力下，儿子的性命更是难保。她越想越胆怯，越恐惧，觉得再也不能和恶势力作对，非但要委屈地认错，还要远远躲开，免遭杀身之祸。

面临严重可怕的祸祟，身处孤立无援的境地，王采玉左思右想，只得去向最有威信的蒋谨藩老师求救。蒋老师手捋短须，沉思半晌后，仿佛答非所问地提出令人意外的建议。

"你儿子在我学馆读了两年，很有长进。"他先认真地称赞学生的成绩，接着话头一转，"不过，不是我故作谦虚，也非有意推辞，实在是我把自己所有学问都教给了介石，而介石应学的决不应该仅限于此。我早就想提出：是否让介石另拜高明者为师，得以深造，则前途无可限量。"

他深知凭自己才学，栽培不出状元学生。

王采玉实在不明白蒋老师的用意，以为他怕学生闯祸惹及自身，便朝外一推，百事不管。

“当然，我为了你儿子的学业，曾经郑重思考，”蒋老师又说，“我决定推荐葛竹的姚宗元先生。姚先生满腹经纶，德才兼备。吾等莫不尊敬。何况葛竹又是他的外婆家，既有照顾，也很安全，岂非是他最好的求学安身之处！”

王采玉这才理解蒋老师的苦心。目前蒋介石只有去葛竹，才能躲避灾祸，还能继续求学，这位贤明谦逊的老师倒是不惜牺牲自己利益，一心一意为了成就学生。

王采玉感激蒋老师的指点，回家就请唐兴坤糕饼店老板娘唐徐氏派人到葛溪把她堂哥王贤栋找来。王贤栋急吼吼赶到溪口，已是深夜。王采玉一面诉说不幸遭遇，一面为介石整理行装。在那盏昏暗的油灯前她忍住离别的悲伤，沉痛地谆谆教训儿子：“你阿爸死了几年，我辛辛苦苦给你读书，倒不是一定巴望你长大后做官发财，只盼望你成为一个规矩人，受大家敬重，我面上有光，你阿爸在天也安心了。”看到儿子两眼依依不舍望着自己，就温和地安慰：“我心里舍不得你离开，只望你记住我的话，不要想我！好好做人，用功读书。”说到这里，泣不成声，将蒋介石紧紧拥在怀里。

次晨，王采玉摸黑烧好早饭，从床上叫起蒋介石吃早饭，自己躲在厨房里用手捂住嘴，不出声地恸哭。听到儿子在外叫嚷，连忙抹干满脸泪水，走出来，又一句一句地教训：要他孝敬外婆，不许闯祸，否则不许进丰镐房大门，蒋家也不认这个不肖子孙。她把蒋介石责骂一顿后，再送他出大门。心里虽依依不舍，可是怕被人发现，不敢相送，她轻轻关上大门，从门缝里眯着眼睛朝外张望，目睹儿子的背影与王贤栋一起，在昏暗的晨色中渐渐远离。

这是儿子生下来后第一次离开母亲，他只有十二岁。从小没离开过家，做娘的是多么不放心，又多么伤心。刚才当着儿子的面，为了要他争气，故意掩盖住慈母的温柔，反而严厉无情地骂个不停。等儿子一走，她再也抑制不住蕴藏在内心的别离之悲苦，坐在椅子上，双手掩嘴，挡不住凄切的呜咽声，两行慈母的热泪，像涌泉般滚滚流下。最后，她突然跪倒在地，仰望黑沉沉的苍穹，求菩萨保佑儿子太平无事；又朝娘家方向频频叩头，遥拜老娘对自己儿子的养育之恩。

王采玉的母亲王姚氏，自从女儿再醮给溪口蒋家，先也听到不少风言风语，造谣攻击，后来有了外孙蒋介石，总算风平浪静，对曾经走绝路当尼姑又交好运的女儿满怀希望。不料在以后的十年中，蒋家迭遭坎坷。火灾、在一年内蒋家父子亡故、分家等蹇涩的命运，又将女儿推入灾难的深渊。她因为两地相隔，行动不便，再加上溪口蒋家的近亲远眷对王采玉歧视，讥嘲为“八败命”，身为母亲也难免连累之苦，自己也感到无颜和低卑。所以难得去溪口，去时住几天即回。而两个不争气的儿子对姊妹的冷酷，毫无手足之情，更使老人对这个一心向娘家的出嫁女儿无限歉疚，也无能接女儿来葛竹小住，这次她心爱的外孙因避难到葛竹外婆家来读书，任凭你天翻地覆，就是将她一把老骨头拆散，也要熬紧牙关忍住困苦，把这唯一的外孙保护住，养育好。她要介石和她合床同睡，一天三餐，自己省下来给介石吃，还赶紧去找蒋谨藩推荐的老师姚宗元。

姚宗元也是嵊县人，和外婆王姚氏非但是同乡，还是同姓同族。由于他名闻遐迩，有书乡之称并有人在朝廷当过官的葛竹乡，就请他来办学教书。他的塾馆就设在王氏宗祠溯源堂里。溯源堂的建筑庄严恢宏，圆凳大的石墩木柱矗立四周，院子里还有画栋雕梁的戏台，每逢节日和祭祀就请戏班来演出。两排古色古香的堂屋，掩映在婆娑竹林中，清静宁谧，真是读书的最佳场所。姚宗元是位讲究真才实学的饱学之士，除“四书”外，又教《尚书》和《诗经》《说文解字》。蒋介石在《尚书》里读到上古历史文件和不少古代历史事迹，在课本外，老师还讲述各朝各代民族英雄的故事。在《说文解字》中蒋介石懂得字源的考究和字形的分析，《诗经》陶冶和抒发感情。姚老师在讲解之余，还开发学生的思想，注重作文技巧，常常出题目，要学生作文吟诗。蒋介石前几年在任、蒋两位老师那里读了不少书，自己也有不少文思和感受，只是未能抒发和表达。现在在姚宗元老师的鼓励和指导下，先尝试作诗。然而他过于心急，又急于求成，不经过苦思冥想，就匆匆下笔，加上词不达意，字迹又潦草，写了几首，都遭到老师呵责。他倒并不灰心，也很服气，更想到母亲临别时的频频叮嘱，如果学无成就，就不许回家。自那天从溪口逃亡到葛竹后，白天忙于读书，闲时耽于游戏，到了晚上，在一盏影影绰绰的油灯旁，外婆边念经边督促他温课。每到那时，从外婆慈蔼的面容上他仿佛看到了母亲，就情不自禁念家，想念母亲，关怀弟妹。生性强横刚介的他，一想到分隔两地的亲人，尤其挂念为他焦虑忧急、又爱又恨的母亲，想象着在他走后一家大小三口挑起力所难及的辛劳，恨不能插翅立即飞向丰镐房，投入慈母的怀抱，为弟妹分担家务重活，外婆看到他心神不属、目光泫然，就婉言相劝，只要好好读书，就能尽早回家。于是他又挺胸直背，振作精神，一首又一首地背诵古诗，一篇又一篇地熟读古文，直到外祖母怜惜地催他上床，他还要睡眼迷离地坚持读完最后一篇。

他在课堂读书时旁若无人，专心致志，全神贯注，练字时重笔浓墨，字字端楷。一到散课和放学，就把书本上学来的道理丢在脑后，像一匹脱缰野马，跳上戏台，弄刀舞枪扮英雄，又学韩信登台拜将，在戏台上向同学们发号施令，俨然是一员大将。姚老师见到，只轩眉一笑，暗暗默许。

葛竹四面环山，丛峰拱立。整个村庄在青翠山谷的包围之中。一条剡溪，溪过村口一座石桥，碧波荡漾，横贯风光绮丽的葛竹，村庄四周是疏疏密密、绿影斑驳的竹丛，远近只见一片葱翠。到了褥热的夏日，在绿荫下也是幽雅清静，凉风习习。蒋介石每天上学来回，和同学们游乐嬉闹后，头冒热气，浑身是汗，躲进竹林去避暑。他抬头环视竹林，低首默思诗句，从他多日的观察，反复的感受，一个字一个字、一句又一句的揣摸和推敲，忽然即景吟出两句诗：“一望山多竹，能生夏日寒。”他欢悦地跳起来奔回塾馆。姚老师没想到一个顽皮成性，野气蛮缠的少年郎，在自己短短几个月的教导下，居然能咏吟出两行虽非绝妙，却也够格的诗句，很感到意外，也颇得意，便高兴地笑着称赞。

受到老师赞赏和鼓励的蒋介石，更是兴奋不已，仿佛他已经达到了母亲所苛求的学业成就，马上可以回家，使望子成龙的母亲得到盼望多年的欢乐。他拜别老师，挟着书包，在路上拾起树枝当马鞭，一路上亢奋地跳跳蹦蹦，高兴时连甩三个“虎跳”；还向四周山峰高声朗吟自己的诗句，像唱歌一样一遍遍唱着他生平写的第一首诗：“一望山多竹，能生夏日寒。”在经过竹林时，故意穿进竹丛去，用力摇晃竹子，唱得更欢。竹叶瑟瑟回响，犹如弹拨着一首报答他的伴奏曲。

他到外婆家向外婆提出回溪口的要求，外婆和善地笑着摇头。

“你娘要你满了半年再回家，你还是安心读书，多写几篇诗回报你娘。”

蒋介石虽然失望，但也想到外婆和母亲要他来葛溪的苦心。从此，他更加想娘，也更用功读书。他认为只有学有成就才能报答亲娘。

一个多月后的一个秋高气爽的午日。在传来一阵马蹄声后，姚老师忽然向正在上课的学生们宣布散课。他自己兴奋而倥偬地回卧房，会见他难得聚晤而又十分契密的知友竺绍康。

竺绍康是嵊县人，是个具有新思想的文士。为了反对腐败的清廷，在剡山倡立“平阳党”。除了与“乌带党”的王金发合成一气外，又经常奔走于金华、绍兴、新昌和奉化一带，与各地的会党以及开明之士联络，宣传革命，从事秘密活动。他为人豪爽豁达、方正耿直，行动诡秘而迅捷，常常是蹄声得得骑马奔来，又一阵风疾驰而去。今天又不知为了什么机密大事，瞬息间出现在葛溪。一些学生趁机外出游戏。蒋介石刚踏出溯源堂，只见一匹高大的棕色骏马在大柱前昂首挺立。蒋介石平时走路快步如飞，可是偶见骑马者从后赶上，在他身旁飞驰而过，喷他一面灰尘，他总是又歆羡又嫉恨。恨不能自己有朝一日也能骑在马上纵情驰骋，这才像一个威风凛凛的大将。现在见到那骏马，一时兴起，一时冲动，就上前解除马缰，牵到空旷的场地上试骑。怎奈马躯高出他半个头，他几次跳跃，不是跨不上腿，便是从马背滑跌下来。那骏马平时由气宇不凡的会党首领驾驭，怎么肯对这野蛮顽童驯服。每等蒋介石走近，就忽地举起马蹄狠狠一踢。蒋介石被踢一脚，就像大将受到畜牲一次侮辱，不禁恼怒，便拾起棒棍，左戳右刺，对骏马百般戏弄。骏马忍无可忍，骤然长嘶一声，举起前蹄，朝蒋介石扑来。蒋介石吓得来不及逃脱，跌倒在地。骏马也不肯罢休，为了报复刚才对它的戏弄，便用利牙啮啃蒋介石的背脊。蒋介石的衣衫上顿时血迹斑斑，痛叫救命！

同学们看到了，一阵惊惶，有的急叫，有的奔去禀报。竺绍康和姚宗元慌急赶出，客人阻住骏马，老师抱起学生。他们将蒋介石安置在课桌上，涂敷伤膏。蒋介石咬住牙、忍住痛，满头大汗，一声不哼。

“真是初生之犊不畏虎啊！”姚宗元老师对自己的学生既感叹又埋怨。

竺绍康目光炯炯地凝视着蒋介石，见他小小年纪居然胆魄过人，受到创伤还轩昂逞强，不禁啧啧称奇，连声称赞。

“后生可畏！”他神色肃穆地朝蒋介石频频点头，“不愧是少年英雄！”

这位浙江有名的会党魁首，今天与蒋介石非同一般的邂逅，成了以后生死与共的忘年交，在革命的道路上携手前进的同志。

竺绍康要到外婆家去告罪。姚宗元怕受人注意，代为谢绝。在送走了这位神秘的会党领袖后，老师亲自陪着受伤的学生去王家。外婆见到，吓得脸色发白，浑身抖擞。她怎么向千万拜托的女儿交代？心里急得要连忙把外孙送回溪口。可是蒋介石死不愿意，他心里害怕受到母亲严厉的训斥，甚至毫不留情的鞭打，但嘴里故作强硬地表示区区小伤，不足为奇，而况又是被大众敬仰的会党首领所骑马匹咬伤，仿佛还是足可以自豪的战绩呢！他迷迷糊糊睡了一晚，第二天清早就口诵自己所写的诗句，扬扬洒洒去到塾馆，还神气活现地以大将的气概向同学们讲述昨天的惊险奇遇！

到了第三天，王贤栋去溪口回来，急遽地向外婆报信，说他堂妹王采玉要蒋介石迅速去溪口。王贤栋不肯说出情由，蒋介石心想一定是这位堂舅舅把他戏马受伤的事告诉了母亲，母亲要他回去少不得一顿教训打骂。可是他在离别娘亲、弟妹半年之多，也正想回家去合家团聚，共享天伦之乐。他便将背上的膏药去掉，穿一套干净衣服，由堂舅陪着，三步两脚，一口气急急惶惶走完十里路。等他走到丰镐房门口时，忽然从里面传出来凄厉的啼哭声。他心里剧烈怦跳，手脚发软，跌跌冲冲闯进报本堂，只见祖先灵龛前的桌案上点燃一对白烛。他心爱的弟弟瑞青脸上盖着一张黄纸，直僵僵躺在板门上，母亲和大妹瑞莲抱住弟弟的尸体，悲痛地号啕恸哭。

蒋介石一阵战栗，接着一声凄厉的号叫，发疯似的直扑上去！

十四　苦练武功

在两个儿子中，王采玉对蒋介石是又爱又恨。因为介石出世后，奠定了她在蒋家的地位，对这未来的“贵子”寄予莫大期望；只是蒋介石虽然孝顺，却骄恣强横，屡屡闯祸。她真是又忧急又失望，恨铁不成钢，常常是含着泪水狠心打骂。小儿子瑞青生得眉清目秀，温柔驯顺。总是像小羊般依偎在母亲怀里，抬头笑望着慈母，讨人欢喜。只是他身体孱弱，没有哥哥强壮，到了四岁还不敢独自出大门一步。介石走后，姊姊又帮妈妈做家务，他只得一个人孤零零地坐在报本堂前的花坛旁，大半时间是想念常伴他玩的哥哥，母亲见他聪明可爱，又文弱可怜，就格外“宝贝”他。也对他寄予比介石更大的期望，是她心目中真正的“贵子”。怎么也没想到突然降临的病魔，像老鹰抓小鸡，瞬息间攫走他的小生命，等于挖去她的心。在三天三夜撕心裂肺的恸哭之后，她像失去了灵魂，也和死去一样整天独坐在她那张红木椅上，不吃不睡，呆滞的目光整日整夜凝眸小儿子的遗物。等她在介石兄妹哭哭啼啼跪在她身旁，焦急地唤醒她时，她才发现自己仍在凡间，自己膝前还有一子一女，仿佛一对嗷嗷待哺的幼雏，等待她哺育和爱抚。如今蒋介石成了蒋氏门中唯一的后裔。她只有将一切希望寄托在他身上，他那强横和任性的脾气和恶习固然常常使她丢脸和生气，但也看到他真有志气，肯埋头读书，也很刚强，对坏人敢于反抗。而且他也很孝顺，老师们都称赞他。“毛竹从嫩压”，只要严加管教，将来总会有出息。想到这些，她对这顽梗的儿子爱多于恨，希望代替失望。于是当她知道介石在葛溪被马啮伤后，不是严加训斥，而是倍加爱抚。同时，葛溪和溪口相隔过远，互相照顾不到，还增添了两地想念之苦。麻皮阿毛的威胁，也是蒋介卿故意借口恫吓，不必再挂心，如今小儿子一死，更是寂寞，寡母幼女多么希望能有家庭温暖和天伦之乐。也需要有一个男子做得力帮手，减轻母女过度辛劳，她不愿也不忍再让儿子离开家，就以路远不便为由，托三贤栋向姚宗元老师要求退学。姚老师因学生在他那里受伤，很是歉疚，又为介石不能在他这里求学深为惋惜。最后他语重心长地向王贤栋对蒋介石作出公正的评价：“你外甥聪明，又有胆魄，只须教养得法，前程远大。”

王采玉这次为介石挑选求学的地方，是离溪口只有三四里路的畸山。有一位名叫竺景崧的乡绅在这里开设皇甫氏学馆，请毛凤美老师执教。蒋介石每天清早，先独自一人到溪滩去挑水，放满一“七石缸”后，用布包了一大碗干菜白饭，和邻居唐文才等一起去上学。读书照样用功，把毛老师教他的《左传》一句句背诵如流，课余和放学时也照旧要当“大将”。在这里他也结识了几个爱“打仗”的同学和朋友，有肖王庙镇的何先德，亭下村的沈新成、陈世荣，石门村的毛如水等，还有在董村乡栖霞坑出生的王恩溥。王恩溥的祖先世代经商，到他父亲这一辈开始败落，便在离董村二十里外的亭下镇开设王协成药铺。王恩溥也就在药铺里当学徒，他比蒋介石小一岁，长得比蒋介石壮实；因为童年失学，跟着人家到处游荡，还学会打拳练腿，当学徒时上山采药、背篓抬筐，也就练出一身钢筋铁骨。当他看到这些和自己同年龄的学生，一出课堂就

“打仗”，既无力气，又无本领，“打仗”像做戏。尤其是蒋介石，自命大将，却只会发号施令，拳打脚踢，却一点真功夫也没有。有一次，当蒋介石领着他的虾兵蟹将，到畸东村夏全木家大门对面由插田桶搭成的戏台上“拜将”时，王恩溥刚巧挑了一担草药路过，他先停下担子，远远地抬头观看。见蒋介石他们只会“甩虎跳”“乱打三千”，实在看不过去，就过去，一纵上台，一面拱手，一面忠告：真要当大将，就该有本领。蒋介石不服，拍拍胸脯，要对方连打三拳，保证脚趾像钉在地上，不会移动一分。可是王恩溥只张手轻轻一推，蒋介石便朝后一仰。王恩溥不等他翻跟斗，马上上前扶住，蒋介石这才服输，要拜他为师。王恩溥笑着回答：“我比你小一岁，怎可做你师父？我们就师兄弟相称，你教我读书，我教你学武！”于是，除了不爱动武的唐文才等同学外，王恩溥就和蒋介石、沈新成、杨志春等几个同学、少年，学三国刘、关、张桃园结义，梁山泊一百口儿将义结金兰，成为有福共享、有难同当的盟兄盟弟。在结拜后，王恩溥问蒋介石：一个书生为什么要学武？蒋介石不好意思说出自己因不会武艺，曾经受过光棍欺侮，一心想要报仇，只说有了本领，路见不平，可拔刀相助，还自称将来要当大将，为国尽忠。王恩溥一针见血地说：“天底下没有不会武功的空名‘大将’！”蒋介石顿时恍悟，连忙要求王恩溥教他和同学朋友们练武。

王恩溥自称曾跟“能人”学过武功，不但会各路拳术，还有一套超人的“硬功夫”。蒋介石从此不再“甩虎跳”，而是学真本领，他和盟兄弟每天一清早到夏全木家大门口集合，每人的两条腿上各缚一斤重的沙袋，号令一发，从畸山到亭下，来回走十里路。蒋介石平时就跳跳蹦蹦，习惯于走路，区区十里，加上轻轻一斤沙袋，真是毫不在乎。他撒开两腿，欢畅地一口气走到底，不流一滴汗，不歇一次力，而且始终领先。王恩溥满意地称赞大家，还特别嘉奖蒋介石。第五天，王恩溥提出：以后每隔五天加重一斤沙。一个月内增加到七斤，两条腿就是十四斤。在加到六斤后，走动时感到两脚不听使唤，很不轻便。虽然越走越累，但能挺住，只是额上沁出一阵阵微汗。蒋介石还照旧神气活现地赶在前面，“大将”一样指挥和喝令落后的盟兄弟赶上。可是王恩溥并不就此休止，他要大家继续每隔五天加一斤，三个月为满，四十斤到顶，沙袋太大不方便，就以铁砂代替。沙袋越来越重，蒋介石感到越来越吃力。每次增加沙量的第一、二天，多增一斤好像加重十斤，两条腿犹如灌入越来越多的铅水，踏在地上仿佛双脚陷进泥潭里，要费周身力气才能拔出脚跟；跨前一步等于攀越一座崎岖的丘峰，流出满身大汗才能移前毫分。出发时排得整整齐齐、气势汹汹的队伍，走不到一半路，就溃不成兵，零零落落。有的靠在树上大口喘息，有的挣扎着伏在地上匐行。蒋介石也是周身汗湿，四肢无力，脸色发青，眼前发黑。他也真想倒在地上，无力再朝前迈动一步。每到这时候，王恩溥就在一旁鼓励，要他熬过这一关！他也想到如果自己不如旁人，就不配做“大将”！他在极度疲困中，振作起来，站直发软的身子，挺起喘息不止的胸膛，抹去满脸汗水，瞪大浓眉双眼，声嘶力竭地朝大家嚎叫，命令前进！他一步一拖地朝前走，每走一步，嘴里喊一声：“走到底！走！走！”从来不服气也不肯认输的十四岁少年终于闯破重重难关，到达了目的地。

半年下来，重量增加，步履艰巨，难关一个接着一个，成绩一次超过一次。蒋介石没想到自己居然能缚着重达四十斤的铁砂，来回走十里路。负担从轻到重，体力反由弱转强。汗越流越少，步伐越走越快。有人告诉他：梁山泊好汉里的戴宗就是这样练腿功而成为“神行太保”。蒋介石先还不信，认为在一个时辰里走十里，算不得“神行”。等有一天王恩溥宣布把腿上的铁砂卸去，再步行去亭下时，蒋介石发现自己两条腿变成两只翅膀，一动步仿佛腾空而起，非但身轻如燕，简直是疾走如飞。不到半个钟头，就到达平时要走一小时的亭下！

盟兄弟一路走，一路笑谈，仿佛自己都成了能飞檐走壁的英雄豪杰。蒋介石更是兴致十足，欢欣非凡。为了庆贺练功的成功，也为了显示“大将”风度和雄心，蒋介石豪迈地提出要从亭下沿山而上雪窦山！一呼百应，众兄弟听从他的命令，一起攀登四里长的高耸山道。他们石级不走走荒径，平处不行攀险峰，一路上披荆斩棘，滚翻跌爬。经千丈岩，直登妙高台。蒋介石一天又一天地在妙高台上，俯瞰下界，仿佛自己已经处身于世象万物之上，踌躇满志的脸上洋溢着得意的笑。

王恩溥在教练腿功之后，又向蒋介石提出：“要当武将，更要紧的是拳功，才能打仗。”

“打仗不是要使用武器吗？”蒋介石在自己家里的壁绘和从走马灯上看到古代武将的装束，“关公用青龙偃月刀，岳飞能使十八般武器……”

“手掌无力，武器无用！”王恩溥完全是教师爷的口气，“先要练拳功，再学十八般武器！”

王恩溥找来一只大麻袋，袋里装满黄沙，悬挂在夏家四周大树的粗枝干上，要小兄弟们将双手握拳，一下一下地朝这沉甸甸的麻袋猛击。蒋介石仗着自己一股蛮力，开始十几拳，居然能将那麻袋打得前后摆动，连树身也晃摇。后来拳头开始发痛，手腕渐渐乏力，打上去麻袋动也不动。王恩溥在一旁厉声督促，于是大家咬着牙，奋力搏击。蒋介石当然更不甘落后。总要比别人多打几拳，他要超过别人来显示自己的“大将”威风。每天午饭后，不管炎日当空，风吹雨淋，脱去衣衫，赤膊上阵，天天打，月月打。麻袋打破，树干摇断，兄弟们打得手背红肿，鲜血淋漓！半年下来，麻袋满是补丁，树干摇落殆尽，而他们却练就一双双铁拳。蒋介石还以自己的手比别人肿，血流得比他人多而炫耀和自豪！

夏家眼见房屋四周大树的树干，被这些学武少年折断大半，非但破坏风景，还会影响风水。曾几次有人出来干涉。可是道理讲不通，赶也赶不走，最后决定请衙门派差役来驱逐。蒋介石第一个不服气，死赖着不肯走，还气吼吼地和夏家的人争吵。倒是王恩溥暗暗劝说：“夏家是畸山乡首富，有财有势，畸山的人都忌他一脚，我们更不要鸡蛋去撞石头。有朝一日，我们自己得了势，再去石头碰石头！”于是，他们不再打沙袋，而是用练就的“铁掌”，挥舞十八般武器。个个成为“一能当十，十能当百”的好汉英雄。

蒋介石知道母亲只期望他用功读书，不希冀他成为蛮悍的莽夫。所以，他每天练“手脚功”都瞒着母亲。但总也瞒不过。为了缚着沙袋跑快步，五天不到，鞋尖就破了个洞。他没办法只得赤脚练功。反正天下脚底皮最厚，再磨也不会穿孔。为了掩盖打麻袋引起的手背红肿，他只得一回家就帮着家里劈柴、挑水，说是不小心被柴爿和草绳磨伤。那段时间，外婆不放心孤苦的女儿和顽皮的外孙，常常到丰镐房来小住。每天晚上，蒋介石虽困顿疲极，但在母亲督促下，总勉强睁大两眼复习功课。外婆在一旁念经，瞅见外孙那副神态，十分肉痛，也总劝女儿让介石早些去睡觉，还亲自为外孙脱去衣袜，发现介石手、脚上的伤痕，以为外孙又和人打架。介石笑笑否认，也不说原因。母亲忙于家务，一天做到晚，对儿子就不太注意，直到畸山夏家派人到蒋介卿那里“告状”，蒋介卿气势汹汹地到丰镐房来责骂。王采三才恍然大悟，又惊又气，等儿子放学回家，举起柴爿怒打。蒋介石不怕沙袋，只怕柴爿，忍着痛，跪在地下，向母亲哭诉。

“阿姆，我不会忘记麻皮阿毛把我打得面青鼻肿，险险乎送命。”他哽咽几声，又昂然抬头，“我练好武功，倒不是为了报仇，是为了不再被人欺侮，还想将来能像岳飞、关公那样尽忠报国！”

王采玉凝眸着受尽委屈而又趾高气扬的儿子不觉一阵悲伤，满肚气愤顿时化为悯怜和爱惜。她不再说什么，不责怪，也不劝阻，可是她心里明白，再在畸山读书，书没读成，非但要得罪夏家，还会闯大祸！唯一的办法是学“孟母三迁”。她探听到家住榆林的表兄陈春泉，在离榆林三里的岩头村办了一所很好的塾馆。而她丈夫蒋肇聪的堂妹蒋赛凤就嫁给岩头毛凤扬，是有血缘关系的姻亲。介石到那边去读书，既有良师教学，又有亲属照顾，也就可以放心了。

十五　难忘的初恋

王采玉迫不及待地去榆林找表兄陈春泉，陈春泉一口答应，还知道表妹家已经衰落，每年收租所得，七扣八除，还被官府光棍敲诈，所余只够一家人充饥，便慷慨地免收学费。王采玉千道万谢后，再急急忙忙赶到岩头村去。岩头是山峦重叠间的一个小村。村口有形似狮子和白象的两座大山守门。村口悬有由宋朝朱熹题写“岩溪书屋”的门额。一弯来自山岩的淙淙细流的溪水，将小村分为东西两岸。村民大多姓毛，有的还是同族同宗。据说毛氏祖先在宋朝时便从江山石门乡迁移到这里，后裔中出了不少秀才名官，在毛氏祠堂的大厅上还悬有“父子登科”的匾额。一条开满店铺的街道，从溪水之东，经过一座石板砌成的平桥延伸到溪西。每逢集市、节日，附近各山村的乡民都集中到岩头来做生意，货物由人肩挑，或畜力运送，来往竹筏也川流不息，好不热闹。

蒋肇聪的堂妹蒋赛凤住在溪西下街。她丈夫不到四十岁就患病去世，留下女儿阿春。中年丧偶的寡妇，门庭冷落，生活拮据，不得已常常带着孤女去向溪口堂兄求告。自从蒋肇聪过世，蒋介卿当家后，她见一向热诚接待她的王采玉这几年自身也难保，就不好意思再去溪口求助。好在女儿也已长大，母女俩克勤克俭，刻辛刻苦，靠丈夫留下的一分微薄的遗产——两间破屋和五亩土地，尚能苦度光阴。今天，出乎意料之外，一对遭受同样不幸命运的姑嫂，久疏音讯，忽然相聚，悲伤自然多于欢悦，还没有开口，就泪水盈盈，泣不成声。蒋赛凤为了报答堂兄嫂过去对自己的恩情，满怀真情地主动提出愿意照顾堂嫂的独子，也是自己的远房内侄。如果遇到风雨雪落，蒋介石不能赶回溪口，尽可以在她家吃住。她的女儿阿春还当场表示把自己的房间让出，让只在小时候见过几面的表兄过夜歇足。

蒋介石听说要他到岩头去读书，虽然不得不告别宽厚温存的毛凤美老师，也舍不得离开他的那帮练武弟兄，可是最使他不放心的还是受尽欺凌的寡母和身体羸弱却挑起过重生活担子的妹妹瑞莲。他担心自己早出晚归，在家的时候少了，母亲少了个强硬的帮手，会受到更多欺压，也要增加妹妹力不能及的辛劳。母亲看出他的心事，耐心劝慰：只要他在外安心读书，少惹是非，不闯祸，家里一切全不用他挂心；而且她也作好准备，为了不让荏弱的女儿过分劳累，去和宋周运商量。宋周运也受到妻子瑞春的关照，一定要好好对待后母王采玉一家，他便瞒着介卿，要刚进玉泰盐铺当学徒的竺芝珊，在每天开店之前、打烊之后，偷偷到丰镐房来帮瑞莲挑水、劈柴、砍竹、挖笋等杂务。竺芝珊是肖王庙竺村人，原在大桥直街老景昌贡烛店当学徒，是介卿的外婆家介绍他进玉泰盐铺。他忠厚老实，也同情和怜惜寡母孤女的艰苦生活，几乎把丰镐房所有重担生活都包了下来，默默劳作，不求报偿。每天操劳完毕，瑞莲向他道谢时，他总是腼腆地低下头，转身逃去。

和蒋介石难舍难分的是王恩溥这帮少年英雄。练武队伍中骤然走了个蒋介石，真像少了一位指挥大将，感到茫然若失，个个垂头丧气。又是王恩溥出主意：为了使大家依旧能天天在一起，所有“英雄”，每天清晨，像往日那样，腿缚两斤重沙袋，宛若小兵护送大将，为蒋介石送行到亭下雪窦山脚。蒋介石真是又高兴又感动，他走在队伍前面，一手挟书包和饭菜，一手指挥高呼口令时，连泪水也喊了出来。

岩头塾馆执教的老师是毛思诚。塾馆就设在本村存善局楼上。毛思诚世居岩头，他的祖辈家道清贫，有的外出当长工，有的在破屋里苦守。到了寒冬腊月，屋外冰天雪地，一家三代，身无棉衣，只得忍着饥饿，数人合抱两只山羊取暖，在严寒冷酷的人间度过了一年又一年。毛思诚从小聪颖，他父亲宁愿自己饿得骨瘦如柴，也想方设法让儿子求学，希望他将来出人头地，毛家不会越来越穷，陷入绝境。毛思诚果然争气，十五岁上成了秀才，十七岁考上禀生。人人都认为他将来必定身登龙门，不料他父亲突然暴卒，这位踌躇满志的秀才顿时心灰意懒。他不再要求上进，只想早日负起生活重担，供养寡母，便在岩头陈春泉办的塾馆里教书。他收罗了十多个学生，所得“束修”有限。他的寡母眼见儿子为了她断送前程，便要他早日成婚，把身登龙门的奢望寄托在孙子身上。毛思诚果然在八年内生下五儿二女。每生下一个孩子，就加重他肩上的负担，几乎把他的腰也压弯了，生活一年比一年更见困苦。可是他宁愿一年四季束紧裤带，忍饥挨饿。到了冬天，也学他祖宗的样，一家人合抱一只仅有的山羊取暖。他像一个矗立在田塍间的稻草人，在风雨中摇摇晃晃地坚持他神圣的教学生涯。自己的儿女尚小，他就把希望落在学生身上。一代代学生中，总有一个能出人头地、身登龙门！他要学生熟读《左传》和圈点《纲鉴》。可是那些学生不是没有古学根基，便是缺少灵性才气。有的读了半年还不能领会书中含义，有的知难而退，半途而废。只有一两个勤读的学生，好不容易考上秀才，或举人，但远不能实现老师的夙愿。这次，由塾馆的翁东陈春泉亲自送来学生蒋介石，并郑重推荐，当然要另眼看待。他见蒋介石年龄未满十六，却长得比同龄人高大和成熟，而且气度轩昂，仪表不俗，在他的浓眉炯目之际，大方的举止和豪迈的言谈语气中，时时袒露他特有的书香侠气锋芒，显示出未来必然功成名就的自信和决心。老师心里不由得暗暗喜赏，对这个野性未羁的少年也就多一分严格要求和加倍的谆谆教导。

蒋介石由母亲伴着第一次踏进岩头村，猛抬头瞥视分峙在村口两侧象征“狮象守门”的两座山峰。宏恢而又清逸的气势，先就使他神往和喜爱。沿着绿水漾碧的溪水，一路走去，村首有沉雄静谧的唐代古刹西峰寺，古雅庄丽的岩溪书屋坐落在狮子山侧。象山脚下另有一幢画栋雕梁的来青阁书院，书院旁有一座供过往客商和求学学生茶水小憩的新茶庵，终日书声琅琅，谈笑不绝，使人身处其境仿佛来到清静佛界和儒雅书气之中。过石板拱桥是村西，街道上开满各种店铺，有钱庄、绸布店、药铺，还有大大小小鱼肉庄、百货店，最大的一家是祥丰南货号，备有桂圆、燕窝、莲心、蜜枣等补品，海参、干贝、鳗鳖、虾米等海货，还有烟、酒、茶、糖果以及甜咸食品如状元糕、云片糕以至咸光饼和牛粪饼！凡是奉化甚至浙江的土特产莫不应有尽有。街上还摆满各种小摊、街口东面有人舞龙灯，街口西面有人唱滩簧。在这五光十色热闹非凡的街景前蒋介石感到异常兴奋。这里虽没有溪口那样能登高俯瞰、犹似仙境般的大自然奇景，却有男男女女纵情嬉笑，熙熙攘攘、商肆成市的凡人俗间的喧闹和繁华。这迷人的声色世界，陡然激发他急于要投入这情欲天地的冲动。他兴致勃勃地先随母亲到堂姑母家。凑巧他的表妹阿春上山去挖笋，没有遇到。姑母蒋赛凤特地烧了一碗“酒闷蛋”给这个过去难得上门，以后又是常客的阿侄吃，蒋介石像龙吸水般一口吞下，急于要去上学。从此，蒋介石整整有一个多月专心在塾馆读书，游戏在充满书香的风景和投合他本性的繁闹街景之中，没有到姑母家来过一次，他不愿在陌生的亲戚家受拘束地吃住，除了实在太晚，挤在陈远离床上睡一晚外，宁可朝朝夕夕带了冷饭残菜来回赶三十里路，既能天天见到亲娘，一路上和练武兄弟又奔又叫，无拘无束，多么自在豪放！

毛思诚知道蒋介石在畸山毛凤美老师那里读过《左传》，可能不求甚解，便要他重读一遍。老师逐字逐句地教，学生一字一句地记。两三个月以后，蒋介石竟能将这部从春秋时代鲁隐公到鲁悼公为止共二百六十八年文字优美的史料，背得滚瓜烂熟，一字不差。每当他在存善局楼上琅琅诵读时，声音越过街道，连村口象山脚下都能听到。同时，他还在老师指点下，圈点《资治通鉴》，半年不到将一部从战国宋悼公到五代十国后周世宗共一千三百六十二年的史事、近三百卷的巨著完成大半。毛思诚老师为了使这勤学的学生在书法上也能有所进益，就要他课余游戏之际，有目的地到岩头村里几处留有古代文人学士墨迹的风景胜地去观赏和摹仿那些卓越的书法。于是蒋介石每晨一进村子，就昂着头凝视“岩溪书屋”门额上四个大字。传说是宋朝朱熹为浙东儒学提举出巡路过岩头时所题。当时隐居在邻村榆林的文人戴表元还特地写诗颂赞：“已扫轩前壁如练，待宾醉墨照岩溪。”将宝墨与景色融于佳句诗境中。蒋介石一边吟诗，一边用手指画着手心临摹，画得手心发麻为止。他又到象山脚下，眺望削壁上有清初大书法家毛玉佩为岩头山溪题写“石泉”两字，和另一方悬岩上由廪贡生毛裕成所写的“砚池”。前者朴质中含秀韵，墨气酣畅；后者凝重中见飞动，溢光流彩。蒋介石的手指在岩石上磨破了皮，才学得其中神态，而在狮山脚下的石台老人留下的真迹“伴我山”，更是挥洒飘逸，秀逸多姿。蒋介石仿练了几百遍，还不得要领，只得回塾馆请教老师。毛思诚教他如何握管运笔，几乎手把手地教他关于勾、推、击、截、滚、扫、腾、踢等笔法。老师看到学生很快就有长进，不禁满意颔首。某日，当畸山的毛凤美来探望时，他当面称赞：“瑞元好书，善于仿练。”毛凤美先还不信，等蒋介石熟背《左传》和当场提笔挥毫后，也就不胜惊异，感叹不止。

蒋介石在塾馆里出类拔萃的成绩，以及他那爱活动和合群的性格，很快就像磁石一般吸引一些同学和朋友，结成一伙，由他指挥游戏和练武。同学有班溪村的章云、许岸村的董凤阳、剡界岭的张硕卿，和住在岩头娘舅家的剡岙人陈泉卿。在蒋介石到岩头读书以前，陈泉卿是当地最活跃的少年，他武能打架，文能唱滩簧，人称“剡山王”。他人到哪里，哪里就热闹，他那一套花拳绣腿的武艺，和动听而油滑的滩簧曲调，虽受当地人歧视，倒也能吸引来往过客。他先不把蒋介石放在眼里，几次想和他较量，“大王”和“大将”之间究竟谁胜谁负。不久，他听说蒋介石的文才被人称赞，目睹“大将”的武艺也非同小可，就心甘情愿地主动与蒋介石结交，做“大将”的助手。为了表示两人亲密无间，每天下午塾馆放学，便自告奋勇地伴送蒋介石从岩头到亭下，自己再摸黑回家。蒋介石被“剡山王”的侠义行为所感动，又想念畸山王恩溥众弟兄，更为了扩大自己的“军队”，便建议以自己为首，将畸山和岩头两地的同学、朋友聚合一起，义结金兰，成为生死同心的十兄弟。他们选了黄道吉日，两路人马在亭下聚合，排队上雪窦山，在雪窦寺弥勒佛前点香燃烛，叩头发誓，有难同当，有福共享。

蒋介石在岩头读书后，虽不去姑母家吃住，似乎已经忘了这门亲戚，可是姑母因受堂嫂王采玉托付，一直将这个堂房侄儿挂在心上，常常去存善局探视。蒋介石在上课，不敢打扰，等下了课，蒋介石早就跟着“剡山王”不知去向。直到有一天下午，天空乌云密聚，暴雨如注。姑母去给蒋介石送伞，蒋介石已经借了竹叶箬衣，冒雨赶回溪口去。据陈春泉的孙子陈远离说，平时蒋介石与他同案读书，同桌吃饭，有时时间过晚，还留下来与他同床睡觉。今天他劝蒋介石不要冒雨赶路，可是“剡山王”在旁插嘴，说这场倾盆大雨会引起山洪——“出蛟”。谁有胆量将一块红布盖在蛟龙头上，将来一定身披龙袍当帝王！蒋介石为了表示自己的勇敢、胆魄和大将风度，真的和“剡山王”一起，朝着泛滥的山洪从岩谷上猛冲下来的那一段激流赶去。头上淋着鞭打似的暴雨，双腿浸在要撼动整个身体的急湍里，眼巴巴地注视着从山谷岩峰间直冲下来的山洪，等待蛟龙出现。正在浑身冷颤、头昏眼花时，猛见有一个灰白色的东西，忽隐忽现地从上面随着激流发出哄隆的响声，急冲下来。蒋介石以为真的是蛟龙出现，就紧握红布，勇敢地跨前两步，昂立在奔流中央，等那“蛟龙”离蒋介石两丈远时，“剡山王”突然发现原来是一大块被山洪冲下来的岩石，撞在身上将粉身碎骨，就急忙大叫一声，过去拉开蒋介石。正在紧张和迷糊中的蒋介石，不管是巨石还是蛟龙，绝对不甘示弱，仍勇敢而逞强地将红布扔过去。因来不及躲开，巨石在他身边滚过，只差半尺！污水溅了一身，总算保住性命！一场惊吓，几处伤痕，加上山洪淹没了石桥，再也无法去溪口，只得在“剡山王”搀扶下，沮丧地淋雨回岩头。

他们回到村子，暴雨骤止。天色昏黑，街上难见人影。如果去存善局塾馆投宿，被毛老师和陈远离知道，明天传布开去，一定要遭到同学和朋友们嗤笑。一个“大将”、一个“大王”，擒蛟失败，如此下场，岂不威信扫地？“剡山王”的家在村外山谷上，非但要走好一段路，而且大王的父亲平时对这个浪荡子非打即骂，这次说不定还要驱赶出门，“大将”怎么能送上去受罪。蒋介石走投无路，才无可奈何地独自一人到西街，去叩堂姑家的门。

堂姑蒋赛凤和女儿阿春，草草吃了夜饭，在一盏油灯旁，心乱意烦地为蒋介石担心，嘴里作种种吉利的预测，互相安慰。母女俩虽很疲乏，仍不想睡，心神不定地相对呆坐。忽然有人叩门。阿春也不问来者是谁，心急慌忙地拔开门闩。门户朝里一掀，蒋介石闷头闷脑地直撞进来。屋内油灯昏暗，他只见两个女人的身影，看不清楚对方的面容。他怕堂姑母询问他突然来投宿的经过，也没有想好如何说谎诓骗，就含含糊糊地说了一句：“我吃力煞了！只想困！”就任意地自顾朝早已准备让他宿夜的房间走去，又怕主人服侍他时又要问明来历，一进房就将门反闩，脱掉湿衣裤，赤足朝床上一滚！

经过一夜熟睡，第二天刚破晓，蒋介石就苏醒过来，昨日那场失败的冒险行动使自己脸红。他要趁堂姑还未起身之前，偷偷溜走。于是忙不迭地穿上还有些潮湿的衣裤，轻轻拔出门闩，悄悄打开门扉，正想偷偷溜走，不料眼前猛然一亮。一个既面熟又陌生的美丽少女穿戴整齐地早就等候在门外，不用猜测，她就是小时候的玩伴蒋阿春，多年不见，如今倏然成为身材苗条、清秀娟丽的窈窕少女。

他立刻想到自己这副狼狈相，生平第一次感到窘迫，也变得十分笨拙，竟致忘了招呼，只发傻地呆立着，两眼牢牢盯视表妹秀丽的面容。

还是表妹阿春机灵和清醒，既客气又亲切地唤他一声：“阿哥！”像在过去一起玩耍时一样，拉着介石的衣袖到明堂。在一张方桌前坐下，堂姑母为了补足昨夜的“怠慢”，及时从厨房里捧出一碗“酒闷蛋”，热情地招待娘家的稀客。蒋介石也饿得发慌，顾不得礼节，毫不拘束地一连几口将四只蛋吞下，连汤也喝得一滴不剩。堂姑母只望着他笑，一句话也不说。阿春又转身去厨房，搬出来一大碗热气腾腾的白饭和一碗他爱吃的霉干菜，外加一大只芋艿头。

蒋介石既怕姑母问他昨天发生的事，也不敢正眼和表妹对视，只低下头闷吃。姑母知道他饿了，让他吃饱，直等他吞下大半碗，便再也熬不住，关切地询问。蒋介石先以为姑母只关心他既冒雨回溪口为何又折回，准备含糊其辞地搪塞过去。不料她一开口就问他有没有看到“出蛟”。阿春也闪烁着一对好奇的目光等待他惊人的答复。蒋介石为了掩饰自己冒险的失败，又要在表妹面前显示自己的大胆、勇敢和气魄，以及将来可能成为帝王的雄心，居然毫无愧色地吹嘘自己如何以惊人的胆魄，挡住蛟龙，把那块红布挂在龙角上。

毛氏母女都被他豪迈的举动所震慑，姑母体恤地望着内侄手脚上的伤处，激动得双目晶莹。阿春嘴角绽开蒋介石从未看到过的少女婉丽的笑窝，也是他有生以来第一次接触到一个可爱少女温柔和多情的目光。他不由得从心坎里觉得震荡，一股青春的暖流涌过全身，强烈的情欲拨动他的心弦。当阿春为了祝贺他“套蛟”成功，再要为他盛饭时，他抑制不住充溢内心的欢乐，把碗递过去，无意中碰到表妹的体肤，感到一阵神魂颠倒的晕眩，几乎失手把碗坠落。过去，他在生活中接触到的少女只是自己的妹妹，邻居的女孩他从不注目，仿佛他的心里从来没有想到世上还有男女之情，也未曾有过爱情的欲望。表妹的出现，异性的魅力，情欲的冲动，使他尝到青春期里初恋的美妙滋味。

自后，他常常来姑母家，这里成为再吸引他的甜蜜的蜂窝，能和表妹交谈一句，多看她一眼，也都感到有一种心花怒放的兴奋和喜悦。在塾馆上课，有时故意高声背诵，想让西街的表妹听到；有时却两眼迷茫地望着空中，做着他幻想的美梦。课余放学，他也很少和同学、朋友们练武游戏，总是抽空溜到姑母家去。不是殷谨地帮姑母做一些只有男人才能胜任的杂事，便热心地教表妹识字、写字。他一遍一遍教她背：“窈窕淑女，君子好逑。”脉脉含情地与表妹目光相接，有意无意地触碰少女的肌肤，偷偷地深吸从表妹身上和青丝般头发里散发出来的迷人的香气，总使他心灵荡漾。有时故意拖延时间，在堂姑家吃晚饭，还常常借口落雨下雪，或行路不便，就赖在姑母家住宿，睡在表妹的床上，做他的美梦。

姑母和她女儿寡居多年，受人欺凌，真是踮起脚尖做人，现在来了个娘家方面的亲戚，而且是年轻有为的白面书生，非但脸上争光，在村子里也骤然抬高了地位。阿春一直被人称为岩头村里一朵花，生得娟秀清丽，惹人注目，她乖巧活泼，直爽热情。然而在清白贞节的寡母严格管教和谆谆告诫下，她在人前不得不做出庄重和冷僻的样子，尤其对村里的男青年从不交往，见面也不理，使人敬畏而不满。蒋介石是自己的表亲，出身名门，能文会武，在她心灵中就成为敬仰和爱慕的偶像，蒋赛凤把介石当作自己娘家的亲人，也允许女儿多与他接近。表兄妹俩原来只是亲戚之间的亲近和热诚，相处久了，交谈多了，心心相印。加上异性的吸引，青春的烈焰，情欲的冲动，使一对少男少女情不自禁地冲破礼教的束缚和压抑，渐渐地由亲近变为亲热，由多情萌生爱情。他们躲过蒋赛凤的眼光，亲亲热热、嬉嬉笑笑；有时也斗嘴负气，吵吵闹闹。他俩一起在竹林里挖笋，还偷偷地到雪窦山，攀登千丈岩，阿春活泼、伶俐又好动，处处迎合蒋介石心意，两人在情投意合中终于成为尝到初恋甜果的情侣。

毛老师发现蒋介石不像过去那样专心读书，“剡山王”陈泉卿也不满“大将”扔下“小兵”们不管，便去和塾馆东家陈春泉的孙子陈远离商量，要毛老师对蒋介石加以严教，少去毛家胡缠，陈远离和蒋介石同桌同学，两人私交很好，平时也听到蒋介石称赞表妹又好看又贤淑，就好心地怂恿，要他先向表妹求婚，两厢情愿，私订终身，双方家长一说就成。

这个提议正合蒋介石直鲁和恣意的本性，他迫不及待地将自己的心愿向表妹表白，阿春也已钟情蒋介石，可是她一定要蒋介石遵循从古以来“父母之命，媒妁之言”的规矩。蒋介石以为双方母亲既是姑嫂，小辈表兄妹成婚也就是亲上加亲，不会有任何异议。于是兴高采烈地回到塾馆，忍不住将此喜讯告诉陈远离和“剡山王”，陈远泉还热心地建议请自己祖父陈春泉做媒。“剡山王”更是高兴，拍拍胸，自告奋勇地承办喜事，当总管。

正当蒋介石和阿春分头要向自己的母亲提出时，岩头村里忽然传出流言蜚语。可能是“剡山王”嘴快，他也为了表示自己与“大将”的亲密关系，故意泄密似的透露风声，还把他们私订终身的风流艳史编进滩簧里，到处演唱。蒋介石听了知道是好朋友为自己的婚事宣扬，非但不加阻止，还很满意；可是或许有人把话传错，也有原来追求阿春而未到手的浮滑少年，因嫉恨而造谣生非，竟把蒋介石正正式式向毛阿春求婚，变成下贱受苦的农村姑娘，一心想攀高亲，勾引出身富贵人家的书生蒋介石。

这风言风语刮到姑母蒋赛凤耳里，气得她脸色煞白，浑身颤抖。自从丈夫死后，寡母孤女守灵三年，足不出户。三年之后，家里也不让一只雄苍蝇飞进门，出外从不和男人打招呼。为的是不让别人说句坏话，有损寡妇门风。自己准备守节到老，死后可以立贞节牌坊；平时对女儿也看守甚紧，教训很严，不许她和男青年在一起，免遭非议。蒋介石是娘家方面的至亲，而且上辈堂兄妹之间有恩情，小辈理当来往，热诚相待，她对蒋介石也是三分欢喜七分亲，没有任何非分的想法。没想到这“没清头”（奉化对没清醒头脑者的俗称）蒋介石看中了阿春，未经家长同意，竟在外“放野火”，败坏清清白白寡妇家的名声，使她无颜见人，以后还怎么做人？她气愤填膺地把挖芋艿归来的女儿叫到身前，不问青红皂白，一把抓住阿春头髻，举手就打，边打边骂：“你这贱货！把我娘的台坍光！毛家祖宗都要在阴间骂我！”

说巧也不巧，正在这时，蒋介石等不及放学，匆匆赶来。他在前一晚就把自己和阿春的亲事告诉母亲，母亲王采玉先是惊讶，严正地责怪儿子还未成年，理该好好读书，不许考虑婚姻大事！

“不，”蒋介石竟理直气壮地回答，“我娶了亲，更能安心读书，还要去考状元呢！”

王采玉知道儿子的脾气：任性、执拗和强横，想到就要做到。她对阿春也很喜爱，聪明、贤淑而又能干，或许真能收服儿子的野性，未来的媳妇也是自己称心的帮手。但她必须亲自去和堂姑蒋赛凤会面，再央媒人去说亲，就要儿子今天去告诉姑母，准备第二天自己上门。当蒋介石兴冲冲到达毛家门口，就先听到从屋里传出隐隐哭声。他以为有人在欺侮表妹，性起一脚踢开虚掩的屋内，发现怒打阿春的却是她的亲生母亲。

姑母蒋赛凤看到蒋介石，更是火上加油。她正在气头上，就什么恶言恶语都说了出来。

“你这棺材！我当你是好人，原来是坏种！”她指着蒋介石怒骂，斥责他的罪行，“明明是你这无赖拐骗我阿春，却倒过来说我们勾引你！你是皇帝阿伯，还是百万富翁，值得我女儿勾引？我看你是一堆猪屎狗粪糟蹋我家清清白白名声！”

蒋介石满腹热情冷不防被姑母兜头泼一桶脏水，看到阿春坐在地上低着头嘤嘤哀泣，姑母怒容满面加上撒泼的谩骂。很快就明白过来，他感到得不到申诉和辩护的委屈，更为姑母骂他“无赖”，揭他旧伤疤而怒恼！从小不肯屈服的犟硬脾气，使他死也不愿在这种场合受辱、认错和求告。可他又不忍心让阿春受苦，也不肯就此断绝这段姻缘，就竭力压制内心的怨愤，负气地硬声硬气说了一句，作为退步。

“明天，我阿姆来把这事说清楚！”

蒋介石这种强蛮的神气更增加姑母的反感和愤怒。她狠狠地一蹬足，斩钉截铁下逐客令。

“不要你娘来！”伸手朝门外一指，“以后也不许你们上我毛家门！”

这位少年“大将”从未受过如此侮辱，他浓眉如剑，圆目怒瞪，咬牙切齿，凸出腮骨，少年书生露出一副狠猛的武相，却又不敢放无赖撒野。最后，又怨又爱地朝悲伤哭泣的阿春深沉盯视一下，然后，赌气勃然回身就走。

门外已涌动着看热闹的人，有的诧异，有的惊愕，有的嘲笑，有的叹息。大家都对这个外乡来的少年学生投以异样的目光。蒋介石不愿再回塾馆，气吼吼地直奔溪口。

一进丰镐房，又是恼恨又是委屈地向母亲禀告经过。他不说自己过错，只怪姑母无理。性情刚烈然又贤明的王采玉虽然内心愤闷不乐，但嘴里却温和忍让，还用无可奈何的语气劝解儿子。

“你和阿春没有姻缘。”她苦涩地一笑，“也就算了。”“不！”蒋介石暴跳起来，“姑母不肯，阿春愿意。我非娶她不可！”

“儿女婚姻，总要父母做主！”王采玉对儿子的横蛮十分生气，沉下脸呵责，“你再到毛家去，看我不打断你脚骨！”

不料，蒋介石扑的一声在母亲面前跪下，这个一向敬顺母亲的孝子，这一次却不肯屈从，然而仍有些畏惧，便用苦苦哀求的办法坚持自己固执的要求：“不让我和阿春成亲，我再也没脸去岩头读书，我只有去当和尚！”

多少年来一直盼望儿子成为贵人的王采玉，听到儿子说出如此令她伤心和绝望的丧气话，怎么不气恼？怎么不懊丧？她愤懑地将原来坐着的红木椅子双手举起，要朝儿子身上掷过去。

“你这没出息的孽子！我白养了你！”她原是恫吓儿子，以为儿子会屈服求饶。

不料蒋介石这次铁了心，不知道是誓死要娶阿春，不肯变心，还是认为活着无能，欲望不能实现，又得不到内心要求，倒不如一死，表白他对爱情的坚贞和对人生的执着追求。于是他紧闭双目，等候母亲对他致命的猛击。

母亲对儿子的恼恨实在出于一片真挚的爱心，见蒋介石竟强硬到底，使她举着椅子的双手，颤抖不止，不忍下手。

女儿瑞莲急急从屋外赶入，将母亲手里的椅子夺下，拉母亲坐在木椅上，又假意朝哥哥背上打了两下。

蒋介石仍长跪不起，母亲伏在椅背上，伤心地恸哭不止。直到傍晚，瑞莲把饭菜搬上桌子，蒋介石才起身，嘟起嘴，坐下来有口没口地扒着饭。王采玉因外婆已回葛溪无人商量，又担心蒋介卿知道了又会来寻事，便推说胃气痛，回房去睡觉。

“你明天不要去上学了，”她离开时哀婉地吩咐介石，“塾馆那边我会去关照！我还到你姑母家去赔礼。”

第二天起，蒋介石果真躲在家里，不出大门。他倒是不怕乡邻们耻笑，而是固执地等候母亲从姑母家带来喜讯。王采玉一清早梳理得整齐干净坐轿到榆林，她要先从表哥陈春泉嘴里探听昨天发生在儿子身上的事情经过和是非对错。

陈春泉皱起眉头微声哂笑，心里把这件事看得严重，嘴里却说得轻飘：“我是昨天夜里从我孙子离远处听到，本来亲上加亲是件好事，有人在当中有意啛闹，毛家老一辈又听不得闲话闲语，结果吵得满城风雨。”他感叹地连连摇头，“介石读书用功，也有志气，毛老师很是赞赏，说他再读半年就可以去赶考！可是昨天这样一来，他的确不能再来岩头求学，真是可惜！”

“这不争气的孽子，对阿春还不肯死心呢！”母亲为儿子痛惜和焦急。

陈春泉愤愤不平地一摆手：“有人看到阿春哭得伤心，就去劝她娘，谁料她非但不听劝告，还凶嘴恶舌骂介石，说他从小无赖，是坏种。别说阿春是她独养囡，就有十个女儿也不嫁他！”他见王采玉因受诬蔑气得脸色发青，便神色严峻地为蒋介石抱不平：“介石是我引到岩头来读书的，他被耻笑，我也丢了面子！他姑母纵有一千个理由不答允这门亲事，可也不该出口伤人，把话说过火，断了亲！我以为介石没错，我要为他主持公道！你回去要介石在溪口埋头读书，投考功名！让岩头的人看看，他是豸虫还是蛟龙！他要是还想在岩头找姑娘成亲，这里比蒋赛凤家好十倍，胜过阿春的姑娘多的是！介石有志向有出息，又是我的近亲小辈，我要帮他争口气，愿意出面为他在岩头找个老婆！”

“他一来还小，”王采玉借口推辞，她担心儿子再受人白眼，“二来怕岩头村里不会有人要……”

“会有人要介石！我出面做媒，十拿九稳！”陈春泉满有把握地回答，但又因并没落实，只吞吞吐吐透露一声，“岩头姓毛的人家很多，有一家在岩头有钱有地位。那家姑娘是岩头村一朵花，如果说成了，介石倒真是鸿运高照了！”

王采玉一声不响，既不表示同意，也不推辞。

十六 闺女毛福梅

岩头西街商店林立，肆铺栉比。其中开间最大、生意兴旺的要推祥丰南货号，店主毛鼎和出身望族，他的祖先是清代恩贡，遗有丰厚田产，在文元阊门里造起一幢在岩头可以称得起堂皇的住屋。毛鼎和从父亲手里接过祥丰南货店，自己又开设一爿祥丰米行，经营有方，生财有道，几年下来成了奉化富商。他五十不到，因受祖恩，论辈分竟是岩头村毛氏的族长。凡是姓毛的见了他都要拱手行礼，恭恭敬敬称他一声“鼎和太公”。他身为族长又是当地乡绅，在人前人后，街头家内，处处显露道貌岸然、庄重端肃的神气。只有对同村族人，才露出长者的持重和慈祥的笑容。他为了宣扬毛家世族的富贵和豪爽，不惜把从商赚来的钱，修桥铺路，热心公益；为了显示自己的尊严和高贵，既广结善缘，又扬名四乡。他难得在店铺露面，把店务交给“阿大先生”管理，热衷于结交乡绅名士，来往不绝。他治家有方，讲究礼法。娶箭岭下村世家之女王氏为妻，生下两男两女。一家大小对他像神像一般敬畏。大女儿毛梅英前几年嫁给下跸驻宋孟果，宋家也是望族，与毛家门当户对，只是不及毛家富裕。毛鼎和重名望，爱人才，对女婿寄予厚望。可惜宋孟果结婚后，接连生了三个儿子外，并无其他成就。毛鼎和的两个儿子名叫怡卿和懋卿，怡卿奶名武宝，可天性不爱武艺，却对父亲的商业很感兴趣，在塾馆读书时，课余就伏在祥丰南货号的柜台上张目观看来往客商，暗中学习店里伙计敏捷的包扎和灵确的算账。父亲虽因武宝不是光耀门庭的栋梁之材而叹息，却具有祖传的贾商禀赋而欣慰。次子懋卿奶名洪文。父亲冀望他未来是个文质彬彬的书生，在朝为官，不料洪文自幼弃文爱武，不爱读书，终日舞弄棍棒，打拳练功。你说他不习上，他却从不闯祸；你说他心不定，他倒尽心尽力帮父亲乐善好施做善事。毛鼎和教导他将来当一名武将，他不愿去投䍃怕吃苦，梦想有一天从空中落下一顶“帅盔”，在他头上成为一品将帅。平时见到“剡山王”等聚众练武，既眼热又心痒，恨不能插足进去。可是总因为自己与“剡山王”等身份不同，怕父亲骂他习下流，只得默默旁观，暗暗叫好。

自以为是岩头村的头面人物毛鼎和，却生了这一对不合意的儿子，既无期望，也就不再奢求，便托人央媒，为他们早日配婚。以期促使他们在成家之后决心立业。大儿子总算争气，他果真离开父亲开设的店铺宣布自立，向家里要了一笔钱，置办生财，在父亲的祥丰米店邻近开一爿饭店，以价廉物美又可以欠账的优待招徕食客，生意很是兴隆。父亲先是心里纳闷，儿子什么行业都可以做，偏偏去当饭店老板？饭菜价目已经低廉了，还允许食客拖欠，如果一天遇到三个吃白食的，不到一个月，还不关门大吉？他询问儿子，儿子笑而不答，多问了，说一句：“我是学你阿爸，开店蚀本，譬如做好事舍施！”父亲后来查阅自己米店和南货店的账，发现儿子饭店每月从父亲的米店和南货号批买的大米和南货，非但全部照成本价再打六折，而且无限期地赊欠。这明明是将父亲店里的生米，煮成了白饭卖钱，做的是不费本钱却一本万利的生意，当然不用担心折本，还赚来个和气生财的好名声！毛鼎和在洞悉内幕后，先是很生气，但转念一想：既没有分家，儿子自然可以向父亲要钱要货做生意，而且把低廉的米价，经过饭店变熟，一碗饭可抵三升米的价钱！他不禁为自己有这个为毛家增加财富的儿子引以为荣，感到万幸，从此在庄严的神态上常常情不自禁地露出得意的笑痕。

次子懋卿娶亲后，因找不到合适的职业，就替代哥哥主管南货号。他爱好热闹和活动，不习惯坐账台，听到街上喧闹，便抽身出去观看，有时气闷得丢下店务，到村口新茶庵去闲谈。他最希望有人吵闹相打，便赶过去，像知县官一样判断是非。别人看在他父亲面上，双方让步。他便居功自傲，以为自己真有管辖地方、确保太平的本领，可惜没有当上本地的父母官。

毛鼎和夫妇最钟爱的是他们的幼女毛福梅。她生于清光绪八年十一月初九日。那年冬天来得早，深秋刚过不久，寒气就降临人间，含苞的梅花一夜之间绽放皎丽的花朵。也就在这一天，女婴诞生。毛鼎和把女儿的生辰八字请人算命，算命先生既奉承又阿谀地笑称："恭喜恭喜，贵府千金原是位'福星'！"父亲就将这个生在梅花时节又有福气的女儿取名"福梅"。毛福梅也真为毛家带来福气，在她出生前，岩头村还只是个闭塞而贫苦的山村，毛鼎和也只在他父亲的小店里当伙计，常常坐着竹排顺着岩溪到溪口、萧王庙一带去运货。随着福梅长大，毛家一年比一年兴旺，祖传的小店，越开越大，由一家化为两家。原来几间败落的故居翻造成为"工"字形进深宽敞的大宅。毛家越是发达，父母越爱福梅，福梅也越长越有福相。她有一个像父亲一样圆团团的面庞，和母亲一样白皙的皮肤，淡眉、慈目、厚鼻，和常带睦笑的红唇嘴巴。她温顺安祥，性情恬淡，孝顺父母，待人谦和，很少听到她声音，连门口也不出一步。毛鼎和崇信"女子无才便是德"，而且女儿既是命里注定的"福星"，就不用读书，坐享福禄。毛福梅便承担全部家务。一早起身，梳理整洁后，便体贴入微地服侍父母。家里雇了男仆女佣，可是有洁癖的福梅总要亲自动手拖揩地板、擦抹家具，桌面凳脚，边边缝缝，都被她抹得油光锃亮。每隔五天，她带领男仆女佣，用清水冲洗明堂和院子，把石板刷得一尘不染，白里透青。在姐姐英梅出嫁，两个哥哥成亲后，她更是忙碌，除服侍双亲外，还帮两个嫂嫂做针线，照顾几个侄儿，她几乎天天下厨烧菜，最拿手的是烤芋艿。同样是芋艿，一样的烧法，两位嫂嫂烧来就没有福梅烧得好吃！毛鼎和爱吃闲食，从南货店拿来的糕饼、糖食吃得发腻，贴心的女儿就动脑子烧出一种特别的点心——米焙羹。将糯米炒热，磨成粉，放上鸡油、麻油、胡椒、笋丝和蛋丝，用沸水冲调，吃进嘴里，又香又鲜，又酥又糯，令人在吃前垂涎欲滴，吃后回味无穷，成为毛家独享的美味佳肴，可是谁也不知道她是怎么烧成的。毛鼎和对这个既贤淑又孝顺还很聪明能干的闺女自然格外喜爱，可是福梅已是双十年华。在浙江，一个姑娘年满十六都已出嫁，一过二十要被人讥嘲和议论，鼎和夫妇一直挂念女儿的婚事，他们舍不得女儿离开自己，可又为女儿迟迟未婚而不安。前几年母亲悄悄地向女儿暗示，福梅羞红了脸，低垂着头，默默含笑，轻轻摆手。但在她心灵深处蕴藏着少女对婚姻的憧憬，随着年龄的增长，更是神往。每逢初一十五跟母亲到附近钱潭庙去烧香叩头，除祝愿父母长命百岁外，也红着脸为自己的婚事许愿。这两年，当母亲一再问起时，她不再沉默，温和地望着母亲，羞愧地低声回答："由阿爸阿姆做主！"又立即掩饰地加上一句："我愿意终生服侍两老。"老母听了，泪水纵横。父母既领悟女儿的心意，又被女儿的孝心所感动。今年女儿已满二十，不能再等待、拖延，于是母亲日夜催促，父亲四处探听，也有亲友上门来做媒。可是毛鼎和配亲的条件，别说是在岩头村，就是连远远近近几个有名望的地方也难找到他认为门当户对的姻亲，他又要求才貌双全的女婿。日子一天天过去，父母急在脸上，女儿闷在心里，全家以及全村人都在关心闺女毛福梅的婚姻。

就在王采玉到榆林托表兄陈春泉为儿子做媒的第三天，陈春泉身穿马褂长袍，亲自上西街毛家。他与毛鼎和都是岩头村里德高望重的头面人物，受人尊敬，也互相推崇。毛鼎和没想到陈春泉忽然光临，亲自到门口迎迓，挽手同进客厅。仆人送茶后，先客气地寒暄一番，然后陈春泉笑脸报喜，奉告男方的姓名和出身。

奉化地方的配亲，历来是"拣亲不如择媒"，媒人的身价地位足能代表对方的门庭和才貌。毛鼎和又一向以本村的缙绅首户自居，当然要求陈春泉这样的贵客上门做媒才有光彩，而且毛鼎和也早就知道溪口豪绅蒋肇聪。蒋肇聪开办的玉泰盐铺与自己的南货号曾有商业往来。由于溪口风水好，名气大，蒋肇聪的地位和名望自然超过在山谷里创业的毛鼎和，他也知道蒋肇聪去世后，家道式微，然而"豆腐翻了架子没有倒"，玉泰盐铺与丰镐房仍然维持着蒋氏世家的显贵和威望。他也曾听说蒋肇聪老来得子，而且还是个"贵子"，然后从来没有见过。蒋介石到岩头来读书，常到南货店买物，他根本未予注意，也没听到有关蒋介石的闲言闲语。陈春泉了解毛鼎和的择婚要求，唯恐落选，就尽力为蒋介石吹嘘，说蒋介石孝顺长辈，读书用功，文武全才，将来定是不可多得的国家栋梁，只是年龄还小。毛鼎和高兴得眉开眼笑。他一直担心自己的女儿温厚老实，怕嫁给比她年大、比她老成的丈夫，会受欺侮；而蒋介石还是个十五岁的小男人，正好娶一个比他年长的大姊姊来照顾和管教，所以，他认定这真是天作之合的美满姻缘，便不再详问，擅自做主，一口允婚。

当晚，一家人围桌晚餐时，毛鼎和忍不住把喜讯当场宣布，毛福梅羞惭得抬不起头。母亲王氏从来是以丈夫的话当作圣旨，也为女儿终于定婚而欢忭，高兴得直抹泪水。大儿子去宁波运货，不在座。两位媳妇笑着向小姑道喜。只有小儿子懋卿，有些发愣。他们全家人都为蒋介石的年龄而有些疑义，母亲更是惶然地望着她丈夫。毛鼎和却从来自以为是，他不肯承认自己的疏忽，反以此表示本人的高明："十五岁？我就喜欢他只有十五岁！你们想，这样小小年纪已经有志气、有成就，未来当然无可限量！"鼻子里轻哼一声，对儿子不满地瞅一眼，意思是自己两个已婚的儿子远不如年少的未婚女婿。

毛懋卿原想把关于蒋介石的风言风语说出来，看到父亲的神色，就不敢多嘴。

晚饭后，各自回房。母亲王氏特地到福梅房里来了解女儿的心意。

毛福梅在昏暗中坐在床上。母亲点燃油灯，发现女儿眼角嵌着晶莹泪珠。

"福梅，"母亲关心地亲切询问，"你告诉娘，这门亲事好不好？"

毛福梅和往常一样，对任何事都不言不语，默默顺从。她对未来的婚姻怀有少女的热忱和美妙幻想，也为丈夫的年龄和婆家的处境而有隐忧，此时此刻，终有千情万绪也不知道该如何向慈母吐诉。

母亲知道女儿的性格，就再用好言劝解和鼓励："这是你的终身大事，不能勉强，你要是——"

毛福梅害怕母亲说出惹父亲生气、被外人笑话和使家人为难的话来，急忙摇头，把眼眶里的泪珠摇落，嘴角还露出勉强的笑意。

"我由阿爸做主。"她又自信地点点头，"阿爸的话不会错！"

"唉，"母亲无可奈何地叹口气，"别的都好，就是年龄小了一些，比你小五岁！"她忽然又想到木已成舟，不该再让女儿感到遗憾和戚忧，就以自己切身体会，劝慰福梅，"女比男大，也有好处，不会像娘那样事事要听从你阿爸，受欺侮！”

母亲的感叹似乎也使福梅觉得欣慰，喜悦多于担忧。她也心甘情愿地以大姐姐的心情去爱护和照顾年少浮躁的丈夫。

第二天，陈春泉特地坐轿赶到溪口，把喜讯告诉王采玉。王采玉喜出望外，没想到儿子因祸得福。一段意外的姻缘，使蒋家攀上高亲，也可以对蔑视她儿子的堂姑扬眉吐气，蒋介卿也不敢再歧视和欺凌丰镐房了！

可是当她把这件亲事告诉儿子时，蒋介石意外地一愣。他原以为母亲到岩头去向姑母说情，让他与表妹阿凤配成一对，没想到竟瞒住他另外去配亲。他像是茅草遇到火星，火冒头顶，顿时又吵又闹："我要阿春！别的九天仙女也不要！"王采玉怨屈加上愤怒，又打又骂："她们骂你坏种，你还不死心？你不要面子，我要！"蒋介石哭闹了一阵，赌气地坐在报本堂石阶上，昂着头瞪视墙上彩绘，一动不动。他书也不想读，字也不肯练，将花坛里的鲜花摘下来捏碎，恨不能跳起来把挂着的灯笼一拳打破！妹妹瑞莲来请他吃饭，他坐在饭桌上，大口大口咬着芋艿头，母亲搛给他干菜肉，他也吃得一点不剩！可是在气恼中，什么味道也没有。王采玉和瑞莲相视而笑，但是看到蒋介石那种又像负气又似颓丧的神气，猜不透他有些回心转意，还是仍忘不了阿春？是气恼毛福梅，还是怨恨毛阿春？

王采玉真怕好事多磨，蒋介石又会去闯祸，便敲顶敲脚地叮嘱："在定亲前，不许去岩头，也不许你那些练武朋友来。在家里好好读书，准备拜堂成亲，考取功名！"她安排了儿子，又迫不及待去榆林，请表兄陈春泉从速定下这门亲事，以免夜长梦多，毛家受到风言风语影响发生变化。

陈春泉当即到岩头毛家去落实定当，担心这位独断独行、喜怒无常的缙绅会有反悔。不料，毛鼎和也正为他的爱女年满二十还未许配而发急，有了这合意的喜讯也急不可待地提出先定亲，再择吉成婚；还要媒人转告男家，为了必不可少的礼节和显示两家身份的场面，男方要拿出一笔可观的聘礼，女家也筹办丰盛的嫁妆，酒席要办得热热闹闹，把奉化所有乡绅名流都请到。

王采玉听到毛鼎和同意和所提条件，既庆幸这件婚姻成功，也为要拿出一笔聘礼而发愁。她要常来丰镐房帮忙、现在已由学徒升为玉泰盐铺账房的竺芝珊，盘算丰镐房的家底。竺芝珊这两年奉命常来丰镐房帮瑞莲做事，后来越来越勤，与瑞莲越来越亲近，将瑞莲的家当作自己的家。王采玉对他的为人品行也很喜欢，渐渐地也把他当作自己可以信托的亲信，也是心目中未来的女婿。由他来当家和安排，丰镐房决不会吃亏和倒运。竺芝珊帮丰镐房收租、卖竹以及日常支付，一笔账全在肚子里。他转着眼珠默默计算后，告诉王采玉。

"房子不能动，卖了田收不到租，以后日子难过。毛竹和笋卖不起多少钱。"他表示困难地摇摇头，"是不是另想别法，去向人家借？"

照理说，蒋介卿现在是盐铺老板，虽不是日进斗金，也赚了不少钱，异母兄弟结亲，他理该照应，无非是牯牛身上拔根毛，不伤原气。可是，王采玉明白他始终对丰镐房仇视和嫉恨，一直冷眼旁观她母子走上绝路。他们遭到困难他幸灾乐祸，他们有了幸运他暗中破坏。这次介石为了攀高亲而请他相助，说不定他会出于私恨从中作梗，一段姻缘会被他活活拆散。王采玉于是想到一直关心和庇护她母子的萧王庙孙家。孙琴凤是蒋肇聪第二个妻子的弟弟。姊姊死了，弟弟对蒋家未断人情。王采玉曾得到他不少照应。这次儿子要成亲，这位异母娘舅也不会袖手不管。她性急地在第二天就去萧王庙。孙琴凤见到她像接待自己姊姊，又客气又亲热。当王采玉提出要求时，孙琴凤先向她道喜，为外甥能配此高亲而欢欣。他又主动提出姊姊若有难处，弟弟理应相助。铜钱银子借借还还就显得见外，哪里还有姊弟情分？说出去双方都不光彩。他愿意送一笔数目可观的厚礼，足能抵一半外甥定亲的聘礼。王采玉感动得几乎要跪下来，没想到这位异姓兄弟如此热忱和慷慨，把她当作自己姊姊，比亲人还亲，使她感恩不尽，流泪不止。

孙琴凤热心地帮王采玉解决一半困难。可是按照毛家要求还短缺一半。她再也想不出有其他可以援助的亲友。她只有回娘家去向母亲诉苦，便步行到葛溪，外婆听到唯一的宝贝外孙要成亲，笑得像弥勒佛一般半天合不拢嘴，马上拖了女儿到当年王采玉修行的金竹庵去叩头拜佛，祈求女儿的"贵子"蒋介石在结婚后也"早生贵子"。老外婆知道女儿经济困难，左思右想，想起丈夫临死时送给采玉的那件玉器古董，便毫不犹豫地要女儿拿出去变卖。王采玉认为这是亡父遗留给她应该永远保存的纪念品，不肯动用。外婆真诚地苦苦规劝："这古董将来也是留给介石，眼前他成亲要急用，再不拿出去换钱还等到哪一天。我做主，你放心，你阿爸在天之灵知道了也高兴！"

王采玉虽不愿意也不得不变卖父亲的遗物，她又怕被人知道而丢蒋家的脸，也恐受人欺侮，只得又去求助孙琴凤。孙琴凤想了个主意：假称自己要在宁波开店，缺少资金，将自己的祖产古董抵押，换得一笔钱交给王采玉。

王采玉买了二十块绸缎衣料，可以给未来媳妇做四季衣裙，她拿出自己再嫁后添置的金银首饰，再到宁波一家银楼买来一朵珠花和一副手镯，凑足八件；又在定亲的八字箱里放一张银票，另外用红纸封四包银洋，还有讨口彩的万年青和吉祥草，摆足两杠箱，挑定一个黄道吉日，在家里办了两桌酒，请来娘家人、唐兴坤糕饼店一家、萧王庙孙家娘舅，以及给介石接生和喂奶的昭仁婆婆和胜坤娘，一起来吃定亲酒。最后由媒人陈春泉引路去岩头。

这一天，所有的人都喜气洋洋，唯独喜事的主角蒋介石却翘高嘴，沉着脸，关在房里不露脸。有人说他怕羞不肯见人，想进去请他。只有王采玉明白，他正在自寻烦恼，心里有无处发泄的气愤，便任性地不肯吃自己的喜酒。如果强拉他出场，怕他发牛脾气，真会闹得不可收场，便推说儿子今天身体不爽快，让他关起门来困觉，不去吵扰他。

蒋介石这几天确实生气，他埋怨母亲不等到他同意擅自做主和毛家定亲，恼恨毛家平白无故拆散他和阿春的婚姻。他也责怪姑母不该血口喷人诬告他，阿春也六神无主地听从摆布，他始终认为阿春是身不由己。两人这一年来心心相印、互相爱慕，绝不会突然变心，对他如此无情。固执而强横的他决不肯就此死心，即使母亲已经为他给毛家送去聘礼，他还是要去追查个究竟，希望能取消这不称心的婚约，仍和表妹缔结姻缘。可是母亲严格的管束，使他不能出大门一步。他好几次偷偷爬上银杏树，向外张望，希望能看到练武弟兄，总不能如愿，他只有借帮助妹妹到溪滩去抬水为由，希望能遇到王恩溥他们这帮结拜兄弟。一连几天都没有机会，直到他心灰意冷，气得快要失去信心和断绝希望时，王恩溥突然出现在他眼前。他想法支开妹妹，然后三言两语叮嘱王恩溥，要他立即去岩头找阿春。

半天不到，王恩溥撒开飞毛腿三十里来回，急于要把他从岩头"剡山王"那里听来的消息告诉"大将"。正当他想翻墙进丰镐房，被王采玉发现，问明情况后，客气地把他赶走，还严厉地叮嘱，在儿子结婚前不许再来。

蒋介石焦急地候在报本堂等待王恩溥，却等来了母亲。王采玉照实告诉儿子自己不让王恩溥进门。蒋介石无赖地威胁母亲，如果再不让他出门，又不许和朋友见面，实在受不住冷静和孤独，宁可上吊自尽。王采玉知道倔硬的儿子说得出做得到，便去找唐兴坤糕饼店的儿子唐文才来作伴。蒋介石嫌他老实无用，唐文才只得再去约他奉化私塾里品学兼优的同学俞作屏，天天来丰镐房和蒋介石一起读书，有空就一起谈论，成为学业上互相勉励的良伴，还志同道合，相约来日一起去赶考。可是蒋介石还是常常忽然想起那件亲事，就怨天怨地猛然碰拍拍凳，怀念阿春时也总摇着头唉声叹气。俞作屏在旁婉转地好言规劝。蒋介石认为俞作屏的话有些道理，可是杯水浇不灭他内心的怒火。从小就爱耍无赖的蒋介石凡事稍不称心就会像蛮牛一样乱发脾气，把长辈平时对他的教训和书本上的道理，忘记得干干净净，无法无天，为所欲为。他既无法公开推翻这件令他痛苦的婚姻，就暗下决心，一定要在结亲之日，肆无忌惮地大闹一场！

十七　洞房花烛夜

订亲以后，毛懋卿才将他耳闻目睹关于蒋介石的恣意、横蛮的脾性，和他与表妹的传闻，悄悄地告诉妹妹毛福梅，毛懋卿并无恶意，言语中倒是有些歆羡这位未来妹夫的出众举动。可是稳重贤淑的闺女毛福梅，一心向往能嫁个温柔怡雅的夫婿。夫妻俩双宿双飞，情投意合，养儿育女，白头偕老。没想到蒋介石的性情与自己水火难容，而且他小小年纪已与表妹谈情说爱，还因胡闹而引起一场风波。夫妻之间以后共度几十年岁月，恐很难和睦相处，更不用说相亲相爱了。她缄默无言，心里流泪。如今终身已定，自幼驯顺谦随的雅淑闺女，只能自认苦命。她曾受母亲信佛的熏染；一切都由命运决定，即使是婚姻大事，也听天由命。可是她在百般忧虑中还是隐含着一丝希望：希望哥哥所说的不是事实，也希望成亲以后，在自己的温柔体贴和贤惠劝慰下，介石会慢慢地改移本性，回心转意，成为一个立志上进的国家栋梁，体贴温存、相敬似宾的如意郎君。

毛鼎和夫妇要在女儿不超过二十岁、女婿正好满十六岁成年时办喜事，所以一定要赶在年底前结亲。时间仓促，然后能完成毛家最后一件婚姻，了却老人多年来最大的心事，兴奋而欢欣。毛鼎和又是被尊为“鼎和太公”的一族之长，还是岩头村称得上首富的“祥丰老板”，他最钟爱的闺女出嫁，嫁妆要办得比任何少女体面，婚礼要张罗得比所有人家隆重。毛鼎和亲自到宁波，用蒋家作为“折妆”的全部聘礼现金，在一家有名的木器店里，购置了连“百子梁床”在内的十六件嵌花的房间家具。件件都是雕花麒麟脚。还配有马桶箱、一套大小四只的脚桶、腰形洗浴盆和接生用的子孙桶；又在一家铜锡店备置香炉、烛台、暖锅、水盂、酒壶、糖果盘、痰盂、熨斗、脚炉、水果盆，剪刀以及瓜子钳、胡桃夹。还到银楼铺配足全部金银首饰外，再定制一套用木箱装的“银台面”——银碗、银盆、银碟、银盅、银杯、银筷、银匙，大大小小共一百二十件，母亲连银挖耳都买全。连同万年青、吉祥草，实实足足装满十二杠箱。喜庆灯笼从文元阊门门口起一直排到客厅、门前窗户都贴上母亲亲自剪的“囍”字。在结亲的前三日，由媒人陈春泉押妆，浩浩荡荡从岩头送到溪口，仿佛一条辉煌耀目的巨龙，在二十里蜿蜒的山路上，足足走上半天。到达溪口三里长街时，整个村子都欢腾喧嗓起来。

毛鼎和夫妇在爱女福梅出嫁前夕，特地备了一桌酒席，合家欢庆。毛福梅要在娘家的最后一天亲自下厨，烧了几样父母爱吃的菜肴，以表孝心。她还恭恭敬敬地为父母敬酒，含着泪，露着笑，向二老道谢养育之恩，虔诚地跪下叩头。毛鼎和高兴地喝下三杯酒后，就以严父的神态和口气，教训女儿，也是向两个媳妇暗示。他要福梅牢记《女儿经》里“三从四德”的古训：在家从父，出嫁从夫，夫死从子；品德、言德、容德和劳德，他还由此而发挥；妇女必须守贞节、遵家规、敬公婆、从丈夫、养儿女、持家务。毛福梅认真地一一点头：“阿爸教训，我牢记在心。”毛鼎和这才住口，自顾喝酒。毛福梅又向兄嫂敬酒，郑重而又真诚地拜托两位嫂嫂今后代她侍奉双亲。嫂嫂也还敬一杯，祝她"鸾凤和鸣、百年好合"。一家人就在欢欣祝贺和难舍难分的氛围中喝下最后一次团圆酒！

当夜，毛福梅和母亲做伴同睡。福梅自出娘胎后，白天在母亲怀里，夜里与母亲同眠，等成年之后，才另睡在隔壁小房里。但她一早就过来为母亲梳头，晚上为父母叠枕盖被。可以说整整二十年，母女俩寸步不离。今夜是母女最后一次同床共眠，母亲先是温柔亲切地告诉女儿到了婆家应该孝敬长辈、夫妻和睦。她也约略知道一些王采玉身世。曾历经苦难人生和受尽欺凌的婆婆，对媳妇总会是格外体贴温顺。新郎有志向，也勤奋读书，前途无量。她预祝女儿嫁到蒋家是福星落福地，老母流满离别泪水的脸上露出庆贺的笑纹。毛福梅表示喜悦地默默点头，微微含笑，却把千万颗悲伤的泪珠偷偷滴在心里。她有千言万语要向母亲倾诉，几个月来郁积在心头对婚后生活的忧愁、思蒽和焦虑的情绪，要向她唯一的亲人吐露。可是她怕老母伤心，会受不住隐藏在喜事背后的悲痛，就将一切都隐忍下来，以笑脸博取亲娘对女儿亲事的欢欣。

第二天天亮，毛福梅便起床。在两位嫂嫂相帮下，母亲亲自用纱线在女儿脸上"开面"，将女儿平时梳的发辫，改梳成发髻，再为女儿修眉和画眉。这就是从古流传的"毛头姑娘十八变，临时上轿变三变"。面颊的这"三变"使一个少女正式成为妇人，母亲又捧了一碗枣子、莲心和桂圆合烧的"上轿饭"，一面讲着吉祥的颂辞，一面为女儿喂饭。女儿吃一口，听一句，唤一声亲娘，流两行泪水。当男家吹吹打打来接新娘时，毛福梅穿戴起一个女人一生只一次的凤冠霞帔，由哥哥背着上花轿。父亲交给她一只描金的首饰箱。在热闹的吹奏敲打声中，在亲人的悲哭声中，在乡邻们的嬉笑祝贺声中，岩头村的闺女毛福梅离开亲人，离开娘家，一路伤心地低声哀泣，去到一个陌生而又要终身留守的丰镐房去。

丰镐房这几天也是从未有过的忙乱和烦劳。寡苦的王采玉独自一人挑起这场喜庆大事的重担，真是头绪纷繁、顾此失彼，只得送信到任宋村，请丈夫前妻徐氏的女儿瑞春来帮忙，瑞春丈夫宋周运也热心地同来。王采玉最担心的是怕因礼节不周而得罪亲友，尤其是以蒋家一房之主自居的蒋介卿，更不能失礼和怠慢。在半月前，就亲自到玉泰盐铺去请他来主管喜事。蒋介卿早就听到蒋介石攀了高亲而嫉恨，两家订婚又未征求他同意，更是怏怏不乐。现在来请他主管婚礼，他佯笑着，表示可以在百忙中安排，可是足足等了十天，才派竺芝珊来，代替他任总管。其实竺芝珊早就关心，并在暗中帮忙，现在正式受命，就名正言顺地上任，包揽一切；和宋周运一起，定花轿、发喜帖，请"串客"、办酒席，还在丰镐房门口屋内挂灯结彩，在报本堂挂上喜幛作为喜堂，又布置新房，安顿从毛家搬来的家具和嫁妆。宋周运斤斤计较地为蒋家节省有限的钱，竺芝珊井井有条地代蒋家婚事安排必不可少的场面，一心要使丰镐房重振威风，让吃苦受侮的寡母孤儿扬眉吐气。

王采玉有竺芝珊的全力相助和负责主持，自己就不必再为婚礼操心。这位以女红出名的母亲，就抽空亲自为儿子裁剪，和针缝新郎衣服，天天直到深夜，什么都安排定当了，可总不放心儿子。她知道儿子对这件婚姻不满，"心里有疙瘩"，不能忘怀表妹毛阿春，总认为毛阿春处处胜过毛福梅。所以婚期越近，他越是沮丧和反感。可是在母亲的压力下，又被幽禁在家里，除了与俞竹屏一起专心读书外，终日双手捧着头闷想，有时愤恨地用脚乱踢石柱，双拳猛击墙壁。王采玉又怜惜又气愤，只怪儿子过于任性和强横，劝不进，哄不动，唯有听其自然"船到桥门自会直"，说不定婚后与新娘情投意合，能回心转意，目前可不能过于压制。也是出于礼节需要，在喜期前三天，她领了儿子一家家去请吃喜酒。第一天就去盐铺。请介卿来主持婚礼，还周到地要介卿代送给介卿外婆家的喜帖，蒋介卿以“长子为父”的神气，答应只在大喜之日到场，其他一概拒绝，连贺仪也只送比邻居还不如的两枚银元；还用讥嘲的口气向蒋介石道喜，又以冷峻的神色教训新郎。蒋介石在母亲目光的压制下，只得闷声不响。

母子俩从盐铺出来，又到介石祖父的两个哥哥家去，有一家有老无小，有一家有小无老，孤孤单单，凄凄凉凉，平时和亲友并不来往。王采玉却格外热情和殷勤，还表示“自家人不用送礼，人到人情到”。使这两家寡老孤儿，感动不已。

蒋家方面的亲戚一一请到后，便急急赶到萧王庙孙家时，琴凤娘舅早就做好准备，非但盛情接待，还为外甥介石终于成亲而衷心欢愉，他郑重地取出王采玉父亲的遗物玉器古董，双手奉上。

“我把你娘家传家之宝赎了回来，原璧奉还。”他真是把王采玉当作自己嫡亲姊妹，既中肯又亲切地粲然相告，“外甥今天成亲，我比啥都高兴。这古董就算是我做娘舅送他的贺仪，既是物归原主，也聊表我长辈一番心意！”

王采玉内心感动，又不能推辞，便激动地接过父亲传给她的遗物，一再道谢，又命儿子跪下向舅舅叩头。

第二天，蒋介石又跟着母亲到葛溪外婆家去，专请外婆、舅舅、舅妈以及外公王有则前妻所生的三位舅舅阖家光临。外婆笑得嘴也合不拢，将外公生前所戴瓜皮帽上的一块碧玉，送给外孙，还从箱子里找出女儿出嫁时穿的百褶裙，准备穿了去吃喜酒。采玉的两个嫡亲弟弟贤巨和贤裕，一个嘟起嘴，一个苦着脸，都说送不起礼，不去道喜。王采玉却笑眯眯地回答：“人到人情到，外甥结亲，娘舅怎么可以不到？至于送礼，我早就代你们准备好了，不用你们花一个铜钱！”她又摸出一些钱来，给贤巨、贤裕的三个儿子——良昭、良穆和良辰，各做一套新衣。王采玉还去她的堂兄王贤栋和王贤甲家。王贤栋是王采玉嫁到蒋家的媒人，当然分外亲热。王贤甲生得相貌堂堂，知书达礼，是葛溪少有的读书人，自然受人尊敬。王采玉要这两位至亲一定来吃喜酒，也是为她的娘家增光。回溪口前，又去到溯源堂恭请姚宗元老师。

第三天，王采玉实在不能脱身，就要瑞春伴着介石到附近的唐兴坤糕饼店请唐家吃喜酒，又去请曾为他接生和喂过奶的昭仁婆婆和胜坤娘。昭仁婆婆抬起头，望望已长得比她高大的介石，笑得嘴也合不拢，老是说一句话：“你出世时候只有一咪咪大，眼睛一眨，要讨老婆了！”胜坤娘还讲笑话：“我喂过你奶，算是奶妈，你要新娘子对我多叩几个头！”

蒋介石内心对这件婚姻不满，要他亲自出去请吃喜酒，当然很不愿意。在一些尊严的长辈面前他只得不声不响。可是曾接他生和喂过奶的两位妇人前，就无所顾忌，他忧愤地口出怨言：“新娘子！新娘子！比我还老五岁！”他故意把“大”说成“老”，厌弃地把新娘贬低！

“这才叫‘讨老婆’呀！”昭仁婆婆的话引起在场的人欢笑。胜坤娘发现介石脸红，怕他恼羞成怒，连忙又安慰又鼓舞，“新娘比你大，可以像姊姊一样照顾你。而且，‘女大五，婆家富’，是好口彩啊！”

人家是好意劝慰，蒋介石以为是讽刺他攀高亲，气得掉身就走。回到家里，瑞春告诉王采玉。王采玉开口要骂，又想到明日大喜，不要再惹他发火，便竭力忍住，还催他赶紧到几个塾馆去请老师，又担心儿子趁机到岩头去闹事，特别关照：岩头塾馆毛思诚老师已由陈春泉去通知，不用再去了。

蒋介石再由瑞春姊姊陪着，到塾馆去请蒋谨藩老师，蒋老师手拿学生的结婚喜帖，哈哈大笑，还严肃地叮嘱介石婚后不该荒废学业，求得功名，才不辜负几位老师对他的器重和厚望。蒋介石辞别蒋老师，急于要去畸山。他怕瑞春姊姊小脚伶仃，走远路吃力，善意地劝她归去。瑞春受王采玉托付，不敢擅离寸步，宁愿熬着疼跟随。走了不到一里路，遇见王恩溥和沈新成等盟兄弟。在蒋介石是意外相逢，在王恩溥是有意寻找，盟兄相隔多时，能不期而遇而惊喜；双方又因前次失约而面呈愠色。蒋介石为了要撇开瑞春姊，抢前快走几步，指着王恩溥鼻子责问："你那天去岩头，作啥不来回禀?"王恩溥也双手托腰反诘，"你娘作啥不许我进门!"蒋介石又急切询问，"'剡山王'说——"王恩溥见瑞春踮着小脚走近来，便急促轻声相告："你表妹在屋里哭，说你无情无义！你姑母在外面骂你荒淫无耻!"蒋介石气闷得说不出话来。站在后面的沈新成和何先德一搭一挡、一吹一唱调侃"大将"："阿哥攀高亲，忘了小弟兄。'大将'要成亲，从此不练兵!"

蒋介石对这些盟兄弟素来是真诚相待，知道他们的责问和戏谑完全出于忠诚和热忱。他正有满腹委屈，但一时无从说起，何况瑞春伫立在一旁催促，便像过去当"大将"一样，轻轻命令："明天一早，都到亭下去!"说罢，过来扶着小脚的瑞春姊，一口气去畸山。

等他们从畸山回来，亲亲眷眷，世交乡邻都已送来贺仪。有礼品，有现钱，花花绿绿，琳琅满目，足足堆满一桌，王采玉有生以来，连她自己成亲，也未有如此欢乐。她亲自下厨，烧了一桌"待郎饭"。菜肴中少不了儿子最喜欢吃的干菜烧肉和芋艿头。让他又爱又恨——"恨铁不成钢"的心爱儿子吃个畅快。

当夜，蒋介石由唐文才在新房里伴眠。唐文才倒头就睡熟。蒋介石却不断地反身转侧，睁大两眼张望着昏暗的新房，有时叹气，有时诅咒，有时又莫名其妙地傻笑。

一夜过去，蒋介石结婚的大喜之日，随着冬天迟露的曙光来临。平时早起的"大将"，今天却因半夜失眠而仍然未醒，"陪郎"的唐文才轻轻摇他，他一动不动。母亲在门外叫了几声，他才懒洋洋地又打呵欠又伸懒腰，慢慢起床。等他开门一看，他的母亲、接生的昭仁婆婆、喂奶的胜坤娘都候在房门口。原来她们天没亮就赶来帮忙。她们还像十几年前那样，把介石当作刚出世的娃娃，一面唠叨，一面代他穿衣着袜。在吃早饭时，恨不能一匙匙喂他。早一天就接来的外婆，还抖抖索索地把那块碧玉用糯米粘在新郎戴的瓜皮帽上。

"今天你不许出去!"母亲含笑告诫儿子，"你要做新郎官，吃好饭，穿好长袍马褂，在屋里等花轿来。"

蒋介石先低着头听，心里却思念着昨天与王恩溥的约会。他吃完饭，趁母亲忙碌的片刻，像突然想起什么地向母亲提出："阿姆，昨天我和瑞春姊姊到畸山去，路上碰到王恩溥他们。他们说今天也要来吃喜酒，你看——"

王采玉最不愿意儿子与王恩溥这些动刀枪的少年朋友接近，如果他们来参加婚礼，非但会不太平，还要被亲友嘲笑和责怪。她沉着脸阻止："不许他们来。"

"那我去命令他们!"蒋介石抓住了出门的理由，不管母亲唤喊，一溜烟逃出丰镐房。

他撒开两腿，流星似的朝亭下飞快奔去。有好几个月没走这条路了。现在重又踏上这条曲曲弯弯的小道，抬头眺望山雾迷漫的雪窦山，往日与盟兄弟们一起练跑、爬上的情景一一在眼前映现。他心里又欢跃起来，仿佛仍像过去那样，身为"大将"，要去指挥众官兵练武打仗。

当他走近雪窦山脚下那块练操的空地时，抬眼望去，骤然收住飞奔的双腿。他的那些盟弟兄，还有他麾下的一群小兵，个个垂头丧气，以怨恨的目光注视着他，有的还故意背转身去，不理他。

他放慢脚步走过去，边走边骂："本大将来了，怎么不迎接？"

"你要成亲了，有了老婆，不要我们了！"有人埋怨地开了个头，大家就一起附和。

蒋介石气得直蹬脚，放大声音喊叫："闭嘴，勿许乱话三千。我不要成亲！"话一说出口，又觉得不妥，就连忙改口，"就算成了亲，我也只要弟兄，不要老婆！"

大家都以诧异的目光瞪视他，不知道这话是真是假。尤其是王恩溥，表示不信任地冷冷摇头。

"不相信？我身为大将，一言既出，驷马难追！"蒋介石还以事实来证明，"今天要我拜堂，我就不管，先到这里来指挥大家练操！"

王恩溥对这位"大将"的所作所为真是衷心折服，就猛一转身，向众弟兄呼喝："练武！"

今天，蒋介石为了表示和弟兄们同心协力，格外卖力，登上岩石高呼几声口令后，竟和大家一起练武。别人打拳，他也使劲拳打脚踢。大家扑打跌爬，他也脱下袍子，不顾新上身的内衣衫袜，擂地十八滚！动用武器时，他手举树枝猛冲猛舞，大家因为他今天要做新郎，故意避让，不伤害他。可是他发疯似的乱刺胡砍，结果把自己的衣袖也钩破。

蒋介石在亭下当"大将"练武，穿了红裙的王采玉在丰镐房急得团团乱转。花轿一早就到岩头去接新娘，来回三十多里，规定要在良辰的午时赶到，拜堂成亲。如今离开良辰只有两个时辰不到，亲友宾客纷纷来到。可是新郎却不知去向。如果花轿到了，不见新郎，错过良辰倒还是小事，要是本来对这件婚姻不满的儿子，突然逃婚，那可如何是好？她在喜堂上迎接宾客，脸笑心跳，急出泪水，别人还以为她高兴得忍不住流泪。外婆到处寻找外孙，两个舅舅却在一旁看冷眼，瑞春和宋周运夫妇俩也万分焦急，暗暗催促正在忙碌中的竺芝珊。竺芝珊不知道蒋介石逃到哪里去。最后还是唐文才想起蒋介石平时练操的地方，和前来祝贺的俞作屏，一起赶到亭下去。

在花轿来到前半个时辰，唐文才和俞作屏才半推半拉地把蒋介石找回来。可是经过一场武斗后，他已经发辫松散，满面油光，衣衫污脏。这样狼狈的新郎绝不能公然走正门，被宾客和乡邻看到，要成为一世话柄。蒋介石对区区小事毫不在乎，其实是故意闹事，以示对婚姻的反抗，他走到丰镐房侧墙外，四顾无人，两脚站在唐文才肩上翻墙进屋，躲过大家出现在新房。

一直焦急地等在新房里的昭仁婆婆和胜坤娘，一面要瑞莲告诉在喜堂里迎宾的母亲，还尽快搬来饭菜让介石吃，一面手忙脚乱地为新郎揩面、梳辫、换衣。

蒋介石在众人既体贴又埋怨的侍奉下，等外婆和母亲赶上楼，进房来探看，他已经是个身穿绸缎团花长袍马褂、头戴红缨瓜皮帽的年少英俊新郎！

王采玉恨不得上前狠狠咬他两口，可是今天他是新郎，再要吃"生活"，连做的娘也要被人嘲笑。她只有忍住气，压下火，温柔婉和地教训儿子。

"瑞元，瑞元，"她亲热地唤儿子奶名，语重心长地数落，"你真不争气！临到拜堂还要闯祸！要不是我派人把你寻回来，你还要野到啥辰光？花轿来了，新郎看不见，你叫我对蒋家祖宗怎交代？我今生今世还有脸见人？"

蒋介石在母亲面前不敢强硬回嘴，好像是老实驯服地低下头听训，心里却不断地回答："我就是不想回来，不要拜堂！"

外面响起了震天响的爆竹声，霎时间锣鼓喧天。花轿到了，媒人陈春泉急忙进来通报。王采玉慌急起身，临走还郑重地叮嘱儿子：

“记住！拜堂叩头，要老老实实，规规矩矩。听到吗？”

蒋介石嘟起嘴，勉强点头。母亲刚不放心地离开，司仪就在喜堂里礼赞“三请新郎”。侍奉新郎的“二爷”由蒋介卿带引进来。唐文才和俞作屏悄悄跟入。蒋介石正待起身，昭仁婆婆发现新郎头上没戴上红绢喜花，胜坤娘心急慌忙把一朵红花从桌上拿起，朝新郎辫子里乱插。昭仁婆婆摇手说不对，指一指头。她又去插在瓜皮帽顶上，可帽子又硬又紧，横插竖插，没有插牢。蒋介石等得不耐烦，一手抢过花朵，要朝地上扔。在一旁的俞作屏不慌不忙跨前两步，从蒋介石手里接过红花，妥妥帖帖地代他插在右耳前的帽檐下。蒋介石从镜子里看到自己英俊的脸上增加不少媚气，忍不住和大家一起张嘴嬉笑起来。

报本堂上挂着金色“囍”字的绸幛。一对蟠龙飞凤的花烛吐出摇曳的火焰，喜堂两旁簇拥着前来祝贺和观礼的宾客：有蒋介石的长辈、老师、同族、表亲以及乡邻，所有关怀蒋家婚姻的亲友，全数驾到。他们都怀着奋激的心情来祝贺，都用喜悦的目光注视新郎。新娘带来的首饰箱由媒人交给王采玉，然后在喜娘牵扶下，款步进入喜堂。蒋介石在司仪呼喊“拜——”时，他不肯下跪，蒋肇聪前妻的弟弟——娘舅孙琴凤过来按住他的肩，才不得不跪倒。司仪喊“升——”，他又不肯站起，毛思诚老师拉住他轻轻一扶，他才起立。如此三拜三升，惹得他火星奔顶，正想发作，忽听得司仪唤叫“送新郎新娘入洞房”，他才透过气来，唐文才和俞作屏各捧一支花烛在前引路，蒋介石手握同心结的喜带，拽着新娘随后跟上。喜堂里顿时一片欢叫。

就在这一时刻，为了庆贺婚礼完成，玉泰盐铺账房竺芝珊在丰镐房门外放爆竹和鞭炮，有一群少年顽童，奔来奔去抢着从空中掉落下来的爆竹头。这是奉化的风俗，婚礼时的爆竹被人抢得越快，子孙越多。但也有个禁忌：就是新郎不能一起抢，俗语说：“新郎抢爆仗，夫妻不久长！”蒋介石也明知道这个忌讳，是个很不吉利的举动，可是因为他对这件婚事心怀不满，也希望“夫妻不久长”，就在进入洞房前，竟撇下新娘，将头上的红缨帽朝空中一扔，把辫子在颈上一绕，出人意外地高呼一声，像小老虎一样朝门外扑去。把众人推开，将别人手里的爆竹蒂头统统抢回，用袍子兜了一堆，得意扬扬地甩着背后那条油光光的辫子，回进喜堂。

喜堂里所有的宾客都大惊失色。王采玉气得脸色煞白，耳旁又听到蒋介卿冷冷的讥笑和恶言咒诅：“新郎抢爆竹，夫妻不久长！”不等儿子走近，就羞愤难当地双手捂脸，跑到自己房里去，关门痛哭！

蒋介石将抢来的爆竹头，撒满一地。蒋介卿拉长一副长兄的面孔，尽情责骂，老师们又是叹息又是规劝。亲友乡邻们议论纷纷，有的说：“真不懂事，拜堂还发小囡脾气！”有人拆穿他：“娶不到表妹，无理取闹！”蒋介石大闹一场后，并没想到是闯了祸，但眼见自己所作所为，恰恰是对不满的婚姻出气泄恨，就很满足。他高兴得要跳到天上去大喊大叫，不管众人阻拦，也顾不得悲痛离去的母亲，接过俞作屏递给他的红缨帽和那朵红花，头上一戴，红花一插，撩起长袍，大跑阔步地奔出喜堂，再要去亭下召集盟兄弟，登台拜将。

他刚到门口，毛思诚和孙琴凤追了出来，好言规劝，要他不应再使母亲伤心。蒋介石除了害怕母亲外，对琴凤娘舅和毛老师十分尊敬，就服从地到母亲房里，跪在母亲身前，一副求饶的可怜样子。

坐在那张坚固红木椅上的王采玉，哭得咽不过气。性格刚烈、处处要争气的她，偏偏生下这个蛮不讲理、毫不争气的儿子。平时他顽劣不驯，做娘的还可以忍让，居然在他一生仅有一次的喜庆日子里，在自己受苦受难四十年千盼万望的这一天，他竟在众人前出丑现世！好好一场喜事却让这不孝的儿子搞得乱七八糟，丢尽脸面！她悲痛欲绝，眼望着穿了新郎衣袍对自己下跪悔世的儿子，再也没有力气举手打，动口骂，只巴望这场喜事有个好收场，圆满结束，就低宛哀怨地叹息一声，挂着两行苦涩清泪，出自肺腑地沉痛泣诉：

"自你出世到现在，我吃尽千辛万苦，你阿爸死后，我在你身上又花多少心血！我千盼万望，只求你长大有出息，做人有长进，读书求功名。可惜你从小就横蛮，劣性勿改。我辛辛苦苦让你读书，你脾气一发，道理全忘记！今天结亲拜堂，你竟像发痴一样，闹得天翻地覆，从古至今，恐怕也找不到有你这样的不肖子孙！怎不叫我生气，怎不叫我痛心！今天要不是大喜日子，我……我一头撞死在丰镐房！"

亲眷们连忙过来劝阻，蒋介石也怕母亲真的要撞死，慌急表示悔过地对母亲叩头。琴凤娘舅为了大事化小，小事化了，自己留下劝慰王采玉，要瑞春和胜坤娘一起，送蒋介石去新房，继续未完的婚礼。

按照奉化风俗，新郎新娘从喜堂进入洞房后，还要有坐床、撒帐、喝交杯酒、吃"相量盏"，以及向长辈、老师等亲眷拜见面礼。新娘毛福梅在新房里一直独坐在床上呆等。她耳边也听到从外面传来吵闹声，不知道发生什么事情，但不见新郎入房，就不由得联想到会不会是年少的蒋介石在无理取闹。直到过了好多时候，新郎由人伴着进来，才松口气，安了心，只是不敢抬眼观看，始终默默垂下头，而蒋介石不等这些礼节完毕，就不耐烦地又离开新房。她连自己丈夫的长相也没看到，不禁失望而惆怅，眼前蒙上一层阴影，心上压着一块石头，郁闷得透不过气。

蒋介石到了喜堂，正好是酒筵开席。他也不顾礼节和风俗，反正自己是新郎，喜事里的主角，就自尊自大地坐在正桌上。他平时不爱喝酒，今天不知道是过于快乐还是十分感伤，任意而又存心把自己灌醉。一杯杯地喝着"贺郎"酒。等喜娘陪着已换上假袄花裙的新娘出来和新郎一起拜见诸位长辈和向宾客敬酒时，他却又醉醺醺地冲进母亲房间，侧在床上就睡，新娘不能一个人去拜见长辈，单身新娘也不能去敬酒，只得由喜娘陪着悄悄回房。

王采玉忙于招待客人，兼顾不了儿子。即使看在眼里，女儿瑞莲悄悄地在她耳边禀报介石的失常行为，她为了不让人取笑，就推说儿子喝醉酒以致失礼而表示歉意。等酒席散了，宾客陆续散去，长辈虽未受到新人见面礼，仍扔下见面钱，王采玉惶恐受下，等客人走尽，服侍已经疲劳不堪的外婆睡下，就和女儿瑞春、瑞莲一起，到自己房里，把睡得像死猪一样的儿子，愤然从床上拖起，也不责骂，也不埋怨，三人费尽力气，推推扶扶地把蒋介石强摔到新房。

新房已是一片沉寂。刚才一群闹新房的宾客，因为找不到新郎，少了调侃的对象，感到没趣，三三两两先后离去，只留下新娘，独守洞房。毛福梅自出生以来，从来没有感到过如此困惑、空虚以至惶悚。她不知道发生了什么事？哥哥、姊姊办喜事，做新娘的没有一个像她那样受到冷落。她想起拜堂时新郎的莽撞和胡闹，想起进洞房后新郎不顾与她一起坐床、喝交杯酒、吃相量盏，而且负气地无缘无故走掉，直到喜筵结束，宾客散尽，自己还见不到新郎，她仿佛从热烈喧嚣的喜堂里跌进被人遗忘的冷窖，想着，想着，不禁浑身寒颤。

正当她沉浸在焦虑、惶恐之中，婆婆和小姑拖着新郎进房来。她从心底涌起一阵欣慰和欢愉，挂着勉强的笑容，起身迎接，可又不便走近去，只有站在一旁。两位小姑将介石扶到床上。婆婆悄悄踅到她身前，亲切地握着她的手像有很多话要说，又没有说，最后，无限歉疚和抱愧地哽咽地说一句："委屈你了！"抹一把苦涩的泪水，向两个女儿做手势，一起走出房门。

新房的门轻轻关上，把这一对陌生的新婚夫妇关在房里。他们之间过去没有见过一面，今天是夫妻二人初次见面，她不知道别的新婚夫妇在洞房之夜，说什么话？如何表达夫妻之情？而她自己只看到这位比她小五岁的丈夫，和衣躺在床上，是睡熟了？还是故意不理他？蒋介石一肚皮怨气，认为这个新娘破坏自己和阿春的婚姻，怎么可以和冤家对头做夫妻，就理也不理。她走近去，为他脱去鞋子，却不敢为他脱衣，怕这粗蛮的少年酒后会像在喜堂上那样乱发脾气。她怕他梦中着寒，轻轻盖上棉被后默默地独坐在贴着喜字的窗下，静静地倾听窗外的萧萧风声，两眼痛苦地凝视着那对流着烛泪的花烛。一阵心酸，泪水使眼前喜气洋洋又冷冷清清的洞房变得模糊一片。

十八　新婚三日

毛福梅一夜未睡，坐等天明。熬过了这苦涩的新婚之夜，以后几年、几十年的日子将如何度过？她真感到怅惘和忧伤。那一对挂满烛泪的花烛即将燃烬，而她的苦难生涯只是刚刚开始，将是过不尽凄苦、冷落的日子，流不完悲痛欲绝的泪珠。可是一想到丈夫是个知书达理的读书人，可能因年少脾气躁，一时发作，绝不会是粗野莽汉。也就自我安慰地静下心来。

房外传来婆婆轻微的咳嗽声，她掀起窗帘，屋外已是朝阳普照。她慌即对镜梳头，整理身上衣裙。想去推醒仍在酣睡的丈夫，可是又不敢，她为难地沉吟片刻，想出一个妥当而又无奈的办法，故意发出响声，拔去房门门闩，再悄悄开启一条门缝。

早在房外等候的小姑瑞莲，捧了热水面盆进来。毛福梅赶紧迎上去接过。瑞莲看到她哥哥穿了衣服还在睡觉，不由得惊异地又叫又笑，去告诉房外的母亲。

王采玉心里明白，又不好踏进新房来观看，就在外催着。蒋介石一听到母亲喊声，连忙一骨碌起身，揉着眼皮，朦胧中只觉得有人蹲在床前为他穿鞋。他待要起身，毛福梅又将一条热毛巾送到自己面前。他伸手接过，胡乱地擦把脸，又揉揉迷蒙的睡眼，现在他清清楚楚看到了他的新娘。他原以为比他大五岁的女人一定长得比他高大，没想到却是个中等身材，比他还矮半个头。他原想出身高贵人家的闺秀不是骄恣狷傲便是娇气十足，不料新娘竟温柔敦厚、贤惠娴雅。昨日成亲，自己故意使新娘受到难堪的折腾，而她今天仍然顺从温馨地侍奉。他不由得睁大两眼，直愣愣地瞪视着她。毛福梅却被他逼视得羞红了脸，含哭地低垂着头，更显得温煦动人。

可是，蒋介石心里仍旧保存着昨天还未发泄尽的怨气，还是像对待冤家一样不理新娘，沉着脸自顾出门。毛福梅捧了一盅盖碗茶，匆匆跟随到婆婆房里。先恭恭敬敬地向外婆和婆婆奉茶，见介石已先自向她们下跪，就忙不迭跪在蒋介石身边叩头，外婆高兴得哈哈大笑。王采玉爱惜地将新媳妇扶起，又把毛福梅带来的首饰箱交还，和悦地说声："是你的嫁妆，你自己藏好。"外婆拉着外孙媳妇的手，看上看下，问东问西，口口声声称赞她"福相"。蒋介石不耐烦要走，母亲将他唤住。

"今朝你们夫妻要到阿爷、阿爸坟上去祭坟！香烛酒菜我都准备好了！"

蒋介石对祖父敬爱、对父亲尊重，觉得应该也很想去祭拜他们的坟墓，只是不乐意和毛福梅成双成对同行，便自做主张地提出："这两个地方太远，我一个人去吧！"听上去仿佛他倒是体恤新婚妻子。

毛福梅不知如何是好，又不敢插嘴，茫然地望着婆婆。

王采玉完全明白儿子的用意，毫不犹豫地命令：

"啥路远路近？就是十万八里也要去！你阿爷、阿爸就等这一天，要看看你们夫妻双双到他们坟前去叩头!”她怕介石还会想法脱身,骤然挺身站起,“我也去!”

王采玉婆媳俩,各坐一顶青布小轿,轿杠上挂一盏喜事灯笼,蒋介石独自步行,他有时故意落后,有时比轿夫走得还快,就是不让人看出自己在与新娘双双同行。

他们先到石鳝岙幡竿丘,向祖父玉表公祭坟。蒋介石一见到祖父墓碑就伏地跪拜。祖父生前对他的钟爱在每次急难时的扶救,犹历历在目,他想到如果祖父至今健在,对他的婚姻也一定特别关怀,能满足他的欲求,他跪在坟前,哀怨诉苦地叫了两声:“阿爷! 阿爷!”不等新娘在他身旁跪下,就翻身而起,站在一边抹泪。

他们又到挑坑山,祭拜父亲蒋肇聪的坟墓。这次母亲强迫儿子与媳妇双双同跪,蒋介石匆匆叩头,急急爬起。他对父亲,一直是敬畏之心胜于舐犊之情。而对那冰冷的墓碑,以及蒋介石从未见过面的父亲两位前妻合葬一起的坟墓,更引不起哀悼和悲痛的深情。可是王采玉手抚碑石,号啕悲恸。她有满腹苦水要对亡夫倾诉。她要回叙丈夫死后自己所受苦难和欺凌;她要吐露因儿子对婚姻不满而引起慈母的悲痛。然而在刚成亲的新媳妇面前,她是有话不能说,有苦不能诉,只有悲伤地在亡夫墓前默默啜泣,泪如泉涌,重复地号叫着一句话:“你安安心心去了,丢下我一个人受苦受难呀!”

受委屈的毛福梅穿了一身鲜艳的嫁衣,旁立在荒冢前,又处身在这悲怆的氛围中。新婚的丈夫不理她,婆婆对自己死去的丈夫哭诉难言的苦痛。她深深感到这段众人称羡的姻缘将会有艰巨困苦的前景。她心里升起自生以来从未有过的隐忧和惶恐,素性温柔善和的少女,忍不住低下头去赶紧偷偷地把流下来的泪水抹去。

晚上,王采玉在吃饭时嘱告儿子,她几天劳累,需要休息,要他明天领着新娘到各亲戚家去。因为成亲那天,儿子酒醉,没向诸长辈行见面礼,一定要一一前去补拜。蒋介石连连点头答应。新娘怕他不愿和自己同行而拒绝,见他应承,不禁暗暗欣喜。

夜里,蒋介石早早上床。毛福梅去向外婆和婆婆请安回房,把蒋介石脱下的胡乱丢放的衣衫,一件件折得匀匀帖帖,叠得整整齐齐,连丢东抛西的两只鞋子也一刀齐地平放在床前。她不敢早睡,怕蒋介石醒来要茶要水,又常常侧耳谛听房外动静,外婆要不要来新房? 婆婆会不会有所吩咐? 小姑是不是来相叙? 直到远远传来敲打三更,她也感到万分倦息,才悄悄地脱去衣裙,吹灭烛火,尽量不惊动蒋介石,轻手轻脚,悄声悄气地躺在蒋介石脚后。一动不动,心里暗暗思忖:年少的丈夫脾气确是不好,可是又为他小小年纪竟能熟背别人看不懂的古书,也不由得衷心佩服,也是妻子的荣耀,他性格再坏,对她再不好,自己也要小心侍奉。

蒋介石或许被惊醒,也许并没睡熟。感觉到毛福梅在他脚后睡下,就表示厌弃地翻身朝里,理也不理。

新娘毛福梅失望地紧闭双目,泪湿枕头。

第二天上午。蒋介石说去雇轿子,先自出门,新娘毛福梅知道新郎性急,轿子一到就要出发,就穿了新衣,打扮定当,坐在房里等待。王采玉也早就准备好送给各家的礼包,可是从上午等到中午,就没见蒋介石人影。新娘想到这是丈夫在新婚之夜后再一次对她奚落和鄙弃,也恐怕是世上千千万万新娘从未有过凄楚的遭遇。天色渐黯,寒气凌人,毛福梅越等越冷,心里更是阴冷如冰。外婆担心外甥闯祸,母亲知道儿子又在作梗,便请竺芝珊四处寻找。竺芝珊急吼吼来回报:有人看到蒋介石从“骡狗头”那里借来一匹骡子,独自一人,骑了来来去去,向各家赔礼。

直到吃夜饭时分，蒋介石才兴尽而归。他一进门就禀告母亲，一口气奔了七家亲眷：葛竹外婆家、萧王庙琴凤娘舅、本村的两位同族公公，连带蒋老师和接生的昭仁婆婆和喂奶的胜坤娘。骡子坐得屁股痛，赶路赶得精疲力尽，总算完成母亲交下的命令。王采玉恨他撇下新娘独来独往，可又怕说出来使新娘难堪和痛苦，只有责骂他"不懂道理！不顾全别人！"

妹妹瑞莲搬上碗筷，毛福梅在房里，知道蒋介石回家，先是犹豫、迟疑，不知道该不该露面。听到搬桌子和碗盏叮当声，才借相帮为由进灶间去搬菜。饭刚盛好，蒋介石怕母亲会当着新娘面，唠叨责问，甚至怒骂，发起火来还会不留情面地狠打，就推说他已经一家家吃过点心，肚子饱得不想再吃，就带了一身灰尘进房。外婆真以为外孙多走路吃力了，催他回房休息。毛福梅刚坐下又连忙站起，想跟进房去服侍令她难堪的丈夫。婆婆一面气愤地目视儿子离去，一面用温和的笑容要媳妇坐下吃饭。外婆还抖抖索索地特地给外孙媳妇搛菜，要她代丈夫多吃一些。

毛福梅虽已饥饿，也无心吃饭，但长辈的盛情难却，匆匆扒了几口。可是吃好后又不敢擅自离开，还要站在桌旁侍奉婆婆。温善体贴的婆婆，含笑示意她回房。

蒋介石又横倒在床，拥了棉被便闷睡。毛福梅又只得像昨夜那样，和丈夫同床不同衾，心里难受而不安。她并不为丈夫一连三夜使她难堪而愁闷，而是为明天的"三朝"而忧急。按照浙江风俗，成亲后三日新婚夫妇必须双双归宁回娘家。她不知道蒋介石是否会听从母亲命令，和自己一起回门。万一他仍旧像这两天一样，有意为难，故意作梗，使一件欢乐的喜事变成一场没趣的纠纷，怎么向父母交代，岩头出名的闺秀还有脸见家乡父老姊妹？她忐忑不安，心烦意乱。整整一夜，满怀惆怅。

王采玉也是一夜失眠。她目睹新媳妇被儿子冷待、歧视甚至厌弃，自己心里很清楚，这完全是因为任性的儿子对婚姻不满，仍旧依恋表妹，而在新娘身上出气。拜堂闹笑话，婚后又无端生事，已经使新娘多么难堪，而她犹百般忍受。明天是"三朝"，新婚夫妇要双双回门去娘家，如果儿子再胡闹，不要说新娘伤心，自己也无法向岩头的亲家交代。她下决心要儿子明天非去不可，可又担心他到了岩头不知又会发生什么事情！说不定他非但不是规规矩矩去丈人家，反而私自去找阿春！一定会胡搞蛮缠，弄得屋里吵吵闹闹，街上喧喧扬扬，整个岩头要天翻地覆！这真使平时坚毅沉稳的王采玉左右为难，莫知所从。她两眼整夜瞪着黑空，心忧如焚。

蒋介石倒是早睡早醒。他把头埋在枕头里，苦思冥想如何躲过这"三朝"。这两天他恣意任性地戏辱新娘，似乎还不够泄愤消恨。任何有耐心肯屈从的少女受到如此折磨，尤其是在新婚期的新娘竟遭到这种令人心碎的欺凌，谁都无法忍受，要是表妹阿春早就哭哭啼啼，吵闹不休。他也真希望毛福梅在自己惹弄下会忍不住脸露愠色，口出怨言，甚至啼啼哭哭，吵吵嚷嚷，他就可以借此大发脾气，破脸反目，骂她不守妇道，不贤惠，不配做他妻子！不许她留在丰镐房！然而，毛福梅这几天来始终像一尊白玉雕成的菩萨，和善、安详、忍气吞声，百依百顺，使蒋介石找不到把柄，无从挑衅，有气难出。他不相信世上真会有这样性情温和、敦厚忍让的少女，他暗暗思忖：拜堂、洞房和祭祖这些事都发生在蒋家，她只受到外人不知的冷落和委屈。今天"三朝"，如果不能双双回门，就逼得她要在自己娘家坍台受辱，那她决不会再委屈求全，谦让容忍了。更重要的是他自己也不敢去岩头，新婚夫妻双双"三朝回门"，厉害的姑母和火辣的表妹知道了一定会赶过来，兴师问罪，一个骂他"无赖"，一个怪他"无情"，堂堂新女婿被骂得狗血喷头，大将的威风岂不一下子扫尽！他暗下决心，不去岩头，一是自己避难，也是报复地再一次折磨毛福梅！

婆婆已经为媳妇备好回门的礼包。毛福梅一早起来，在灶间烧好两碗父母爱吃的小菜。即使丈夫像前两天那样不肯与自己同行，她自己一定要回娘家，拜见虽只小别三天却似相隔多年的亲人。一切齐备定当，蒋介石还是棉被蒙头，直躺躺地卧床不起。她不敢去惊动，在床前迟疑犹豫片刻，才鼓起勇气，用恳求的口气轻声叫唤："起来了？"喊一声，没有回应，只得再问："再困一息？"

蒋介石猛然撩开盖被，露出上半部脸，不屑一看地眼皮下垂，伸出手，指指额头，又蒙头睡觉。

毛福梅不知道蒋介石这些手势是表示什么意思，又不敢问，心里焦急，踟蹰片刻，只得到婆婆房里去求告。

王采玉坐在她那张牢靠的木椅上，为"三朝"的事心神不安。听到媳妇的禀告，知道儿子又要作梗，就脸带愠色地走进新房去。掀开棉被，呼喝一声："还不起来？"

蒋介石勉强睁开眼睛，一副痛苦的样子，连说话也没力气："我头痛！"叹了口气，又加一句，"昨日坐了一天骡子，屁股也痛！"

毛福梅惊惶起来，怕他着凉后加重病痛，连忙替他把棉被盖好。

王采玉心里明白：儿子昨天过于疲劳，受到风寒，可能有病痛。但照他平时练就的武功，可以抵挡，他一定又在耍无赖装佯！照常她又要发火，把儿子从被头筒里拖起来，要他夫妻双双去"三朝"，可是她机灵地在心里闪过一个念头：不管他是真病假病，正好为不去岩头接到一个正当的理由，亲家不会责怪，儿子也不会去闯祸，于是她无可奈何地叹了口气。先是埋怨："只怪你昨天太吃力，又受风寒！"又焦急地对已经换上新衣的媳妇说，"今天偏偏又是你们'三朝'，这真不巧！"

外婆听到外孙生病，急忙去新房看望，还在菩萨面前点香求拜。

毛福梅是又斫伤又发愁，既为丈夫突然生病而焦灼，又为因此不能同去娘家而不安。她不知道该如何是好，怅然地正视着婆婆，等待长辈的吩咐。

王采玉是过来人。当初她出嫁时，也常常想念娘家。何况福梅是"三朝"回门，从未离开过家门的新娘，于情于理更应回家去见见亲娘，娘亲也一定非常盼望能见到出嫁只有三天却似三年的女儿。于是她以慈母的目光，同情地望望媳妇，像对待自己女儿一般，亲切地说："福梅，介石不能去，你还是要回门。你代我在亲家面前赔个礼。等介石病好，我要他一定去登门拜见丈人丈姆娘！"

婆婆的话，像是一条赦令，使毛福梅得到心理上的解脱。她感激得几乎要下跪，如果婆婆是自己娘亲，这时她一定会扑上去，紧紧抱住，放声咽泣。她竭力忍住，只尊敬而真挚地向婆婆行礼道谢。

送婆婆出房门后，她兴奋地立即重新梳妆，整理给父母的礼物。正在忙碌中，忽然听到床上发出咳嗽声。她连忙过去，伏下身，体贴地柔声慰问：

"要不要喝茶？"这是她第一次与丈夫亲昵地说话，脸上感到一阵热，浮起含羞的红晕。

蒋介石闭着眼，闷声不响。

毛福梅望着他严峻的脸色，不敢多问。可是自己要独自回娘家，应该告诉因病不能同行的丈夫。

"我到娘家去，"她还十分歉疚又真情厚意地笑着说，"你安心养病，我去去就来。"

不料，蒋介石猛地睁开眼睛，射出厌恶的眸光，嘴里像下驱逐令似的一连串喷出三个字："去！去！去！去了不要再回来！"

毛福梅一阵寒栗，发怵地呆立在床前。这三个字仿佛三支冷箭，射中她原来灼热的心坎，顿时浑身冰阴。她这才憬悟原来是丈夫不同意她单独回娘家，如果违反他的命令，以后要对她加倍怨恨，将会有受不尽的折磨和欺凌。她感到畏缩、卑怯、软弱得几乎不敢出声，也失去了自主。她犹如石像一样愣怔地竦立在房里，在父母和丈夫之间她犹豫地决断不下。忽然记起父亲在出嫁前的训言："出嫁从夫！"于是她竭力压制情绪波动，拿起送给父母的礼品，缓步走到"报本堂"，对正在念经的婆婆温和平静地相告。

"我也不回娘家了。"她竭力隐忍内心的凄楚，"他身体勿好，我应该在家里侍奉。"

王采玉从媳妇掩饰的表情上，从她微微发抖的声音里，也从她突然变化的行动中，完全能臆测到她一定受到无情的压力，委屈而求全。王采玉从心底里爱惜和怜悯毛福梅，这个媳妇比自己对父母还要孝顺和贤惠，实在不该再对她苛求和责怪，然后，她不希望儿子与媳妇因此失和，加深怨恨，便无可奈何地请竺芝珊派人将礼品和毛福梅亲自为母亲烧的菜肴送到岩头村去，还频频叮嘱：因儿子有病，媳妇孝顺，才不能在"三朝"回门，请亲家多多包涵。

毛福梅泪眼泣然地目送礼担出门，这轻轻的"礼担"包藏着她沉重的痛苦和对父母想念，她回房，换下新衣，静静地远坐在窗前，两眼不敢移动地盯视着床上的丈夫。

蒋介石只听到毛福梅走出房门，却不知道她又已悄悄回房，以为她竟敢违拗丈夫的主见，自顾回门，就憋住一肚子气，没头没脑盖被闷睡，可又越想越气，最后终于火性暴发，推开棉被，双手握拳，愤然地在床上一捶，翻身坐起，要将已出门的毛福梅追回来。谁料当他倥偬地正将脚伸到床外，就感到有人已经跪伏在地把鞋套在他脚上。他抬眼一看，发现就是他所怨恨的毛福梅！她没有走？还是半路回来？是怕他，还是有别的原因？

"你好一些了？"她的声音轻得不能再轻，一面小心翼翼替他穿鞋，怕他一不称心，又要发火。穿好鞋，满身是汗，她依旧蹲着，仰起脸，温善却又畏怯地嗫嚅探问："头还痛吗？"

原来她是为了不放心丈夫的身体，才放弃一个女人出嫁后，很隆重的礼节"三朝回门"。她虽不愿使慈爱的双亲失望，更不敢违拗丈夫无情的命令。她这行动完全出乎蒋介石意外，他几乎不敢相信，自己一次次冷落和欺侮她，而她居然一次次温和柔懦地忍受，毫无怨言，也从不露出苦脸，始终用真挚的眸光和委婉的笑容相对，屈从地对他像奴隶般侍奉。他有生以来还从来没遇到过如此肯含悲地忍受委屈，为了讨好丈夫宁愿舍弃自己一切欢乐的女人。平时恣意任性、强横自主的蒋介石也不由得心软和动情，可怜起肯俯首帖耳服从自己的女人，不好意思再过分地欺侮她，折磨她。可是一直妄自尊大的"大将"不能一下子拉下自己尊严的面子，表示歉悔，只有慢慢地收敛凶狠目光，渐渐松弛绷紧的冷脸，表示自己已经病愈，以摇头回答毛福梅的关怀和问候。

这是新娘自结亲以来第一次看到丈夫对自己表示亲切和温柔。她几天来罩在心上一层抑郁的阴影骤然消失，高兴得几乎要哭出来。当蒋介石下床时，她赶紧上前去扶持，蒋介石不愿让她看出自己是假病，也就由他挽着去坐在椅上。毛福梅又忙进忙出去搬洗脸水、拧干毛巾，像大姐姐照顾弟弟，恨不能为他揩面、梳理辫子。她抽空到灶间去为丈夫准备早点。把办喜事剩下的甜心糕团子装了一大碗，还加上一盅桂圆炖蛋，蒋介石肚子饿了，可是他不喜欢吃这类甜食，又不肯明说，让别人猜测，最后只表示有病无胃口，吃了几筷就停下。毛福梅看在眼里，悄悄地打开柜子，从白磁盂里取出从娘家带来的糯米粉，到灶间去，配上麻油、胡椒、笋丝和蛋丝，再用烧滚的开水冲调成羹。双手捧出来给丈夫尝味道。蒋介石先就闻到一股扑鼻的香味，引起食欲，不禁用调羹尝了两口，非但香糯可口，而且有一种说不出来的美妙滋味，是他生平第一次吃到他认为最满意也是最好吃的咸点心，忍不住多吃了几口。毛福梅看到丈夫爱吃她亲自烧成的食品，就像他接受了自己一片爱心，心里一阵欢愉，泪眼晶莹。

外婆因不知内情，比谁都高兴，还以为外孙病愈，多靠菩萨保佑，就再一次上香叩头。

这一天，蒋介石终日留在房里。洞房的布置仍充溢着喜气，全堂家具和各色各样的用品，上面都结着红绒，有的贴着"囍"字剪纸。窗外射进来灿绚的阳光，将新房照耀得温暖如春。喜怒无常的蒋介石，三天来的满腹怨气慢慢减退，心火渐渐熄灭。在他的目光里，毛福梅也由内心嫌弃的"老婆"变成可怜而又可爱的窈窕淑女。从她对自己的侍奉、依顺和屈从中，发现她正是阿春所缺少的自己理想中贤惠、娴淑、温存和肯容忍的妻子。对这件婚姻由不满而开始有些称心。他不再对她冷待和奚落，更不想折磨她、责怪她。虽然他还竭力维持自尊心和威严，不愿和刚萌生感情的新娘谈心。但相对而坐之时，目光相视之际，总掩不住发自内心的喜爱之情。

毛福梅终日为侍奉丈夫和婆婆而忙碌，脑海中虽不时地闪现出父母因等不到她回门的失望表情，心里闪过瞬间的疚愧，但想到因此而使丈夫高兴，见到丈夫改变时自己从冷漠到亲近的神情，即使最大的容忍，更多的牺牲她也心甘情愿，父母知道了也会体谅和同情。于是她加倍殷勤和热情。在午饭时，烧了两碗她拿手的也知道蒋介石最爱吃的下饭菜——芋艿烤鸡和干菜烧肉。她用鸡油烧芋艿，在干菜里放糖。使过去只咬芋艿头和嚼青干菜的蒋介石吃得津津有味，啧啧称赞，连连点头。他不愿公开赞赏妻子，只说母亲今天这两样菜烧得特别有味道。母亲也趁机赞扬媳妇。毛福梅更是欢愉，暗暗向丈夫投视感激和深情的喜悦眸光。她不由得在心里默默地念佛，同时真正体会到逆来顺受得到的报应。

当夜，王采玉见儿媳之间的感情已有转机，为了增添他们在新婚之夜未能如愿的闺房之乐，特地要女儿送去一对红烛，使温暖的洞房里增加喜庆的氛围。

毛福梅度过了一个与别的新娘完全不同的"三朝"。虽然她因不能回门而深感遗憾和歉疚，而且还忍受了别的少女在新婚中从未有过的悲苦和委屈，但终于换来丈夫对她的怜爱和宽恕。新婚三日几乎使她对婚姻的美梦破灭，但愿今天是美满姻缘的开始。

到了夜里，屋外寂寂无声，房内温暖如春。蒋介石等待不及地脱衣上床。双眼微睁，凝视烛光下新娘的面庞。她没有阿春那样迷人的娇容姿色，却像一朵白莲似的含有诱人的端丽清秀。不禁越看越喜欢，看了还想看。而毛福梅这时反而心神不宁，她不知道该如何度过今宵。喜怒无常、捉摸不定的新郎会不会又像前三夜那样对待她？她默默地折叠好丈夫的衣服，呆坐在椅上等待。蓦然听到蒋介石轻声叫唤："困吧！"她这才解衣脱裙，内心怦跳地和往夜那样躺在蒋介石脚后，一动不动。

蒋介石微微抬起头，用手拍两下床沿，柔声地叫呼她："过来！"眼睛里闪射出情欲的眸光，亲昵地向她招手。

十九　笑声泪痕

为了儿子的婚姻，王采玉一直是忧心忡忡。她眼见蒋介石拜堂胡闹、洞房赌气，“三朝”又失礼，这一件件荒唐的不端行为，不但使要争气的母亲面上无光彩，更令她担心的是：那位大户人家出身的闺女，怎能承受得了任何新娘都不肯忍受的凌辱和折磨。可是三天下来，从没听到毛福梅一声低微的叹息，也没看到她流一滴伤心的泪珠。实在无法想象她穿了嫁衣，孤守洞房，怎么度过难堪的白昼和凄凉的漫漫长夜。婆婆自己从坎坷的人生道路上蹒跚地走过来，不希望媳妇也不能摆脱这可悲的命运。然而儿子任性、强横，自幼顽劣，做他的妻子恐怕比婆婆的命运更是不幸。王采玉对毛福梅十分歉愧，深深感到是自己做了一件对不起媳妇的错事。她在“三朝”之夜，苦思冥想，定要将儿子严加训斥，“毛竹要从嫩压”，打定主意，要训斥儿子，不许他再亏待新娘。

第二天早晨，新房却迟迟开门。她等不及地要女儿瑞莲为自己草草梳理头发，准备敲门进去，不顾儿子情面，当着媳妇的面训子。她正要起步，房门洞开，新郎新娘都已打扮舒齐，一前一后进来，双双跪下，起身后又并肩站在一起。儿子在结婚后第一次情不自禁地露出满足的笑容，媳妇羞红着脸，低垂了头，嘴角含着幸福的笑窝，这也是她洞房三天，第一次袒露出一个女人真心身受到新婚的欢乐和人生幸福。王采玉先是怔忡，随即憬悟。她明白儿子喜怒骤变的性格，也佩服媳妇慈淑的器量，儿子一定在媳妇贤德的感化下，回心转意，由一匹桀骜的野马变成一只温和的公羊。原先要发怒的她也不由得感到欣慰地莞尔一笑，当前两天还为婚事赌气使性的儿子，仿佛一夜之际把表妹忘了，还兴趣勃勃地提出想和妻子双双上雪窦寺拜佛时，她赞同地一口应允。当贤德贤能的媳妇请长辈婆婆带领上山时，她更是为了附兴，欣然同行。

婆媳俩各坐一顶小轿。蒋介石照样步行，但和上次去祭祖坟时不同，不是故意忽前忽后和轿子保持距离，自顾自行走，而是紧紧靠近，步步相随。不是手扶母亲所坐轿子的轿杠，有说有笑，逗母亲高乐，便是落后两步，踅近毛福梅轿子旁，满意地望一眼妻子，悄悄地颌首微笑。毛福梅也回报幸福的笑容。毛福梅在岩头娘家时，曾听到过溪口有名的雪窦山，和山上有奇妙超群的风景，称得上是奉化名胜。她早就歆羡和向往，现在在婆婆和丈夫的带引下前往，心里有一种说不出的欢欣和奋激。她们先到雪窦寺，虔诚地对弥勒佛敬香叩头。王采玉还悄悄地叮嘱媳妇，要她向观世音菩萨求告。毛福梅知道婆婆的意思，便独自在送子观音前，郑重地上香，恭敬地跪拜，诚心地祈祷。

她们从雪窦寺踅回到千丈岩，先绕道到谷底，伫立在石板小桥上仰望瀑布。只见瀑击巨石，飞珠溅玉。毛福梅出生在峦峰四环的山村，村里只有一条蜿蜒清晶的溪水，从来没看到过这样气势磅礴，仿佛从空而降的一条千丈白帘，使人眼花迷乱。瀑布声如雷鸣，使她既感到惊奇，也有些神怯。蒋介石竟提出从山径攀登上岩顶，说顶上有座飞雪亭，在亭里向下俯瞰直冲而下的千丈瀑布，更有奇趣和气魄。王采玉推说体力不支，又照顾到媳妇小脚伶仃，也从未爬山攀岭，要儿子独自上山。蒋介石因妻子不能伴行，神色怏然，就自顾上山。毛福梅害怕丈夫刚对自己发生好感，会不会因不依顺他而引起他不乐，又将影响新婚夫妇的感情。她就不顾跋涉的艰难，鼓足勇气，要求与丈夫同行。蒋介石果然高兴地笑了，回头来向毛福梅招手。王采玉担心媳妇滑足跌跤，频频叮嘱儿子好好照顾。蒋介石就搀扶着毛福梅，一步一步地向岩顶走去。

从谷底到岩顶，只有一条狭小的山径。又陡又险，有些地方铺有凌乱的石级，大多是崎岖不平的泥路。曾练过铁砂腿的蒋介石，曾经常在这里攀上落下，今天心情又格外愉快，一时兴起，疾步如飞，可是从未出过家门，更没有攀登过高山斜坡的毛福梅，加上一双伶仃小脚，在这坑坑洼洼，高低凹凸的山道上，简直举步维艰。走不到二十来步，已是额际沁汗、脚尖疼痛。蒋介石见她慢吞吞地落在后面，先是催促，再是伸手来拉拽。毛福梅咬着牙紧跟几步。当她撩起长裙，左脚吃力地要跨上一块石级时，右脚在斜坡上一滑，双膝一跪，扑倒在地。她惊吓地急叫一声，再也立不起身。蒋介石在上面听到，回头见福梅匍匐在地，非但不是体恤地过来摔扶，反满脸愠色，用埋怨的目光瞪视着她。毛福梅挣扎着站起，忙不迭拍掸衣裙上的尘埃，又羞又怕，满面通红，再也没有力道和勇气攀登上去。幸亏婆婆王采玉在岩下看到，焦急地唤叫："不要上去！不要上去了！"毛福梅仰着脸畏怯地望着丈夫，等待丈夫的命令。蒋介石不敢违背母亲，目睹妻子如此懦弱无用，便负气地不予理睬，一转身独自疾步上山。他一口气攀登岩顶，在飞雪亭里，下望峭壁千仞间的千丈瀑布，俯瞰四周溪口的全景，不由得热血沸腾，自以为气势非凡，便忍不住惦记起那些盟兄弟。为了不被他们嘲笑"结了亲，忘了弟兄"，恨不得立即同他们聚合一起，像以往那样自以为王，登台拜将！

第二天清晨。曙光微露，蒋介石便催促毛福梅起身。匆匆洗嗽后，早饭也不吃，他就要她跟自己出门。毛福梅不知道丈夫这么早要去哪里，更使她为难的是，事先没有得到婆婆的同意，新婚夫妇擅自出游是否可以？可是这一天正好是王采玉送外婆回葛竹村。一早就坐轿走了，无法得到她的允准。蒋介石也是一时兴趣，临时作出决定。他见妻子犹疑不定，沉脸责问："你去不去？"毛福梅吓得不敢冒犯丈夫，就心神不宁地跟了丈夫悄悄走出丰镐房。

蒋介石一面挺胸突肚地朝前走，一面朝急吼吼跟在他身后的妻子夸耀。

"过去，我每天到畸东村夏全木家门前去练武！"他得意洋洋地介绍自己的业绩，"那里有我几个结拜兄弟，王恩溥、沈新成他们，拜我为大将，我教他们练功，打仗！我要你跟去看看，我有多威风！"

毛福梅成亲三天，只觉得比自己小五岁的丈夫，任性、强横，有些蛮不讲理，没想到他还会武功！这使她已有的五分畏惧之心更增加五分害怕。但又想到，他毕竟是个书生，不至于粗蛮动武，只要自己不触犯他，处处依顺他，使他对自己产生好感，就不会被厌弃或恼恨而遭受皮肉痛苦。

当他们来到畸东村时，只见有十多个年轻小伙子已在夏家门前练功。有的擂打沙袋，有两个使用枪棒对仗，有的独自一人练拳。正在指挥众兄弟练武的王恩溥，一见到蒋介石，就兴高采烈地上前，欢迎"大将"光临，还恭敬地对毛福梅拱手行礼。毛福梅没想到丈夫有这样的朋友，她生平也从未见到这类雄赳赳的莽夫，一时涨红了脸，不知该如何回礼。蒋介石也不替她介绍，他见了多时没有会面的弟兄，显得特别高兴和热情，撇下新婚妻子，将长袍一脱，和弟兄们一起练武。先打一套花拳，然后在众人簇拥下，跳上那块磐石，做出一副大将的神气，挥手命令他的兵将们操练。毛福梅没想到那些勇骁的武夫们，会个个俯首帖耳地听从她那小丈夫的命令。有一个少年动作稍有差错，就遭到蒋介石厉声训斥，也不敢违抗，还连连认错。蒋介石的英雄气概和威势尊严，使毛福梅对他既畏怯又敬重，心里暗暗地为有这么一个志高气扬的丈夫而欢愉和自豪。

在寒风中，妻子冷得瑟瑟发抖，蒋介石脱去长袍还热得头上冒气。等“大将”练兵到力气兴尽，才宣布散队。毛福梅上前要将长袍为他披上。蒋介石却不肯示弱地推开，还要在众兄弟前表露大丈夫气概，对毛福梅不屑地瞅一眼，自顾挺胸突肚地跨着大步先自离去。

回到丰镐房，王采玉满面蒙上一层水霜似的，独自一人昂坐在报本堂上。蒋介石连忙上前问安，毛福梅也惴然地跟着行礼。王采玉既无笑脸，也不责叱，只冷冷地点点头，用平静里蕴蓄着愤然的语气，又像告诫，又似命令：“从今天起，不许再出门！”

蒋介石想为自己强辩，见母亲严峻的脸色，怕在妻子面前遭到训斥而丢脸，就不再开口。

“在家里用功读书。”王采玉又补上几句，说明不许儿子出门的理由，“不能荒废学业，等婚礼满月后，再到岩头村毛老师那里去读书。”

蒋介石也真想继续读书，可是他不愿意再去岩头村。那里虽然是妻子毛福梅的娘家，可也还住着曾经和他相恋、已由情侣变为冤家的表妹毛阿春。他觉得母命难违，去也不好，不去也不好。所以不立即回答，毛福梅对丈夫这段恋情全然不知，听说丈夫不久要去她娘家读书，有说不出的高兴。所以一回到房里，就兴奋地对蒋介石表达自己的喜悦。蒋介石因有心事，又不能和她明说，就不予理睬。又怕妻子啰嗦，就推说肚饿，催妻子赶紧去厨房烧点心。

毛福梅在灶间里烧了一小锅米焙羹，和蒸热一大碗喜事留下来的糕团，先用圆盘送去孝敬婆婆。王采玉说自己已经吃过早点，但要女儿瑞莲吃一碗尝尝味道，瑞莲舐舐嘴，啧啧称赞。毛福梅高兴地捧了回房，伴着丈夫一起吃。蒋介石又一次尝到毛福梅烧的美味点心米焙羹，抑止不住内心的满足，对妻子当面称赞：“好吃！好吃！”毛福梅知道丈夫对自己的侍奉很是满意，而且在他的眉宇际和语气里袒露出爱意，使这位在新婚中受到折磨的新娘，倏然感受到婚姻的欢乐和幸福。

“一吃好饭就读书！”蒋介石又性急起来，他是一刮风就落雨，片刻也不能等待，催福梅收拾碗盏，抹干桌子，把《大学》朝桌上一摊，招呼妻子，“我们一道来读！”

毛福梅不由得一怔，翻了一下这本满纸古字的线装书，为难地支吾道：“我……我……”她不知道该如何答复。

“你读过书没有？”蒋介石逼问。

“我跟我阿哥认过几个字，”她先是勉强承认，又不得不实说，“都忘了。”

这真使蒋介石大失所望，而且气恼。一个文武全才、将来能当官的未来大将，竟娶了个目不识丁的老婆！任凭她如何贤惠、体贴和能干，总也不能使自己称心满意，他骤然间怏怏不乐地沉下脸来，神色沮丧地低下头去。

毛福梅立刻意识到自己的浅陋和无能给丈夫带来烦恼，她怔忡地望着丈夫懊丧的神色，暗暗怨恨自己当初在娘家只知道帮母亲管理家务学习缝纫和烹饪，而对读书识字却一点也没有兴趣。跟着哥哥认字，也是前读后忘记，怪自己愚笨而放弃。做姑娘时一直向往能嫁一个有学问有才能的丈夫，就没想到自己却是胸无点墨，真是很不相配！她内心歉疚，不愿再冒犯她那位称心时高兴，一不如意就生气的少年丈夫，就像对待孩子一样哄他，讨他欢心。

“我求求你，”她含着羞惭的笑，尊敬地向他行礼，还苦苦求告，“我拜你老师，你教我读书认字！”

看到新婚妻子那副可怜而又可爱的样子，想到当地的女孩们也都不识字，就不必对她过于责备和要求。他渐渐地心软过来，气也稍平，而且又有好为人师的豪心，就要妻子像小学生一般站在一旁，亲自教读《大学》。

“《大学》之道：在明明德，在亲民，在止于至善……”

他读了一句，要福梅学着读。几句连在一起，读了三遍后，要福梅自己读。福梅除了“大”字，其他一个字也不认识，一句也不懂，而且是“前读后忘记”，就一句也念不出来。毫无耐心的蒋介石怪她愚骙，气得脸色煞白。福梅自知笨拙，急得满头是汗。最后，蒋介石在桌上狠狠一拍，对福梅挥挥手赶走，自己埋下头，高声朗读起来。

从此，蒋介石在房里读书、作文时，毛福梅就闷声不响地侍奉在侧。她听到丈夫背诵如流，看到他奋笔疾书，心里既钦佩他能把这么多古书记住，也为自己感到羞愧和歉疚，她暗暗发誓：既不能成为丈夫理想的妻子，只有像奴仆一样小心翼翼奉承他，来弥补夫妇之间因文化上的差别造成感情上的罅缝。蒋介石读书读得声音发哑，她连忙捧上一杯热茶。丈夫文章写得手酸，她就送上一盅点心，让他边吃边休息。而蒋介石反而把妻子的体贴当作对他读书作文的干扰，置之不理，使毛福梅感到吃力不讨好，左右为难。最后她宁可热面孔去贴冷面孔竭力奉承。蒋介石先是认为她愚骙而鄙视她、冷待她。渐渐地因她对自己低声下气地体贴、爱惜和关心，就又产生好感和怜悯，对她也不再有更多要求。空余时间，情绪好的时候和她谈谈说说。谈他童年时代的趣事和顽劣脾性所引起种种事迹。谈到聚集众位弟兄请他登台拜将时，竟兴奋地跳上桌子，舞手踢脚，大声呼喝。毛福梅被逗引得忍不住发笑，也附和说上一句，有时讲得不合意，或不对头，蒋介石就扫兴地不再理睬她，吓得她不敢多嘴。

几天之后，王采玉有事找儿子。当她走近新房时，听到从里面传出来儿子的大声说话和媳妇的不断的低声嬉笑。她迟疑地立停下来，等房里的响声停歇后，才做出刚来到的样子，在外面轻声咳嗽。毛福梅连忙整理衣衫，匆匆赶出来迎接。

“让介石读书，”婆婆温和地嘱咐媳妇，“你跟我来。”

毛福梅以为婆婆要她做什么家务事，就对丈夫说一声，轻步地跟随到婆婆房里。

王采玉坐在她的那张靠背木椅上，先用长辈对小辈表示满意地含笑望着媳妇，然后袒露母亲的苦心。

“介石从小坏脾气。我天天做规矩，他就是改不过来。”她毫不隐瞒地数落儿子的缺点和自己教子无力，然后把话题转到媳妇身上，“我早就打听到你福梅贤德贤惠。我儿子也是要有你这样一位比他大几岁，又懂事又能干的女人来帮他成家。可是他毕竟还是个小囡，才十五六岁，常常乱发脾气。你受委屈，看在我婆婆面上，让他几分。我会记在心里。决不会亏待你。介石有朝一日飞黄腾达，有你一分功劳！”

毛福梅自从成亲以来，真是受尽委屈和折磨。她也是认为丈夫年纪小，不懂道理，加上性格强硬，使人难堪，然而相信不久就会有好转。而在读书这件事上，她倒是感到愧疚，仿佛对丈夫做了件错事，很对不起他。听到婆婆和蔼地安慰她，而且对她逆来顺受的贤德十分赞赏，心里既感动又觉得温暖。

“不过，你也不要过分。”王采玉接着郑重地转移话题，开宗明义地先提出“过分”两字，却不说明含义。

毛福梅以为婆婆忠告她不要对丈夫过分谦让和依顺，没想到王采玉竟引出一篇教训来。

“我当初也做过媳妇，吃过苦。我认为做人家媳妇，除了孝顺公婆，体贴丈夫外，最重要的是自己要庄重端正！”她看到媳妇以惊异和惶恐的目光望着自己，猜想到这个纯真的年轻新娘还不明白在新婚期内无意中所犯的过失。为了避免引起误会，以及防止她再犯，就直言不讳地提出来，“福梅，也许是洞房三天，介石的坏脾气把你吓坏了。你没得到我允许，就跟着他到畸东村去，看他那帮野蛮弟兄练武，你忘记自己还是个没满月的新娘子！”

毛福梅恍然大悟，她要为自己辩护。还来不及开口，婆婆又接着说。

“我不怪你，你年纪轻，不太懂规矩，我也明白是介石他要你去，你不敢不依顺。”王采玉先代媳妇辩白，又痛心地指出它的后果，“可是有人看到了，一传十，十传百，四方八邻都知道。风言风语，把我蒋家婆媳两代说成是不守妇道，没有家教！连介石的哥哥介卿也到丰镐房来指责，还说出‘上梁不正下梁歪’这种气人话……”说到这里，忽然闭口，她因气愤难忍，几乎冲口说出自己委屈和痛苦的身世。在沉默片刻之后，见媳妇受到谴责而斫伤、颓然的神气，知道她也是无辜受屈，便用婉和的语气忠告，“还有，你们夫妻新婚，当然欢欢喜喜，可也不要过分，即使在自己房间里，也不能嘻嘻哈哈，让人听到了说句闲话：新娘子不够庄重！”

毛福梅这才完全明白过来，是婆婆埋怨媳妇虽然贤惠，却不够庄重。做媳妇的应该小小心心，躲躲闪闪，谈话比别人轻，走路比别人慢，不出大门，整天做事。高兴时不能笑出声，痛苦时只能把眼泪朝肚子里吞。她的母亲和祖母过去就是这样度过一生。她婆婆的上半生恐怕也是这样度过，现在自己也应该小心翼翼踏着她们艰难的脚印，走完坎坷的一生。

“我知道，你很想你父母，想家，”婆婆为了使贤惠的媳妇从黯伤的情绪中回到欢乐，便含笑相告，“你结亲‘三朝’没有‘回门’，明年新年，我要介石和你夫妻双双到岩头去拜见丈人、丈母。要是你阿爸同意，介石去毛老师塾馆继续读书，你们夫妻就住在你娘家。我自然放心，你在娘家也可以称称心心，无拘无束过快乐日子了！”

毛福梅被通达人情的婆婆的安排所感动，连忙欢欣地笑着向婆婆行礼道谢。

毛福梅这些日子来一直为新年去娘家的事担忧，怕喜怒无常的丈夫又会像拜堂、三朝回门那样，脾气一来高高兴兴的事落得晦晦气气收场。她又不敢对丈夫提起，一直闷在心里。今天婆婆竟自动出口答应，真是喜出望外，也为婆婆通达人情的安排所感动，连忙笑着向老人行礼道谢。

二〇 大闹花灯

蒋介石在拜堂成亲时胡闹，还做出新郎抢爆仗，夫妻不久长的不吉利举动；当晚又不肯和新娘洞房。这一件件自古以来奉化从未有过的怪事，别人知道了只是笑谈几句，可是传到毛福梅的娘家，真是感到又丢脸又难堪，自称是望族后代又是当地首富巨绅的毛鼎和，平时最讲究礼法，在四乡八邻中很有威信。他为心爱女儿的婚事，费尽心计，筹备婚礼也比其他子女隆重。他原以为女儿可以管住比她小五岁的丈夫，使他听话服帖，没想到竟嫁给一个年少气盛、行为荒唐、强横霸道的无赖。他像被人剥掉一层几十年来一直受人尊敬的脸皮，恨不能立即把这个可恨的女婿抓来，当众痛骂一顿。等到来喝喜酒的亲友散席后，他再也忍不住，碰台拍凳，大声怒骂。儿子媳妇吓得逃到各自房里去，在房门后侧着耳朵偷听。只留下他的老妻王氏，坐在屋角的竹椅上，为女儿的不幸遭遇而悲伤。她不敢出声号哭，怕惹恼丈夫，火上加油，更要闹得天翻地覆，便以手帕掩嘴，低声唏嘘，默默流泪。最后，她还怕年迈的丈夫一气生病，就抑制自己的悲痛，上前委婉劝解说："女婿可能是年少无知，爱玩成性。等'三朝'回门，好好劝导，当能改过。"

毛鼎和知道空发脾气没用，也就竭力控制心里的愤怒，到"三朝"那天对女婿狠狠教训一顿。在这三天里，毛鼎和大门不出一步，坐在家里气闷。做母亲的还特地备了一桌丰盛的酒席，要宴请初次上门的生头女婿。她怕丈夫还没有消气，便委婉规劝，要客客气气招待，不许发火，更不能怒骂，否则会使女儿难堪。如果得罪了女婿，女儿以后在婆家也难做人。毛鼎和嘴里虽不断地叽叽咕咕骂个不停，心里也不想将"三朝"回门的喜事闹得不欢而散，使女儿伤心。

不料，等到"三朝"却等来了因女婿生病，小夫妻不能双双来岩头的回讯。母亲望着女儿送来亲手所烧的两碗菜肴，暗暗伤心，不用猜就想到一定是新婚夫妻不能和睦相处，才会发生这少有的变故。闷了一肚子火的父亲再也忍耐不住，撩起长袍到榆林村去找媒人陈春泉。

陈春泉早已听到风声，也预料到毛鼎和会来找他评理。俗语说："不做媒人不做保，一生一世没烦恼。"谁要他当时过于热心，为了替表妹争一口气，凑合这一桩明里相配、暗里不合的婚姻。十八只蹄髈没吃到，却吃了一盆倒霉的霉浆，媒人心里明白，蒋介石是为了不能与他表妹结婚才怨恨和他成亲的毛福梅。他在成亲拜堂那天的故意胡闹，就是为了出气泄恨。当时借口新郎年幼无知和顽劣成性，总算含糊过去。而"三朝"不回门就是可以证明蒋介石非但厌弃新娘，还鄙视丈人丈母娘，真是目无尊长，丝毫没有情理了！他只得代蒋家向毛鼎和拱手赔礼，又表示一定去溪口丰镐房探问究竟，要蒋氏母子因理亏而向亲家赔不是。

送走气势汹汹的毛鼎和后，陈春泉心情沉重地坐下来冷静思考。蒋介石年少强横、为所欲为、无理可谕；他母亲王采玉知情达理、懂得礼节，决不会听任儿子胡闹。其中必有难言的隐情。他由此想到蒋家是否因为毛阿春的缘故，有意回避？在思考斟酌以后，就要他的孙子陈远离出去探听，蒋赛凤和阿春母女在蒋介石成亲时有何动静。

蒋赛凤为了保住自己的声誉，把蒋介石骂走后，母女二人关着门吵得鸡犬不宁。直到蒋介石与毛福梅配亲，蒋赛凤才占上风。她痛斥蒋介石原来真是假情假义地戏弄阿春，而他的真心实意是想另攀高亲。她又痛心地规劝女儿勿再上当，对这无情汉赶快一刀两断。毛阿春抱着枕头哭了三天三夜，打定主意，等蒋介石和毛福梅“三朝”回门，她要等在岩头村狮山脚下，当新郎新娘一进村口，她就破口大骂，一直骂到他们狼狈逃走。比女儿泼辣的母亲，也比女儿更懂得世道人情。她认为一个未出嫁的姑娘，为了勾引她的浪荡子忘恩负义，竟亲自出门去吵闹，非但要被人耻笑，一生一世别想嫁人，自己也要落得个低贱丢脸的坏名声。她终于想出一个既能出气又争得面子的妙策，赶紧托人求亲，为女儿找个与蒋家不相上下的婆家，在蒋介石“三朝”回门之日定亲。到那时，门口挂灯结彩，大放爆仗，抬进几杠箱“聘礼”，比毛家的“回门酒”办得更闹猛、更隆重！毛阿春先执意不肯，在母亲软哄硬骂之下，想想事到如今，也只有如此收场，就听凭母亲做主，安排自己的婚姻。可是唯一的要求是在自己定亲之日，要母亲派人到毛家去，以亲戚的名义，请三朝回门的蒋介石来。这一次，她一定要当面骂他几句，才和他断绝一切缘分。不料，毛鼎和家的“回门酒”，因女婿生病没有办成。蒋赛凤暗暗庆幸免除一场口舌，而毛阿春非但出不成气，推测是蒋介石无颜见人；也许是他至今仍旧怀有旧情而不愿使失恋者伤心，宁可得罪丈人。更可能他是相思过度，真的生病！毛阿春在热热闹闹、喜气盈门的走酒上，笑脸迎人；可是内心深处，既为不能出气而失望，更为怀念蒋介石而感到惆怅、辛酸和痛楚。

陈春泉在孙子嘴里了解到一切经过后，便心安理得地去溪口。他一进丰镐房，知道蒋介石由福梅陪着在新房里读书，就到王采玉房里去，表兄妹一起谈心，不等他开口，王采玉就脸带愧色地为儿子不去“三朝”回门而道歉。

“我无所谓，只是毛家很不高兴。丈人老头还亲自到我家兴师问罪呢！”陈春泉先委婉地说明来意，接着泄露机密地郑重相告：“不去也好。省却一场麻烦。”他便毫不隐瞒地对表妹叙述蒋赛凤母女的情况。

王采玉知道毛阿春已经定亲，既为自己的外甥女在婚姻上有过周折之后，仍有较好的归宿而高兴，更为儿子的婚事从此不会有人来吵扰而安心。所遗憾的是岩头亲家还因女儿不回门而记气。她千恳万求，要表兄向毛家赔礼，这表示明年正月初二，一定要儿子媳妇去登门拜年。

这一年过年，因为丰镐房多了个新娘子，就比往年更增加喜气。王采玉见儿子已经结亲，成了大人，就将一切过年的事务都交给他，自己在旁指点相助。蒋介石按照奉化过年的风俗规矩，先到对面唐兴坤糕饼店请来十个“年糕师父”，将十担米做成年糕和元宝。他为了显示自己的膂力，脱下长袍，卷起衣袖，高举木柄石杵，一口气连捣十几下，把石臼里蒸熟的米饭，捣成软黏黏的一大堆面团。他又亲手做第一对“元宝”，供仰祖宗；又把年糕“井”字形叠成几十堆，差人分赠给至亲近邻。最要紧的是喂过他奶的胜坤娘和接生的昭仁婆婆，每人比别家多十斤年糕！寒冬腊月，他看不到喜爱的花木，两株桂花树和五棵银杏树也只剩下枝丫残叶，缺少生气，他特地托人从宁波买来各种彩灯，挂满屋宇走廊增添色彩和光辉，还准备到了新年，请来他那帮练武弟兄，自己带头，到街头巷尾去大舞花灯，让弟兄们向各家各户要些年糕、钱和米，自己也就可以大显身手，显示从未有过的大将威风！一家人忙忙碌碌，满面喜色地谢年、送灶、祭祖送年和一夜不困地度过除夕之后，仍是精神百倍地迎接新年。

这一年新年也和过去两样。初一早上，蒋介石打开贴着亲手写的春联的大门，先放三响开门炮，夫妇双双穿着新婚衣服在报本堂向祖宗叩头后，又向婆婆拜年。王采玉眼望着儿子媳妇，心里高兴，却又泪水汪汪。蒋介石以丰镐房主人的身份，带了妻子到昭仁婆婆、胜坤娘和唐家阿姆家，恭敬地向三位长辈跪下，感谢她们接生和哺乳之恩。她们个个祝愿新娘早生贵子。家家请吃桂圆、红枣，还回礼一对甜心糕。最后到玉泰盐铺去拜望蒋介卿。蒋介卿正眼也不对他们看一下，不等用人送上元宝茶，便推说自己要向同行去拜年，妻子又回娘家，不便招待，只口头上淡淡地说一句："你回去代我向你阿姆拜年。"算是还礼，还冷讽热嘲地举出蒋介石闹喜堂的例子，教训弟弟不许再闹事。

吃过午饭，蒋介石父亲前妻的女儿蒋瑞春和她的丈夫宋周运，带了两个儿子涨林和涨生，到丰镐房来向王采玉拜年。还要两个儿子向已成婚的舅舅和新舅母毛福梅叩头。过去，蒋介石每逢新年新岁只对人叩头，现在结了婚成了大人，就有小辈对自己拜年，他高兴得把小外甥抱在手里，高高举起。懂得理的新舅母，把早已准备好的压岁钱从口袋里摸出来，一面说"长命百岁"，一面塞到他们手里。萧王庙琴凤娘舅因为忙，自己不能来，要过继给他的侄子孙经骧代替来向异姓妹妹王采玉拜年，稍坐片刻就走。还有在玉泰盐铺当账户经常来丰镐房帮忙的竺芝珊，也抽空前来，和瑞莲一起帮王采玉张罗酒席。亲人们坐在八仙桌四周，满满一桌。互相敬酒、搛菜。满桌菜香，满屋欢笑。尤其是王采玉，自从她再嫁到蒋家后，几十年来在歧视、排挤和迭遭厄运下，从未像今天那样满心欢悦地高兴过。她终于摆脱种种来自内外的压力，在折磨下挣扎，在煎熬中奋斗，费心尽力地支撑起丈夫遗留下的家业。她的独养儿子也历经无数灾难，终于成人而且和名门闺秀匹配良缘。她如今只盼望家里岁岁平安，年年吉利；儿子勤学向上，考取功名；媳妇养儿育女，子孙满堂，为蒋家传宗接代，光耀门楣；既对得起蒋、王两家祖宗；自己也心甘情愿，做牛做马，即使吃尽千辛万苦也是值得的了！

这桌欢乐的团圆饭足足吃了大半个时辰，街上远远近近响起了关门炮，掩盖了隐隐约约的更柝声。瑞春一家照例住在丰镐房。竺芝珊帮瑞莲收拾后，正要回盐铺去，门外响起锣鼓声。蒋介石像得到信号，迅捷起身朝外。母亲仿佛知道儿子去干什么，不满地唤住，但拦阻不了。毛福梅不明白丈夫这突然的举动，以为发生什么事故，急遽跟随出外。没想到蒋介石竟和王恩溥等一起，摘下丰镐房内外所有灯笼，由蒋介石领头，大舞花灯！四周围聚了闻声而来的街坊邻居，有的欢笑，有的鼓掌，都为蒋介石他们给新年增添热闹和欢乐而称道。直到母亲王采玉和周运生赶出门来，大声喝止，客气地请王恩溥等离去，蒋介石才依依不舍地停手。众弟兄告别时，他还频频约定，明天一早就上街玩灯。周运生在王采玉抱儿子进屋后，连放三个关门炮，在响亮的爆仗声中，丰镐房关上大门。母亲好像还有话要叮嘱儿子。蒋介石却精疲力尽地吵着要福梅扶着回房睡觉。福梅服侍丈夫完毕回来，帮婆婆和瑞莲姊妹准备第二天去岩头拜年的礼品。

初二是个阳光明朗的晴天。睡得很熟的蒋介石被福梅轻轻推醒。蒋介石不忘记隔夜与众弟兄有约，就手忙脚乱地匆匆穿衣、洗漱，还催着要吃早饭，母亲站在他身边，笑吟吟地告诉他："按照奉化风俗，正月初二，新女婿要到丈人家去拜年。我已经把礼品准备好，你一吃好早饭就动身。"

"去岩头?"蒋介石放下筷子，连连摆手，"我不去!"

"你'三朝'回门不去，新年再不去拜年。无规无矩，连我都要被人骂!"

"阿姆，"蒋介石有难言的心事，不好明说，只得委屈地央求，"你总知道，我实在是……"

母亲知道儿子是为了阿春不敢去岩头。怕阿春母女要向他报复，会当场使自己出丑。他不知道事情已经有了变化。王采玉便将儿子拉到房里，把经过告诉他。蒋介石听到毛阿春母女对外人诬蔑他为人轻薄，又鄙视蒋家已经败落，还夸口阿春歹攀高亲。这不仅仅是出气，也是令人十分难堪的报复。这使蒋介石对阿春由歉疚、羞愧、念念不忘而一下子变成气恼和怀恨在心，他再也按捺不住，急于要到岩头去，轰轰烈烈地热闹一场，挽回面子，也显示自己不肯受辱和蒋家并未没落的威风。他立刻亲自去催促王恩溥，每个人手提一盏花灯。排列成队，一路护送。先有一个兄弟赶到岩头去告知"剡山王"，准备迎接，又派人租来一顶扎彩花轿，让新娘坐在轿里，轿子后面是两人抬一杠箱用红纸包着桂圆、枣子、糕团的"果包"，馈送女家长辈的礼品，蒋介石自己在长袍上围了一条红带，走在花灯队伍的前面，耀武扬威地直奔岩头。

快近中午，他们才赶到岩头村。"剡山王"和弟兄们也早已在村口迎接。两支送迎队伍汇合，分外热闹。"剡山王"命人连放三十六只炮仗，从牌楼上角悬挂下来的四串鞭炮，在火光中噼噼啪啪响过不停。还有几个人敲打年夜锣鼓，咚咚锵锵，震耳欲聋。岩头村从未有过这样热闹和喧嚣的场面，把上村和下村的居民都吸引过来，聚合在一起，仰着翘望毛家的"生头女婿"光临！

毛鼎和家在早雨天就由媒人陈春泉通知，初二那天女婿和女儿要上岳父家拜年。又是过年，又要宴请第一次上门的"生头女婿"，几乎是全家出动，连他所开祥丰米号和南货店里的伙计也被调来差遣。丈母娘毛王氏更是激动得整整三夜没有睡熟，整天盘算着如何招待女婿，她虽然还没有见过蒋介石，可是"丈母娘看女婿，越看越欢喜"，就是不看也已经七分中意。她又不断地想象着与女儿见面时的动人情境，该说些什么体贴话？问女儿还需要什么？她要初二回娘家来拜年的大女儿毛英梅和她的儿子宋继尧尽可能提早从跸驻村来到岩头，在她妹妹福梅到家前赶至。开饭店的大儿子毛怡卿更是义不容辞地把饭店里最好的厨师调来，为"生头女婿"吃的这顿"拔食"掌勺。爱热闹好动的次子毛懋卿，自告奋勇地表示要代表毛家出村五里路去迎接姐夫和阿姐，同时还和亲友邻居暗暗商量准备捉弄"生头女婿"。他们知道蒋介石顽皮淘气，就准备用最胡闹的办法"调排"他。有的主张在猪油汤团里裹辣椒，吃在嘴里，又烫又辣，咽也不是，吐也不好，使新郎又狼狈又难堪。还有人提出将十二只油豆腐用线穿在一起，当新郎用筷夹住一只，就会带上来一长串，割也割不断，一口又吞不下十二只，使他又为难又尴尬，一定会引人发笑。可是自称治家有方，讲究礼法的毛鼎和阻止这种留给人笑柄的恶作剧。他要正经八摆，规规矩矩地对待来客，特别是自己心爱的女儿和书生女婿。他为了维持毛家的尊严和丈人的威信，不让二儿子出村，而是全家老小，在屋里等候新女婿上门。他妻子担心丈夫要对不称心的女婿因拜堂和"三朝"的胡闹有所责备。他却严肃端正地坐在太师椅上，笃笃悠悠地吸着白铜嘴长烟管，心里喜滋滋地向往着合家团圆的欢乐情景。

蒋介石在受到岩头村弟兄的热烈欢迎后，更是兴奋和激动，对弟兄们一个不漏地连连拱手，亲热地拜年，恨不能和大家紧紧抱在一起。不知是谁提了一句："介石，你今天在岩头登台拜将？"蒋介石也被激起豪情，真的想和过去一样跳到象山脚下的大石上指挥打仗。王恩溥在旁阻止。"剡山王"也提出应该先上岳父家拜年，不要惹这位望族乡绅恼火。于是众弟兄一齐唤叫："大将带头，我们小兵跟随在后。"蒋介石为了在岩头村称王，尤其是向毛阿春母女炫耀自己的威风，竟忘了新郎的身份，从王恩溥手里接过那盏鲜艳闪光的大花灯，走在前面又说又笑，耀武扬威地穿过上村的街道。村民们听到锣鼓响和叫嚣声，从各道各处涌到街头来观看。

关上店门的铺子里的店主也打开门缝，探头看望。毛鼎和所开的米店和南货店里的伙计，更是又惊又喜，没想到店主的新女婿原来是过去常在街上聚众游荡的那个少年郎！当这花灯队走近毛家祠堂时，只听得从里面传出串花灯的乐声和歌唱。平时被岩头毛姓人歧视的“剡山王”告诉蒋介石：“今天岩头姓毛的村民，也在祠堂里舞花灯。你是毛氏族望的新女婿，应该先进祠堂向祖宗叩头，再和岩头的花灯队比过高低，显示出溪口不下于岩头，生头女婿超过毛家子孙！”

蒋介石从来不肯放过能表现自己气势不凡和高人一等的机会，何况在岩头受过阿春母女的奚落和讥嘲，更为了向这小小山村显示自己不同凡响和称王称霸的气概，要在毛氏家族里树立威望，他便甩手不管坐在轿里的毛福梅，张口要那担送丈人家礼品的杠箱，跟着他一起抬进祠堂。

祠堂里，岩头的花灯队正扮演八洞神仙，八个人穿红戴绿化装成八位神仙，手里提了一盏花灯，嘴里唱着马灯调，又唱又舞又扭又跳，做出一些引人发笑的怪相，在人前献丑。蒋介石在溪口只会舞龙灯，从来没扮演过神仙唱春曲，他怕岩头村的人讥笑他无能，也为了盖罩对方，便和“剡山王”陈泉卿一起，两人一搭一档唱起他曾听到过的宁波滩簧来。他记不得唱词，凭他从《诗经》里学过的一些词句，居然唱得有板有眼，有腔有调。不但压倒岩头花灯队，所有挤在祠堂里的村民，都为毛家女婿这么奇怪而滑稽的表演，喝彩哄笑。

毛鼎和在家里左等右等，不见女儿女婿来临，不禁暗暗着急，但他为了保持自己的尊严，尽量沉住气，他的老妻却越等越着急，不管丈夫是否允许，悄悄地要二儿子懋卿和他的堂兄弟毛鸿芳去探听。毛氏兄弟一出门口，就看到有不少人向毛家祠堂涌去，有的还好奇地笑着喊：“去看毛家生头女婿唱滩簧！”毛懋卿一听就想起蒋介石在这里读书时，曾经和“剡山王”一起游乐唱小调，他也曾几次想去凑热闹都被阻止，没想到蒋介石今天竟然以新女婿的身份，堂而皇之地在毛家祠堂玩花灯、唱滩簧！他急遽向前奔去，到祠堂门口，看到姐姐坐着的轿子，忙上前招呼。毛福梅原以为她的小丈夫知书达礼，到祠堂里去拜祭毛家祖宗，在听到进进出出的人说笑话似的谈论着“新女婿唱滩簧”，也听到蒋介石响亮的嗓音，禁不住冒出一身冷汗，正惊惶失措地不知如何是好。见到弟弟懋卿，就要他立刻进祠堂去请出丈夫，一面要堂弟毛鸿芳陪着她先回娘家。

蒋介石越唱越起劲，竟手执一根红竹竿，和“八洞神仙”一起跳、一起唱。毛懋卿挤在人堆里，怎么也插不上嘴，更不要说阻止正在高歌狂舞的姐夫了。直到花灯玩毕，滩簧唱完，蒋介石还表示慷慨大方地将杠箱里的“果包”一包包扔给岩头花灯队和自己的弟兄，然后自己当“头脑”，要王恩溥和“剡山王”带领两队兵马，浩浩荡荡走出祠堂。他穿着的新郎袍子沾满灰污，帽子歪戴，辫子也散了，还故意做出油腔滑调和神气活现的样子，从祠堂到毛家并不很远，但他为了要向阿春母女示威泄恨，特地绕道去经过。不知道蒋赛凤是事先得到风声，不肯露面，还是已经悄悄离开岩头他去，只见门户紧闭，屋里一点声息也没有。蒋介石见报复不成，不免有些失望；但也想到她们母女俩终于认输，而且羞于和他见面，又禁不住得意万分，就仰面哈哈一笑，一挥手，向懋卿点点头，要他在前带路。毛懋卿不敢带“剡山王”他们去自己家里，怕父亲恼火。可又无法向姐夫回绝。“剡山王”本人也知道毛鼎和一向鄙视自己，想借口推辞。可是蒋介石却毫不在乎地独断独行，擅自做主，还肆无忌惮地告诉大家：“去！去！都去！到我丈人家里去吃一顿！”大家以为毛家今天真要大请客，就兴高采烈地一拥而去。

毛福梅比丈夫先回到家，见了父母，跪倒就拜。毛鼎和不见女婿，心里纳闷。毛王氏在女儿向兄弟姊妹拜年时，悄悄问讯："怎么你一个人来？"

"他在祠堂里祭拜祖宗。"毛福梅为丈夫编造一个借口，作为他迟到的理由，还圆谎地表白，"我急于要见阿爸、阿姆，所以来不及先赶来了。"

不料，年少天真的毛鸿芳，心直口快，将刚才在祠堂前听到的话，向毛老夫妇报喜似的冲出口，"姐夫真有趣，还在祠堂里舞灯唱滩簧呢！"

犹如一声劈雷，把堂屋里所有的人都惊呆了，个个像木偶一样。毛福梅急得要哭，想解释又不敢开口，大家都用担忧和焦虑的目光注视着毛鼎和。毛鼎和脸色铁青、神态严峻，气得胡子也瑟瑟发抖。蓦地，他狠狠把烟管猛击摆满瓜果糖饼的桌子，对大儿子毛怡卿狂喝一声："你去对他说，我不认他这个和下三流轧道的女婿，不许他进门！"

这是一个无法违抗可又难以遵从的命令。毛怡卿望望母亲和福梅姐姐，趦趄不动。王氏慌得不知如何劝阻，身为当事人的毛福梅，更是又急又怕，手脚发软。她知道是丈夫闯了祸，尊严的父亲决不会饶恕这不学好的女婿。可是不让脾气强硬的丈夫进门，一定要惹他发火生气，那自己以后在婆家的日子就十分难过！她望望母亲，希望宽宏慈爱的亲娘为了女儿出来打圆场。母亲也左右为难，望着怒气勃勃的丈夫，不敢开口。

正在冒火的毛鼎和见怡卿尴尬地僵立着，便把气出在儿子身上，怒睁双目，大声训斥："快！——去呀！"

毛怡卿再也不敢拖延，只得垂头丧气踏出门去。正好蒋介石带了敲锣打鼓的弟兄们，一路欢笑地闯进文元阊门，朝毛家住屋的大门走来，毛怡卿实在不好意思阻拦，就退回屋里。而蒋介石还从王恩溥那里接过一枚已经点燃的大爆竹，"砰"的一声直蹿上去，"啪"的一响，在天空中炸成碎片。

毛鼎和再也忍耐不住，推开阻挡的老妻和儿子，冲到大门口，伸出发抖的手，直指着蒋介石的鼻子怒骂："你！你败坏我毛家门风！我不认你这个没出息的无赖！给我滚！不许再到岩头来！"说罢，一转身回屋，"砰"的把大门关上。

蒋介石从来没有受到过这样严重的耻辱，他不想想自己做错了事，反怪别人错待自己。一个初次上门的生头女婿竟被丈人痛骂和驱逐，依照他横蛮狠暴的性格，恨不能打进门去拔掉毛老头子的胡子！王恩溥毕竟懂得道理。他不能让蒋介石逞强闹事，否则生头女婿打丈人家的话柄要传到四方八邻，在一起的盟兄弟也要被人指责，溪口人的台全要坍光！"剡山王"虽然也不服气，可是也不敢怂恿介石去和当地望族乡绅碰撞，便和王恩溥一起劝告介石。蒋介石心里怒火难遏，但也不敢真的去得罪丈人，回去非但要被母亲打骂，全溪口的亲友邻舍也不会原谅，他就狠虎虎地双目瞪着黑漆大门，不进也不退。仿佛一只敌视着强大对手的凶猛老虎。

屋里也闹得乱成一片，毛福梅跪在父亲身前，泪水满面，哀哀求告："阿爸，千错万错是我们小辈错，你大人不记小人过，求你阿爸开开门，让他进来吧！"

眼看心爱的女儿这么委屈、悲痛，在向自己苦苦哀求，盛怒的毛鼎和也不禁恻然心软，可是他仍固执地不愿松口。他的老妻也走过来，满面哀愁地恳求他，恨不得和女儿一起跪下来，他这才无可奈何地长叹一声："我是不要见他。"说罢朝里屋走去。他这句话和动作是向家人暗示：他不想见女婿，然而可以放他进来。毛怡卿连忙去打开大门，招呼蒋介石："请进！请进！"没想到蒋介石怒气未消地昂立片刻，非但不肯进门，反狠狠地一蹬足，返身就走。王恩溥一伙也扫兴地撤退!

毛福梅见丈夫没有进来就慌急冲出去,轻声唤叫:“介石!介石!”

蒋介石突然煞住脚,正颜厉色地警告妻子:“你跟我回溪口!”不等福梅回答,又瞪目威胁,“要不,你一生一世住在娘家!”

毛福梅真是左右为难,焦虑万分。她听到母亲在门口凄楚的叫唤,又看到丈夫气吼吼地像要抛弃她,只顾朝前直走,在心绪紊乱中不得不忍痛地决定去留。她迅速回到家门口,对老泪纵横的老母跪下叩头,万分歉疚地哭诉一声:“娘啊,女儿不孝!”又急切站起,迈着伶仃小脚,含着泪,默默地紧跟在丈夫后面。

二一 剪辫子的秀才

王采玉知道儿子在岩头村闯了祸，害得蒋、毛两家丢脸，还冒犯了德高望重的岳父，真是气得浑身颤抖，连她坐着的那把牢靠木椅也咯咯发响。要不是儿子已经结了亲，真想拿柴爿对他劈头盖脸狠打一顿。蒋介石既是赌气，也害怕娘亲，悄悄地躲进自己房里，顾不得饥肠辘辘，埋头就睡。王采玉要瑞莲去叫她哥哥，一定要他再去岩头，向岳父赔礼道歉。媳妇毛福梅知道强横的少年丈夫决不肯屈从，说不定还要胡闹，祸越闯越大，对她也要恼恨，便为了缓和眼前的僵局，更不希望结亲后刚开始产生感情，又会因此破裂，便不得不委曲求全地把丈夫一切过错，都由自己来承担。

"婆婆，都怪我不好！"她双膝跪下，向婆婆求情，"我事先没告诉介石，我们岩头有不少风俗规矩……"

王采玉被媳妇的贤惠和忍让所感动，她非但不责怪丈夫鲁莽和荒唐，冒犯父亲，也不埋怨婆婆的教子无方，反过来将一切责任落到自己身上。既谅解丈夫，又不让夫家丢脸。但从她两眼盈盈的泪水中，看出她抑郁在内心的苦楚，曾经当过媳妇的王采玉，觉得毛福梅比自己更善良、更贤惠。她不忍让媳妇再受委屈，也不能再使她为难，便挚爱地双手将媳妇扶起，长叹一声，老泪滚滚流下。

毛福梅在慰抚了婆婆之后，又立刻想到了丈夫。丈夫空着肚子负气离开岩头村，又走了十几里路，一定很饿。但是刚刚受到母亲的训骂，决不肯出来和大家同桌吃饭，她在得到婆婆允诺之后，特地上灶间亲自为丈夫准备饭菜，用托盘送到房里，还柔声柔气地轻轻唤叫正睁大双眼朝里躺在床上的蒋介石。

蒋介石始终不承认自己做错事、闯了祸，反怨恨岳父蛮不讲理，竟将上门去拜年的"生头女婿"驱赶出门，使他这位"大将"丢脸、坍台。回家来还受到母亲一顿斥骂。他对母亲不敢还嘴，也无法向岳父报复，只有将满肚皮怨气出在福梅身上。他武断地认为，就是为了她，才会去向那不讲道理的丈人老头拜年！在欢天喜地的新年里遭骂受气！尤其是自己向阿春母女示威不成，反蒙受被岳父驱逐的耻辱，真使他感到羞愤，难堪！在他听到毛福梅叫唤他起床吃饭时，等于火上加油，唬地从床上蹦跳起来，扑到桌前，粗暴地举手将饭、菜连碗带筷一起扫落在地，还对吓得面无人色、退缩在一旁的妻子大声叫嚣。

"你倒高兴！还有兴趣吃饭！"他浓眉直竖、双目冒火，将满腹愤怒朝妻子喷射，"我好心好意去拜年，你阿爸竟恶心恶肺把我赶出门！好！从今以后，我和你娘家一刀两断，我再也不认他这个丈人，今后也不要他来见我！"

蒋介石这几句斩钉截铁的凶狠咒骂，使任何人都无法忍受。毛福梅自己可以受尽委屈，然而怎么能让父母无辜受辱？她想分辩和解释，但看到丈夫凶恶的脸色和粗野的行为，使懦弱的她更是畏缩。她心里还原谅丈夫年纪小、不懂事，只有自己为了息事宁人，屈辱地弯着腰，小心翼翼收拾起狼藉满地的饭菜和碎碗盏。从此，她再也不敢在丈夫面前提起娘家，只有在心里暗暗地怀念着父母，无限悲伤，无限歉疚，无限悔恨，可是在人前一点不露出懊丧的神色。

过了三天，媒人陈泉春满腹愁闷来到溪口。毛鼎和把放荡不羁的女婿赶出门后，又去找那位撮合蒋毛姻缘的媒人。媒人聆听毛鼎和气愤难消的牢骚，话里虽没有半句责怪，但语气中泄露出埋怨的情绪。陈泉春只有暗暗感叹，心里默叨着一句古话："不做媒人不做保，一生一世无烦恼。"可是事已如此，也只得烦恼到底。他对毛鼎和劝慰几句后，摆脱一切事务，特地到丰镐房去向表妹诉苦。

表兄妹见面，两人都是愁容满面。表妹先训骂自己的儿子，表兄为了慰藉她，也埋怨毛鼎和过于古板。两人又都为今后的处境而烦恼和不安。只有等过一段时间，丈夫消了气，女婿认了错，双方都看在毛福梅的份上，恢复亲家之间的亲近和睦。

"还有一件事，不能多等。"做母亲的始终关心儿子的前程，"介石在毛思诚老师那里求学，现在再也没脸去岩头，岂不要耽误学业？"

"就是去，毛老师为了毛鼎和的面子，恐怕也不敢收留介石。"陈春泉无可奈何地摊摊手，表示无能为力，也向表妹感叹自己的苦衷，"说句心里话，为了这件事，我在岩头也没面子。"看到表妹愧歉和苦楚的神色，不禁怜悯和同情，便和颜悦色地予以安慰和鼓励，"不过，介石读书用功，立志上进，毛老师也一直称赞他。我看，就在这一两个月里，要他在家好好读书。一过春，到县里去赶考。如果能取得功名，非但荣宗耀祖，岩头那边亲亲友友也会对他另眼相看，到那时怕来不及要请他上门去呢！"

沉陷在愁苦中的母亲，表兄的鼓励使她重又恢复对儿子的希望。她就遵照陈春泉的提议，要介石大门不出一步，熟读"四书五经"，又亲自到萧王庙孙家去，拜托她丈夫第二位妻子的弟弟孙琴凤，请这位比自己亲娘舅还好的孙家舅舅，在外甥到宁波去赶考时，多多照顾，孙琴凤原在玉泰盐铺当账房，离开后去宁波浩河头新顺木行当"阿大"（经理）。他善于理财，经营得法，在宁波同行中颇有名望。他的姊姊嫁给蒋肇聪，不久夭亡。由于怀念亡姊之情，对姊夫的第二位续弦王采玉也视同手足，对外甥蒋介石更是爱护备至。知道年少志高的外甥刚成年便一心要谋取功名，也由衷地欢欣，就慷慨地自愿承担一切费用。

蒋介石为了向轻视他的亲友出一口气，也为了母亲的蒋氏祖宗争气，真的肯安下心来，埋头读书。可是对妻子毛福梅始终是沉着脸，冷眼相对。自从新年里他被丈人驱逐出门后，他一直把怨恨放在心里，将过错记在福梅身上。考期一天比一天近，他读书的劲道一天比一天足，对妻子的感情也一天比一天淡漠。最后甚至不愿正眼看她一下，对她殷勤的侍奉，温情的体贴，置之不理，连话也不顾开口多说一句，不是点头便是摇头；发起火来，还愤怒地一顿脚，甩手赶开，毛福梅烧了他爱吃的鸡油烤芋艿和干菜烧肉，他虽然嘴馋，也只当没看见，不用筷去搛。毛福梅知道丈夫是为了新年的事记恨在心，故意对他冷待、反脸，甚至侮辱，但为了不让婆婆知道了生气，更为了使他能安心读书，宁愿自己忍受一切，苦向自己诉，泪在心里流。日日夜夜，闷声不响，谨慎小心地侍奉这个像暴君一样的少年丈夫。

在考试的前十天，王采玉婆媳俩已经为蒋介石备全行袋，还特地请竺芝珊挑了担子伴送。临行时蒋介石吃了一碗福梅亲自煮熟的桂圆煮蛋，对街唐兴坤糕饼店还送来刚蒸好的"状元糕"，祝贺未来的"状元"步步高升。蒋介石郑重地对母亲叩头告别，对妹妹瑞莲叮咛几句，而对福梅却理也不理,迈步出屋。毛福梅默默地跟到丰镐房大门口,全身无力地呆立着,一对茫然若失的眼睛,在表示欢送时勉强的笑容上,无限凄怆地望着无情丈夫的背影,渐渐远去。

经过一天一夜的跋涉,蒋介石和竺芝珊步行到达宁波。宁波在当时虽然也是个清王朝统治下的县城,可是它地处浙江沿海,尤其是与上海等一些繁华商市通航后,不仅商业麕集,也从外界传播进来迎合时代的新潮流。蒋介石自出生以来,一直逗留在溪口、岩头等这些“山里山、湾里湾”的闭塞山村里,被称为“里山人”,乍来到这个新兴县城的宁波,仿佛进入一个洋溢着现代风貌的广阔天地,顿时豁然开朗,耳目一新。在他的目光里,宁波的一切都使他感到新鲜,引起他极大兴趣和好奇。他住在舅舅孙琴凤的新顺木行里,原先准备在住房里温习功课,由舅舅出面去办理投考手续。但是好动而浮躁又有好奇心的蒋介石到了这个充满生气的县城里,哪里能静下心来埋头在书本里。等竺芝珊回溪口后,他再也按捺不住地出去闲荡。宁波有他从未见过的轮船和码头,商店林立,行人不绝,比岩头村和溪口不知要热闹多少倍。街上马车、轿子来往穿梭,马蹄声和轿夫的吆喝彼此呼应。商店的招牌和彩旗将马路点缀得五光十色,光彩夺目。过往行人衣冠楚楚,风度翩翩。最吸引他的是一位二十来岁的青年,生得眉清目秀,身穿长袍马褂,头戴瓜皮帽,与众不同的是剪掉了辫子,只留下一撮长发披在后颈。这在当时是反对清政府的明显标志。过往行人都用惊异的目光注视他,他却毫不在意,还怡然自得地在街道上潇洒行走。蒋介石紧紧跟随着他,眼望着他迈着缓慢稳重的步伐,踏进新开不久挂着“新学会社”店牌的书店里去。

蒋介石回到木行,兴奋地把他耳闻目睹的宁波新景象,和那剪辫的奇异人物告诉舅舅孙琴凤。

“剪掉辫子?那一定是周淡游!”孙琴凤笑着回答,“他也是奉化人,是奉化城里唯一剪掉辫子的人,人家叫他‘和尚’!”

“和尚?他要出家?”蒋介石疑惑地问。

“这是别人给他取的绰号。他父亲周道生是贡生,在奉化城小路街自己家里办私塾。儿子就在他的塾馆里读书。父亲希望他考取功名,儿子偏要进新式学堂。他又与新派人物交往,看了不少新书,为了表示反对清王朝,把辫子剪掉。父母师友怕他因此惹祸,就叫他‘和尚’来掩人耳目。”

“他在奉化读书,却到宁波来买书?”蒋介石喜欢问个究竟。

“你是说那家新学会社?这也是我们奉化人办的。”孙琴凤向外甥讲述新学会社兴办的经过,“奉化原有个锦溪书院,由江迥先生主持。他目睹国家内忧外患,朝廷腐败,民不聊生。长此以往,势将亡国灭种,就与几位知己好友——严筱仙、庄嵩甫、孙表卿、周世棠一起,将锦溪书院改为龙津学堂,以引进西学,培养人才,振兴实业为宗旨。江迥任校长,聘请庄嵩甫为学监。你知道庄嵩甫吗?”

蒋介石除了自己读过的几处塾馆和曾教过他书的几位老师外,其他一无所知。

“提起庄嵩甫,真可称得上是奉化的翘楚。他少年好学,考取廪生。可是他不愿为官,立志务农。倡言‘农业为富国之本’,创办农艺学社;又和他的同乡庄莘墅在他出生之地忠义乡办小学。没有校舍,就借用古仁庵,将庵里的佛像搬开。不料引起众怒,乡民竟将庄家房屋拆毁。庄嵩甫毫不痛惜,坚持办学,由庄莘墅主持校务,自己到龙津学堂去任职。他还自编教科书,供学堂所用,受到全校师生爱戴。他们日益感到推广新学知识的重要,由孙表卿、周世棠等出面,在宁波办起这家新学会社，推销介绍新书。吸引了不少新学志士。我和他们都很熟，造会社的木料还是我奉送的呢！”

蒋介石过去在葛溪溯源堂读书时，曾遇到过浙江出名的平阳党首领竺绍康，那次因自己戏弄竺绍康骑来的马匹，反被马嘴咬伤背脊的惊险场面，一直在脑中留下深刻记忆，崇尚武艺的“大将”，对这位敢于反抗王朝的勇士怀有无限崇敬和仰慕。但他又认为竺绍康只是个和绿林好汉一样出没无常的勇猛武士，不像庄嵩甫、周淡游那样有学问，办实事、立志改变中华民族命运的仁人志士，也是自己可以作为楷模的人物。他便急切地想要见见他们，读一些他们编写的新书。

孙琴凤见外甥求知心切，第二天就带他到新学会社去。新学会社共有两间，沿马路一间是书店门市，孙琴凤要外甥在外间看书，自己到里间去会友，店内“品”字形摆着两张方桌和用一块木板搁成的长台。上面整整齐齐地摆着各种书籍，除了庄嵩甫自编的教科书外，还有徐光启翻译的《几何原本》等科学著作。最多的还是上海格致书院编辑发行专门介绍自然科学的《格致汇编》，蒋介石最感兴趣的是一些鼓吹维新，主张革新教学的新刊：《经世报》《新学报》以及尖锐地抨击清政府的《苏报》和邹容的《革命军》等。这些报纸供读者翻阅，已经陈旧破碎，但字里行间闪烁着新潮思想的光芒。门市后面的一间白天是新学派人士聚谈之处，晚上留宿过往客人。蒋介石这些年来，一直沉溺在古书中，受旧学的熏陶。今天是第一次看到介绍新思想、新知识的新书，宛如在昏迷中嗅到了使头脑清醒的麝香，又惊喜又兴奋。他饥不择食地看了一本又一本，可是都心急慌忙地草草看了几页，就贪得无厌地去看另一本。书里的内容他没全懂，但都感到新颖，闻所未闻。从后间还不断传来激烈的交谈声，有的攻击朝廷官府腐败，有的痛恨世界列强侵略，更有人主张废除科举，主张要阻止学生去谋取功名。

不久，孙琴凤和周淡游相偕而出。孙琴凤招呼蒋介石时，周淡游对这个刚满十六岁的少年和蔼地瞥一眼，含笑问道：“他就是你外甥？到宁波来投考？”毫不隐讳地反对，“我已经是秀才，再也不想进取功名！科举应该废除！学制不变，国家必亡！”又真挚地叮嘱，“快要你外甥进学堂，不要妄想当官了！”说罢，自顾掉头离去。

在归途中，蒋介石已不平静的心情被周淡游的话更引起波动，也感到迷惘，舅舅孙琴凤却一路安慰外甥。

“这位周淡游真是锋芒毕露！他自己不怕死，剪掉辫子，也要别人冒险！介石，你还年轻，需走正道，好好读书，谋取功名，才对得起你娘和蒋氏祖宗！”

可是新学会社书店里的新潮书报和周淡游的言论时时在蒋介石的脑海里浮现。他不能安下心来温习那些古书，趁舅舅不在，悄悄地又到新学会社去。然后他再也没有见到周淡游，那些介绍西方科学的书也看不懂，鼓吹革命的书，他连看几遍也都能背熟。每天回到木行，总是心神不定。舅舅回来还告诉他考场种种舞弊的内幕，使他对能否考取功名既担心又失去自信。

然而，奉化溪口丰镐房里的婆媳俩，对蒋介石这次投考既寄予厚望，也很有信心。她们平时看到蒋介石用功读书，曾受到所有老师的称赞，而且蒋介石从小有志气，这次又是负气去投考，抱着非考中不可的雄心，“有志者事竟成”，必成无疑。王采玉日日夜夜求佛，在报本堂里跪拜祖宗。还要媳妇和自己一起祈诚地拜佛，保佑丈夫连中三元，独占鳌头！有一夜，婆媳二人，因日有所思而在夜里做着同样的美梦。梦见蒋介石身穿官服，大摇大摆地回到溪口，在锣鼓喧天、鼓瑟齐奏中踏进丰镐房。毛福梅还梦见丈夫考中状元,喜气洋洋地和她双双回到岩头,和她父母团圆聚欢。

母亲掐指计算日子,再有三天儿子就要归来。她要竺芝珊准备好儿子喜欢的灯笼,挂在门口,迎接做官的儿子,毛福梅不等婆婆吩咐,和小姑瑞莲一起,宰鸡买肉,烧好丈夫最爱吃的烤芋艿和干菜烧肉,全家都以最大的热诚和无比的希冀,等待着蒋介石衣锦荣归。

二二　二十岁的女学生

蒋介石比预期早两天就回溪口。他没有像母亲、妻子期望的那样衣锦荣归，而是仍旧穿着去时的那件衣衫，还自己挑着担子，步履匆匆地沿着剡溪，回到丰镐房。他神色颓唐，又面露愠色，似乎既不愿让人看到又不怕被人发觉。昂起胸脯又低垂着头，在来往行人和街坊邻居前经过，头也不回，也不打一声招呼。

母亲王采玉正在报本堂叩拜祖宗，竺芝珊和瑞莲忙着要挂灯笼，意外地看到蒋介石突然归来，不禁发愣，王采玉心里像泼了一桶冷水，也立刻明白过来。然而她还抱着一丝希望，也不敢直说，就婉和地询问："你这么早就回来？"

蒋介石双手托腰，两眼朝天，张口喷出一肚皮怨气："什么科举、考场，全是营私舞弊！哪里是真才实学，为国效忠者进身之地！"说罢，双袖掸去衣襟上的灰尘，像拍掉身上的晦气，直奔上楼。

王采玉和毛福梅婆媳俩目瞪口呆地面面相觑。竺芝珊也识趣地把还未挂起的灯笼放在一边。蒋介石一进门就咒骂科举考试，谁也不知道他是否进入考场，因成绩不佳而名落孙山。还是他有自知之明根本未进考场；而以科举黑暗，考场舞弊作为自己失败的借口。多少年的希望刹那间破灭了，想象中的热闹和欢乐顿时成了低沉冷落的现实。王采玉呆呆地坐在她那张牢靠结实的木椅上，心里一片空虚。毛福梅在失望中更增添焦忧。她知道丈夫谋取功名不成又会在她身上出气。而多少日子来，内心所寄托的丈夫功成名就而带来的夫妻和睦以及与娘家团聚的幻想，终成泡影。她实在怕见他，可是作为妻子，又不得不去奉承他，便倥偬地到灶间烧了碗水潽蛋，战战兢兢地送进房去。

蒋介石心绪烦恼时就和衣带鞋地横躺在床上，对不敢招呼他的妻子，冷冷地理也不理。可是那碗又香又热的点心引起他已感到饥饿的馋欲。他翻身坐起，做手势要福梅将碗放到床几上，自己再伸手搬过来，用调羹将四只鸡蛋嗖啰啰地一吞而光，吃后又睡。

毛福梅虽受到丈夫的冷待，但看到他津津有味地吃完自己亲手烧的点心，心里热乎乎地感到异常欣慰。为了表示对丈夫的体贴和温婉，不惜以"热脸去贴冷面"，尽力讨好，就蹲下身为蒋介石脱去鞋子，小心地扶着他躺下，还轻手轻脚将棉角盖在他胸上。

吃饭时，蒋介石勉勉强强坐到桌前，有气无力地拿筷时，母亲摸出一封信来，并不交给儿子，而是说明信的内容："这封信是你琴凤舅舅托人送来的。他劝你不要灰心，如果你不想谋取功名，另有他图，他也一定尽力相助。"

蒋介石从母亲的说明中，肯定孙舅舅并没有多谈他考试的经过，也就放心，连饭也多吃了一碗。王采玉等大家用膳完毕，媳妇和女儿收拾碗盏之际，就向儿子提出：

"介石，你读了几年书，如今又娶了亲，是大人了。常言道'成家立业'。你已经成了家，就要立业。考取功名不容易，也要看有没有‘考运’。可是你是蒋家唯一的嫡传后代，理应做出一番事业。蒋氏祖宗有人做官，两袖清风，到你阿爸手里，做生意开盐铺，才重振家业。你那个过继出去的哥哥介卿还不是靠玉泰盐铺发财！依我看，你还是靠你阿爸的名望，去做生意吧，说不定我们丰镐房会从此兴旺起来！”

“做生意？”蒋介石先摆摆手，表示疑异，又提出困难和理由，“要我跟介卿哥哥去管理盐铺？我不情愿在他下手，受他欺侮。我自己开店，又哪里来本钱？”

母亲当然不会要儿子去跟从一向欺压丰镐房的蒋介卿。她只希望蒋介石先做个小商人，至于本钱，她很有把握地回答儿子，“我把田地竹山抵押，再不够，请孙舅舅帮忙，依我想，你眼前再好还是委屈几年，到宁波新顺木行去当伙计，琴凤舅舅决不会亏待你。”

“我去当伙计？”蒋介石几乎要跳起来，“我辛辛苦苦读了十年书，还学会一身武艺，竟到木行去当被人使唤的伙计？士农工商，商人最低卑！没有出息！”他还故意趁机讥嘲岳父，“商人都是势利小人！”

“那你打算做啥？”王采玉也不愿意儿子去做生意，儿子的性格和才学也不适合做商人。她始终对儿子抱着很大希望。可是他谋取不到功名，又有什么更好的出路？自己也拿不定主意，便真挚地询问儿子。

“我……我还要读书！”蒋介石的语气十分肯定。

“还读书？”母亲心想儿子读了十年书，一事无成，再读下去将如何收场，一家老小依靠谁？

“我不再到塾馆去，我要进学堂！”蒋介石看到母亲第一次听到“学堂”名称而露出诧异的目光，就尽力解释，“塾馆只许我们死读古书，除了考功名，竟无一点用处！新学堂里教学生各种知识，学会真实本领一毕业就可以立足社会，只要自己用功，前途无量！”

王采玉心里很清楚：再让儿子读书，自己和一家人将要付出比过去多十倍以至几十倍的钱财和劳瘁！还会受到人们几多讥嘲和欺凌。要度过多少艰难的岁月，费多少心血，流多少泪水！但是儿子一心向上的志气，他勤奋求进的精神，和说到做到、独断独行的强横脾性，使色厉心善的母亲，不得不依顺，不能不允诺。她宁愿承受千万苦难也要支持儿子远大的宏愿。

蒋介石不等母亲作正式答复，就擅自去找他向往的学堂。在宁波时他听到周淡游提到过，可是不知道在什么地方，便直往梁城去寻觅。

当年，奉化的县城在大桥镇，在唐朝就建立。因该镇有一座横跨县江的大桥而命名。这座桥因县江通向剡江而又名“通剡桥”，它与其他桥梁的不同之处是：桥身长达四十多米、下有两个桥洞的桥面上，左右两边盖有两排小木屋，像纸匣似的密密匝匝地挤在一起。人们在那些小木屋里开设各种小商铺，有卖杂粮的、卖百货的，也有小吃食摊，成为独有特色的商市。每天清早，镇里的人和其他村子的乡民都赶集似的在桥上购买货品。这座桥自宋朝以来，不是被洪水冲坏，便是因木屋起火而焚毁，到清朝为止，屡毁屡建，共重建了五六次，后改名为“惠政桥”。但是老百姓还是照常叫它“大桥”。县城也以“大桥”而出名。

蒋介石小时候曾由祖父和父亲带着来过“大桥镇”。可是他年幼贪玩，只顾爬山涉水，到摩诃太公的师父弥勒佛坐化升天的岳林寺去逛游了一下，对县城的其他景色无暇顾盼，随后也毫无印象。这次他独自来到大桥，在桥的两畔来来回回十来趟，就是找不到学堂。正当他烦恼地要返回溪口时，途中遇到了曾经与他一起读书，在他成亲时把喜花插在新郎礼帽上的俞作屏。俞作屏知道蒋介石投考未成，想进新学堂时，高兴非凡地拉住蒋介石的手，笑道：“我就在凤麓学堂读书，如果你到凤麓来，我们就成为正式同学了。”

俞作屏是蒋介石朋友中最用功也最稳重的学友。在他结亲前，因母亲阻止他出外，曾请俞作屏来丰镐房一起温习功课。蒋介石从他那里得益不少。王采玉也认为他在儿子的同学朋友中最可靠和能够信任。所以，蒋介石因求学心急，就毫不犹豫地跟俞作屏到凤麓学堂去，以“志清”的名字去报名。

凤麓学堂的主办人是奉化县城官绅戴南村，他离位后在故乡办私塾，竭力拥护科举，培育一些能进考场成为未来官员的人才。后来看到忠义乡庄嵩甫等，集合一些留学日本的人士，创办了龙津学堂，聘请了日本教师，开办由西洋传入的算术、外语等新学科，吸引了不少莘莘学子，连他私塾里的几个学生也闻风而去。官绅们恐怕这股革新潮流会撼动他们的固有势力，就办起一家凤麓学堂，龙飞凤舞，和龙津对抗。俞作屏带引蒋介石到学堂见过校长张家瑞。张校长并不知道已经改了名的蒋介石以往不光彩的事迹，而且为了与龙津争夺学生，不用考试就同意入学。只提出溪口离县城有数十里路，朝来暮返，耽误学习，要蒋介石能住宿在县城。专心求学。

王采玉听说儿子在县城找到了学堂，为他高兴，愿意拿出全部积蓄来支付学费。可是又知道为了不耽误学业，必须住在县城，不免担忧。儿子养到十六岁，一直留在自己身边，从来没有离家到异乡客地去长住。非但怕他闯祸，更担心他过惯了少爷的娇贵日子，对日常生活不会自理。如果没有一个人在旁边小心侍奉，他一定又懒散又无能，弄得一塌糊涂。她自己当然无法脱身，妹妹又小，只有让媳妇去百依百顺地侍候，才可以放心。她将这想法告诉儿子。蒋介石先表示不高兴与妻子同行，在母亲劝导下，自己也思忖的确要有个人像仆佣一样在旁照顾，才勉强同意。

蒋介石和毛福梅来到奉化县城，一时找不到住处，便借陈家的一间空屋，作为介石夫妇的住处。屋子里家具齐备，烧菜煮饭也有现成的灶间，他们只需要把简单的铺盖行李和日常用品，由竺芝珊挑了一担送来，仅仅费半天功夫就安排舒齐。毛福梅毕竟是大户人家出身，待人接物，礼仪周到，对陈家的人，上至长辈，下至佣仆，都敬重恭谦，笑脸相待。主人在蒋介石前面连连夸赞。惯于料理家务的毛福梅，现在成了能独立自主的小家庭主妇，不用像在丰镐房一样受到拘束，也毋需处处听从吩咐就能把丈夫服侍得体贴入微。蒋介石白天在学堂读书，一天三餐由福梅下锅烧美味合口的菜肴。早起晚睡，妻子像女佣一样代为穿衣着鞋，脱袜换袜。送上热气腾腾的洗脸水后，又小心谨慎地替丈夫梳理发辫。蒋介石上学后，她收拾房间，洗汰衣衫，临睡前，毛福梅还烧了夜点心，让丈夫在灯下边读边吃。她从早到夜，只是默默地操劳，人前人后从来不多言多语；对丈夫也是笑脸相待，殷谨侍奉，不多说一句话，不露一点苦恼表情，唯恐使丈夫怒恼；她事事小心，时时看他的脸色，不敢问起学堂和他学习的事，怕丈夫嫌鄙她无知愚騃反要遭到辱骂。而蒋介石因能进学堂读书心里高兴，对妻子的侍候也很称心，就不再恶言相待。可是她心里还始终蕴藏着沉重的心事，按奉化的习俗，男女成亲后，每逢清明、立夏、中秋，以及冬至，新娘总要回娘家探亲。现在已过清明，她虽然在心里无时无刻不想念娘家，但一记起父亲赶女婿出门的怒恼，母亲与女儿分别的悲伤，和丈夫不再去岳父家的誓言，使自己真是又痛苦又哀伤。她真想立刻回岩头向双亲求饶，可是又不敢在丈夫前露一句思亲的话；更不敢提出回娘家的事。婆婆又不在身前，没有人会想到这礼节，帮她做主。自己不识字，不能写信，又无法托人带口讯，只得把思念之情和痛苦之心，化作泪水，偷偷流下，暗暗抹去。

他们在陈家住下后，陈杏佳的侄女陈志坚常常来探望叔叔婶婶。有一天，她在灶间看到毛福梅，互相攀谈之后，知道这位梳着发髻，穿着朴素，神态娴淑的妇女原来是她叔叔同学蒋介石的妻子。她从叔叔那里知道蒋介石擅文爱武，有抱负，有志向，在奉化小有名气，在学堂里也受师生称赞，而他的妻子竟一字不识，终日庸庸碌碌忙于家务，很不相配。出于惋惜和同情，陈志坚鼓励毛福梅进奉化作新女学去读书。毛福梅从来没想到这辈子要进学堂。初婚时，蒋介石兴致勃勃地教她认字，由于自己笨拙，反而遭到缺少耐心的丈夫的咒骂，心里只暗暗地埋怨自己，对丈夫也一直觉得愧恧和歉疚。丈夫越有长进，她越感到自卑。她担心原本勉强成亲的夫妻，再由于文化的差距更将引起感情上的破裂。可是她不知道该如何弥补这不由自主的过失。以至因不识字而不能写一封家信！能进女校读书是唯一的机会。就怕丈夫不愿妻子抛头露面，也怕自己愚笨而丢脸。

陈志坚看出毛福梅也有上进的心愿，就是心存种种顾虑。她一方面安慰和鼓励福梅，一方面要求叔叔陈杏佳说服蒋介石。陈杏佳和俞作屏对蒋介石婉言劝告："你将来必成大器，尊夫人也该是德才兼备。"蒋介石在婚后虽对妻子种种不满，讨厌她愚骙和无能，而且目不识丁；可是她对自己千般体贴和万般依顺，一副低卑和可怜的样子，尤其是她百依百顺，事事服从他的命令，居然肯与娘家断绝关系，倒使他心软，渐渐萌生出爱怜之情。天下女子"无才"多的是，而在贤德上像大家闺秀的毛福梅那样倒是少见。何况将来自己步步高升，总也要有相配的夫人。于是，他回到家里，以施舍的口气，命令妻子去作新女校上课。

作新女校的校长王慕兰，是曾去四川任西阳知州王璘飞的女儿。王璘飞为官清正，才华并茂，不幸早逝，留下妻女。女儿接受先父遗留在家乡奉化的两间小屋和十几箱古籍书册。她结婚不久，丈夫又夭折。为了养活寡母，为了继承父亲"乐育英才"的遗志，在自己家里办一私塾，教育邻村子弟。奉化主张新学的开明人士，反对"女子无才便是德"，倡议男女平等，集资创办女校。让有志向、要求独立、想学本领的乡邻女孩，都有求学的机会。聘请王慕兰为校长。王慕兰为了照顾一些从未上过学的小姑娘，从自己月薪中拿出一部分钱来，另办一个启蒙班。毛福梅就进入启蒙班读书。

启蒙班的女学生都是八九岁梳着短辫、自穿花绿衫袄的小姑娘，当毛福梅由陈志坚引着走进教室时，二十来对小眼睛，都奇异地望着这个比她们大十几岁，梳着头髻、身穿长裙的大女人。毛福梅朦朦瞳瞳地向挂在墙上的孔夫子画像叩头，又按照礼节对老师跪拜。王慕兰见她长得和自己一样高大，看上去两人不像师生，而是一对姊妹，就连忙笑着拦住，郑重地递给她一册《千字文》课本。毛福梅在老师指点下，回身走到最后一排的凳子上坐下，发觉自己比其他学生高出一肩一头，就像草丛里矗长起一棵大树，又像母鸡周围的一群雏鸡。她感到羞惭、局促和不安，几乎头也抬不起来，眼睛也不敢朝人看，仿佛所有的人都在嘲笑她、奚落她，头越垂越低，脸越来越红。

启蒙班的小姑娘们已经上了几天课，将《千字文》里的前四句，虽然并没听懂老师教过的文句里的意义，但能像唱山歌一样，背得滚瓜烂熟。王校长对毛福梅从头教起，前一句只有八个字："天地玄黄，宇宙洪荒。"可是又慌又怕的毛福梅，在跟随老师还能读得出来，老师要她自己朗读，她惶恐得竟连一个字也记不住，认不得。小姑娘们看到她结结巴巴的窘态，忍不住嬉笑起来。毛福梅更是焦急，恨不能钻进地下，逃出课堂去。在大冷天里也竟然两颊发烫，浑身冒汗。

校长看到毛福梅羞窘的神态，也就不再为难，反而真挚地鼓励这个二十多岁的小学生："不用着急，记性不好，回家多读几遍，明天再背。"

放学时，毛福梅忧愁地向伴行的陈志坚埋怨自己。陈志坚一路上安慰她，还特地送她回家，一遍一遍地帮她读，直到能背出为止。等陈志坚一走，毛福梅就忙着去烧夜饭。蒋介石总要到黄昏才回来。一进门就催吃饭，吃饭的时候问妻子在女校读书情况。毛福梅不敢隐瞒，照实相告，却遭到丈夫一顿训斥。她默默忍受而且对少年丈夫熟背古书的本领更为敬佩，又为自己连几个字的一句书也背不出而自认笨拙，更为怕永远跟不上丈夫，甚至遭到遗弃而焦急。于是她在服侍蒋介石上床后，自己躲在屋角，在昏暗的豆灯下，费力地死记硬背"天地玄黄，宇宙洪荒"。直到上床睡熟，还在打鼾中夹杂着读书声。可是到了第二天，王校长在教室里要毛福梅背诵时，她从低矮的课桌站立起来，将课本合拢，两眼紧张地张望老师时，倏时感到一阵眩晕，脑子里一片空白，张开了嘴，连一个字也背不出来，将昨夜死记硬背的八个字忘记得干干净净。她那副焦急、窘迫、尴尬的神态，引起小同学们一阵嬉笑。她更是羞愧难当、浑身乏力，要不是双手支撑着桌子，几乎要昏倒下去。

王慕兰校长知道这个"大学生"因为紧张过度而失去常态。她非但一点也不责怪，还阻止小学生们的嘲笑，又客气地要她坐下，然后缓缓地走到毛福梅身边，用温和的口气慰藉这个虚怯的女生："不用急，我第一次背书也背不好。你只要用功读书，以后一定会有长进。"又环视四周小学生，谆谆嘱告："毛姐姐比你们大，记性没有你们好，可是道理比你们懂得多，你们要尊重她，她有难处，多帮助她。"

小学生们听从老师的话，都以天真而又诚挚的目光注视着这位大姐姐。毛福梅红着脸，像对自己的小妹妹一般，向大家慈蔼地点头微笑。

在王校长的鼓励、小学生们和比她高两班的陈志坚的帮助下，毛福梅终于突破了认字的难关，不到十天，能将深奥难懂的《千字文》前十段都背了下来，还僵硬地握着笔举，在宣纸上练习写字，歪歪斜斜，但笔迹清楚。可是她毕竟和其他女生不同，在学堂里读书时，她脑海里不由自主地想起家务，挂念着要赶回去洗衣烧饭，不使丈夫为了她服侍不周而生气。在家里忙于家务时，又时刻惦记着功课。一边洗衣，一边背书，忘了一个字，也要湿着双手去翻书。她只恨不能分身，一个头脑里常常盘萦着两个念头，但是她想尽一切办法，克服一切困难，既料理好家务，使丈夫高兴，又读书写字，讨丈夫欢心。遇到困难，她不敢向正在用功读书的丈夫提问，怕惹恼了他又有一顿痛骂。

蒋介石进了凤麓学堂后，在同学中交上不少志同道合的朋友。除俞作屏外，他最佩服的是那位曾在宁波新学会社见过面的周淡游。他虽然受到"新学"的影响，反对"旧学"，还激愤地剪掉辫子，但是在自己父亲所办的私塾辍学后，考上秀才，仍遵从父亲的命令到戴南村办的凤麓学堂来任事，当校长的助理，另外还有江怀清、张硕卿等。他们原先以为凤麓学堂既是以新学的名义招徕学生，所有功课也一定和龙津学堂一样。谁知校董戴南村办新学是幌子，实际是与龙津学堂争夺学生。主课还是以学生们早已在塾馆里读过的古书，由翰林竺廖祥教历史，周凤祺主讲《周礼》，所谓的算术、英文课形同虚设，推诿请不到合适教师，从未开课。要求学到实际知识和真才实学的蒋介石等学生，逐渐感到不满和失望，先是窃窃私语，随后公开反对。周淡游身为校长助理，又因剪掉辫子惹人瞩目，不便出面，便要俞作屏、蒋介石等作为代表向校方提出"改进校务"的条陈。俞作屏因品学兼优，校长要请他担任秘书，不便公开与校长作对，就由蒋介石一个人署名，将条陈呈给校长。

校长张家瑞读了“改进校务”的条陈后，与周淡游和由学生升为秘书的俞作屏商议。两人在一旁鼓吹新学的重要意义，校长也就默默同意，但他不敢做主，向校董戴南村请示。戴南村刚看了个头，就大发雷霆，严予拒绝。张校长只得将条陈退还给蒋介石。蒋介石当然不肯屈服，据理力争。戴南村为了要将一些不良学生的气势压下去，杀一儆百，决定要严加惩办。他本人不敢露面，却要另一位曾当过芝麻绿豆官的董事出来抵挡。那个董事姓凌，当官时鱼肉乡民，下任后无法无天，哪里会把小小的蒋介石放在眼里，不等蒋介石开口，就斥骂蒋介石不是学生代表，而是图谋造反的“革命党”，不但要开除，还送官究办。蒋介石义愤填膺，冲上去，一举手将桌子翻个四脚朝天，笔墨纸砚满屋乱飞。凌董事吓得躲到屋角，连呼：“抓人！抓人！”戴南村冲进来，保护同伙。周淡游和俞作屏也紧紧跟入。周淡游严正批评凌董事不该“血口喷人”，凭空诬告。俞作屏劝阻蒋介石，不让他动武。学生们听说代表被扣押，还要送官，都涌到校长室门口，不断地喧闹，向校方示威。戴南村见形势对己不利，再闹下去，非但难以收场，凤麓学堂名声也要大受影响，便见风使舵，撑落蓬船，然仍以校董的身份气势汹汹地宣布：校方撤销开除命令，但决不接受改进校务的要求。如学生不愿在凤麓就读，可以自动退学。

从不服输的蒋介石，目的不达到决不罢休，他宁可自己被开除，也要校方改进新学。周淡游知道双方如此僵持下去，人们要认为蒋介石无理取闹。因在学学生必须遵守校规，而被开除或退学后更无权过问校务，便要俞作屏劝阻蒋介石，并护送他回家。

蒋介石一进陈家大宅，就大声嚷叫：“福梅！福梅！”毛福梅刚从女校回来，还来不及为丈夫准备午饭，没想到蒋介石却提前放学。她慌了手脚，又不敢开口问清理由。俞作屏就把学潮的经过告诉毛福梅。毛福梅听到丈夫又闯了祸，吓得手脚发软，正要请求俞作屏设法挽回僵局，蒋介石狠狠顿足，大声命令：“不许多说。收拾行李，马上回溪口！”

陈杏佳也急促赶来，以屋主的身份，劝蒋介石夫妇在这里多住几天，另找学堂。陈志坚也代福梅请求，能在女校继续求学。因为这些日子来，她学习成绩显著，半途放弃十分可惜，可是性格急躁的蒋介石一时压不住内心的怒火。他顾不得自己的学业，更不理妻子的成绩，向屋主陈杏佳打躬道谢后，自顾自背起铺盖，留下零碎行李由毛福梅手提肩负，一前一后，离开县城。蒋介石脚高脚低地直朝前冲，毛福梅频频回顾，要求陈志坚代向王校长告辞。

二三　结拜弟兄

蒋介石这次因闹学潮而被除名，母亲虽然为了儿子又闯祸而气愤，但并不过分责怪，心里认为儿子是要求上进，也有几分道理。只是对贤惠媳妇失去一个求学机会而惋惜，便命令儿子一定要带了福梅继续读书，不可就此灰心懈怠。

蒋介石原来准备离开凤麓学堂后，立即转入真正办新学的龙津学堂去。他私下去找周淡游。周淡游也认为蒋介石不能荒废学业，可也不能立即进入龙津，怕凤麓的校董戴南村等人会借口攻击龙津，龙津的创办人庄嵩甫等也一定会有种种顾虑，不敢贸然接纳被除名的学生，便恳切相告："凤麓校长张家瑞，为人方正平易，也偏向新学，只是在戴南村一派人下面任职，不便多事，我与其他教师相处也还和睦，只是凤麓不是我长久栖身之所，甚至腐败的中国也非我辈恋栈之地。我不久将远去日本，继续深造，学成后还报祖国。"

周淡游是蒋介石当时敬佩的学长，也认为是自己未来的榜样。周淡游要去日本的决定，也成为他的愿望。可是自己毕竟还年轻，又处处不及周淡游，只是妄想而已。

一直关心蒋介石的舅舅孙琴凤，知道外甥因闹学潮而停学，急急赶到溪口来。王采玉向这位异姓兄弟既叹苦又托付。孙琴凤还是热心地表示一定为蒋介石找一个有名望有学识的老师。他认得鄞县名儒顾清廉先生。顾先生学问渊博，去过日本，对旧学深有根底，也不反对新学，并且能纵观世界大事。可是他怀才不遇，也不谋取功名，只到箭金学堂去执教，培育莘莘学子。蒋介石一时既不能进龙津，也愿意在这位思想开明的老师教学下求进。王采玉因有孙琴凤推荐，很是放心。只是鄞县比奉化县城更远，就要儿子带媳妇一起去鄞县。蒋介石在县城凤麓读书时，在生活上多亏有妻子像大姐姐一样照料，夫妻之间也因朝夕相处，而萌生亲密感情，就高高兴兴地携带比他大五岁，又是妻子又可当女佣的福梅去宁波。

箭金学堂设在鄞县北面西河沿的文昌阁。蒋介石夫妇先在宁波新顺木行落脚，然后孙琴凤在宁波植物园旁借了一间小屋供他们住宿，一切家具全由这位热忱的琴凤舅舅备置，还要木匠泥水匠做一具书架和砌好炉灶。毛福梅将房间布置得幽静优雅，像是古代书生的书房，让爱好花木的丈夫能在园内小屋里赏心悦目地埋头求学。

顾清廉真是一位高明的学者。他治性理学，平日教育学生，也是依照古人薛暄所言"为学第一在变化气质"。他教学生读书不斤斤于文字技巧，而是理解书中含义。他不希望学生是死读书的书呆子，而是成为一个精通学理有才能的国家栋梁。他看到蒋介石年纪轻轻，却器识不凡。他也知道这个学生浮躁、自负甚至粗鲁；也知道他志高气昂和豪迈。他要把一匹桀骜不羁的野马，驯服成志在千里的良驹。于是对蒋介石特别看待，也苦心教学。除了日常功课外，并专门为他讲解周秦诸子的学说，还要蒋介石细心阅读《说文解字》，将一些平时读书人一瞥而过的一些字作深入剖析："天"字，是从一大；人言为信；止戈为"武"；"男"字是力田，"妇"字是女人持帚扫地，就是不论男女都要劳作。顾老师还认为清朝几位高官名臣，如左宗棠、李鸿章等人的后代，以曾国藩的子孙最佳，便要求蒋介石多读《曾国藩家书》，尤其是其中的家训：“早、扫、考、室、书、蔬、鱼、猪。”即：“黎明即起，洒扫庭院。早起，人方有朝气；劳动，人方有活力。四体不勤、五谷不分，则不能为人。”对做人处世，曾国藩训导子孙：“办事、读书、写字，皆要眼到、心到、口到、手到、耳到。”即专心一志，方能做好。顾老师又要蒋介石重读《孟子》，详解“吾养吾浩然之气”篇章，启示他必须把他原有的粗野脾气改变为浩然正气。

蒋介石也真的听从顾老师的教导，以曾国藩的家训为指示，约束自己。每天清早起身，到花草茂盛的植物园里去练武，回家来帮助妻子料理家务，虽无非是扫扫地，然也一改他过去懒散习气。然后正襟危坐地读书、练字，自习顾先生指定的《古文观止》《东莱博议》和《纲鉴易知录》，既使他打下深厚的古文底子，也在他梗顽的脑海中深印下儒家思想。不出半年，蒋介石有了显著进步。他现在万事如意，情绪也好，对毛福梅的态度也有所转变，不再为细琐家事而争吵，也常常能压制易怒的习性，和蔼相待，还兴致勃勃地带了妻子去普陀山、育王等地游玩。丈夫观赏景色，妻子在庙里祈求合家平安，毛福梅在这些日子里感到结婚以来从未有过的欣慰和高兴，可是她还是终日里小心翼翼，时时窥察丈夫喜怒无常的脸色，处处注意他忽冷忽热的举止，百般依顺，万分体贴，唯恐无意中触犯了他，又会一沉脸，发火和使性。几个月过去，到了立夏，心里不免思念自己双亲，有一次她试探地借故提起，却遭到蒋介石的冷脸白眼。她怕惹丈夫生气，破坏好不容易得来的和睦相处的关系，就闷在心里，不敢再提“娘家”二字。

顾清廉又知道蒋介石爱武艺，想当大将，是一个将兵之才。就教他读《孙子兵法》，勉励他学习万人敌，他日为国效劳，也使蒋介石除了“自称大将、指挥打仗”外，对军事学发生极大兴趣，知道光凭蛮力、不懂军事，决不能打胜仗，也当不了“大将”。

除了攻读古籍外，顾老师平时在课室里还对学生们谈论时事，慷慨激昂地抨击清政府腐败，一次次受世界列强欺凌压迫，使全国百姓沦于痛苦的深渊之中。他还极力推崇孙中山先生，称赞他周游各国，鼓吹革命，是复兴中国的先声。顾老师热烈地鼓励学生们：“青年欲有大志者，应当出洋留学异邦。”

顾老师还亲手赠给蒋介石一套《曾国藩文集》，并要求他也能像曾国藩那样记日记，蒋介石便在写小楷的印有绿格子的宣纸上，记录每天读书心得和生活情况。他对顾老师的谆谆教学和恳切指导，念念不忘，便在一篇作文上，真诚而感激地敬颂这位良师：“吾国载籍之繁重，学术渊源之广远，得略涉其涯涘，以及通晓读书法窥见汉文门径，皆顾先生一手陶成之。”

蒋介石在放假之日，常常带了毛福梅去城里看望琴凤舅舅，在新顺木行里遇到两个萧王庙镇人的奉化同乡，一个姓汪的（汪日章的父亲）在法政学堂读书，是琴凤的亲戚，平时也向孙琴凤领取生活费用，还有一个是孙鹤皋，家道富裕，想跟随孙琴凤学商。蒋介石由他们介绍又认识了陈方之、林绍楷和林绍楠兄弟。蒋介石平时还和他们抽空到新学会社去买书，不期而又遇到周淡游，周淡游告诉他们，自己即将去日本留学。

蒋介石先听到他敬仰的顾清廉老师“青年应出洋留学”的指导，又见到他钦佩的周淡游决定起程去日本，便再也按捺不住，恨不得也能马上插翅远飞。他把自己的志愿禀告顾清廉老师，顾老师极力支持，他就和毛福梅一起，匆匆回乡作出国准备。

王采玉这几个月来，得知儿子在鄞县读书，由于顾老师的教导，安心攻学，小夫妻俩也很和睦，心里很是高兴。家里少了一对年轻夫妇，不免冷清，便亲自到葛竹将母亲接来，外婆住在丰镐房，天天求佛拜神，祈祷外孙和外孙媳妇和和睦睦，要要好好，让她能早日抱到重孙，老年能过一过别个老人少有的四世同堂的幸福生活。没想到蒋介石又匆匆归家，这次不是像过去那样闯了祸，而是要去外国留学。王采玉暗暗问媳妇。毛福梅也有苦难说。她知道丈夫去日本决不可能再带自己同行，夫妻俩好不容易言归于好，和睦相处，又要分别，不知何年何月才能重聚，可是她又不敢阻挡丈夫，真感到为难，也很痛苦。表面上还不能在丈夫前露出愁苦的神色，怕喜怒无常的蒋介石，又会因此而反目。婆婆毕竟有谋算，她决不阻拦儿子，但要他郑重考虑，多与人商量。

蒋介石先生找俞作屏，以为一定能得到他支持，可是俞作屏沉稳地思考片刻后，直言相告："你要到日本去留学，进了学校，日本教师讲课，日本同学一起读书，都用日语，而你一句日本话也不懂，请问如何读书？其他还有不少生活问题，不用多说了！"

蒋介石凭一时冲动，并没有考虑到实际困难，他顿时发愣，双目直瞪着俞作屏，发急问道："那怎么办？一辈子去不成了？"

"这有何难？我告诉你，我也想去日本，也因为不懂日语，所以已经从凤麓学堂转到龙津学堂，龙津有两个日本教师，教学生日语，我看你暂时把出国念头搁一搁，先和我一起进龙津读书吧！"

蒋介石接受俞作屏的建议，自己几乎又做出一件鲁莽的错事。他回去禀告母亲，为了顾全面子，并不说明一时无法去日本的理由，而是说俞作屏要自己一起进龙津。

王采玉听说儿子不远去外国，满心欢喜，可以不必为他担心。毛福梅也暗暗庆幸自己还是能与丈夫在一起，同享闺房之乐。虽然蒋介石表示这次为了节约开支，不再带妻子到县城去，要她在丰镐房侍奉外婆和婆婆，她也心甘情愿，一口承诺。

龙津学堂的学监庄嵩甫，校长江迥以及校董孙表卿等都是提倡新学的开明人士。继任江迥的校长周枕棋，也颇有名望。周校长的弟弟周枕琴也是蒋介石尊敬的老师，他们不但在学堂里开设算术、理化、地理、历史等课目，还特地请来两位日本教师，让学生们读日文。蒋介石上学后，感到眼前面目一新，心里豁然开朗。对每一门功课都有兴趣，对学日语也格外用功，他仍旧住在陈杏佳家。陈杏佳也在蒋介石怂恿下从凤麓转到龙津，每逢课余假日，便约请一些志同道合的同学和校外的朋友吃喝聚餐，高谈阔论。不久，周淡游要起程去日本，来和大家辞行。众人依依不舍，蒋介石更是怅然若失。为了要与这位即将离去的好友能有更为亲密的关系，贸然提出在座同学、朋友，与周淡游一起结拜为盟兄弟。大家一致赞同，周淡游也欣然同意。于是便在陈杏佳家的客厅里，供起香烛，义结金兰。周淡游年长为盟兄，其次为他的堂弟周采臣、陈杏佳、周飞来、汪阿蟾、陈毓南、凌阿道、胡朝阳、蒋介石、俞作屏等，这是蒋介石在与王恩溥、"剡山王"陈泉卿等"武"结拜兄弟之后的"文"盟弟兄。

陈杏佳的侄女陈志坚，对毛福梅很是想念。在见到蒋介石的时候，总要问长问短。知道毛福梅离开作新女学后，没有再继续到学堂读书，又忙于家务，无懈继续读书，感到十分惋惜。她自告奋勇地愿意趁假日之便去溪口帮福梅姊姊读书。她选择的课本是"尺牍"，认为妇女虽不必要有多大学问，可是能写写读读，书信来往还十分需要。蒋介石对自己的妻子也仅仅是这样要求，便欣然同意。

光阴如箭，已到秋收季节。蒋介石正和朋友们一起中秋赏月，从溪口带来家信，要他立即回家有事面商。于是，他选了一个假日，邀请他新结拜的盟兄弟们，到溪口去拜见自己母亲。

他知道母亲对儿子过去所结交的王恩溥、陈泉卿等武夫，表面上很是客气，心里并不满意。而文盟兄弟俞作屏、陈杏佳等都是文质彬彬的才学之士，当能博取望子成龙的母亲的欢心。陈志坚那天也跟随他们一起去看望毛福梅。

他们一路谈论欢笑，走到县城城墙下，忽然听到从城墙上面传来一阵惊叫，一个和友人一起散步的青年，一失足从上面滑下，多亏半墙里伸出的葛藤树枝把他衣服勾住，悬在半空中。上面的友人不知所措。惶急求救，正好路过的蒋介石兄弟们，也只有他一人学过武艺，为了显示自己武功，在弟兄们的相帮下，手抓树枝，脚踏砖瓦，攀登上墙，将那青年救了下来。

俞作屏认识那青年，是奉化白杜村的王正廷。他祖先在宋朝时任税务官。一家都皈依基督教。父亲还在教堂里当牧师。王正廷十岁时就到上海中英学堂学英文，十四岁入天津北洋大学二等学堂文科，毕业后又先后在天津新学书院任教。这一年，教堂要他去日本，在留学生基督教青年会馆里任职总干事。他远离前，回乡来向父老、兄弟和朋友们告别。不料在离乡前日，竟不慎失足，多亏有人救助，才免去一场祸祟。他向蒋介石他们拱手道谢后，指着古老的城墙，神色庄重，而语气平和地说："这城墙又破又旧，毫无用处，反要伤人，应该早日拆掉！"

蒋介石他们也齐声附和："对，应该拆！"蒋介石还加一句："非拆掉不可！"他望着神采奕奕、踌躇满志的王正廷背影，更激起他去日本的欲望。

二四　大闹公堂

蒋介石去县城进龙津学堂读书后，平时难得回溪口。有时为了要支付日常费用，不得不来家一次，也总是一到丰镐房，就兴高采烈地向母亲叙说学堂情况，见到妻子只似笑非笑地点一点头，又自顾严肃地与母亲谈话。毛福梅因丈夫难得回来，就在灶间里忙忙碌碌烧菜，让他尝尝他最欢喜也是别人烧不好的烤芋艿和梅干菜烧肉。等她送上最后一盆菜肴，婆婆要她坐下同吃时，蒋介石也只顾扒饭、吃菜，连正眼也不向她看一眼。她希望丈夫饭后能到房里夫妻团圆，叙情谈心。她自从宁波回来后，身体一直欠安。饭也吃不下，浑身乏力。可是她竭力支撑着，挑起家务的重担。婆婆劝她歇力，要女儿瑞莲多分担嫂嫂的操劳，还以为媳妇因丈夫不在身边，思念过度而劳神伤身，便婉言劝导、晓以大义：大丈夫应志在四方，不能因儿女之情而耽误前程。外婆除了念经，嘴里也总是嘀嘀咕咕地叨念着外孙，还求神拜佛，祈求蒋介石能早生贵子，让自己可以享受四世同堂的荣乐。直到瑞莲有一次看到嫂嫂吃了饭在灶间偷偷地恶心呕吐时，才悄悄地告诉母亲。王采玉认真地询问媳妇，也引起外婆的关心，而毛福梅因无任何经验，又吃不准究竟是何缘故，只得红着脸推说是受了风寒，别无他因。现在好不容易盼望丈夫回家，想把心事从实相告。不料蒋介石一吃好饭，向母亲要了钱，拜别外婆，连与妻子告别一声也没有。不知道是在人前不愿露出儿女之情，还是一心扑在学业上，毫不在意闺房之乐，每次总有种种借口，借故脱身，急匆匆离家而去。

毛福梅除了惦记丈夫外，内心始终沉悒地挂念着娘家。自从婚后第一个新年夫妻双双被岳父赶出岩头后，还没有回去过一次，这在奉化恐怕是绝无仅有的怪事。毛福梅深深感到不安、歉疚和羞愧，虽然两地相隔并不太远，却只能相念，而不能相见。有时真恨不能马上赶到岩头村去，对父亲赔罪，向母亲哭诉。可是和蒋介石在一起时无法脱身，甚至怕触恼丈夫而不敢提起。如今丈夫撇下自己，独自在县城读书，又难得回来，真是再好不过的机会，可以抽空去探望双亲。尤其是将埋在心里的心事向娘亲吐露，可以知道自己身弱乏力和生理上种种异样的反应，究竟是病还是有孕？她几次想向婆婆开口要求，又怕婆婆维护介石，也对将女婿赶出门的亲家怀有成见，就欲言又止，终未启齿。

王采玉却一直看在眼里，也猜到毛福梅的心思。她自己是过来人，做姑娘时孝顺父母，初嫁给俞家后，因偏护和想念娘家，曾遭到夫家公婆令人难堪的歧视和种种阻挡。不敢公开反对，只委屈地躲在暗角落里偷偷啜泣。越受到丈夫欺凌，就越想念双亲，恨不能跳出冰窖似的婆家，飞向暖窝一般的娘家，在双亲怀里痛陈苦衷。如今，自己做了婆婆，在媳妇身上看到自己过去的影子，也从自己过去的亲身经历中体会到媳妇今天的痛苦心情。她知道媳妇贤惠，百依百顺，儿子横蛮，吃软不吃硬，如果过于责骂儿子，儿子一定会移恨到媳妇上身，毛福梅的日子就更不好过。她只得忍耐着，等待着。表面上似乎若无其事，而内心对媳妇的处境和心情是既同情又怜悯。在看到毛福梅这几天来愁怅和隐忍的神情，又与通情达理、爱护小辈的外婆商量后，终于主动地向媳妇提出。

“你很久没回娘家了。”婆婆用温厚而又体恤的语气嘱咐媳妇，“过几天就是中秋，趁介石不在，你到岩头去探望双亲。全家团团圆圆过几天。”

毛福梅没想到在婆婆尊严的神态下却蕴藏着慈爱、温煦、平易和通情达理。顿时像有一股暖流通过她的周身，苍白憔悴的脸上泛出奋激的红晕。她又欢愉又感激，只会连连颔首答应，一句话也说不出来，只感觉到自己一颗心兴奋得突然跳动，她回到房里，心里有很多话要向即将见面的父母倾诉，又仿佛要带很多东西去孝敬双亲，可是匆忙中不知该拿什么去好。正在穿衣着裙，东找西寻，慌乱之际，听到婆婆在外面叫唤。王采玉已经为她雇好轿子，还要唐兴坤糕饼店特地做了六十只月饼和两坛花雕，作为礼品随轿送到岩头毛福梅娘家去。

毛福梅感激地向外婆和婆婆叩别，坐上轿子时，还含笑向两位老人频频道谢。

从溪口到岩头的路程和过去一样，轿夫的脚步比平常搬动得快，可是毛福梅心急火燎，总嫌轿子走得慢，仿佛路也比过去长。一路上，她撩起轿帘，东顾西盼，向前眺望。心里默默地叫唤着：“阿爸，阿姆，女儿来了！女儿来了！”当轿子进入岩头村，她来不及掀起轿帘，举目遥望自己家宅时，心胸里涌起一阵阵悲喜交集的激情，鼻子一酸，热泪夺眶流下。

毛鼎和夫妇并没想到女儿会突然回家。正在客厅里忙碌过节的种种事务。忽然儿子毛懋卿喜冲冲直闯进来，一路欢叫：“姊姊来了！”老父发愣，老母慌乱，来不及出门迎接，只见女儿像远飞的小鸟归窝一般，顾不得小脚伶仃，快行几步，扑到父母身前，双膝跪下，含着伤心的泪水，叫一声“爹”，哭一声“娘”。不等爹娘回应，她就辛酸沉痛地认错：“女儿多多得罪，还望二老宽恕。”

毛鼎和一直对新女婿蛮横无理而满腹气愤，母亲却始终为女儿的委曲求全而满怀忧郁。今天，经不起女儿求饶地一跪，伤心地一喊，加上哀婉沉痛地代丈夫认罪。毛鼎和顿时心软气消，老母更是双泪直流，哭得比女儿还悲伤。两个哥哥怡卿和懋卿也急忙赶来。怡卿还从自己饭店里带来一桌酒席，一家人团团圆圆，谁也不提一句过去的事。除了母亲悄悄地询问女儿关于女婿和她婆婆的情况外，别人闭口不提溪口。大家只是欢欢喜喜地笑着，吃着。毛福梅的饭碗、碟子以至调羹里全堆满大家搛给她的菜肴。毛福梅好像又回到女儿时代，忘却婚后的痛苦生涯，尽情地与娘家人欢聚和笑谈，高兴得常常笑出泪水，不知道是快乐的眼泪，还是泄露内心痛苦的泪珠。

饭后，毛福梅到母亲房里，母女俩关起门谈心。母亲见女儿身体荏弱、神色憔悴，便关心地询问。毛福梅在母亲面前也将自己这两个月来的生理现象一一告诉。母亲一听，立即眉开眼笑，对女儿耳语：“福梅，你有‘喜’了！”女儿知道自己果然有了孕，又是羞涩又是欢愉。母亲郑重其事地要女儿在娘家多住几天，好好保养。毛福梅也恨不能一直留在母亲身边。

正当毛福梅在岩头娘家享受欢欣的天伦之乐，溪口丰镐房却发生一件从未有过的灾祸。

王采玉送走媳妇后，仿佛做了件善事，对得起结亲后一直受委屈的贤惠媳妇。她帮女儿瑞莲一起收拾屋子，正要定心与她的母亲两人在观世音像前念经，蓦地从丰镐房的墙门外，大模大样地闯进来两个催粮的差役，向王采玉问过户名后，就翻开粮册，神色威武，声调平板地念道：“你们丰镐房欠皇粮三十担，立即交清。”

“皇粮？”王采玉听到自己竟欠皇粮，不由一怔，“我家从来不交皇粮，怎会欠呢？”

“名义是皇粮，实在是无主钱粮。”讨粮的知道王采玉这个妇道人家，不懂其中奥妙，只得耐着性子解释，“朝廷有皇法，每乡每村，每年按多少亩田交多少钱粮。今年，有不少田没人种。你们地主家交了自己的钱粮，还要代交无主田地的钱粮。怕你们抵赖，作为皇粮，谁也不敢违抗了吧！”

王采玉心里明白，这是县衙门串通蒋介卿来勒索寡妇孤儿，而且自己每年收租，交了钱粮，剩下只够糊口，勉勉强强养活一家。如果将家里的藏粮交了出去，以后大半年日子怎么度过？于是她只得苦苦哀求，望讨粮的差役高抬贵手，让自己免交皇粮。

差役不肯罢休。虽然大口大口吃下瑞莲送上来的点心，还受了年迈外婆像对菩萨那样的连连拱手央求，但仍旧坚持要钱粮。“一担也不能少，拿不出粮，就拿钱抵。”最后，他们甚至涨红了脸、弹出眼珠、亲自动手要到后屋去搬粮。正当他们准备到门口去叫人时，蒋介石不早不晚，就在这时，请了同学、朋友回家来探望母亲。

蒋介石兴冲冲踏进丰镐房大门，迎面撞见气势汹汹的差役，就从心底里引起反感，大声发问：“你来做啥？”

因为蒋介石从小惹弄是非，又到处闯祸，常常在公众场合抛头露面，而且爱充好汉，差役们曾经见过他几面，只是没有打过交道，今天当面碰头，一定要先煞煞他威风，不让他专横逞强，就一把抓住蒋介石的胸襟。

“你就是蒋介石！我正要找你。”他气势汹汹地大声叫嚷，“你家拒交皇粮，跟我到衙门去见官！”

蒋介石没有弄清楚是怎么回事，可是见那差役那副蛮不讲理、仗势欺人的气势，很不服气，更不肯示弱，就用劲将差役的手推开，反过来叫喊一声：“去就去！不要说小小县官，皇帝阿伯我也不怕！”

跟随他来的同学、朋友眼看蒋介石又要闹事，而且去与官府衙门交量，势必要吃亏，就竭力劝阻。俞作屏和陈杏佳向差役赔笑脸，讲好话。王采玉也赶出来不许儿子再闹事。差役在人们的恳求下，倒有些软了下来，可是蒋介石却仍强硬地表示不服。

“去呀！你不敢抓我，我自己去！”他反过来胁迫差役，“到衙门去评理，是我犯法，还是你们枉法！”

差役被恼火了。他吩咐左右跟随来的人，将蒋介石团团围住，像押犯人一般，朝县城走去。

王采玉见儿子被差役抓住，急得手脚发软，忧急万分，俞作屏和陈杏佳怕蒋介石到衙门受苦，自动跟了上去。外婆在报本堂等候，见采玉赶出去后不再回屋，又听得一阵喧闹，便急忙出来，知道心爱的孙孙被抓，急得哭了出来，不断地催促女儿：“还不快想办法！”王采玉被母亲提醒，连忙到对面唐兴坤糕饼店寻唐文才，要他立即到岩头去通知毛福梅，还要求毛鼎和出面救儿子。自己又赶到玉泰盐铺去求蒋介卿，不料蒋介卿避不见面，任凭王采玉在房门外求告，他反而在房里狠声恶气地责怪：“谁叫他鸡蛋去碰石头，性命也要碰脱！”

唐文才慌慌张张来到岩头时，毛鼎和一家正高高兴兴吃好午饭，母亲要女儿在娘家多住几天。毛福梅也想到丈夫不在丰镐房，婆婆事先又同意，正是再好不过的机会，也能弥补自己“三朝”不回门、新年不吃饭的过错和遗憾，也可以合家团聚，特别是和娘亲一起，犹如迷途的羔羊重回母羊的怀抱，亲亲热热过几天。没想到哭声未毕，噩耗传来。毛家的人都为蒋介石逢到意外的灾祸而惊惶。毛福梅急出一身冷汗，手脚冰冷，来不及要跟着唐文才回溪口。这时，过去一直对女婿不满的毛鼎和，为了不让女儿因丈夫而遭到不幸，就毅然地挺身而出，修书一封，附银百两，要儿子怡卿直接去县衙门疏通。

毛怡卿坐了平时给饭店里运货的马车，扬鞭直驱，赶到县城，然而还是迟了一步，蒋介石被差役拉拉扯扯捉到衙门。知县老爷一升堂，不问青红皂白，就将他收押在牢房，除非交出钱粮，不许回家。蒋介石在牢房里大声吵闹。先是搬出平时熟读的“四书五经”，据理力争，抨击朝廷，他谩骂衙门、贪赃枉法、鱼肉乡民，在受到差役喝止时，又怒斥他们狐假虎威、肆无忌惮，竟将宋朝高官显爵的后裔、溪口豪绅巨富的儿子无缘无故关进监牢，任意敲诈。差役辩他不过，禀告老爷，知县老爷正要下令将这强横学生责打四十大板，俞作屏和陈杏佳在衙门外发急。蒋介石的结拜兄弟王恩溥和岩头的“剡山王”闻风而来，带领小兄弟们一起叫嚣，毛怡卿不前不后也正好赶到。知县老爷拆开毛鼎和给他的书信，为女婿求饶，送来的银两，除了缴付皇粮外，还有多余。知县老爷毕竟也是俗人，“吃人的嘴软，拿人的手酥”，就手下留情，不再追究，当堂将蒋介石释放。

蒋介石并不知道自己是丈人花了钱、讲了情才被放了出来，还以为是自己在公堂上大吵大闹加上结拜兄弟在外面助威，才取得胜利。可是他堂堂“大将”这次毕竟受到了屈辱，对朝廷和官府的腐败和劣迹，怒恨不已，他在同学和朋友的簇拥下，一面走，一面骂，经过城墙时，咬牙切齿地誓言：总有一天，将它推倒。他进入龙津学堂，当着老师和同学的面，表示要刷清耻辱与清王朝对抗到底，竟毫不犹豫地举起剪刀，将自己的辫子剪掉！

二五　多灾多难

在这古老守旧的溪口，曾显赫一时的丰镐房小主人蒋介石，拒交皇粮闹公堂，一怒之下剪辫子的叛逆举动，比他过去几次的闯祸，更令人瞩目，使人惊骇。顿时一传十，十传百，顷刻之间传遍奉化城。

蒋介石在同学俞作屏、陈杏佳等劝服回家时，丰镐房大门口已经挤满了人。他的异母同父的兄长蒋介卿，长袍马褂，神色严峻，兀立在门槛前，犹如门神一样准备挡住蒋介石进屋。蒋介石一步步走近来，所有的人的目光都投视着他。有的怜惜，有的同情，有的钦佩，也有惶悚不安。他妹妹瑞莲踮起脚，抬头翘望，热切地迎接哥哥，只有蒋介卿虎视耽耽、怒容满面，用仇恨的眼神敌视着异母弟弟。

"你竟敢如此忤逆，冒犯朝廷，目无祖宗，真是不忠不孝！"他指着蒋介石剪辫后留在脑后的一绺长发，厉声斥骂，"你不配进丰镐房！"双手张开，挡住去路。

蒋介石一向不服这个同父异母的兄长，对他平时欺凌自己母子俩的行为更是耿耿于怀，只是在母亲劝阻下忍气吞声，今天居然在众人前当面受辱，再也不能忍受。

"我们蒋家子孙受人欺压，你作为长子长孙，非但不立出来仗义执言，反助纣为虐，难道就对得起蒋家祖宗，还有面孔进丰镐房？"说罢，用力将蒋介卿的手推开，搀着瑞莲，大踏步跨进大门。让俞作屏等同学与蒋介卿去争辩。

蒋母王采玉挺直身子兀坐在报本堂上的一张红漆木椅上。灵龛前点燃着蜡烛，她背对烛光，看不清她脸部的神色和表情。蒋介石不怕官府、不服强暴，就怕母亲管教。他知道自己这次闯了大祸，一定会遭到母亲严厉打骂，就硬着头皮，从妹妹手里接过点燃的香，插进香炉，先对祖宗灵位叩头，然后恭恭顺顺地跪在母亲身前。

自从儿子被差役抓走，送官究办。王采玉的心始终沉浸在悲痛、恐惧、焦急和紧张不安中，她甚至担心儿子的安危，他那倔强的脾气一定会招来严酷的折磨。她四处求援，找人帮助，直到儿子的丈人不记前恨，出力相助，让蒋介石脱离虎口，她那颗沉重得像一块大石的心才放松下来。接着又听到儿子剪掉辫子，惹起众人非议，使她重又忧心忡忡，不知道该如何处理，她认为儿子并没有做错，敢于向欺侮百姓的官府对抗，只是过分粗鲁和强横，在儿子归来前，前思后想，反复思考既不忍让儿子再受委屈，又要不被仇者指责。现在剪掉辫子，脑后只留着一撮长发的蒋介石，神色沮丧而又余怒未消地跪在自己脚下，聆听教训。她真是又爱怜又怨恨。

"我家交不出皇粮，也不该交。"她的目光严正，语气平稳，"可你是平民百姓，不应咆哮公堂。"在对这件事上作出公正判断后，又谈及辫子，她知道儿子剪辫子是对万恶势力的反叛，心里不由得暗暗赞佩儿子的刚强和勇气："你剪辫子是一时气愤，情有可原，只是人身肤发，是父母所赐，你事先为何不向我禀告？"

蒋介石原以为母亲又要像过去那样打骂自己，也暗下决心忍受一切痛楚，没想到母亲今天竟如此通情达理，还袒护自己。他深深感到世上最理解他、最心疼他的还是自己的母亲。他一向强硬，这时激动得像浑身流过一股暖流，从眼眶里涌出热泪来。他从衣袖里摸出那条剪下的辫子，双手奉上。

在楼上念经求神，保佑外孙平安无事的外婆，等瑞莲上楼来报信：蒋介石已经回家，就由外孙媳妇毛福梅扶着下楼。蒋介石亲热而恭敬地叫声外婆，双膝跪下。外婆伤心得老泪纵横，一双颤动的手捧住外孙的头，哽咽不止。

“瑞元啊，瑞元。”外婆还是叫外孙的奶名，“你真是多灾多难！好在总是吉人天相，有贵人相助。这次，多亏你丈人，否则你还要多吃苦头呢！”

蒋介石不明白外婆的话因，莫名其妙地望望在一旁扶着外婆的毛福梅。毛福梅自从娘家回来后，和婆婆一起，为丈夫的遭遇担心、焦急、忧愁，暗暗掉泪。她自己心里忧急、悲恻，还要劝慰婆婆和外婆勿要过于伤心和焦虑。等知道丈夫在自己父亲的帮助下，跳出虎穴，这才放心，还暗自高兴，总算娘家为介石做了件好事，一定能使丈夫改变过去对毛家的态度。她真是满怀喜悦和信心地等待丈夫。只要丈夫在牢中不受皮肉之苦，还能回来合家团聚，宁愿自己多受委屈，也心甘情愿。所以当外婆提到父亲毛鼎和帮助女婿，蒋介石又以迷茫的眼神瞅着自己时心里感到从未有过的欢快和温馨。她深情地凝视勇敢地剪掉辫子的丈夫，脸上忍不住露出一丝想赢得丈夫欢心的笑意。

王采玉为了使儿子媳妇在患难之后消受闺房之乐，融洽感情，便和外婆一起怂恿他们回房安息。蒋介石也急于要了解事情经过，一到房里，就急躁地张口询问。

“刚才外婆说，亏得你阿爸相帮，我才出狱？”他不意愿称丈人为“阿爸”，而说成是妻子的“阿爸”。

“我今天正好到岩头娘家去，”毛福梅温和地从头说起，“探望阿爸、阿姆，正在高高兴兴……”

“你到娘家去了？”蒋介石不等她说完就打断，还瞪着眼责问，“你没得到我允许，自己回娘家。我当初怎么叮嘱你的？”

在丈夫一连串诘问下，毛福梅感到畏怯：“是婆婆要我去的。”她委婉地回答。

听说是母亲的主意，蒋介石就不再责怪，但仍追问：“你说下去。”

毛福梅以为让丈夫知道父亲写信给知县老爷，代为说情，又拿出一笔白花花银子替蒋家交皇粮，又送礼，这才使蒋介石能安然回来，作为长辈，又是姻亲这种理所当然又仁至义尽的善举，一定会使丈夫回心转意而且感激涕零，非但不再责怪她未得允许而去娘家，说不定还会亲自去丈人家赔礼致谢。于是她一五一十地将经过详细叙述一遍，越说越兴奋，激动得连声音里也充溢着欢欣，还准备将自己已经怀孕的喜讯告诉丈夫，让他感到双喜临门的快乐。

没想到蒋介石却越听越气愤，他先还竭力忍住，等毛福梅讲完，他再也抑制不住，猛然一拍桌子，将满腹怒火朝妻子喷去，开口大骂：“我正大光明，到衙门去和赃官评理。他关押我，拷问我，要把我屈打成招，正是他理亏心虚。我不怕关，不怕痛，咬紧牙关要打赢这场官司！谁要你阿爸去做好人，写信去求情？我犯了啥罪，要他代我讨饶求救？还有，我理直气壮拒交狗屁皇粮，他却偷偷摸摸送上去，私下行贿！人家岂不要说我：人前一套，背后一套，嘴硬骨头酥？我在公堂上刚正不阿，堂堂正正勿屈服，勿认输，而你阿爸私下里却低头哈腰，叩头认罪，使我成了一条犯贱的软骨虫！他这不是帮我忙，而是把我脸皮剥光！我还有啥面孔见人？”

丈夫一连串呵责，使毛福梅满腔热诚顿时化为冰水，她目瞪口呆，屏住呼吸，连气也不敢透一口。她怎么也意料不到，父亲的一片善心，在丈夫眼里变成恶意的欺诈。自己和娘家人尽心尽力帮助婆家，结果却成了存心作对的冤家。她平时不善说话，也知道越想解释，越要引起丈夫的怒恼，她感到无可奈何，悔恨痛苦、哀怒和惶恐，丈夫的粗暴吓得她一句话也说不出来，只会流下一串串灰心委屈的苦泪。

蒋介石把受到衙门的气都出在妻子身上，表示自己的刚强不屈，他那莫名的愤怒使自己失去理智，他不体谅妻子的委屈，反将她的懦弱和忍让当作屈服，就更为怒恼，近乎发狂地嘶叫：“你快叫人到岩头去，要你阿爸到衙门去把钱讨回，再来向我赔礼认错！”

毛福梅宁愿自己受苦受难，挨打挨骂，委屈忍辱，也不忍让有养育之恩的父母平白无故地受气。虽说出嫁从夫，但出嫁的女儿不该忘恩负义。明明是丈人相助女婿，应该去送礼道谢，怎么可以反咬一口，怪丈人害女婿，倒过来要长辈向小辈赔礼道歉，本来就对女婿不满的老人家，岂不更要愤怒，活活气死？她无法争辩，只有跪倒在地，哀婉沉痛地苦苦哀求：“是我不好！你打我骂我，只求你不要去岩头……”

刚愎自负的蒋介石把妻子的求告看作是不肯认错，火上加火，举手将她推开，大声狂叫：“你不去，我自己去！”抬腿就走，毛福梅知道他真的会去和父亲吵闹，情急中就不顾一切，双手抱住丈夫的腿，不让举步。蒋介石没想到毛福梅竟敢拦住自己，一阵怒恼，忘了自己是读书人，又露出凶狠的面目，抬腿把她踢倒，一边喧嚷着：“我就去！我就去！”一边气吼吼地直冲出房。

他赶到报本堂，同学陈杏佳和俞作屏已经劝散围在大门外的乡邻，也进入丰镐房，正在和母亲王采玉商议如何解决以后的事。蒋介石告诉大家要去岩头向岳父兴师问罪，王采玉这一下气得满面通红，将这忘恩负义的不孝儿子大骂一顿，外婆也埋怨外孙不懂道理。蒋介石心里不服，在同学面前也不肯认错服输，就改口去衙门要还毛鼎和交去的全数银钱。情愿自己再去坐牢，不肯屈服。母亲气愤地一甩手，坐在木椅上怒骂：“你死在监牢里，我也不管！”蒋介石倔强地真的要走，俞作屏和陈杏佳将他拉住。外婆要他们拦阻外孙不让再闯祸，同学们也怕他留在家里要继续闹事，便强捽软推地将他拖回到县城龙津学堂去，请老师来压服他。

儿子一走，王采玉还在报本堂祖宗灵龛前，伤心地嘤嘤啜泣，外婆责怪外孙强头倔脑，又埋怨女儿过分严厉。瑞莲神色慌张地前来报讯：嫂嫂躺倒在地，痛苦呻吟。母女三代，怆怆惶惶赶上楼去，掀开儿子房间的门帘，只见毛福梅已经挣扎着爬到床上，脸色惨白地仰面而卧。地板上留着一摊鲜红的血迹。

王采玉和瑞莲急速走到床前，忙着将痛楚难忍的毛福梅扶正身体，盖好被头。外婆望见地上的鲜血，先是一怔，立即恍悟，就心痛地脚蹬地板，仰天呼冤。

“罪过啊，罪过！”她又痛惜又责怪地望望已经流产的外孙媳妇，“你为啥不早说？这是蒋氏门中传宗接代的宝贝啊……”

王采玉也顿时明白过来，又忧急又严肃地埋怨媳妇：“刚才你还好好的，怎么一回房就……”

毛福梅本来不想说，见婆婆郑重的脸色和责问的口气，怕会引起误会，就不得不将实情相告。

“我不让他到岩头去，他就……”话没有说完，泪水直淌。

王采玉想起儿子刚才气吼吼地从房里奔到报本堂，口口声声要到岩头去向岳父问罪的神气，立刻憬悟到一定又是蒋介石闯的祸！她真是又怨恨又伤心，可是也已经无法挽回。面对软瘫在床上，忍悲含泪的媳妇，深深感到歉疚和不安。她要瑞莲找竺芝珊去请医生，还要去通知媳妇的娘家。

毛福梅连忙向婆婆摇手，苦苦哀求："千万，千万勿要去告诉我阿爸、阿姆，他们晓得了，要伤心死了……"

王采玉懂得媳妇的苦衷：她不愿丈夫得罪了父母，自己再使双亲悲伤。婆婆想到媳妇的贤惠，更怨恨儿子的强横无理。

"我去把介石这棺材叫来，好好教训他一顿。"王采玉要亲自赶到县城去逼儿子回家。

"婆婆，"毛福梅又连连摇头，泪珠随着纷纷掉落在枕头。她又哽咽地苦苦恳求："婆婆，介石要面子，知道了反要生气。这件事也不能传出去，外人知道了，对他不光彩……"

这个逆来顺受、委曲求全的贤惠媳妇的一番苦心，真使王采玉深深感动。她禁不住走近毛福梅身边温存地用手帕抹去挂在媳妇脸上的泪珠，而自己也一阵心酸，凄楚得禁不住泪流满面。

医生请来了，细心慎重地为毛福梅开了药方，安慰几句走了。王采玉要大家离开，让媳妇安心休息。忽然她的堂兄王贤栋从葛竹赶来，说王采玉的两个弟弟一个输了钱、一个滥用钱，抢着要将母亲房里家具分掉变卖，和各自的妻子合在一起，又争又吵，又抢又夺，打得头破血流，哭声震天。乡亲邻居实在看不下去，请王贤栋赶快接外婆回家。

外婆刚为外孙媳妇的流产而悲怆，像割掉她身上的肉，又听到儿媳妇们无理争吵。在母亲房里翻箱倒柜要分占父亲生前遗留下来仅有的财物，还扬言要到丰镐房来算账，真使老娘感到痛心。她再也压制不住内心的气愤，毫不迟疑地拿起手杖，朝外就走。王采玉很不放心，真想亲自伴母亲回葛竹，可是又不放心刚流产的媳妇。正在踟蹰中外婆走到门口，又特地回身来，千叮万嘱女儿，一定要好好照顾这个贤惠孝顺的外孙媳妇，不许王采玉离开丰镐房一步。

外婆坐着女儿雇来的轿子，催促轿夫，三步并作两步，赶到葛竹村，还没到家门口，就听到从屋里传出来声震山谷的吵闹。老人抬起眼皮，凝望着沿山而筑，已经破败不堪的老屋，禁不住一阵悲愤。丈夫的父亲官封迪功郎，丈夫是个安分守己的国学士，清清白白的读书人，自己也是规规矩矩人家出身的闺女，没想到竟生出一对只会赌钱和发痴的儿子，还讨进两个泼辣懒惰的媳妇，把已经逐渐式微的家更败得破碎零落，使老人到了晚年不能过一天安静日子，好在女儿采玉再嫁给溪口丰镐房，把辛辛苦苦节省下来的钱接济娘家，还常常将老母接到丰镐房享享晚福。她欢欢喜喜将外孙抱大，高高兴兴看他拜堂成亲，将自己一生最大也是最后的希望落在这个心爱的外孙身上，她千盼万望，但愿外孙媳妇早生贵子，实现她四代同堂的愿望。谁料外孙未进官场却进监牢，外孙媳妇成亲四年，刚怀孕便小产，犹如晴天霹雳把她多年的美梦刹那间变成为泡影。今年已经六十九岁，来日无多，恐难有指望了。正沉浸在愁苦悲伤中，又逢家里的儿子因争夺财产而吵闹。她气愤填膺，心火昂上，恨不得将两个"忤逆"用手杖痛打一顿。轿子到门口，她刚颤悠悠地下轿，正在争吵的两个儿子，一起冲了出来，向老娘伸手索讨。

"你来了！"痴子傻头傻脑地开口就叫，"把阿爸的玉器古董带来了没有？"他们早就妄想要把父亲相赠给姊姊的纪念礼物要回。

赌棍更是横眉竖目，像赌主讨债那样胁逼母亲。

"阿姊把我家祖传古董抢了去，丰镐房发财，害得我们讨饭！她不交出来，我上门去要！"

两个媳妇也在背后浪声浪气地造谣：

"听说，采玉阿姊拿这古董送到衙门去，保介石出监牢！"

老母气得浑身发抖，连两排牙齿也咯咯作响。平时温厚慈爱，沉稳持重的老人，在这人生的最后时刻，被儿辈恩尽义绝的言语和行为所激怒，伤心到了极点，终于像火山爆发一样，吼喊一声，高举手杖，向四个忤逆劈头盖脸地乱甩乱打！那四个子媳，抱了头朝屋内四处逃窜，老母急追上去，小脚在跨门槛时绊了一下，一个踉跄，跌倒在地。

紧跟在轿子后面的王贤栋，迟到一步，见老人躺倒在地，不省人事，两对不肖儿媳吓得远远躲开，互相推卸责任。王贤栋独自将老人抱到床上。见她全身瘫痪，一对毫无光芒的眼睛怨恨地直瞪着天空，嘴角颤抖地微微牵动，想说什么，又不能出声。王贤栋便做主派人到溪口去叫王采玉，让这对多少年来在困苦生涯中相依为命的母女见最后一面。

王采玉刚安排媳妇静心休养，突然接到母亲病危的噩耗，顿时手脚发软，一身冷汗，失神地坐在木椅上，漠然发呆。毛福梅知道了，不顾自己虚弱无力，挣扎着要赶去侍奉她敬爱的外婆。王采玉从昏乱中清醒过来，不许媳妇起身，还特意留下女儿瑞莲照顾，自己坐上轿子，直奔葛竹。临动身时，她还要求唐兴坤糕饼店再派唐文才到县城去通知蒋介石，一定要他连夜赶去为外婆送终。

王采玉凄凄惶惶赶到娘家，在女儿千呼万唤声中，老母从死神手里挣扎过来，两眼满含泪水，嘴里喁喁叮咛："福梅好。要……外孙……争气……"说出她最后也是唯一的心愿，就不再开口。等蒋介石披星戴月，骑马奔驰而至时，外婆已经寿终正寝。这一天，正是光绪三十一年三月十三日。老外婆愁苦一世，最后因见不到四世同堂而遗憾地离开人间。

二六　到何处去

王采玉从自己私房积蓄中拿出一笔钱，给母亲办丧事。她是溪口丰镐房女主人，亲娘的后事应该办得体体面面。也多亏她的堂兄弟王贤栋、王贤甲诸多出力，应付周到，讣告发得一户不漏，落葬时吊唁者络绎不绝。外婆生前愁苦，死后哀荣。葛竹和四村八乡都称赞王采玉是奉化数一数二的孝女。

大殓以后，王采玉和蒋介石仍留在葛竹守灵，蒋介石知道外婆是为了两个娘舅对她吵闹而气得中风，恨不得将他们连同两个舅妈一起痛骂一顿。王采玉不许他对长辈无礼，不让他开口说话。两个娘舅也许是自觉悔恨，无颜见人，也可能是推卸责任，百事不管，在乡亲来吊唁时他们披麻戴孝，带了儿子跪在灵柩旁号啕干哭。两个舅妈也从小学会一套"哭亲人"的本领，没有眼泪，有口无心，竟能哭得有腔有调，十分伤心。等吃好"豆腐饭"以后，两对夫妻便朝房里一钻，上床一滚，闭目养神，将一切事情都推给姊姊去担当。

在外婆死后第七天做"头七"。王采玉烧了一桌羹饭，祭拜亡母。当所有的人向灵牌叩过头后，她一面烧化锡箔，一面以长姊的身份，温善地问两个弟弟。

"我过了'头七'，要带介石一起回溪口。"王采玉言辞恳切，表情平和，"你们心里有话，尽管说，我们是自家人，天大事情也可以商量。"

赌棍贤巨对痴子弟弟贤裕眨眨眼皮，贤裕不管妻子阻止，歪着嘴直说："没有别的话，只要你把那个玉器古董交出来……"他想说理由，可说不出来，贤巨代他接下去说，"这是我王家祖传宝贝。应该交给子孙，不传外姓。"

王采玉早就料到两个弟弟会提出要交还这玉器古董。她也预先作为准备，不料蒋介石在一旁不屑地哼了一声插嘴："一只古董啥稀奇？你们要就拿去！"

"长辈讲话，小人不许多嘴！"王采玉责怪地睨视儿子，然后端端正正坐在亡母灵台旁的椅子上，委婉恳切地对两个弟弟表白自己心迹，"我嫁到溪口蒋家去，穿一套青布衫裙，带一包袱替换衣裳外，没有多拿娘家一针一线。这件玉器古董是阿爸生前留下来唯一的遗物，其实也并不值多少钱，因为送给我作为纪念，在我心里比我性命还要宝贵。丰镐房家产不少，也不稀奇这玉器。后来家道衰落，几次灾祸，我宁可卖田抵屋，也舍不得卖掉它。介石成亲，托琴凤娘舅去抵押，他知道这是我家祖传的纪念品，就作为送礼还给我。我一看到这玉器，就想到阿爸、阿姆，就想到娘家！"说到这里，忍不住涕泪滂沱，哽不成声，蒋介石不知该怎么慰抚母亲，只有孝顺地轻轻捶拍她背脊，同时用厌恨的目光投视舅舅。

贤巨虽然贪婪，也畏惧姊姊，见王采玉悲恸地哭诉，有话也不敢说了，只得用手搔搔自己的癞痢头，眨眨眼皮。痴子贤裕忽然清醒过来，向姊姊讨饶："阿姊，你讲得对。"又大义灭亲地揭露哥哥，"是贤巨出的主意，我是跟屁虫，跟着他瞎讲。"贤巨跳起来和弟弟对骂，几乎要动武。

王采玉和蒋介石一起，将贤巨、贤裕劝开。她眼见两个弟弟，一个因嗜赌成性而吃尽当光，一个因精神失常以致落魄潦倒，作为同胞手足，惦念骨肉之情，想起母亲的嘱托，不禁怜悯多于怨恨。王采玉又像过去在娘家时那样毅然挑起重担。她庄重地在亡母灵柏上插了三支香，虔诚地叩了三个头，然后一手一个亲切地搀着两个弟弟的手，情真义切地说出一番肺腑之言。

"阿爸、阿姆都已过世，现在王家只有我们姊弟三人。阿姆在世，我一年到头，多多少少贴补娘家，今天，我在阿姆灵前发咒，只要我姊姊活一天，你们有急难，日子过不下去，我一定尽心尽力。"又回头命令儿子，"你跪下！"蒋介石不知母亲用意，听从地跪在灵台前，王采玉当着众人面，教诲儿子，"介石，你听着，如果你将来得发，或者我过世，你也一定要像对待自己大人一样对待两位娘舅，供养他们到老。你现在也在外婆灵位前许愿发誓。"

蒋介石望望一个赌鬼，一个痴子的两位舅舅，心里虽然很不情愿，但母命难违，也惦念外婆对自己的养育之恩，便一口答应，还对外婆的灵位郑重其事地连叩三个头。

两位娘舅再也没有话可以说了。不再争吵，但也并不服气，只横眉竖目地一面骂自己妻子，一面嘀嘀咕咕回到各自房里。

王采玉将娘家安排定当，来不及要回溪口去看媳妇毛福梅。她要介石一起走，蒋介石倔强地死不答应，还振振有辞地埋怨妻子不该擅自回娘家，岳父更不应行贿官府。

王采玉又被儿子的蛮横无理气恼了，她隐忍了几天的怨愤，再也压制不住，举起外婆遗留下来的木杖，真想把儿子狠打一顿。

"你真是忘恩负义！"母亲沉痛地切齿责骂，"是我要福梅求她阿爸来保你出牢，你反而血口喷人冤枉她。她不让你到岩头去吵闹，你反而推她、踢她！你闯了大祸，福梅已经有喜，你一脚把她踢得小产！蒋家传宗接代的命根子被你踢死了，你知不知道？"她声音也变得哑涩，心痛得流出泪水。

蒋介石一时不能省悟过来，还以为自己做了一件使毛福梅受到教训的痛快举动，反而责怪毛福梅事先不告诉他，自己一不小心才使她流产。他跟在母亲身后，一面走，一面听母亲的埋怨和讲述做人道理，情绪渐渐地转换过来。他回忆起前几天出牢后回家与妻子的一顿吵闹，自己火气太大。她劝阻自己去岩头和丈人相骂，是一番好意，自己又一时性起，竟野蛮地对她拳打脚踢。虽然不是有意，但的的确确是自己害得她流产。他从来没想到要有儿子，可也不该无缘无故把自己的骨肉踢掉。非但要被闲人耻笑，也真对不起一心想抱曾外孙的外婆和蒋门列代祖宗。他对妻子有些歉疚，对自己过分的行为感到悔恨和羞惭，暗暗地埋怨自己，但已经来不及了。

当他跟在母亲身坐的轿子后面，越是走近溪口，越是感到不安，仿佛整个溪口的乡亲都等在丰镐房，要严正地指责他。他不敢面对报本堂祖宗的灵位，更不好意思见毛福梅，堂堂大丈夫怎么能拉下面皮去认错求恕？他越想心里越惶恐、懑怨。平时一直妄自尊大，今天蓦地变得心虚情怯，像做了件见不得人的亏心事。他再也没有勇气回村，走到半路，声音低哑地对母亲说一声："我回学堂去！"就逃避灾难似的掉身向县城方向奔去。

王采玉叫不应儿子，只得独自回家。八天不见福梅，只见她显得异常憔悴。为了外婆戴孝，两眼哭得又红又肿。看到婆婆，伤心地边啜泣边表示歉憾：外婆待自己似同亲人，百般关怀，而自己却不能养老送终，以尽孝心。王采玉告诉她：外婆临死还说"福梅好"，记挂着她小产的事，毛福梅听了更是伤心。当王采玉谴责儿子时，媳妇却责怪自己：来不及告诉丈夫自己有喜，反而惹他生气，王采玉在这贤惠的媳妇面前，感到羞惭，感到歉疚，感到痛心。如今她唯一能补偿过失的心愿是使儿子媳妇言归于好，养下一个儿子，使外婆含笑于九泉之下，也对得起蒋门祖先。

蒋介石满腹恼恨和忏悔，自己对自己生气，气咻咻地回到龙津学堂，把和他同一寝室的同学关在门外，自己倒在床上，蒙头就睡，可哪里睡得着，烦恼地左右翻身，气愤地双脚乱蹬，连陈杏佳和俞作屏在外叫唤和叩门，他也不应。等同学们无可奈何地走开，天色渐渐昏暗，他不去食堂吃饭，肚子也不觉得饥饿，却感到脑子里空空洞洞，说不出是灰心、懊丧、悔恨，还是自责。他翻身坐起，从枕头下取出他从不示人的日记本。用毛笔补记这几天来的经过和心情。他写下对朝廷腐败的愤怒，为外婆逝世而悲伤，在写到妻子时，他不想记下毛福梅因自己无情以至小产，只写下“我待人过于非礼，至使吾家遭难”。在文字上竭力避免事实的记录，但却是他第一次冷静地扪心自问，在只写给自己看的日记上袒露从不外泄的心情。然而同时他又以为如果岳父当时不去衙门求情、贿赂，使他难堪、恼恨，他也不会迁怒于妻子以致流产，他那刚愎恣意的性格，总是将自己的过错归罪给别人，由此对岳父格外怨恨，也引起对福梅的不满。

对蒋介石更大的压力是他竟敢剪掉辫子，公然对抗朝廷的流言蜚语。龙津学堂的师生们虽竭力保庇，但把蒋介石开除学籍的风麓学堂却借此攻击，说龙津学堂非但窝藏革命党，还唆使他咆哮公堂。当时，除了已经去日本的周淡游外，蒋介石的确是奉化唯一没有辫子的人。清朝定鼎后，下令全国百姓必需剃发留辫，违者即杀，还流传着“留头不留发，留发不留头”的俗谚。后来，革命党兴起，有人剪辫，谚语就改为“留辫又留头，剪辫要杀头”。蒋介石出自一时愤恨，把辫子剪掉，自然要遭到和他作对的人责难。第一个跳出来的就是他同父异母的蒋介卿。他不敢提“革命党”三个字，怕事情闹大，会牵累自己，只说蒋介石忤逆不孝，败坏门风，几乎天天到丰镐房去吵闹，表示自己立场，万一蒋介石出事，可以推卸责任。那个知县老爷由于外界传说他曾受贿，竟让拒交皇粮还咆哮公堂的“革命党”逍遥法外，有些忐忑不安。他不敢再抓蒋介石入狱，怕这强横而自负的青年会将内情全部披露，更使自己难堪，只得传言下去，要搜查“革命党”，逼使蒋介石不敢再露面肇事。岩头的毛思诚老师，既关心自己的学生，又受毛鼎和的委托，来丰镐房探望和慰问。王采玉内遭蒋介卿恫吓，外受抓“革命党”的威胁，真是心神不宁、日夜担心。她十分惦念儿子，又不希望儿子回家，在左右两难之际，只得假称到县城探视，还怕引起人注意，不坐轿子，悄悄地独自一人步行去龙津学堂探望儿子。

蒋介石现在成了被围的困兽。学堂里有一些同学不敢与他接近。俞作屏和陈杏佳也规劝他暂勿出门。陈杏佳的侄女陈志坚见蒋介石不便回家，就自告奋勇地以教毛福梅读书为名，代介石去溪口送家信。蒋介石怕妻子小产的事被泄露一口拒绝，大家都猜不出他的理由和心事。只见他终日忧忧闷闷，浓眉紧蹙，唉声叹气，有时候又豪情勃发，一面打拳练功，一面高声吟哦。

蒋介石闹公堂和剪辫子的壮举，变成了新闻，传到宁波箭金学堂顾清廉老师那里。他对蒋介石素来器重和关心，怕他会发生意外事故，特地赶到奉化县城。在听到蒋介石慷慨激昂地陈诉经过后，便与龙津学堂的学监庄嵩甫一起商量，认为蒋介石处于目前境况，以回避为上策。于是，由顾清廉出面，向蒋介石指点，话说得颇为含蓄，怕性格倔强的蒋介石不肯认输和屈服，便作为老师对学生的勉励和鼓励。

“你胸怀大志，气宇轩昂，未来必成大器。”顾清廉仍像过去在学堂里称赞蒋介石一样，神色凝重，语气温和，“应该出洋求学，得以深造，则前途无可限量！”

蒋介石对出洋求学，始终是蕴藏在心底的一个心愿，今由老师提出，可望实现，也是当前在困境中的唯一出路，顿时兴高采烈，舒眉展眼，激动得恨不能立刻冲出这处处束缚自己的樊笼，插翅冲向那可以任意翱翔的广阔天地！

“多蒙老师指引。”蒋介石跪在顾清廉身前，急切地提出自己的要求，“我想去日本。那里有军官学堂，学成后可以当大将！”

顾清廉知道这个骄恣刚强的学生，平时酷爱武艺，自己也教过他《孙子兵法》，是个可以造就的武将，到日本去学军事，最是合适，他本人曾去过日本，奉化也已有不少青年学子，以周淡游为首，去日本求学。龙津学堂又有两位日本教师可以引导，还有龙津学堂学监庄嵩甫的小同乡庄莘墅，因办校舍而拆毁古仁庵，引起当地不满，不能安身，也有去日本的准备，正好同行。但他还是要蒋介石去征求母亲的同意。

正好王采玉来到。她正为儿子的安危而焦虑，猛听到蒋介石竟要远离家乡去日本避难。顿时心烦意乱，不知该是阻止还是同意。在儿子苦苦哀求和顾老师的谆谆劝导下，才渐渐地冷静下来。明智练达的王采玉，想到蒋介石远去外国虽然会给家庭和自己带来别离之苦，但在目前却正是解除危急最安全的去处。她为了不耽误儿子的前程，抑制内心难舍难分的痛苦，果断地点头允诺。她要蒋介石回家准备行李，同时向被打流产的毛福梅表示悔过。

在决定远去日本后，最大的困难是需要一笔为数不小的旅费，再加上进学校的学费和日常费用，一时从哪里去筹集这笔巨额的钱款？丰镐房的产业不能动用，蒋介卿的盐铺不肯借，顾老师和同学们也凑不满数，最后，王采玉母子又想到了不是嫡亲娘舅的孙琴凤。蒋介石连夜赶到宁波去。琴凤娘舅一口答应，还告诉他从上海传来的消息：曾撰写《革命军》一书，痛斥清王朝的邹容，比蒋介石仅年长两岁，就因《苏报》案与章太炎一起被捕，受尽酷刑的折磨，不幸于上个月病死在牢中。人们都疑心是清吏谋害，以至连尸首也偷偷运走，还不准走漏风声，可见清王朝对革命党仇恨之深。孙琴凤就催促已经剪去辫子的蒋介石及早离开，以免发生意外，蒋介石嘴里虽说不怕，心里也不禁胆寒，对清政府更是愤懑不已。第二天中午，怀里藏着娘舅给的一张银票，还到照相馆去拍照，作为剪辫，出国留作纪念，然后心急火速地返回溪口。

王采玉又高兴又感激，朝着宁波的方向，对着上空连连作揖打拱，算是向百里外的孙琴凤道谢。

毛福梅等婆婆从城里回来后，才知道丈夫要去日本的意志和缺少盘缠的困难。她不希望蒋介石出远门，把她遗弃；可又不敢挽留他，自知夫妻之间不可能和睦相处，她想去娘家向父亲告贷，怕父亲不肯，丈夫又要责怪。她但愿丈夫借不到钱，可以不走；又期望他如愿以偿，宁可自己委屈，让他高兴。总之，她的脑海里充满着烦恼，矛盾和苦痛。等蒋介石兴高采烈地从宁波回来，他既为丈夫能称心如意而表示欢愉，又为夫妻即将分离而竭力压制内心的苦楚。她心急慌忙地要为丈夫整理行装，还准备让他吃一顿她亲自烹饪他最爱吃的菜肴。

蒋介石原想回家对妻子赔不是，可是一见面，心里又有气。也拉不下面子非但不愿与毛福梅单独相处，更不肯向一直屈从他的妻子赔礼认错，便借口提出，三天后正好有一班船从上海驶往日本，必须在今天天黑前赶到宁波，约好庄莘墅和几个同去日本的朋友，在开船前抵达上海。

王采玉感到突然，可是想留也不能留，怕耽误儿子的旅程。毛福梅更觉得悲伤，在夫妻离别之际，连在房里过一夜向丈夫解释和诉情的机会都没有。她真希望丈夫能多留一天，然后无情的丈夫连片刻也不愿多留。推说要到学堂去拿行李，向祖宗灵位和母亲叩了头，叮嘱妹妹，也是告诫福梅：“你们在家里侍候娘，少出门！”

毛福梅像木偶一样呆立着，她不是为丈夫远行而难受，而是为丈夫非但没有因自己流产而表示歉疚和慰问，临行还冷冷地禁止她出门回娘家。她没有哭出来，而是让滚滚泪水咽进肚子里，流向心里。

二七　初去日本

蒋介石和庄莘墅以及两个在宁波结交的朋友林绍楷、林绍楠兄弟莽莽闯闯去日本。在东京找到比他之前到日本的周淡游。周淡游已考取东京警监学校，还未正式上学，就热心地为他们安排好住宿，还愿意当他们投考学校作向导。

林氏兄弟和庄莘墅只要求进一般学堂，学会谋生的本领就可以。蒋介石却非要进陆军学校不可，因为他计划学习军事后，当个“大将”立志报国。

留日的中国学生中，还从来没有谁要求学陆军。因为日本的军事学校纪律严明、生活刻苦，没有坚强意志和健壮体魄，很难完成学业。而且学成之后，既不能在日本当兵。回国也不一定能为清朝政府重用。可是蒋介石从小爱习武艺，在同学中一直充当“大将”。他知道不经过实实在在的军务训练，将来就不能当将军。周淡游夸奖他胸怀大志，也认为革命党人中也应该出几个出类拔萃的武将，就带着蒋介石去投考日本东京陆军学校。

事与愿违。日本政府当局有严格规定：凡中国学生要进入日本陆军学校，必须由中国陆军部保送，这是日本政府和清王朝私下订立的共谋。由中国官方保送学生到日本学习军事，学成后回国为官府所用，不让图谋造反的革命党人学会本领去反对朝廷。

蒋介石气得恨不能冲进陆军学校去，将学校连同这种毫无理由的规定打得四脚朝天。可是尽管他怒火直升，也不能像在自己家乡那样任性发泄。这里是日本。十二年前的中日战争，堂堂的大清帝国败在小小日本手里，被割掉台湾等三个岛，既赔款，还让日本在中国通航。在中国的日本人耀武扬威，为所欲为；到日本的中国人却只能忍声吞气，处处委屈。现在蒋介石比任何在日本的中国人的处境更为尴尬。他在家乡不能安身，而且曾立志发誓，离开中国，千里迢迢到日本来求学；多亏老师和亲友们帮助，才能成行。谁知道兴冲冲而来，竟吃闭门羹，难道就此狼狈地退回去，一直逞强好胜的他，还有何颜面去见家乡父老、师友亲戚，非但要遭人耻笑，他的堂房阿哥蒋介卿更要把他骂得一屁不值。他左思右想，反复考虑，想不出一个能摆脱困境的稳妥办法。

还是持重沉稳的周淡游，给他指点一条出路。

“你不能进陆军学校，不是你的过错。如果回国去，也有种种难处。依我看，还不如暂时留在日本，先进清华学校去。有不少到日本的学生，进不了学校，就到那里去补习日语，你的日本话讲得并不好，也需要再学。当然，不能像陆军学校那样一切免费，清华要交一些费用，日常生活也要自己负担。反正我们都是同乡，一定会尽力。”

这也是蒋介石能逗留在日本的唯一去处，就由周淡游介绍，进入清华学校。那里有不少与蒋介石同样情况的中国学生，一起学习，一起生活。可是蒋介石总觉得这些人只顾埋头读书，死气沉沉，缺少青年的朝气，就要求周淡游带他去见一些革命党或留日学生中的活动分子。就在这个月，由孙中山倡导的中国同盟会在东京成立，在留学生中掀起投入革命的热潮。可是革命党首领行踪不定，很难找到，蒋介石就一直没见到他崇仰的孙中山和黄兴。而情绪激动的学生却很活跃，他们经常在骏河台留学生会馆集会，发表煽动性的言论。蒋介石去参加几次，曾听到年过三十而未娶妻、一心向着革命的陈天华，一边滔滔不绝地攻击清廷，一边散发自己著作的小册子《猛回头》和《警世钟》。蒋介石听得热血沸腾，也忍不住把清政府将邹容在牢狱内谋害的罪行，添油加醋地向大家揭露。留学生其实也都知道，经他一提，又纷纷议论开来。有人还回忆起邹容在日本时的革命活动。前两年，清朝廷委派驻日陆军学监姚文甫，管理中国留日学生。姚文甫百般阻挠留日学生的正当要求，而且作风异常卑劣，惹得留学生切齿憎恨。邹容便约同张继、陈独秀、翁浩、王孝缜五人，潜入姚宅，先猛击姚文甫数十下耳光，又持剪刀割掉他的辫子，悬挂在留学生会馆正梁上示众，人人拍手称快。事后姚文甫要求日本警署逮捕行凶者，邹容和张继、陈独秀等被强迫遣送回国。邹容又在《苏报》发表他的《革命军》攻击清王朝，受到迫害。蒋介石听到邹容生前的英雄业绩，更是敬重他，还听到过那位摆脱家庭桎梏、立志革命的女丈夫秋瑾，当众发表反对娶妾的言论。使他惊异地对妇女刮目相看，又折服又仰慕。

这些革命党人和留日学生的激烈言论和英雄行为，既使蒋介石热血沸腾，也触动他自己的心事。邹容和他同样年龄时就有惊世骇俗的著作和行动，自己至今却一事无成。陈天华年过三十还不娶亲，可以一心扑在革命活动上，而自己年仅十五就结婚，而且还娶一个比他大五岁又毫无文化的乡下女人，成了妨害他前程的累赘。秋瑾反对娶妾的议论更使他对自己婚姻感到绝望。他越想越怨愤，毛福梅成了笼罩他美梦的阴影。到日本后，他心灰意懒地只写一封平安家书给母亲，信里连一个字也不提毛福梅。

溪口的王采玉和毛福梅婆媳两人，在接到由宁波孙琴凤转来的第一封信，蒋介石在信里还是简单地叙述自己在日本的生活和学习情况，不提有没有困难，也不说是不是顺利。除了向母亲以及妹妹问安外，又没提妻子的名字，毛福梅因为认不清蒋介石的字迹，他写的又是难懂的文言，结结巴巴读着，婆婆听了感到安心，媳妇读完觉得惆怅，当她将信笺递还给婆婆时，王采玉还以为儿子信里一定提到媳妇，而毛福梅不好意思当着婆婆的面读出来，就又把信交还给福梅，说一句："放在你身边。"毛福梅回到房里，又把信从头到尾看一遍。就是看一万遍也找不到自己名字。丈夫决不是把她无意遗漏，而是像他平时在家里一样，故意冷待她，不理她，现在跑到千里迢迢的外国，就完全把她遗弃了。她一阵伤心，泪水直流，泪珠落在信笺上，比丈夫写的字还多。她怎么能不伤心？自从蒋介石去日本后，她果真服从他临别时告诫：没有回过娘家。婆婆劝她，小姑哄她，她虽也曾因缅怀双亲而动心，可终因害怕丈夫回来知道后怒恼，就不敢去一次岩头。她不再想丈夫为她小产的事向她表示歉疚，只求他今后能体谅地对她好一些。身在千里外的异国还能想到独守空房，盼他归来的妻子。可是，他在信上竟只字未提。她连最低微和细微的希望也都落空，怎不使她凄楚欲绝？

又过了两个月。琴凤娘舅从宁波赶来，拿出蒋介石给他的信，说明他因不能进陆军学校，所以学费和生活费用都要自给，经济发生困难，希望舅舅资助。

"既然这样，"母亲又焦急又恐慌，"那还不如回来。"

"你难道忘了儿子的脾气？"孙琴凤了解蒋介石的志气和性格。"当初他憋了一肚皮气，到日本去，无非是让人看看丰镐房的后代有志气，也为自己争气。没想到运气不好，也不能怪他。可是他也不肯就此回来，他一向趾高气扬，怎么肯在众人面前坍台？"

一对异姓姊弟正在焦虑无措之际，毛福梅左思右想最后怕说错话似的嗫嚅地提醒婆婆。

“瑞莲妹妹年纪不小了，竺家不是也在催早一点结亲吗？”

两个长辈先不明白毛福梅为何在这时候提出她小姑的婚事。王采玉迷茫地望着媳妇，从毛福梅那双期待而含蓄的眸光里，慢慢省悟过来。她没想到平时贤惠沉静，默默无言看上去有些迟钝愚拙的媳妇，竟比任何人都细心、懂事和聪颖。她称赞地向毛福梅含笑点头。

“对了，”王采玉高兴地征求孙琴凤的意见，“你出面写信告诉我儿子，就说瑞莲今年年底前要结亲。他长兄为父，又很喜欢这个妹妹，一定要他赶回来。琴凤弟，这主意好不好？”

“好！好！”孙琴凤连声称赞。他不是称赞王采玉的决定，而是赞赏毛福梅的主意。人们说“知子莫若母”，看来这位贤淑的妻子真的摸准丈夫恣意任性的脾气。因为任何人出面，任何理由，都无法让好胜而倔强的蒋介石找到借口，能名正言顺，光光彩采地返回家乡。

蒋介石在日本接到孙琴凤娘舅写来的信时，正巧是日本文部省颁布“取缔中国留学生规则”。留日学生异常激愤，而同盟会内也分两派。秋瑾与陈天华等主张归国，到上海另办学校，以洗日人取缔中国留学生之耻辱。另一派是胡汉民、汪精卫、朱执信等，表示应忍辱负重，仍留在日本求学。两派互相驳论，相持不下。留学生之间也各执一词，争吵不休。陈天华愤不能平，竟留下万言绝命书，投大森海湾自杀，向世人公告不屈之心。蒋介石自知继续在日本逗留，求学不成，求生无能，势必走向绝路。如果随着秋瑾等回国，虽然是向日本政府显示不屈精神，可是狼狈地落魄回家，以后也无脸见人。正好接到这封家信，就以主持妹妹婚事为由，理直气壮地乘船回国。

王采玉婆媳俩为了筹办瑞莲的婚礼，真是煞费苦心。她们想到既要顾全丰镐房的面子，不可过于寒伧，又要量力而行，不能铺张。竺家虽送来一笔聘礼，但女家也应该置办必不可少的嫁妆。丰镐房这几年全靠收租维持，为了支撑门楣，开支很大，王采玉平时节衣省食，但还常常入不敷出；加上儿子出外读书，虽然靠孙琴凤娘舅资助，可是准备行装，日常费用也总该由自己垫付。如今瑞莲出嫁，即使将剩余的积蓄全垫上也不够。好在“毛脚女婿”竺芝珊一直在为丰镐房管理账目，知道底细，也要王采玉实事求是。他本人很是勤俭，也不希望在婚事上铺张。瑞莲也知道家庭情况，要求母亲勿要因为自己的婚礼而影响哥哥的求学。王采玉听了心酸，也很感动，她总觉得不能亏待女儿，还是要尽心尽力办好女儿的终身大事。正在她殚思竭虑，一筹莫展之际，她的贤惠媳妇毛福梅又真心诚意地来和婆婆谈心。

“婆婆，我有一句话，不知道能不能说。”她担心自尊心很强的婆婆会回绝小辈的奉献，就先谦和地试探，等王采玉慈蔼地询问时，她才尽量婉转地说出自己的心愿，“婆婆为介石花掉全部心血，瑞莲妹妹这几年为她哥哥也出心出力。又处处帮我分担家务。现在她要出嫁，我做嫂嫂的应该实心实力报答她。我想把我陪嫁来的四条绣花被面、四对枕头套，一年四季衣料，还有腊器、铜器、瓷器，我从来没有动用过，如果瑞莲妹妹不厌弃，我想全给她……”

王采玉望着这位受尽委屈而又贤惠的媳妇，从心底里感动，也很感激，但作为婆婆无论从情义还是在道理上都不应过于委屈媳妇，就慈蔼地婉言谢绝。

“你一番好意，我和瑞莲都心领了。只是嫁妆是你爹娘陪给你的，只能自己终身受用，切不能送人。”她起身去打开箱柜，“瑞莲的绣花被面，鸳鸯枕头套，还有花袄、长裙，我早准备好了，”还特意拿出来给媳妇看，“是我亲手绣的，你看拿得出去吗？”

毛福梅早就知道她婆婆在少女时代就是做“女红”出名，她为别人家闺女曾刺绣出多少套嫁衣，自己女儿办喜事那里会要靠别人。而且出自她手的“女红”，别人连比也不能比。铜器、腊器等日用物品，蒋家祖宗原保存几套，后辈每办一次婚事添置一套，大大小小总有五六套还不止，都在丰镐房后屋小间里，要用拿出来就是。于是毛福梅想到只有把自己的首饰作为礼品送给瑞莲。当她打开首饰箱选择时，其中一半是当时蒋家的聘礼，拿出去等于还给蒋家，会使婆婆不高兴。她只有将自己父母给她的两件最值钱也是她最心爱的首饰——一朵珠花和一枚金锁片，送给小姑。

王采玉第一次嫁给俞家时，做珠宝生意的俞家曾经送来四色首饰作为聘礼。她的父母就拿出家里仅有的两件首饰给女儿，作为陪嫁。可是当她捧了首饬箱坐花轿到俞家时，她的婆婆等不及儿子和刚进门的媳妇拜堂，就先把首饰盒打开来查看，将新娘带来的两件放在手里掂掂分量，嘴角鄙夷地朝下一抿，从鼻孔里喷出一声蔑视的冷笑：“哼，一钱勿值！”就将新娘陪嫁来的这两件饰物像垃圾一样扔进首饰盒，连同夫家聘礼的四件，以代为保存的名义，全部没收。新娘王采玉被羞辱得头也抬不起，为此对父母十分歉疚，心里痛苦得夜夜流泪。二十年后，王采玉再醮给蒋家，在儿子介石结亲时，媳妇毛福梅也和她当年一样，将首饰箱交给婆婆。王采玉连看也不看，嘴角挂着满意的微笑，郑重地送到新房。事后一直不去关心不查看媳妇的娘家是不是将夫家送去的聘礼全部奉还，也不询问她双亲有多少陪嫁。现在毛福梅竟取出两件比送过去的聘礼更为珍贵的首饰，送礼给小姑。王采玉才知道毛家为心爱的女儿陪嫁花了很多钱，而毛福梅既贤淑又大度地把自己的私房毫不保留地献给夫家。她想起自己的公婆贪婪无情地把她的陪嫁积蓄全部没收，目前蒋家纵有困难，她王采玉也不能接受媳妇无私奉献出这么珍贵的礼物。她感动得眼圈发红，竭力忍住要夺眶而出的泪水，双手亲切而紧紧地合拢毛福梅握着首饰的手掌，连对自己子女也从未有过的深情地答谢。

“福梅，这是你爹娘给你的陪嫁，你要传给你的子女。”她噙着泪，从含笑的嘴里吐出肺腑之言，“有你这样一个好媳妇，我们蒋家将来一定会兴旺发达，介石脾气不好害你受委屈。可是好心有好报，你以后会荣华富贵，我做婆婆的要靠你鸿福！”

毛福梅没想到婆婆会如此器重和钟爱自己，心里也激起对这位老人的尊敬和感恩。她出于激情，身不由己地跪在婆婆身前，叫唤一声，一句话也说不出来。当王采玉扶起她后，她不加思考地回到自己房里，翻箱倒柜。将结亲时从娘家带来的所有衣料，丝绸缎纱，上面还扎着结亲时的红绒，全部捧给瑞莲，让小姑挑选。瑞莲谦让，只拣了较差的两块，福梅却爽然地将所有衣料一起奉上。恨不得连自己的心也掏给小姑。蒋瑞莲见嫂子真情实意，盛情难却，双手紧握福梅手掌，眼内满含感谢之情，又辞恳意切地祈求福梅。

“嫂嫂，你在我家里受不少委屈，可是你毫无怨言，孝敬婆婆，对我也亲同手足，比我亲姊姊还亲。我出嫁以后，家里只有你和阿姆两人，我不能再来相帮。不过，我很放心，你能挑起担子，也会孝顺婆婆，我今天除了谢谢你嫂嫂外，还要多多拜托……”她说着，双膝一屈，要跪下来。毛福梅连忙拉住，手足无措地唤叫：“瑞莲妹妹，妹妹……”

蒋介石决定回国后，先写了封家书回来，但没言明归期。王采玉婆媳知道他终于肯回乡，很是欣慰。婆婆安心，媳妇更是喜悦。可是瑞莲的婚期一天近一天，总不见蒋介石的踪影，母亲焦急儿子会不会变卦，妻子担忧丈夫不愿回来和她团聚。另一个内心忧虑忐忑不安的是蒋介卿，当初他派自己信任的账房先生竺芝珊去代管丰镐房的收入，明明是要他掌握蒋介石一房的经济权，没想到竟被王采玉拢络过去，成了丰镐房的乘龙快婿。蒋介卿内心很是不满，又说不出口。何况自己这几年耽于烟睹花酒，无心管事，盐铺的实权都落在竺芝珊手里，少不了他，也不敢得罪，还不如将计就计，顺水推舟。表面上赞同地促成好事，暗中希望自己的心腹伙计能成为蒋门女婿，以后名正言顺地完全控制丰镐房，真能实现他独霸蒋氏财产的野心，于是他希冀蒋介石不回国来，自己便能以长子代父的名义，出面主持同父异母的妹妹的婚事。

蒋介石其实在瑞莲婚期前五天便坐船回国。他为了掩人耳目，不让人发现他是剪去辫子的“革命党”，就穿了一身和服，冒充日本人，一踏上宁波江北岸，就坐进马车，到琴凤舅舅的木行。他的路费也是舅舅汇寄给他的，再从同学朋友那里凑了钱，在东京买了不少日本女人用的化妆品和衣饰小物件，算是送给妹妹的礼品。他到宁波后，还为自己今后的出路四处打听。新学会社的庄嵩甫告诉他：清政府在维新自强的风气促进下，在河北保定创办陆军学校，训练新军，向各省定额选取。蒋介石心想，如果能在国内取得军校学籍作为梯阶，便可得到投考日本军校的资格，就咬定主意，先到杭州去报名投考，再回奉化参加妹妹的婚礼。由于一路耽搁，在妹妹婚期前两天，他才换上琴凤舅舅特地为他买来的马褂长袍，瓜皮帽里装一条假辫，提了满满一盒篮礼物，大模大样地回溪口家乡。

蒋介石突然归来，使丰镐房益增热闹和欢乐。王采玉更是扬眉吐气，可以不必请蒋介卿来作一家之长的主婚人，而是由日本归来的嫡亲儿子出面，为丰镐房增光。蒋介石一进门口，就得到全家和亲戚欢迎，左右乡邻也拥挤在门口，嬉笑喧哗。他看到妹妹的婚礼已筹办完备，自己一点也不用费心费力就坐享现成地当坤宅的主婚人。他俨然以丰镐房家长身份，指手画脚发号施令。他最关心的是发喜帖，发觉漏掉王恩溥和“剡山王”他的两帮盟兄弟，就立即补上，还亲自骑马送到岩头村，就不肯踏进也住在岩头的丈人家大门。

蒋介卿原以为蒋介石不回来，自己就是理所当然的主婚人，请了他方面的亲戚朋友，还准备当众宣布他蒋某某是丰镐房的主人。不料，半路杀出程咬金，蒋介石突然归家，害得他措手不及。然而他不愿意让介石沾他的光，连夜通知诸亲好友，不必送礼也不要来吃喜酒，自己还负气地“掼锣柱”，没了锣柱就敲不响铜锣。他要把这场喜事因为少了他而变得冷冷清清，存心让丰镐房坍台。

可是蒋介石有了两帮结拜兄弟的帮忙，妹妹的喜事居然办得热闹光彩。门口、厅内和走廊上都挂满灯笼，连已冻枯了的树枝上也贴着红纸喜字。等男家抬来花轿接新娘时，蒋介石以阿舅的身份，带了几十个小兄弟亲自送亲。岩头的“剡山王”原是出名的舞龙灯和唱滩簧的“吵客”。他带引一班“堂名”，一路上吹吹打打，开路喝道。王恩溥等全副短靠扎脚裤，簇拥在骑在马上的蒋介石前后左右，赛过将军出阵，好不威风。从溪口到肖王庙，七弯八绕，足足走了大半天。蒋介石送妹妹进入洞房后，就吃“敬舅酒”。“剡山王”等还登台唱滩簧。一帮人喝醉了，就住在肖王庙。

瑞莲的喜事，还没完全结束，接着就是过年。婆媳俩忙得透不气，而蒋介石天天出外应酬，不是与龙津学堂师生高谈阔论，便和结拜弟兄练功学武。难得在家里吃饭，有时索性在外过夜。白天和母亲见面，毕恭毕敬地交谈几句，却没有和毛福梅说过一句话。夜里夫妻同床，他总是倒下就睡，一醒就起。有时明明醒来也装假睡熟。背对背理也不理。他在日本受到革命思想的影响，更增加对旧式婚姻的厌恨，对妻子的鄙弃。毛福梅却以为丈夫有悔疚之意，然又放不下男子汉的架子，就这样不冷不热对待她，她当然不想也不敢再提过去的事，只心甘情愿地服从和侍奉。母亲问他还去不去日本，他摇摇头，这使老母稍稍安心，也让毛福梅暗暗高兴。

可是她不知道丈夫今后打算，又不敢问。蒋介石也不把投考保定军校的事告诉任何人，怕万一不取又要丢脸。在过年前月，他从龙津学堂日本教师那里知道考期，就以去宁波探望朋友为名，悄悄地溜到杭州去考试，三天后又悄悄地回溪口过年。新年里，他除了丈人家以外，到各处拜年。嘴上挂着笑，心里不牢靠，不知道考试结果如何。直等到正月十五元宵节，他等得眼里冒火、心似油煎，才有报事人吹吹打打把大红喜报贴到丰镐房的报本堂上。蒋介石的大名列为保定通国陆军速成学堂，俗称保定军官学校杭州考区第十四名！

这是蒋介石命运转机的大喜事，也是他要成为"大将"的重要预示。他高兴得双手高伸，朝天嘶叫，连奔带跳，冲出门外，接过"剡山王"送上来的龙头，发狂地和众兄弟一起大舞龙灯。

王采玉为儿子的高中而欢欣，但她竭力压住内心喜悦，严肃地告诫儿子，要勤奋读书。毛福梅又高兴又怅惘：高兴的是丈夫有了前途，惆怅的是夫妻难得有短暂的默默相聚，又要音讯全无地相隔几年。

二八　在保定那段日子里

保定军官学校由直隶总督袁世凯亲自管辖，也是专门培植军官的一个学堂，在这里卒业出来就是个有品位的军官，这比考中秀才、举人还要荣耀和威风。诸亲好友都来祝贺，文武两帮盟兄弟大摆宴席，为这位未来的“将军”饯行。人们暗暗感到诧异：过去蒋介石痛骂清朝政府，为何忽然甘心情愿去充当皇朝的武将。有人猜疑是蒋介石在日本碰壁，走投无路；有人说他害怕跟随革命党要杀头，便回心转意，投靠朝廷；更有人说是因妹妹出嫁，母亲不许他再远行闯祸，只求在本地当个武官，光耀门庭。大家只在背后议论、猜测，谁也不敢向他当面询问，而蒋介石也从来不对任何人透露自己投靠保定军校的目的，怕不能实现而遭人取笑，最感到惶惑和担忧的还是蒋介卿，他一直歧视这个同父异母的兄弟，说他不会有出息，是“闯祸坯”。在蒋介石闹公堂逃去日本后，他更幸灾乐祸，逢人便说蒋介石跟“革命党”定无好下场，还要连累蒋门祖宗。没想到蒋介石这一次竟“回头是岸”，依附朝廷，说不定将来还会飞黄腾达。袁世凯手下的武将当然超过读过法政学堂的廪生，于是他赶紧改变面色。他的面孔像枇杷叶，一面光，一面毛，现在就用光滑的一面对待蒋介石，又是奉承又是讨好，一口答应蒋介石去保定读书的一切费用，由他一个人承担，但却被介石母子一口谢绝。

蒋介石在临行前三天，遵照母亲的吩咐，先去向蒋家祖宗的坟墓叩拜，再到几位长辈去一一辞行，连接生的昭仁婆婆和喂开口奶的胜坤娘也没遗漏。毛福梅总认为丈夫这次去岩头向陈春泉和毛思诚告别时，如果心情很好，一时有兴也可能去自己的娘家向丈人丈母辞别。于是她兴冲冲准备好礼品，打算与丈夫一起回门。同时还暗暗担忧蒋介石是不是又会赌气生事。蒋母事先也连连叮嘱儿子，蒋介石不敢违抗母命，可一想到岩头，就又怨又恨，而且过去有言在先，“我不进毛家门”，心里很不情愿。正想借口拖延，陈春泉和毛思诚老师在“剡山王”那里得到风声，自动结伴来到溪口。同来的还有毛福梅的二哥毛懋卿，他是奉母亲之命，瞒着父亲，来为妹夫送行。

蒋介石对毛家的人，连自己的妻子也厌恨，只有对这位内弟毛懋卿倒是另眼相看。因为毛懋卿也爱武艺，与“剡山王”时有来往，对这位要当“武将”的妹夫，很是敬佩。听说蒋介石考取军官学校，将来必有前途，他不想和哥哥怡卿那样经商，更不愿代父亲管店，妄想另谋出路就代母亲送礼为名，来和妹夫联络感情，拜托他有朝一日身登龙门能提携自己。

蒋介石可不用再到岩头去见丈人，毛懋卿又送来丰厚的礼物和岳母的问候，心里不免转怨为喜，就客气地殷勤招待，谈谈笑笑。毛福梅虽因不能回娘家而失望，但却是婚后第一次接待娘家人。丈夫对她的弟弟比对她自己还和蔼亲热，更是欣慰和高兴。趁蒋介石与客人在厅里议论国事时，就请哥哥到房里去叙谈。她最关心父母的身体和起居，问了一遍又一遍，问得自己也禁不住泪水盈盈。毛懋卿知道妹妹思亲心切，也一定有难言的痛苦，想把心里的话倾诉可又不希望娘家知道。其实娘家的人对她在丰镐房所受的委屈，甚至她被丈夫脚踢流产的经过也隐隐约约听到，父亲虽然怒不可遏，要亲自去责问。但又想到自己也主张“出嫁从夫”，何况本人过去欺侮妻子时，也不准她娘家来干涉，便被人劝说“家丑不可外扬”，只得在自己屋里大发雷霆。母亲更是心疼女儿，要杀鸡买蛋，到溪口去慰问。又怕张扬出去，惹恼女婿，福梅更难做人，只有关了房门呜咽悲泣。这些悲凄的事都不能让福梅知道，引起她绝望悲恸。毛懋卿就假装高兴，在妹妹前庆贺妹夫入学，预祝他未来高官厚禄，妹妹和他自己也就可以抵福沾光，说得毛福梅两泪汪汪，哭里含笑。

从奉化到保定，坐船、乘车、加上行步，足足有一个月路程。蒋介石兴奋地匆匆赶路。心里七分自信三分忧。自以为在保定经过刻苦学习，必有所成，也就可以稳稳当当踏上去日本投考军官学校的阶梯。担心的是自己剪了辫子，官办的学堂是不是会对他另眼相看，影响他的前途。他反复思考，认为在军校里不能再装假辫，便胡编一个理由，说成上次去日本时为了想进军校事先将辫子剪掉。同时，少与人接交，不让别人知道自己的过去，自顾埋头读书，就可以平安无事。

保定军校的正式校名是“通国陆军速成学校”。督办段祺瑞，总办赵理泰，监督曲同丰。办学宗旨是训练新军，招生的方法是先选自各省武备学堂，弁目学堂六十名学生，余额十四名由督练公署甄试。蒋介石到了保定，入学后才知道自己是浙江省新生中最后一名，虽然自觉侥幸，也不免自卑。学生中满汉籍都有，满籍居大半，多数学生又都是官办的武备和弁目学堂保送。蒋介石既因名列末位而受人鄙视，又是唯一没辫子的汉人而引人注目。他自知处境不佳，便时时注意检点，不敢再像过去那样任性逞能、锋芒毕露，他不论在人前人后，做出一副平凡无能、胸无大志的老实相，为人兢兢业业、碌碌无用，在学堂里服从校规，尊敬老师，远离同学，独善其身。

可是，这个从小自命“大将”，一直妄自尊大的猛将，本性难改，遇到某个偶发的机会，终必要爆发。某日，一个蔑视中国学生的日本军医教官讲授卫生课，故意拿出一小块泥土来，放在讲台上，还有讥嘲和轻蔑的口气对中国学生说：“这一块土大约有一立方寸，计算可以容纳四万万只微生虫！”学生们听了都默不作声，有的一时不明白日本教官说这句话的含义，有的根本没有听懂。蒋介石毕竟读过不少古书，听过顾清廉老师谈论国家大事，又在龙津学堂学到过一些科学知识，更在日本增长很多见识，知道中国有四万万人口，微生虫最有害人体的细菌，一听就意会到日本教官在嘲骂中国人。但对方只是比喻，虽然刺耳，然无法反驳。不料，日本教官见中国学生没有反应，就得寸进尺，公开诽谤：“这一立方寸泥土，好比你们中国国土，中国也正好有四万万人，就像微生虫寄生在这块土里一样。”

大多学生明白日本教官在嘲骂自己，有的羞愧得脸红，有的自卑得低头，也有敢怒不敢言。可是性格刚烈的蒋介石再也忍耐不住，他忘了时时要检点、处处要收敛的自我告诫，更是为了显示自己，比别人明白事理，也有敢说敢行的胆魄，也是为了发泄在日本受到的羞愤，昂然站起，离开座位，走到讲台前，迅速把那块泥土掰成八个小块，理直气壮地责问教官：

“我去过日本，日本国土是中国的八分之一。日本有五千万人，是否也像五千万条微生虫，寄生在这八分之一的立方寸泥土中？”

日本教官脸色发青，气得一句话也说不出来，只得怒容满面地去找总办赵理泰，要求对这冒犯官长的学生予以惩罚。赵理泰听说是日本教官把中国人，连他自己在内都比作“虫”，心里也不很高兴，就要监督曲同丰将蒋介石训斥一顿了事。

在这场风波后，大多同学对他都侧目而视，远远避开，只有来自四川的张群却对他另眼相看。张群的父亲在四川长宁县衙任职。张群在中学时阅读进步书刊，受到革命思想的影响，便立志投笔从戎，投考保定军校。他和蒋介石学的虽不是同科，蒋学炮兵，他学步兵，但上军事课时却在同一课堂。他原对这个沉默寡言、埋头苦干的同学并无印象，这次听到他与日本教官争辩后，肃然起敬，主动上前接近，成为知音。

到了年底，学生都准备离校回家度假。忽然接到陆军部通知：要在该校考选留日陆军学生。蒋介石不是日本班学生，不在此例。可是蒋介石不肯失掉这难得的机会，在张群的鼓励下，私下写一封恳求信，以自己曾经去过日本，懂得日语为理由，要求考试。可是信送上去后，音讯全无。蒋介石一直等到宣布名单的前一天，由盼望而绝望。他不由得东猜西想：因为本人不是日文班，不属于入选范围；也可能不是“武备”或“弁目”官办学堂出身，被打入另册；更主要的怕是自己曾冲撞过日本教官，此次得到报复。他是满腹忧愁、烦恼和悔恨，恨不能冲到总监室去询问。在晚餐前，被批准选考的学生连张群在内，一一得到通知，就没有轮到蒋介石。他气得饭也吃不下，到宿舍去蒙头闷睡，他自知无望，也意识到错过这次机会，以后虽然从这里毕业，私自去日本投考军校的愿望也很难实现。他在愤愤中下定决心，等这一学期结束，就打道回家，再也不来上学了。

正当蒋介石疲困地闭上眼，昏昏欲睡之际，突然，有一个校役，提着灯笼，来到学生宿舍，走到蒋介石床铺前掀开棉被，塞过去一张纸条。蒋介石迷迷蒙蒙中接到手，在灯笼光照映下细看，顿时眼睛一亮，原来是总办赵理泰亲自批准他入试的条谕。

蒋介石几乎从床上跳起来，把校役当作总办，连声道谢。他真想立即告诉四周同学，但是那些同学都不是日文班，早就自顾睡觉。蒋介石只得睁大双眼躺着，他再也睡不着了，喜讯使他兴奋，也带来忧急。自己与日文班同学相比，各方面条件都不如别人。除非考试成绩特别优异，可又没有充分把握，只有暗暗求祷祖宗显灵，祈告菩萨保佑了。

在考试时，蒋介石的确竭尽全力，认真答题，多亏他少时读书用功，国学有基础；又曾去过日本，日语也能对付。然总的成绩怕难超过别人，可是他居然侥幸地和张群一起入选。他感恩赵总办的提拔和宠信，却没有想到这位总办的真正用意。当蒋介石在杭州投考时，考官只看考卷不见人。等蒋介石进入陆军学校，赵总办才发现他没有辫子。可是既成事实，没有理由阻止他入学。后来蒋介石与日本教官顶撞，学校当局也认为这是“革命党”的行为。但又怕事态扩大，被朝廷知道：学校招收“革命党”学生而要受到指责，就不了了之。现在趁保送留日陆军学生的机会虽然蒋介石不合规定，成绩也平平，但可以就此送他离开学校，求得太平。其实还有一个更为重要的原因。蒋介石在保定军官学校期间因与日本教官争吵后，自知难免要受到歧视，又为了生计，就到训练新军机构的浙江督练公所去任事，得到公所总参议、两广总督袁树勋之子袁思永赏识。袁思永在蒋介石准备投考日本陆军学校时，袁思永为了使他实现志向，曾大力推荐，还批准蒋介石申请出国公费补助。

去日本留学要等到明年新年以后，蒋介石在放假后，带了全部行李即回溪口。蒋母以为儿子又在保定闯祸，被学校除名回家。蒋介石兴致勃勃禀告自己已选为日本留学生，一过年就动身。母亲王采玉心里还没安定就加上几分担心。儿子再一次去日本虽比前一次落实，能正式进入日本学堂，不会像过去那样闲荡，可一定十分严格，素来不服管教的儿子是不是又会惹事闯祸。妻子毛福梅欢悦地迎接丈夫归来，也立即沉浸在比以前几次更为难受的离别之苦。初渡日本，半年不到便归来，听说进了日本军校，连读书带实习，先后至少五年！结婚才五年，就要离开五年！前五年夫妻间从未尝到过亲密的甜酒，几乎不断地哽饮着难咽的苦水，常常是白天难得见面，夜里同床异梦。她对丈夫每说一句话，每一个举止，都要暗暗注意、关心，唯恐他不合意引起吵闹，而丈夫对她每说一个字，每动一动脚步就会皱眉生气，不想和她见面。可是她竭力忍受，百般奉承，只望他能回心转意，即使看到他偶然的笑容，心里就感到宽慰和受宠似的欢愉。如今他要离家五年，无异是长时期的离弃她。再不会想她，或许永远不会要她了。

蒋介石却一点没有愁闷，他在这半个月里始终陶醉在成功的喜悦中。在新年里，他到各长辈家里去拜年顺便辞行。所有亲友都为他这次官送去日本求学而庆祝。琴凤娘舅特地从宁波赶来，送上一份厚礼，为外甥送行，蒋介卿没想到蒋介石居然步步高升，估计将来留学回来必然会高官厚禄。他心里虽然妒忌，也不得不装着笑脸，在人前夸奖几句，话里仍流露出他长兄平时严格训弟有功。王采玉忙着过年，和媳妇两人招待亲戚，让儿子出外拜年、应酬和闲荡。但是她在百忙中总是连连叮嘱蒋介石，不论在外多远多久，一定要回家来，不能像过去那样常常在外过夜，一去不回。蒋介石总是找种种借口。母亲趁媳妇走开时，郑重而又正色地教训儿子。

“我和你阿爸只生你一个儿子，独根独苗，靠你传宗接代。”含辛茹苦的母亲，把多年来蕴藏在内心的苦楚和愿望，今天毫不隐瞒地倾吐出来，“我为啥这么早给你成亲，也无非想早日抱孙子，蒋家有后代，你阿伯在阴间也可以安心。福梅进门三年，不动喜讯。外婆天天拜佛求神，我也看出你们夫妻不够和睦，就想尽办法让你们团聚和好。媳妇总算争气，怀了孕，可是又被你一脚踢落。你虽然不是有意，可不应该乱发脾气！你知道外婆和我多伤心，福梅更不用说了。你上次去日本半年，一回来没住几天又到保定。在那几天里，你没安安心心和福梅过日子。我的盼望也落空！这次回来，又要去日本。五年！我还要等五年？福梅已经廿五岁了。难道要到三十岁再生小囡？……”母亲说不下去，她又是生气又是悲伤，用衣袖抹着满眼泪珠。

蒋介石自以为年轻，又和福梅不好，从没想到要养儿传种。前两年，福梅流产，他有些悔恨，过后便忘，反归咎于岳父惹他发火，刚才母亲这一番语重心长的教诲，沉痛地表白了慈母的心迹，也对他寄予唯一的希望。他虽然对妻子不满，但为了蒋氏祖宗，也为了母亲的苦衷，加上福梅也实在贤惠，在这短短的几天里，不想再违拗母亲和妻子反目，扰乱自己出国前愉快的心情，就真的夜夜和福梅同床。像过去在宁波时一样，谈谈说说。喜怒无常的蒋介石这些天完全沉浸在喜悦的闺房之乐中。

就在临行前一夜，毛福梅高兴地整理行装时，为了表示自己对丈夫真心诚意的支持，就捧出首饰匣。挑出当初蒋家作为聘礼的两件饰物，要蒋介石作为纪念藏在身边，如有急用也可以拿去抵当，蒋介石看到匣内还有无数珍品，想到自己去日本五年，除了生活，加上种种活动，还需要不少费用，就毫不犹豫地认为妻子的积蓄也就是他的财产，便向妻子提出，而且狮子大开口：“我当然需要钱用，你把这匣首饰全给我，将来我一件不缺归还给你。”

毛福梅被蒋介石的贪婪和恣意的举动怔住，她为突然失去娘家的陪嫁和夫家的聘礼，也是她本人全部财富感到怏惶急和肉痛。可是又不敢违抗丈夫，万一惹恼了他，就难免在临别前大吵一场。她只得勉强点头答应，也希望丈夫远在外国，看到这些首饰就会想起她，不再辜负她的一片挚爱真情。

蒋介石在亲人们热烈的欢送下，再一次踏上远去日本的旅程。

二九　回国探亲

蒋介石离家后三天，娘舅孙琴凤就从宁波赶到溪口来，慎重地从小籐箱里拿出毛福梅的首饰匣，交给王采玉。

“你儿子到宁波来向我辞行，托我把里面的几件首饰去抵押兑换，我一问是福梅的私蓄，就不许他兑换，另外给他一笔钱。这匣首饰我就带回来还给福梅，请她看看有没有缺少。”

王采玉这才知道媳妇把她的全部私蓄都给了儿子，立刻叫来福梅，当着琴凤娘舅的面，将首饰匣还给她。孙琴凤对毛福梅的贤德贤惠，十分称赞，王采玉也向这位异姓兄弟的慷慨相助道谢不已。毛福梅双手捧着这只丈夫从自己手里拿走，以为从此不会再回还的首饰匣，既感激琴凤娘舅，却又为没让丈夫拿去而感到歉憾和不安。她回到房里，打开匣盖，凝望着匣里一件不缺的首饰，想起蒋介石临别前对自己的温情，如今又将她撇下，而且退还可以缅念夫妻之情的纪念物，不由得内心一阵空虚，辛酸地泪水直流。

王采玉送走了孙琴凤，来探视福梅，从媳妇奉献全部私蓄这一行为上，使她欣喜地感到儿子与媳妇在这短短的半个月中非但和好，过着正常的夫妻生活，而且比以前亲密。她爱抚地握着媳妇的手，慈祥地望着善良的媳妇，情不自禁又是感谢又是祝愿。

“福梅，好心有好报。”她千句万句并一句，“你孝敬长辈，顾全婆家，一定会子孙满堂，老来享福。”

婆婆虽然没有明讲，但话中包含着早日抱孙的殷切希望。毛福梅也为自己成亲五年还没有生儿育女而感到愧恧，她也多么希冀这次夫妻团聚能给蒋家带来更大的喜讯。

一个月过去了，两个月过去了，却毫无动静。婆婆失望了，媳妇暗暗伤心。更使她们焦虑的是蒋介石去日本后，只在进日本军校时寄来一封报平安的家信，而且和过去一样，只字未提毛福梅。

蒋介石和张群一起到达日本东京后，一时进不了士官学校，按规定先入士官预备学校——振武学校，张群也改学炮科。振武学校的校址在东京牛迅区。和蒋介石同一个班的另三个中国学生，两人是袁世凯的亲戚，另一个是保定军校主任的亲戚，平时和他并无往来。他们对这个剪掉辫子的青年冷眼看待。蒋介石除和不同班的张群交往外，是少数中国留学生中最孤零零的一个。他沉默寡言，安心求学。除了在课堂里攻读课本外，还在图书室里阅读有关军事知识的书籍，同时还天天看报，了解世界大事特别是中国的时事，在报纸上获悉他敬重的秋瑾女侠在绍兴主持徐锡麟等创办的大通学堂，女学生都练习兵式体操，并编成女国民军。到了秋天，他又惊悉秋瑾因徐锡麟起义事败，清兵围困大通学堂，秋瑾不敌被擒，在轩亭口下就义。蒋介石面对这噩耗，捶胸顿足，睚眦欲裂，他再也不能安心读书，便趁假日外出，去找留日同学和同乡。他见到了在警监学校就学的周淡游，周淡游又介绍警监的同学陈其美。

陈其美又名英七，湖州人。父亲从商，要儿子到湖北善长典当铺内当学徒。他弟弟其采进日本士官学校，毕业回国后鼓励其美到上海，一面在一家经栈当会计谋生，一面广交朋友博览新书。三年后他弟弟任湖南新军统带，资助陈其美进日本东京警监学校，并加入孙中山先生创立的同盟会。

比蒋介石早两年由浙江武备学堂保送进东京振武学校的黄郛，虽曾在学校里见到过蒋介石，但非同届就不相往来。黄郛和一些学习军事的留日学生如李烈钧、阎锡山、张群等加入同盟会，由他掌管名册。在陈其美介绍蒋介石入会后，黄郛因蒋介石是浙江同乡，又是同学，加上志同道合，就引为知己。不久，由蒋介石提出，和黄郛、陈其美等三人义结金兰，是他在家乡结拜的文武两邦盟兄弟外，又多一个革命党异姓弟兄，他们三人还誓约“安危他日终须仗，甘苦来时要共尝”。不久，孙中山先生到日本，在陈其美的推荐下，引见蒋介石。蒋介石第一次见到这位闻名已久、万流钦仰的同盟会总理，心潮澎湃，激动万分。第二年，陈其美接受回国筹划反清起义的任务。蒋介石为了让母亲释念，也为了向亲友们炫耀，特地穿着振武学校作为制服的军装，拍了一张照片，而且印了很多张托陈其美带回中国，分赠给亲友。在照片后面还题上一首诗：“腾腾杀气满全球，力不如人肯且休；光我神州完我责，东来志岂在封侯?”照片上他那端介庄重的表情，显示出青年军人的英武神采，音韵律铿锵的诗句里充溢着豪迈胸怀和革命激情。

王采玉从宁波琴凤舅舅那里转来儿子的照片，和媳妇俩轮流地看了又看，两年来，见不到蒋介石本人，只有在想念中、睡梦里朦朦胧胧见到。母亲的印象中儿子总是顽劣、强横，妻子的脑海里丈夫始终是凶狠和冷待的表情，现在这张照片看上去比以前年轻、谦和与持重。她们不明白那首诗的意义，便请带来丰镐房的陈志坚一句句解释，毛福梅一听到诗首“杀气腾腾”四个字，心里不由得一阵寒栗，眼前立刻浮现丈夫过去对自己的神态，婆婆将照片交给她，拿回房里，一次一次细细观看时，又是欣慰，又为丈夫的“杀气”而忧心忡忡。

蒋介石在陈其美回国后，成为同盟会里的中坚分子，将留日的陆军学生组成的“丈夫团”，后改名为“丈夫成城团”，表示“留日丈夫，众志成城”的雄心壮志。他又为了专心研究军事学术，由黄郛创办，他负责主持出版《武学杂志》，也就是“丈夫成城团”的言论机关。

两年后，蒋介石在振武学校毕业，和张群等其他十五位留日同学，以士官候补生名义分配到新潟县高田野炮兵联队入伍见习，蒋介石和张群分别隶属于高田十三和十九联队。当时，野炮兵联队的师团长是以美髯著名的长冈外史，联队长是飞松宽吾。他们对留日学生特别严格，企图从中选拔可以造就的军事人才为己所用。有一个和蒋介石同一联队的留日学生阎聚珍，聪明活泼，又会唱日本流行的俗歌，对老师唯唯诺诺、卑躬屈膝，和日本同学相处时轻佻油滑，奉承讨好，甚至不惜作出种种丑态，引人发笑，不多时便受日本师生喜爱，因此免除不少劳苦工作。蒋介石完全相反，他终日沉默无言，在课堂上埋头读书，课后也不与日本学生来往。在日本师生的目光里，他是一个不受人注意的孤僻而无才能的青年，谁也看不出他竟是同盟会的中坚分子，在校外十分活跃。到了冬天，新潟县特别寒冷，积雪深达半丈，日本学生在营房里烧火取暖，阎聚珍为大家歌舞取乐。唯独蒋介石像平时一样，一早出操，在隐蔽处独自练功，还用冻得发僵的手，将冰雪刷马；每晚饭后，别人上床，他还在昏暗的马灯下，细心地刮去靴上的污泥。阎聚珍常常挖苦他，自讨苦吃。他却严肃地回答：“将来上战场，当十倍苦于今日，我们是军人，区区苦楚，称不得什么。”

陈其美回到上海后，在马霍路德福里一号挂出一块“天保客栈”的招牌，接待浙江各府革命党人，表面上是一批来往客商纵情声色的娱乐场所，暗中却是秘密机关，共商起义大计。在日本的蒋介石，介绍他的盟兄弟王恩溥参加同盟会，协助陈其美从事秘密活动，偷运枪支弹药。为了避免检查，雇了一只乌山船，船上装满嫁妆，武器夹在其内，王恩溥的妻子扮作新娘，从上海运往宁波。可是不久即因被判徒刘师培出卖，天保客栈遭到破坏，张荣被捕，陈其美和周淡游幸未遭难，但革命党的活动陷于困境。然而他并不气馁，还积极地培训军事人才，准备武装起义。他从北方请来爱国武术家霍元甲，在宗仰和尚的周旋下，由犹太富商哈同的妻子罗迦陵出钱，在南市成立“精武会”。名义是体操学校，实际是教革命党人学习拳术，学成后再向各处传授，扩大武装队伍。

在日本的蒋介石闻讯，奉同盟会首领之命，以探亲为由向联队请假，悄悄地回到上海，协助陈其美起事。不料霍元甲被日人暗害，中毒暴卒。陈其美借精武会培养武装的计划就未能实现。为了将力量暂时转移到浙江，便由蒋介石借回乡探亲为名，私运军火到奉化，同时在奉化一带扩大武装队伍。于是和王恩溥一起，用乌山船装了一船西瓜，西瓜内嵌满子弹，王恩溥和蒋介石扮作商贩，押货驶向大桥。奉化大桥这边有“剡山王”陈泉卿等结拜兄弟接货，再转运到新昌嵊县。安排定当后，蒋介石抽空回溪口探望母亲。

王采玉事先没有得到蒋介石归国回乡的音信，怀念已久的儿子突然出现在眼前，说不出有多少惊异和悲欢。毛福梅更是掩饰不住内心的欢愉，抹不尽因奋兴而流出的泪水。母亲忍不住伸手抚摸已经高出他一头的儿子的双肩和臂肘，无限挚情地凝视着儿子的眉目和面庞，笑着埋怨蒋介石不该忘了娘亲忘了家。作为妻子的毛福梅理应比别人更亲热、更欢乐，但她始终静静地伫立一旁，挂着欢迎的笑容，压制内心的欢欣，却又犹豫地不敢上前和分离两年的丈夫亲近。谁都以为蒋介石这次回乡来度暑假，至少要有一个月留在家里与家人团聚。可是蒋介石对自己此行的秘密只字不提，一开口就一本正经地回答因有公事要办，只能在家吃一顿午饭，就要到别处去。王采玉知道儿子的脾气，还是那样倔强和任性，她也从来不阻挡儿子的正当行动，便一边责怪儿子过于匆忙，一边叮嘱媳妇赶快去烧儿子在日本吃不到的干菜肉和烤芋艿，毛福梅自己也说不出这时的心情，又是兴奋又是失望，不知道是喜悦还是凄怆。她心急慌忙地烧菜，不敢耽误丈夫的行程，可是心里又多么希望丈夫能在家里多留些时间。

吃饭时，母亲向儿子问长问短，知道儿子在日本吃苦耐劳，既肉痛地表示怜惜，又赞许儿子的刚强和毅力，而且看到儿子在举止谈吐上比以前稳重和谦抑，更感到欣慰。毛福梅一直不敢插嘴，心里只巴望丈夫能留下，她两眼望着婆婆，趁老人停嘴之际鼓足勇气用商量和恳求的口气，结结巴巴地提出：“在日本太苦，趁此在家里养养身体。”“是啊！”王采玉同意地接口，“至少住半个月，我们母子团聚，夫妻团圆。”老人多么盼望儿子留下，更希望能为自己生个孙子。

蒋介石因为“剡山王”他们正在大桥等着他，而且他这次秘密活动绝不能暴露，也不能让家乡的人发现自己与私运军火有关。要不是为了母亲，他绝不会回溪口，哪里可以多住几天，耽误大事。他立刻沉下脸，责怪地对毛福梅瞅一眼，怨恨她多嘴，不识时务，也懊悔不该来和她见面，可是在母亲面前，不便发火，也不回答是不是留下，只推托地说一句：“我到别处去了回来，再来溪口。”说罢，匆匆扒完最后一口饭，脸也不擦，向母亲叩头告别，头也不回，转身离开。

毛福梅没有相送。她知道丈夫不喜欢她送别，只能恻然地望着蒋介石背影消失，然后缓慢地收拾丈夫吃过的碗筷。婆婆明白媳妇这时的心情，婉言安慰：“他说还要来，下次来了一定要他多住几天。”

蒋介石却没有再来。毛福梅足足等了十天，一颗日日夜夜热切等待的心，一天比一天心灰意冷。

三〇 蒋经国出世

蒋介石并没有回日本，他从奉化回到上海后，被陈其美留住。因为离暑假没有多少日子，不必返回日本联队，索性在国内过完夏天，帮助陈其美筹划起义工作。他在上海没有固定住址，“天保客栈”已被破坏，其他几位同盟会会员的家也有所不便，最后就住在同去日本学工程的林绍楷家里。蒋介石为了与王恩溥联络，来往于上海与宁波之间，每到宁波，总要去琴凤娘舅的木行借宿。

琴凤娘舅知道蒋介石夫妻不和，又长期在外，难得相会，他的异姓姊姊王采玉也常为媳妇久婚不孕而叹息，便乘荐介石在上海居留之际，暗暗通知溪口丰镐房。

还为儿子一去不返而忧闷的母亲，得到儿子未回日本而逗留在上海的音讯，认为机会难得，便主张和媳妇一起赶到上海去，让小夫妻有一个短暂的团聚。只是毛福梅害怕与蒋介石相见。自结亲起的八年中，丈夫一直对她冷待、歧视，难得他高兴时有短时间的亲热，然瞬息间就莫名其妙地转喜为怒，变爱为恨，把百依百顺的妻子当作冤家撇在一边，这次去日本两年，好不容易见面，又不愿意在家里过夜，而且一去不返。如今婆婆要她到上海去寻找，真使她感到为难和畏怯。上海是五光十色、香迷千里的繁华之地，车水马龙、华洋客商云集之处。像她那样从未见过世面的乡下小脚女人，到了那边，仿佛灶神老爷走进大雄宝殿，被人笑话。本来就已厌弃她的丈夫，怎么肯让她这样一个愚笨、难看的老婆在众朋诸友前露面，岂不要使他坍台、丢脸？毛福梅越想越怕，就婉言拒绝婆婆的好意。

王采玉知道媳妇的思葸心情。可是抱孙心切的婆婆为了能实现她终生唯一的心愿，就固执地一定要毛福梅去上海。

“你不想去，我也要你去。我知道你心里害怕，我亲自陪你去！”她说得斩钉截铁，显示她的决心，“千错，万错，是我儿子错，我心里明白。千好，万好，你媳妇好，我也有数。福梅，你一直孝敬我，就再听从我一次。你尽管胆大到上海去，一切由我担抬。如果我儿子对你不好，我会骂他打他！你不肯去，就是你的不是！我已经说尽好话，难道要我做婆婆的对你叩头求拜？”

毛福梅看到婆婆既慈蔼又严肃的神态，听到她又坚决又恳切的请求，就再也无法回绝，只得勉为其难地颔首答应。

王采玉想得很周到，她从来没去过上海，不知道儿子的住址在东南西北，一对乡下婆媳踏上“马路如虎口”的上海，不被压死也要吓死。她更考虑到蒋介石的强硬脾气，除了自己压服外，还需要有一位蒋介石平时尊敬和信服的长辈去说服他，才不会恣意任性，倔强反抗，于是带口信要女儿瑞莲来看管丰镐房，婆媳俩先到宁波，请琴凤娘舅作伴一起去上海。

孙琴凤认得林绍楷，也知道林家的地址。他们到达时，蒋介石正好出外去陈其美家，林绍楷知道是蒋介石的母亲与妻子来临，不敢怠慢，立即请入蒋介石房间，再和琴凤娘舅一起商量如何安排。

毛福梅见房内杂乱无章，地上有纸片，桌上书成堆，连床上的棉被也没叠好，就连忙要来扫帚、抹布，打扫房间，当她正要把丈夫换下的脏衣拿去洗刷，蒋介石恰巧回来，一脚跨进房门，看到她们，顿时发呆。

毛福梅见了丈夫，吓得倒退一步，畏缩在婆婆身后，王采玉便先声夺人地开口反问儿子：

"你在溪口时，说好就回家，我等你不来，心里不放心，就带福梅来寻你。"她将一切责任推在自己身上。

蒋介石对母亲素来是五分敬重、五分畏惧。老人吩咐不敢公然违背，只得唯命是从。可是一见到毛福梅，又不由得头里发涨，心里冒火。他明白她们的来意，便借口推辞。

"你们既然来了，就多住几天，在上海白相相。"又把话一转，"不过，我们住在绍楷兄家里，人多不方便，我把房间让你们住，我到别处去安身。"

孙琴凤立在门口，双手一拦，笑着解释，"我已经和林先生商量好，你阿姆另外有房间，你和福梅难得团聚，安安心心多住几天，听到吗？难道我娘舅面子也请不动你？"

母亲的威严和娘舅的情面，使蒋介石虽然厌烦，也只得忍住，同意住下。琴凤娘舅为了能促成好事而高兴，就掏钱从附近状元楼叫了几样宁波菜，在林家客厅欢欢喜喜吃一顿。他点的都是宁波名菜，而且还讨个吉利口彩：如预祝早生贵子的海瓜子、清炒蛏子，还加了含意如鱼得水的酸菜大汤黄鱼。蒋介石虽然吃得津津有味，但总感到不能满足。他举着筷对大家说："我在日本两年，吃不到家乡菜。尤其是梅干菜烧肉和红烧芋艿、焙米羹，就是给我天天吃，我也吃不厌。"

"啥人叫你一回溪口，屁股没坐热就走。"母亲埋怨儿子，又故意把媳妇抬出来，"福梅知道你喜欢吃，你不在她不烧，你一到她就搬出来，可惜你总是只吃一两顿就走。她的一番心意，就常常落空。媚眼做给瞎子看。"

蒋介石不无歉意地望望妻子，毛福梅又像委屈又像被人称赞而感到羞惭和欣慰地低下头。

"我关照用人，"林绍楷兴高采烈地附和，"从明天起，天天到小菜场买芋艿、梅干菜。"

"这是奉化土产，别的地方买不到，烧出来也不好吃！"王采玉又故意在儿子面前抬举媳妇，"福梅想得周到，这次都带来了，足足可以吃半个月！"

林绍楷趣笑蒋介石："介石兄，你真是好福气啊！"又荣奉福梅，"我也可以饱口福了！"

有了这一顿饭的和谐欢乐气氛，夫妻俩在夜里同房时，丈夫不再感到难堪，妻子也不会过于局促。蒋介石也想到毛福梅自结亲以来，一直贤德贤惠地顺从自己意思，是因为与表妹的婚事不成，加上记恨在心，就将怨气全出在妻子身上，还无缘无故地在气恼中将她踢成流产。他心里有时也觉得悔疚，对不起受委屈的妻子，可是脾气一来怒火难遏，又把她当作冤家看待。而她在漫长的七八年中，始终如一地想念他、体贴他和依顺他，她无法关心他求学、出国以及秘密活动等大事，然在他身上的每一个生活细节和琐事都密切关注，仿佛她活着就是为了蒋家，把自己的一切都献给了夫家，天下做妻子的都希望得到丈夫的宠爱，而毛福梅更有为蒋家传宗接代的责任。想到这些，蒋介石就不再固执己见，而且在日本经过了三年枯燥无趣和清心寡欲的军人生活，见到能引起情欲的妻子，再也克制不住，就像新婚那样，将还在忐忑不安的毛福梅紧紧抱在怀里。

在以后的一个月里，蒋介石白天和陈其美等人在一起，黄昏时回林家，吃罢由毛福梅烧的合味的菜肴，带了母亲和妻子到上海各处去玩耍，一家三口融融洽洽、欢欢喜喜，享受天伦之乐。只是在陈其美和其他革命党人到林家来拜访蒋母，要见见嫂夫人时，毛福梅在这些新派青年面前，自惭形秽，自知鄙愚，不免局促，惶恐中有时举止失措，甚至连话也说不清楚，这便引起蒋介石不满，认为她在朋友前有失他的体面。也有人在背后议论，这一对夫妻并不相配，更使他怏怏不乐，就忍不住向毛福梅发火。好在有母亲在旁阻止和管教，加上毛福梅百依百顺地处处忍让，总算没有发生吵闹。

暑假期限将满，蒋介石也久住生厌，对毛福梅也越来越冷待，连吃梅干菜烧肉和鸡油烧芋艿也感到无味，便借口日本联队纪律严格，必须提前归队。王采玉希望儿子能多住些日子，可又不敢耽误他的前程。毛福梅和丈夫相处虽然仅仅一个月，可是长期离别后的短暂相聚，对她已是心满意足，她还担心丈夫喜怒无常的脾气最后要发生不欢而散，使这难得欢乐的日子又蒙上令人痛苦的阴影。

蒋介石在送别母亲和妻子后，搭船去日本。

王采玉婆媳回到溪口丰镐房，在亲友面前总是夸奖儿子如何孝顺、夫妻多么和睦，可是心里却埋藏着难以启齿的心事。她不时地关心毛福梅的起居饮食，又暗暗注意媳妇的身体状况和异样的反应。

一个月过去了，王采玉才接到儿子从日本寄来的信，她连忙请女婿竺芝珊阅读，信里还是一句也没有提到毛福梅。敏感到小夫妻在上海这段日子里并不是像她想象中那样和睦亲热。老人她不禁心寒，希望之火开始幻灭。当她迟疑不决地把信送到媳妇房间去时，发现毛福梅伏在桌上，痛苦地在出声呕吐。她惊惶地以为媳妇生了病，在急切询问以后，毛福梅才羞涩地告诉婆婆近日来生理的变化和反应，王采玉顿时喜出望外，媳妇果然怀孕了。

“皇天不负苦心人!”老人合掌，对天祈告，又高兴地对媳妇说，“丰镐房祖宗积德，你又贤德贤惠，好心自有好报，我们丰镐房一定人丁兴旺，飞黄腾达。”这是老人对下辈最高的赞赏。

从这天起，王采玉因毛福梅曾经流产，怕这次又会有意外，就要媳妇小心保养身体，不许她再做繁重的家务；还要女婿竺芝珊告诉女儿瑞莲，到丰镐房来帮忙。瑞莲也一直希望哥哥能有后代，姑嫂之间的感情也很和好，在得到她自己公婆的允许后，便一直住在娘家。王采玉还派人去岩头通知亲家。毛鼎和夫妇知道结婚八年多的女儿，意外地果真有了喜讯，就马上要儿子毛懋卿带了个女佣人到溪口，留在女儿身旁，一直服侍到产后。母亲急于把喜讯告诉远在日本的儿子，又怕会使儿子分心，便请女婿用暗示的口气透露消息。信寄出两个月后才得到回信，上面说得明明白白：要福梅保养身体，分娩后如获麟儿，立即示知。寥寥数语，令毛福梅又喜又忧。喜的是总算得到丈夫关怀，忧的是他明确地声明必须为他生个儿子，否则不必去函。这对于毛福梅，除了腹中怀孕的喜悦外，又增添了无法摆脱和解决的沉重的心事。

王采玉也巴望有个孙子，为蒋氏门中传宗接代，也不会因丰镐房没有子息而被蒋介卿霸占财产，可是生儿育女的事谁也不能做主。她就将这心愿寄托给菩萨身上，于是她要媳妇和自己一起，天天在佛像和报本堂祖宗灵位前求拜外，每逢初一十五她总要单独上雪窦寺，向蒋氏摩诃太公的师父弥勒佛和送子观音上香许愿。毛福梅眼见分娩日期渐渐临近，她的心情也一天比一天紧张和焦虑。生男生女是她能否扭转夫妻之间感情的关键，也是她在蒋家地位是升是降的起点。成亲后整整九年，没有为夫家生下一男半女，亲友乡亲都不了解丈夫和她感情不合，也不知道她曾悄悄流产，谁都要对她猜疑、歧视甚至流言蜚语，连娘家的父母也觉得难堪，没脸上门,老夫妻俩只有在岩头暗自着急和叹息。如果这次不生儿子,非但会空欢喜一场,甚至更要遭到丈夫厌恨和旁人的奚落,以后在溪口更难做人。

从前为蒋介石接生的昭仁婆婆,自己年纪已老,就特地请来一个年轻的接生婆,提前一个月到丰镐房。老年人有经验,说毛福梅今年已经二十九岁,女人到了三十生孩子,因骨盘散开,容易难产。因此一定要作好一切准备,接生婆甚至郑重其事问婆婆:万一难产是保小囡还是保住产妇。王采玉毫不犹豫地回答:产妇要紧!传到毛福梅耳里,她眼泪汪汪求告婆婆:“保住小囡,我死也瞑目!”

宣统二年农历三月十八日,毛福梅在前一夜就开始肚痛。昭仁婆婆和接生婆,还有曾喂蒋介石“开口奶”的胜坤娘和唐兴坤糕饼店文才娘,一早就赶来。瑞莲和同父异母的姊姊瑞春也在丰镐房过夜。大家都为蒋介石能有后代而高兴,又为毛福梅是否难产而担忧。竺芝珊还备马等候,可以随时随地到县城去请医生救急。

直到中午过后,产妇因阵阵肚痛而号叫,叫声传遍整个丰镐房。王采玉急得头昏颠倒,六神无主,只有跪在佛像前,连连求告:“大慈大悲,大慈大悲!望我媳妇平平安安!我王采玉来世做牛做马,报答菩萨!”在听到毛福梅发出一声骇人的尖叫声后,戛然而止。王采玉吓得手脚发软,全身冒出冷汗,正要心慌脚乱地爬楼梯赶到产房去时,忽然从楼上传来婴孩响亮的啼哭,接着瑞莲兴奋地迎面奔来,欢叫着向母亲报告:“嫂嫂生了个儿子!阿姆你抱孙子了!”

王采玉从来没有这样激动过,高兴得嘴也合不上,泪水盈眶,又叫来准备去请医生的女婿,赶到宁波去,要琴凤娘舅通知在日本的蒋介石。

很快就得到蒋介石的回信。他在信中向母亲祝贺,又略带一笔慰抚产妇,最后郑重其事地为刚出世的儿子取名。先是奶名,因为他一家居在丰镐房,“丰”“镐”两字出典于西周时代两个帝王——周文王建都丰邑,周武王建都镐京,他便以“建丰”定为他儿子的小名。更重要的是谱名,按照溪口蒋氏世系排列,从二十五世起为五言四句,即“祁斯肇周国,孝友得成章,秀明启贤达,奕世庆吉昌”,他的儿子轮到“国”字辈。他的同父异母的哥哥蒋介卿的儿子名叫“国柄”,“国”字在前。蒋介石任性地偏要倒过来,将“国”字殿后。他读过《左传》,记得书里有四个字,“经纬其民”,还有《国语》中的“经之以天,纬之以地”,就擅自将“经”和“国”两个字合在一起,作为儿子的名字,连名带姓叫“蒋经国”!

三一　衣锦荣归

毛福梅一手抱儿子，一手拿着丈夫来信，回到房里，一遍又一遍地重复读着。她识字不多，不能完全看懂信上的字句，可是只要一读到蒋介石提起产妇的那句话时，虽然是淡淡一笔，她已经深深感动，禁不住紧紧贴住儿子面庞，泪珠晶莹。自结婚以来，她受尽奚落和委屈，伤心地哭过无数次，泪水也哭干了。在漫长的九年岁月中，蒋介石经年外出远行，难得回家一次，不是莫名其妙的冷待，便是意气用事的吵闹，她得不到一丝团聚的欢乐，原来的殷切盼望总成为灰心的失望和懊丧。她与尊严而又通情达理的婆婆，在空旷、破旧而冷静的丰镐房里，过着无数日日夜夜孤独而寂寞的孤居生涯。她白天默默地操劳，夜里静静地独卧空床。她内心空虚，愁怅满怀，无可奈何地以为自己要永远沉溺在人间苦海里。可是谁也没有想到，当她在黑暗的人生道路上越来越绝望地走近终点时，突然出现令人意外的闪光。她已经年近三十，居然养下一个儿子！幼小的生命给阴暗的丰镐房带来光明和欢乐，仿佛报本堂蒋氏祖先的灵位也增添光辉，婆婆尊严的面貌有了笑容，她自己日见衰竭枯干的体躯恢复了青春，而丈夫在信中对她的慰问更使自己对未来充满信心，她抱着儿子，吻了又吻。轻声呼唤丈夫名字，迫切地等待蒋介石早日回来，合家欢聚，从此夫妻和睦，白头到老。

辛亥年十月十日，湖北省武昌城内爆发反清枪声，震撼了中华大地，上海也积极响应，陈其美兴奋地筹划在江浙地区举义响应。蒋介石在日本听到这惊天动地的消息，又接到陈其美的电报，再也压制不下多年来对清朝政府的愤懑，再也控制不住要求推翻封建王朝的激情，宁可放弃学业，决定立即起程回国。可是联队纪律严明，不到假期，留学生不得擅自离开。蒋介石不等联队批准，以请求退职的理由，和张群一起当夜乘船赶回上海。

他于十月三十日到上海，先到城内海防厅去找陈其美。早一年就从日本回国，在清政府军咨府任职的黄郛，也从北京南下赶到上海，参加上海的起义活动。这三个在日本互相换帖的盟兄弟，又聚在一起了。黄郛因在日本振武学校学过军事，便担任以同盟会为主的起义军的总指挥，陈其美组织敢死队，会同李平书的商团，攻打江南制造局，张群也参加。蒋介石在参加攻打制造局后，与负责浙江起义的周淡游联系。周淡游派他和陈泉卿速去杭州，与王金发一起，组织由奉化召募来的敢死队，以待举义。

这惊人的消息传到奉化溪口，全镇骚动，蒋介石为了表示“誓为革命牺牲”的决心，写了一封激昂慷慨的“诀别书”，派人送到丰镐房，王采玉和毛福梅特地去玉泰盐铺请来蒋介卿，一起启读。蒋介卿声音发抖，气急败坏地将信读完，全家震撼。王采玉先是一阵心乱，随即强持镇静、神情肃穆地在报本堂灵龛前点燃香烛，然后端端正正坐在她那张牢靠的木椅上，双目凝视儿子的《诀别书》，脸上露出从未有过凝重而又庄严的表情，默默地思考儿子这一个惊人举动，不知胜败如何，前途难料！胜者为王，荣宗耀祖，万一失败，断送性命，自己辛辛苦苦支撑的丰镐房，要毁在儿子手里，怎么对得起蒋氏祖宗！懦弱而胆怯的毛福梅更是又忧又急，又怕又愁，虽然蒋介石平时待自己不好，作为妻子得不到一丝温情和一分关心；在结婚之后，见面时少，分离时多，即使难得相聚，也如同陌路，而且还断了娘家路，见不到双亲，但他毕竟是自己丈夫，出嫁从夫，再坏也是终身依靠，万一蒋介石战死，自己将成为受人卑视的寡妇，自从养下儿子后，丈夫还没有见过。去年听说蒋介石曾悄悄回国，也到过奉化，但没有露面，就和王恩溥一起去上海。现在儿子刚满周岁，难道就要成为孤儿？她的心像悬在半空，怕得浑身发抖，她偷偷地取出丈夫从日本寄来的那张照片望着。她不能像婆婆那样镇静，便魂不守舍地抱了儿子跪倒在蒋氏祖宗灵位前，一声声祈求祖先保佑丈夫平安归来，父子见面，夫妻团聚，自己就是变牛变羊，再受千百倍苦辱也心甘情愿。

蒋介卿从信里得知蒋介石带起义兵，攻打杭州抚台衙门，他既不为兄弟的安危担心，也不关心这次起义是胜是败，却气吼吼地指着王采玉责骂！

“你养的杀胚儿子，平时无法无天，没爹娘教训，今天竟从日本赶回来带头造反，攻打清朝衙门！这明明是鸡蛋碰石头，非但他人头落地，还要满门抄斩！丰镐房要断子绝孙！我蒋氏门中祖宗十八代要倒在你娘俩手里！你儿子是不是该死？”

王采玉也担忧着起义的胜负和儿子的安危，这时正需要安慰和鼓励。可是蒋介卿的恶言咒骂，倒使她满腹愤慨，为儿子不平。然而她竭力忍住气，挺身立起，鄙夷地对蒋介卿睨视一眼，回过头去望望被吓得面无人色瑟瑟发抖的媳妇，正色地教训。

“男儿报国，死就死，何用忧虑！”

蒋介卿听出王采玉虽对还在哭泣的媳妇，实在是回答他的恫吓和谩骂，她那大义凛然的神色和识深虑远的言语，显示出一个母亲的恢宏心胸和无私无畏的气魄，毛福梅也悄悄抹干泪水，与儿子相依相偎。蒋介卿在这两个妇女面前顿时感到自己已变得猥琐和可笑。他只得轻轻冷笑一声，狼狈离去。

接着，四亲八眷、左邻右舍，都闻风而来。至亲近邻进屋来探询和慰问，大多立在门外，朝里探望和窃窃议论。为蒋介石接生的昭仁婆婆比王采玉更焦急。给介石喂开口奶的胜坤娘一边劝慰毛福梅一边自己流泪。王采玉倒过来安慰她们，还要媳妇送茶倒水。直到傍晚，宁波木行的琴凤娘舅骑马到溪口，兴高采烈地向大家报讯：有人亲眼看到蒋介石身穿军服，和一位女将尹统志一起攻打西辕门，遭到清兵抵抗。女将搬来竹梯，跃上辕墙，生擒抚台增韫，蒋介石奔上城楼，挥舞起义白旗，实现他从小就想做大王和登台拜将的美梦。

孙琴凤继续讲：杭州光复，宁波也立即响应，老实的奉化知县更不敢抵抗。蒋介石率兵连克三城，不是在杭州当都督，便担任宁波军政府要职。可是亲邻们都希望这个奉化出生的“大将”衣锦荣归，荣任奉化县长，由顽劣的少年郎一变为衙门里的父母官！将过去欺侮他的恶人统统杀头，至亲好友可以一个个封官加爵，为蒋家光耀门庭，全镇光荣。

不料，两天以后，蒋介石的结拜兄弟王恩溥提前赶到溪口来报讯，说奉化知县准备大开城门，迎接“革命军”。蒋介石率领一部分军队，在进奉化县城前，先到溪口来拜祭祖宗和探望娘亲。

王采玉听到了她生平最大的喜讯，儿子为了推翻清朝，到日本去苦练武功，这次特地赶回来参加“光复”，经历艰苦奋战，非但安然无恙，还成了浙江“光复”的开路先锋，旗开得胜，衣锦荣归。她前几天面上镇静，肚里担忧，现在搁在心里的一块大石头落了地，真是喜不自禁，满怀兴奋，立刻从私蓄里拿出一些钱，要竺芝珊去挂灯结彩，杀猪宰羊，为儿子接风庆功。

毛福梅比婆婆更为高兴，也更多一分忧愁。丈夫非但死里逃生，而且凯旋而归，回到丰镐房，阖家欢欣。蒋介石第一次见到儿子，一定十分高兴。然而她仍心事重重。她担心无情的丈夫如今功成名就，地位高升，是不是会比过去更鄙视、更厌弃她？她暗暗地拜佛祈神，默默地希冀蒋介石见到了儿子，能回心转意，从此对自己重生夫妻恩情。忧愁和希望在她心里纠结一起，使她忽忧忽喜，有时欣慰，有时焦虑。

婆媳俩迫切期待的时刻终于到来。王恩溥和剡山王陈泉卿带了他们的一帮结拜兄弟，到镇口去迎接。王采玉特地从宁波请来孙琴凤娘舅当总管，还要两个女婿竺芝珊和宋运周来帮忙，经办庆功宴。她自己的两个弟弟贤巨和贤裕虽不成器，也总算是儿子的嫡亲长辈，非请不可，然也担心他们痴痴癫癫，上不了场面，便一起将她的两个堂兄贤栋和贤甲接来，帮琴凤娘舅办事。她还想到岩头的毛家。蒋介石身登龙门，理应亲自向岳父母报喜，可是过去的老师毛思诚和她表兄陈春泉早就派人到岩头毛家报喜，丈人毛鼎和与一言不发的丈母娘暗中派儿子毛懋卿跟陈春泉一早赶到溪口来。他们在丰镐房门口遇到昭仁婆婆和胜坤娘，互相高兴地行礼道喜，由王采玉亲自迎接进去。

长辈至亲都到齐了，单少了蒋介卿。王采玉明知蒋介卿一直和丰镐房作对，把介石当成眼中钉，前不久还当着众人面咒骂介石要人头落地，如今蒋介石居然打了胜仗，说不定还要高官厚禄。他有何面目进丰镐房？可是她出于礼教，也表示自己宽大为怀，还是派竺芝珊去玉泰盐铺报讯。

蒋介卿早就知道蒋介石“光复”浙江有功，此次回家要光耀门第、扬眉吐气。自己过去对这个异母兄弟百般压制欺凌，甚至掠夺遗产想逼他母子走上绝路，种种劣迹，路人皆知，气短、暴烈的蒋介石当然怀恨在心，决不肯饶恕，说不定一见面就会报复，如果避而不见，就要引起乡邻讥嘲，更会使介石母子记恨。他心里实在不想去，可是被逼得不能不去。正在左右为难之际，王采玉特地来请，只得硬硬头皮，端正衣冠，前去会见冤家对头。

蒋介石带领人马，来到溪口，要剡山王陈泉卿引了一队士兵，率先到达丰镐房，在大门口列队示威，自己骑着高马，身穿军装，腰佩手枪，身后跟随百来个敢死队队员，浩浩荡荡，威风凛凛，直往家门。

一路之上，蒋介石昂首挺胸，左顾右盼，踌躇满志，得意非凡；他想起自己的童年时代，常常带领邻居和同学们，在空地的一块大石上，手执树枝，自称“大将”，要“小兵”们听他指挥，练武打仗，街坊邻居和至亲好友都称赞他将来一定是个统率军队的武将。今天，自己的志愿和梦想居然成为事实，好不得意和自豪。他还记得过去有多少次，自己受了委屈，或者在与别人搏斗时遭到惨败。如为了要夺回被光棍地皮阿毛霸占的田租，竟被恶徒们在棺材店门口打得头破血流，逃窜回家，几乎无颜踏进丰镐房大门。又如为了拒交皇粮，被衙门抓去，关押受刑，狼狈而归；加上结亲之日逃婚，做女婿被丈人赶出门，等等，这一桩桩事情使自己在四邻八乡出了丑名，丰镐房的独子皇孙成了没有出息的闯祸胚、败家子！多少年来他一心要出口冤气，挣回面子，今天，瓦片终于翻身，鲤鱼跳进龙门，仅仅参加几天的浙江光复，打了一场小仗，就变为煊赫一时的大将军，高官厚爵，衣锦荣归，带领兵马光耀门庭，为丰镐房增光，为娘亲争气！他骑在马上越想越高兴，庄严威风的大将脸上，掩不住出自内心的笑痕，越走近丰镐房，心跳得越快，头脑发涨，仿佛全奉化的人都在迎接他。

聚集在丰镐房里至亲好友，听到通报，纷纷要赶到门口去迎接，王采玉连忙阻止。

“你们都是我儿子的长辈，天下哪里有长辈在大门口迎接小辈的道理?”她只要瑞莲、瑞春姊妹和两个姊夫出去。毛福梅也想跟随出门，可又害怕丈夫会像过去一样对待自己，在众人面前令她难堪。她婆婆更知道儿子犟硬脾气，担心他又会像当初拜堂那样把一场高高兴兴的喜事闹得满城风雨，她便要媳妇留在自己身边，有她这座靠山，不会发生意外。

蒋介卿惶悚地走近丰镐房，只见大门口已拥挤着不少看热闹的乡邻和蒋介石的平辈们。他悄悄地躲在人群后面，等蒋介石来到时，露一下脸，窥视对方神色，万一不对，拔脚就溜。

蒋介石率领队伍，离家门两丈多远，就翻身下马，昂首阔步地朝挂满灯笼的门口走来。大门两旁列队的士兵，持枪敬礼。在门口迎接的亲友乡邻，有的招手，有的欢呼，但大都被这个从小恣意蛮横、自称为王的军人赫赫威风所震慑，不禁目瞪口呆。可是蒋介石见到亲邻，竟和蔼地面带笑容，频频点头，在环顾时瞥见躲在人丛中的蒋介卿，也出人意外地微微一躬，显得自己宽宏大量，然后亲切地挽着姊妹的手臂，一起缓步进入丰镐房。

王采玉等蒋介石一踏进门口，她就在祖宗灵龛前上香，自己肃立在祭台旁，向儿子指点，先对祖宗的灵位下跪叩头。随后是几位舅舅、远房的叔伯，以及族里的长辈，和接生的昭仁婆婆、喂开口奶的胜坤娘，最后才轮到自己。当儿子向她跪下时，琴凤舅舅在一旁教导：“介石，你要对你娘多叩几个头！听到你领兵攻打浙江，别人都为你胆战心惊，只有你娘深明大义，说‘男儿报国，死就死，何用忧虑’！如今你凯旋荣归，你娘有功！”

蒋介石本来敬畏母亲，今天更为她的嘉言懿行所感动，格外尊重，便伏倒在地，叩头不已。王采玉眼见自己的独养儿子，多少年来因时时闯祸作乱而遭人非议和蔑视，今天总算出人头地，扬眉吐气，非但蒋门祖宗有了荣耀，自己脸上也有光彩。过去的千万苦难，换来目下的无边欢乐，使老母又高兴又激动，再也压制不住，掩脸而泣。不等亲眷上前劝慰，她蓦地记起一件最重要的心事，张目四望，急切叫唤：“福梅！福梅!”

毛福梅自丈夫进门后，一直躲避在人群后面，抱了儿子，低下头，不让别人发现。她不敢观看丈夫，只知道他向一个个长辈行礼，自己的心一阵阵越跳越急，有些紧张，也是害怕。当听到婆婆叫她名字，几乎吓得一跳，瑞莲姊妹过来，把她推到客堂中央，围在四周的亲戚都望着她，都高兴地笑着。

“介石，”王采玉充满欢愉的声音，故意吩咐儿子，“福梅替你养了儿子，今天阖家团聚，父子见面，丰镐房可真是双喜临门了!”

蒋介石此次回家，一是荣宗耀祖，二是以尽孝心，并没有把厌弃的毛福梅和还未见过的儿子放在心上。现在妻儿突然出现在眼前，不免踌躇。可是在这众人庆贺的欢乐气氛中，在娘亲高兴而又带有告诫的口气下，他不敢违拗，也不好任性，勉强侧过头去，朝毛福梅望一眼。发现妻子的面庞比过去饱满和红润，只是神色惶恐，眸光畏怯，似笑非笑，欲言又止，不知该不该与丈夫招呼。琴凤娘舅忽然说了一句：“福梅，快把儿子交给介石抱!”毛福梅这才被提醒似的，连忙双手将儿子送到丈夫身前。蒋介石急忙接过，笨手笨脚地将肥头大耳的大胖儿子抱在怀里。大家都笑了，孩子却被吓得哇地哭了起来，使二十五岁刚做父亲的蒋介石十分尴尬，不得不将儿子送还给妻子，还表示满意地对妻子亲睦地微微一笑。这一笑使忐忑不安的毛福梅得到莫大宽慰和从未有过的欢愉。

一直躲在屋角的蒋介卿，原来担心这位同父异母的兄弟，过去受到奚落和欺凌，一定要对他趁机报复。没想到在大门口迎接时，不敢露面，而蒋介石竟以礼相待。真是大出意外，受宠若惊。但他还摸不透这位从小专横自傲的“大将”的心意，就悄悄跟随进来，冷眼旁观，见蒋介石向众亲敬礼，亲友们也纷纷向“大将”道喜，自己不该落后，便上前去向弟弟像对待长辈一样跪倒在地。蒋介石一时发呆，蒋母匆忙扶起，他连声祝贺：“介石弟如今登台拜将，成为革命英雄，理当受愚兄一拜。”这还不够，他又以荣奉的口气，讨好这个过去认为没有出息的败家子，“介石弟，你为国争光，荣宗耀祖，是我们蒋氏门中出类拔萃的子孙，我身为长兄，无以为报，惭愧！惭愧！”他张手向四周一指，“这丰镐房建筑多年，是你弟弟出身之地，可是年久失修，过于陈旧，我从玉泰盐铺里拿出一笔银子来，把丰镐房里里外外，修筑粉刷，加上油漆一新，既显示丰镐房豪华盖世，也配得上弟弟高官厚爵的气派！”

骄恣自负的蒋介石并不在乎蒋介卿的奉承讨好，而他仁慈宽容的蒋母为了不得罪任何亲友，就代儿子道谢，心里也认为这是蒋介卿以功补过的小小献礼！

丰镐房为了犒赏敢死队队员和士兵们，摆起十二桌庆功宴，报本堂上正中一桌坐着毛老师、几位亲堂、表舅舅，加上代表岳父的郎舅毛懋卿。等到开席，王采玉就要介石向长辈们一一敬酒，感谢他们栽培之恩，当琴凤舅舅问介石是否在奉化担任官职时，蒋介石连连摇头，还坦然而带有自负的口气回答：“我去日本学军事，加入同盟会，又回国来起义，绝非为了谋取一官半职，我要跟随孙中山，推翻清王朝，做一名举世闻名的武将！”

“好！”毛老师拍桌赞赏，“胸怀大志，前途无量！”

王采玉也同意儿子的志向，只是他难得回家，希望他能多住几天。他原也准备在家歇足几天，孝敬娘亲，可是又想到住在家里，难免要与福梅同房，今天自己已经是声名煊赫的大将，眼前这个容貌平凡、举止粗俗的糟糠妻，与自己更不相配，不但越看越惹气，心里也更嫌鄙。于是，他用个冠冕堂皇的借口推辞，向母亲表白他名正言顺的理由：“我这次是带敢死队弟兄们回乡。他们都是来自松岙、马头、莼湖等地的渔民，今大功告成，要求回家。我请他们吃了这顿庆功酒，就各自散去。我也要回上海，即日带兵出征！”

刚回家就要走，才见面便分离。王采玉为了顾全儿子前程，欣然允诺，还予鼓励。毛福梅好不容易盼到夫妻团聚，还希望因为有了儿子能增添天伦之乐，恢复感情，然而仅仅在庆功宴上匆匆见一面，结婚九年才生下的儿子，他也只是轻轻一抱，就此离去，又要等到何年何月夫妻再相会？阖家再团圆？毛福梅抱了经国，默默地目送丈夫骑马而去，痛苦的泪水滴满儿子的面庞。

三二　露水姻缘

蒋介石回到上海，他的结拜兄弟陈英士已出任沪军都督，任命张群担任都督府军务处军械科长，后又在黄郛任师长的第23师任参谋。蒋介石为沪军第五团团长，他没有带兵出征，而是留在上海，驻居军政分府，帮助都督处理军机。1912年1月孙中山去南京出任临时大总统，宣告中华民国成立，浙江都督汤寿潜被调任临时政府交通总长。于是，这个众人瞩目的肥缺，成为各派“革命党”人不肯放过的饱腹果实。

陈英士当了都督后，白天忙碌募捐军饷和号召人人剪辫，到了晚上，除了召集必要会议外，就拉了蒋介石等心腹到五马路群玉芳去商议重要的机密大事。

群玉芳和四马路的会乐里，是当年上海滩长三堂子的麕集之处。群玉芳有一家名为“香雪楼”的书寓，在上海“光复”前，陈英士自从设在马露路德福里的秘密革命机关天保客栈被破坏后，便潜移到香雪楼来和“革命党”人帮会弟兄们见面活动。香雪楼里有一个名妓叫“凌波仙子”，是陈英士的相好，据说上海光复时，她还出过力。蒋介石过去每次从日本回上海，和陈英士联系，也来过群玉坊。三朋四友聚在一起“打茶围”，吃水果，吸鸦片，不用给钱。逢时逢节的“打唱日”，就开一抬十块银圆价的酒席，四盘四碗和菜边唱边听，在酒醉饭饱之后还“碰和”，只需给“下脚”五枚银圆。今天正在吃“花酒”时，一个身穿短袄衣裤，打扮朴素的“房侍”，双手捧着一大碗宁波名菜咸菜黄鱼汤进房来，蒋介石刚巧抬头，面对面一望，立即失声叫了起来：“怡琴！”

那“房侍”听到有人叫唤她的名字，并不惊异，先将菜放到桌上，然后回眸看到蒋介石，才亲切而欢快地笑着回答：“原来是蒋先生。”她用地地道道的苏州话招呼客人，“好久没看到倷，还记得我呀！”

蒋介石平生好记性，而对这个名叫姚怡琴的房侍，虽只见过一面，她那温馨的眸光，诱人的笑容，使他久久难忘。那是上海光复前一年，蒋介石在日本接到陈英士的信，要他在假期里回上海一次。他脱下日本军装，换上长袍马褂，还装上假辫。一到马露路天保客栈，就见到早已在这里等待的结拜弟兄王恩溥，在陈英士布置下，两人一起到十六铺码头，用舢板船将一些枪支弹药运到宁波，再与奉化党人王金发和已加上“同盟会”的“剡山王”陈泉卿等联络，共商起义大事。当他回到上海，正巧天保客栈因叛徒刘光汉出卖遭到破坏，张荣被捕，周淡游和陈英士逃逸，蒋介石由人带着到南市老北门一家坐落在深街曲巷的妓院“薛衖”去见陈英士，一起商议如何拯救张荣。嫖客中有人识破陈英士，声张起来乱成一片。蒋介石在惶急中不知该怎样脱身。那个名叫姚怡琴的年轻娘姨，故意将酒席泼翻在地，趁众人混乱中，先将陈英士和蒋介石藏在自己房里，再从妓院后门出逃。蒋介石回到日本，还心有余悸，也悔恨来不及向这个侠爽仗义的小娘姨道谢，但她妩媚动人的容貌始终留在自己脑海中，今天意外地重又相见，当然更为亲热和欢欣了。

经蒋介石提起，陈英士也认出了她，拱手寒暄几句后，就与蒋介石交头接耳地商量关于浙江都督的事。蒋介石知道，上海光复是靠上海自治公所负责人李平书领导的商团，同盟会陈英士率领的敢死队和策反清廷新军的光复会首领李奕和。但在争夺沪军都督这一个极权官职时，陈英士利用帮会势力，以手榴弹相威胁，终于出任都督！又因他和凌波仙子的韵事，人们讥称他“风流都督”，李平书从此与革命阵营若接若离。一直与同盟会貌合神离，暗中抗衡的光复会李奕和，只落得一个小小的吴淞都督。如今浙江都督这个肥缺，光复会当然不会放过，由章友炎推荐陶成章出任，而陈英士为了实现他控制浙沪两地的野心，妄想将浙江都督抢到手。两虎相争，必有一伤，他就将这重要的机密任务由他最亲密而足以信任的结拜弟兄去执行。蒋介石默默聆听，连连点头。等陈英士交代完毕，他就忙不迭起身，匆匆忙忙离去，顾不及向重遇的怡琴招呼。

几天之后，将出任浙江都督的光复会首领陶成章在医院里被刺身亡，同时谣传这个暗杀事件的主凶是蒋介石。蒋介石因此在上海不能安身，他的第 5 团团长一职由张群代任，他本人则悄悄地到日本去，办《军声》杂志，直到年底才又悄悄回国。这时，孙中山在袁世凯的胁逼下，被迫辞去临时大总统的职务，来到上海住进哈同花园，撰写《建国方略》。陈英士的沪军都督被解职，蒋介石的团长也随着落空。张群又到日本去继续军官学校的学业。接着，主张先定宪法、后选总统的宋教仁，为了反对袁世凯的复辟阴谋，亲自北上，在上海北火车站遭到暗杀。这是袁世凯向革命党开第一枪！枪声震动了全国人民，激起反袁的高潮。孙中山和陈英士等在同孚路 21 号黄兴家里商议武力讨袁的大计，还要蒋介石跟随陈英士躬赴火线，往来指挥。蒋介石也从军政分府搬到马霍路陈英士家居住，每隔三四天，为了避人耳目，由风流都督陈英士带领他到群玉坊和弟兄们聚会，共商二次革命的行动。蒋介石一次又一次去香雪楼，也一次多一次见到姚怡琴。姚怡琴看到陈英士等都有熟悉的“先生”相伴，而蒋介石却没有一个认定的“相好”，显得孤单和冷落，便主动地大献殷谨，不断送递毛巾斟茶加酒，比时任何客人还要热络亲近。蒋介石见姚怡琴虽然是个比“先生”低卑的“旁侍”，但朴实素淡，比起浓妆艳抹的“先生”来，自有她独特的清秀质丽，尤其是她对自己真诚、亲昵和热情，使他那颗经过多年军人生活磨炼的刚峭的心，引起从未有过的温煦和动情。

七月初七，也就是上海发动武装反袁的前夕，陈英士事先约请刘福彪等当年攻打江南制造局的敢死队一伙青帮弟兄，到群玉坊聚会。蒋介石先一步从马霍路陈寓赶到香雪楼，关照今晚不另接客，还布置酒席，等弟兄们三三两两来到，坐满一台，蒋介石还点曲，要先生轮流伴唱，还特地请姚怡琴唱一曲《四季相思》。他们边喝酒，边听曲，陈英士告诉大家日前在南市高昌庙自来水厂与驻上海的袁军头目郑汝成谈判决裂的经过，并安排向江南制造局进攻的武装力量。正在密谈之际，姚怡琴悄悄进来，向蒋介石平语：“外面有人，行迹可疑。”陈英士旋即向大家叮嘱，各自散去，他自己不敢回家，就在香雪楼留宿，却要蒋介石离开，以免同遭不测。蒋介石苦于一时找不到归处，姚怡琴暗暗拉了一下他的衣袖，轻声邀请：“到我的屋里去，阿好?”

姚怡琴住在西藏路八仙桥一条弄堂里，从五马路过去很近，可是为了避人耳目，就要蒋介石和自己一起坐了书寓的钢丝包车，还拉上车篷，穿过黝暗的永平街，进弄堂，在一幢石库门房子后门停下。姚怡琴引蒋介石上楼梯，拿出钥匙，打开房门。灯一亮，蒋介石发现自己处身在一个朝西的亭子间里。房间不大，家具简单也很陈旧，但收拾得干干净净，一点灰尘也没有。

姚怡琴按照书寓里的规矩先为蒋介石宽衣，再送上一把热毛巾，又双手捧上一杯龙井茶，像贵客一般殷谨招待。

蒋介石趁她忙碌张罗之际，看到排在五斗橱上一张月份牌旁的小照相架，里面整齐地摆着四五张照片，其中一张是姚怡琴与一个中年男子的合影。

坐定后，蒋介石喝了一口热茶，目光惶惑地探问："你家里还有……"因为不知道底细，不能猜测，也不好乱说。

姚怡琴没有正面回答，先自沉长地叹了口气，然后与蒋介石隔桌对坐，眸光忧郁地开始叙述自己身世。

她原名小巧，小时候曾听到她阿爹说起，姚家祖宗在几代以前从安徽逃难到苏州，住在吴县冶长泾河南庄滨郎。父母早死，多亏小叔姚小宝收养，认作女儿。小宝叔原在南桥镇开杂货店，后遭火灾，就转业撑船，来往于苏州与上海。小巧长大，出落得柔婉娇媚、绰约多姿，加上一对能传情的眼睛和一张能说会道的小嘴，惹人喜爱。小宝叔把她视同掌上明珠，舍不得放手，准备为她招女婿成家。离南桥不远的上方港有一个姓沈的人家，务农为本，每年收成养不活三个儿子，就将第二个儿子沈天生给姚家当上门女婿，就改姓姚。他先跟岳父摇船，当船夫苦，日晒雨淋，脚麻手酸，一天下来，买不到半斤酒。"人往高处走"，他就带了小巧到上海投靠他的叔叔沈奇祥。沈奇祥在八仙桥开爿冥器店，挂着"巧玲珑"招牌，除供应办丧事一切物件外，还代雇殡葬脚夫。上海有钱人多，凡喜庆寿丧，都讲究排场，抬一口龙头杠棺材至少要三十六个脚夫。姚天生当了脚夫，几乎天天有生意，叔叔还给他双份。他每天有不少进账，照理小夫妻可以过好日子，不愁吃用，谁想这个好吃懒做的"滥料胚"，白天赚了钱，就到宁波路朝阳楼去吃茶，在王三和喝酒，最后朝燕子窝一钻，将所有的钱塞进烟枪筒眼里，喝醉酒，过足烟瘾后，七撞八跌回家，倒床就睡，姚小宝伸手问他要明天开销，他张开嘴，把小巧吐了一身。小巧埋怨两句，他暴跳如雷，将妻子拳打脚踢，打得死去活来。后来，他为了厌弃"黄脸婆"，难得回家，妻子可以忍受丈夫的虐待，但作为主妇无法摆脱压在身上的生活重担，箱子里的衣裳都送进当铺，连伙仓也开不出，她无可奈何，托隔壁邻居四阿姨介绍，到老北门薛衖一家妓院去当"小大姐"，赚点钱，维持家用。一年多前，她就在薛衖第一次遇到蒋介石。

"你帮过我忙，我一直记得，"蒋介石听到这里，记起当时情景，就表示感激地起身向她敬礼，"应该向你道谢！"

姚怡琴正沉溺在悲伤的回忆中，蒋介石的真挚和热诚使自己感受到从未有过的温暖和欣慰，她出自内心地对他表示敬重和钦慕，便情不自禁地含笑赞誉："我当时一见到你，就看出你是个大人物。我区区小女子能为你长官出把力，真是三生有幸呢！"

两人重又坐下，双方经过刚才一番亲近而倾心的交谈后，"房侍"和"贵客"的关系变成相互爱惜和依腻的知己。

"你怎么又到群玉坊香雪楼？"蒋介石又询问，表示对她的关心。

"为了我帮了你们的忙，薛衖害怕出事体，就把我回头生意。"姚怡琴并不在乎地微微一笑，"我就改名怡琴，到香雪楼，"她含情脉脉地凝视蒋介石，"说句心里话，我真是常常想起你。总以为不会再见到你了，没想到在香雪楼又和你会面，我们真是有缘分！"

蒋介石被姚怡琴这有情有义而且带有挑逗性的一段话引得心荡神怡，他面对这个皓丽而又风情的女人，再也压抑不住情感和欲念的冲动。他站起身，然而又竭力保持清醒地将目光转至墙上的照片，吃吃地探询：“我住在这里，不方便吧？”

姚怡琴鄙夷地朝照片里的男人瞥一眼，用从风月场所带来的诱惑的眸光眯视蒋介石，又用迷人的声调表示自己心意：“没啥不方便。要不，我也不会请你到这里来过夜哉！”她把“过夜”两字，说得特别甜润。

就在这七月初七，牛郎织女鹊桥相会之夜。蒋介石和姚怡琴在你恩我爱的情欲中，结成了露水姻缘。

蒋介石对这个妓院里做“房侍”的女人，并没有真正爱情。只是她的身世引起他怜悯之心，仿佛一个阔少爷对可怜可爱婢女的同情，何况她曾帮助自己解脱灾难，多多少少有些应该还报的恩惠。他的妻子毛福梅，在婚后的九年中，在他眼里变得又呆笨又难看。在他心里也越来越讨厌，甚至嫌弃。他也接触过不少女性，有的妖艳惑众，有的志高气扬，有的才华出众，她们都把他这个日本军校年轻学生当作后辈，毫不在意，更谈不上感情，他自己也觉得高不可攀，不敢妄想。现在遇到了多情多义的姚怡琴，比毛福梅标致和伶俐，也比那些女人和善与迁让，就顾不得她出身低微，还带有恩赐心理，只求一时发泄，满足他逢场作戏的欲望。

姚怡琴对蒋介石倒是真情实意，她始终为自己嫁给“倒霉鬼”而悔恨，又因身入被人歧视的妓院而苦闷，不知何年何月能有出头之日。如今蒋介石由落难的革命党一变成身价百倍的将军，她对他曾经有恩，他对自己也有情，就不肯错过这难得的机会，犹如细藤牢牢缠住结实的树干，可以一步登天，使露水姻缘成为自己终身有靠的美满良缘。

三三　通缉蒋介石

1913年7月16日，陈英士自任上海讨袁军总司令，设总司令部于南市。周淡游离弃金华县县长的职务，到上海总理财务。袁世凯也调遣海军中将郑汝成到上海控制海陆军，进驻江南制造局，与讨袁军对峙。蒋介石秘密潜往龙华，联络他的归部，担当斜桥正面的军事，攻打高昌庙兵工厂。可是在敌强我弱的形势下，陈英士下令讨袁军向制造局发动进攻。经过三天三夜浴血奋战，讨袁军大半牺牲。蒋介石不灰心，仍去攻打吴淞，然而青帮头目刘福彪叛变，第二次革命以失败告终。陈英士和周淡游被迫逃亡日本，临行时把善后工作交给蒋介石负责。

蒋介石没有负责，他悄悄地去香雪楼，与姚怡琴匆匆话别后，乔装改扮，逃离上海去避风头。

丰镐房早就听到讨袁军在上海举行第二次革命的消息。浙江报纸连日刊登进攻江南制造局的战报，王采玉料到儿子一定参加这场你死我活的战争，她以为凭儿子从日本学来的一身武艺，这次也会像"光复"浙江那样，一举成功，将再一次凯旋而归。她见媳妇忧心忡忡，就婉言相劝，百般鼓励，还将已经四岁的孙子经国拥在怀里，含笑逗哄："你阿爸这次回来，看到你长得这么大，一定高兴，"还叮嘱毛福梅，"你要教他，见到介石就叩头，叫阿爸！引他高兴！"

蒋介石的结拜弟兄王恩溥，曾加入陈英士的秘密机关天宝客栈，运送武器，来往于上海和奉化。这次为了支持讨袁军，将以前偷运到奉化来的弹药和姚怡琴一起嵌进西瓜里，装了一船，送往上海。在开船前，他急匆匆去丰镐房，要蒋母和毛福梅放心，还拍胸担保此次也一定旗开得胜。王采玉频频嘱咐，要王恩溥带讯给儿子，只顾英勇杀敌，打倒袁世凯，娘在家等候捷报。毛福梅为了向丈夫表达做妻子的心意，准备烧一罐蒋介石爱吃的霉干菜烧肉和卤咸烤笋干。只是王恩溥心急，等不及走掉了。毛福梅自己舍不得吃，就偷偷保藏在瓷盂里，等丈夫回来享受。

王恩溥走了三天就回来。他告诉王采玉，在见到蒋介石后，反受埋怨，因为上海反袁军力量充实不用支援，要他将弹药运回，等待胜利消息，在家乡奉化班溪一带响应。在酷暑下西瓜已烂，只得将弹药装在空棺材里。他假扮孝子，急忙乘原船回乡。他兴奋地叙述反袁军分三路进攻江南制造局，双方打得很激烈，反袁军个个英勇，几天之内，保证成功。

可是消息传来一天比一天坏，讨袁军死亡一天比一天多。王采玉的心越来越沉重。毛福梅更是愁眉苦脸，连饭也吃不下，至亲乡邻纷纷来打听，连岩头毛家也托人带口讯来慰问。婆媳俩朝晚两次，带着经国虔诚地对报本堂祖宗的灵位，下跪求告。婆婆祈求讨袁军打胜仗，媳妇盼望丈夫平安无事。四岁的经国心里根本没有父亲这个人，脑海里也没有任何印象，在祖母和母亲郑重的叮嘱下，只知道连连叩头。

到了十四日，报纸上宣布讨袁军撤离上海，第二次革命宣告失败。溪口镇闻讯人心惶惶，奔走相告。丰镐房更是焦虑不安，王恩溥急得顿足，恨不能赶到上海去帮反袁军打倒袁世凯，蒋介卿几次去宁波打听，在宁波的孙琴凤娘舅也派人去上海，然后都没有蒋介石的消息。不知是死是活，看来凶多吉少。王采玉满腹忧愁。她想到儿子自小刚愎任性，宁死不肯屈服，如果真有不测，为国捐躯，虽然也足以自豪，然而也毕竟是自己的儿子，亲生骨肉，而且已经出人头地，万一不幸牺牲，从此家破人亡，自己没有依靠，丰镐房就再也不能翻身。所以当孙琴凤舅舅从宁波赶来慰问时，她忍不住老泪纵横，悲痛欲绝，可是等蒋介卿又来责怪埋怨蒋介石不该逞能，白白送命时，王采玉却又抹干泪痕，肃穆端正地坐在她那张靠背木椅上，恢复她的庄严神情，凛然地慢慢回答一句："我儿子尽忠报国！死就死！反正我已经有了孙子！"一边说，一边将经国搂在怀里："丰镐房到将来一定兴旺！"

毛福梅不敢在婆婆面前露出愁面哭脸，竭力压住内心的悲痛和焦虑，一回到自己房里，就忍不住掩面啜泣，夜里，她抱着儿子，熄了灯，彻夜不眠，总是含着泪，唏嘘地默默求告，睁着眼等待天明。她又惶悚地害怕明天将会得到丈夫的噩耗，不禁浑身栗然。

正当全家沉溺在焦急不安的期待中，蒋介石突然回家来。和当年光复时的衣锦荣归迥然不同，既不是一身戎装，也无军队护送，而是在星光依稀的黑夜里，避开乡邻的耳目，犹如鬼魂摸黑回到丰镐房。可是却给正陷于悲观绝望中的婆媳带来意外的惊喜和兴奋。蒋介石这次死里逃生，反比当年衣锦荣归更使慈母和贤妻高兴和感到幸运。她们激动得流出眼泪，又用泪眼望着经历重大灾难而终于安全归来的蒋介石。母亲对儿子像他小时候那样，帮他脱换衣裳，汰面梳头。毛福梅慌急到厨房，烧火煮饭，把原来为丈夫烧好的菜，再热一遍。

蒋介石等不到吃饭，就急于向母亲回禀。他先讲一番所以要反袁的大道理，又激昂慷慨地叙述二次革命的经过，把自己说成是身先士卒不怕牺牲的英雄，然后话锋一转，反袁军因寡不敌众，才遭到失败。他还冒着风险，保护陈英士和周淡游出国，而自己奉命转移阵地，到浙江来重振旗鼓，所以不得不暂时回家。

毛福梅兴奋而又心急地将饭菜热好，托着漆盘从厨房间匆匆忙忙赶到客堂，笑盈盈地请丈夫吃饭。

蒋介石正谈得起劲，反责怪福梅打断他重要的谈话，就不满地对她瞪了一眼，不言不笑，毛福梅红着脸，低下头，他母亲怕儿子饿坏，又不愿让媳妇难堪，就过去拉起蒋介石。

"快吃，快吃，边吃边讲。"她推儿子到桌前坐下，还将筷塞在儿子手里，称赞媳妇，"福梅早就把这两样你喜欢的菜烧好，等你来吃。"

蒋介石只顾闷头吃饭，可是他只吃他娘常备的咸笋干。对毛福梅特地为他烧好的霉干菜烧肉，好像故意负气地一筷也不动；而且只吃不说话，仿佛不愿让妻子知道自己一番轰轰烈烈的经历。毛福梅窘迫而拘束地呆立在一旁。她婆婆为了打破闷局，增添团聚的欢乐，要媳妇去把已经睡了的经国抱来，见见远出归来的阿爸。不料蒋介石一摆手阻止，又目光严肃地盯住妻子，用冷峻而郑重的口气命令："不许你多嘴，让外面人知道我回来。"

毛福梅没想到丈夫回来对她所讲的一句话，是严厉的禁令。她并不明白这句话的意思，又不敢问，只有惶恐地点头应诺。

蒋介石吃好饭，和母亲敷衍几句，接过妻子送上来的热毛巾，抹抹嘴，低头不语。母亲体恤儿子沉悒的心情和疲乏的体力，就催促蒋介石回房安睡。毛福梅连忙拿了油灯，走在前面为丈夫照亮引路，蒋介石对母亲行礼后，跟随妻子上楼。这时，毛福梅心里浮起一阵欢愉的激情。

一年前，丈夫浙江光复，迎接当了官的丈夫衣锦荣归，实指望父子相见、夫妻团聚，没想到他连房间也没进，只抱了抱儿子，旋即离开，她心里闷闷不乐。婆婆过后劝慰她就是蒋介石因公忘私，有国无家是大丈夫气概。可是她心里明白，蒋介石原来就讨厌她，如今高官厚禄，更要对她嫌弃。今天，她看到蒋介石和一年前相比，已不是威风凛凛，也不再趾高气扬，全像过去几次那样，仿佛斗败的公鸡，既落拓又疲惫，虽仍满口豪言却掩饰不住内心的虚弱。丈夫失败，她很同情，希望他不会再像过去那样因嫌鄙而对她冷待和歧视，于是，内心的宽慰和喜悦使她感到多年来少有的轻松和自在，就加倍亲昵和热情地带丈夫进入已经独守了十年的“新房”。

蒋介石一进房就脱衣。毛福梅为了让久未归家的丈夫高兴，增加闺房之乐和团聚的气氛，就将已经睡熟的儿子弄醒，抱到蒋介石身前，低声对儿子唤叫：“经国！经国！阿爸来了，快叫阿爸！”蒋介石难得看到儿子，也很有兴趣地想听到儿子叫“阿爸”的声音。谁料蒋经国刚从迷梦中惊醒，睁眼看到一张浓眉乌眼严峻可狰的面孔，吓得尖叫一声，立刻号哭起来，直朝母亲怀里躲藏，毛福梅急出一身汗，蒋介石脸色阴沉，怫然将她母子推开，倒床就睡。

蒋经国哭得不肯罢休，任凭母亲唤叫，仍然吓得连头也不敢回。毛福梅正在惶急莫措之际，蒋介石用脚在床沿狠狠一跺，表示厌恶和驱逐。毛福梅胆战心惊，怕又得罪丈夫闹得阖家不欢，就抱了儿子离开。她小心地关上房门，迅速到婆婆房里去躲避。

蒋母还没有睡，满腹心事地靠在床上，等媳妇告诉她经过后，就让孙子睡在自己身旁，一面哄着渐渐停止啜泣的孙子，想到介石除了不愿听孩子哭叫声外，恐怕更是对妻子的怨恨和气恼，于是就用歉憾的目光，望着不知如何处置的媳妇，婉言相告：“介石心里烦恼，不要再惊吵他。”又是劝慰又是告诫地加一句，“你也不要回房，就在我这里过一夜吧！”

毛福梅听懂婆婆话里的意思，自己也不敢恼烦喜怒无常的丈夫自讨没趣，就在婆婆房里挤在床沿上过夜。

蒋介石上半夜没有睡好。他从上海逃避回乡，内心紧张不安。他自认为是孝子，无论凶吉，都要到家母身前来报喜或诉苦，博得老人的赞许或慰抚。可是见到了令人厌恶的妻子和听到儿子的吵闹，反使自己增加怨恨和烦躁，他眼前又浮现起姚怡琴娇美怡目的面容，耳边响起她温柔迷人的声音，更反衬出毛福梅的笨拙和庸俗，他真懊悔不该回奉化来，可是又没有别的去处。想到自己要与不和睦的妻儿日夜相处，更是焦躁难忍。他在床上翻来覆去，盼望天明，去找他的结拜兄弟，设法安身。

天还没亮，蒋介石正要迷迷蒙蒙睡去，有人叩门，还传来母亲急促而低沉的唤声：“介石！快开门！”他惊惶地一骨碌起身，拔开门闩，只见房外站着蒋母，神色肃穆地说一句：“剡山王来看你，说有要紧事！”蒋介石来不及穿衣，倥偬下楼。躲在蒋母身后的毛福梅，进房拿起丈夫的长袍，随后紧跟。直追到客堂，才在后面小心翼翼地给丈夫披在身上。

平时胆大妄为的“剡山王”陈泉卿，今天神色有些慌张，一见到蒋介石就张口埋怨：“你回来也不先带个信！”不等蒋介石回答，他又连忙接口，“我都知道了，这几天奉化风声也很紧，县衙门到处抓人。恩溥站不住脚，跑到新昌去避风头。他临走要我来丰镐房，打听你的消息，没想到你的脚比我的嘴还快，已经到家了！”

“奉化也不平安？”蒋介石惶惑地问。

“从县衙门传出口讯，陈其美在上海第二次革命失败，袁世凯出悬赏三千银洋，通缉你蒋介石！”

这一句话像一声响雷，使所有的人都大惊失色。蒋介石两目怒瞪，气愤填膺。蒋母满脸忧急，恐怕儿子被抓走似的紧紧抓住衣袖不放。毛福梅吓得哭了出来，蒋介石满腹怨念，怒火难忍，就对畏缩涕泣的妻子身上出气："哭！哭！哭你魂灵出窍！我蒋介石堂堂革命大将，身经百战，连杀头也不怕，还怕县衙门抓我？"

蒋母还算镇静，她不愿让儿子被捉进衙门，坐牢杀头，就和陈泉卿商量："你是不是带介石去避难？"

毛福梅忽然想到陈泉卿是岩头人，就自作聪明地想出一个最好的去处："就到岩头我娘家去吧，我阿爸会出面保护。"

蒋介石顿时把脸一沉，指着妻子责叱："你阿爸是我冤家对头，你要我去送死？"把毛福梅骂得又害怕又感到委屈。

"岩头是去不得。"陈泉卿将手一摊，解除毛福梅当众受罪的难堪，也提出理由，"县衙门会到毛家去搜查，他们也要捉我！"

最后还是蒋母提出一个最可靠也比较安全的地方：就是萧王庙孙琴凤娘舅家。孙琴凤在奉化有威信，又一直把蒋介石当作亲外甥，外甥几次有难多亏他保护解决。这次也决不会推手不管。目前他本人虽然在宁波，来不及赶回，但是舅母在家也一定会想办法保外甥平安。

蒋介石和陈泉卿都同意蒋母的主张，可是萧王庙离溪口也有几十里路，必须趁天亮以前上路，又为了在路上不被熟人看到，就要蒋介石打扮成种田人，头戴斗笠，腰围布裙，勾头缩颈，和陈泉卿一起摸黑出门。

送走了儿子，媳妇将大门关上。蒋母坐在报本堂里那张从娘家带来的木椅上，伤心地低声呜咽起来。自从养下介石以来，多少次灾难，接连不断，她都咬着牙忍住眼泪顶了过去。她怀着焦急和忧虑的心情，等待着儿子能有出头之日，总算等到了去年，清朝推翻，浙江光复，儿子当了革命党大将，衣锦荣归。那全乡庆贺的日子就在眼前，谁料到竟像做了一场春梦，世事多变，顷刻间又灾祸临头，袁世凯反要抓革命党人，儿子由得胜的将军变成逃亡的囚犯，莫名其妙的变化，做娘的怎么能忍受这刺心的悲痛，她再也压制不住，老泪直流，越哭越伤心。

毛福梅比婆婆更为痛苦，她不但为丈夫担心，还受尽委屈。十几年来，丈夫一直在外，她也一直惦记在心里，她千盼万望，好不容易等到他难得回家一次，她真是尽心尽力地百般讨好、侍奉，指望能夫妻团圆，诉说离别之情。可是勿管你花了多大力气，献出寄予多少希望，多少情意，而狠心的丈夫就是没把自己放在眼里，连看也不看她，心里根本就没有她这个妻子！今天他灾祸临头，逃难回家，自己出于关心却又受到无情而凶恶的谴责。她怎么不委屈、不悲伤？就伏在唯一能怜惜和同情自己的好婆婆膝上，放声恸哭起来。

直到中午，婆媳俩正心不在焉地吃着午饭，一面低声忧急地交谈着蒋介石是不是已经赶到萧王庙，忽然，蒋介卿神色慌张地赶来，一进门就悻然地埋怨："你们还吃得下饭？县衙门派兵捉介石来了！"

毛福梅吓得手里的筷子也掉落，回身将坐在旁边的儿子紧紧抱住，好像官兵抓不到她丈夫会抢走儿子。王采玉也大吃一惊，没想到衙门真的要逮捕儿子，然而她毕竟经历过不少磨难和惊吓，遇事不乱，为了不被人看穿，就故作惊慌地反问："为啥到这里来捉我儿子？他又不在丰镐房！"

蒋介卿表示关切地低声询问："介石真没回来过？有人好像看到……"

毛福梅心直，正要冲口说出丈夫的去向，王采玉警觉地用目光阻止媳妇。自从儿子在辛亥革命后衣锦荣归，一向和介石作对的蒋介卿，见风使舵，非但竭力讨好奉承，还拿出钱来将丰镐房粉漆一新，为王采玉特地筑造一条从她房间直通下面丰镐房天井的扶梯，可使老人少走弯路。可是人心难测，如今蒋介石又碰上厄运，他是不是再会翻脸不认人？于是她肯定地摇摇头，回答：“没有回来，他们不相信尽管搜查！”

她话音刚落，县衙门的巡警果然闯进丰镐房来，领头的姓丁，和蒋介卿熟悉，一跨入报本堂，就客气地打着宁波官话问：“蒋介石在屋里吗?”蒋介卿不敢担当，便要王采玉回答。

王采玉这时异常镇静，神态严肃地回复：“我儿子一直在上海，你们去上海找他，怎么来问我老太婆要人?”她有意不说“抓”而改称“找”，意思是儿子没有犯法。

那领头并不再为难王采玉，或许是他一直尊敬这位大义凛然的蒋母，或许碍于蒋介卿的面情，就无可奈何地摆摆手：“那我们就到别的地方去了!”他带了巡警，急急忙忙离开。

蒋介卿唉声叹气地一直送巡警到门口，又急吼吼整回来，在蒋母面前，不敢像过去那样放肆发威，只有神色忧愤地又是责怪又是埋怨。

“我那个兄弟也真是不识时务！当初有孙中山这座靠山，耀武扬威，如今袁世凯当道，你鸡蛋可以去和石头碰？衙门三千银洋要他人头，说不定还要满门抄斩。我——我——”他懊丧地瞥视由他出钱经过修饰的丰镐房，禁不住懊丧地哀叹，“这幢祖传房子，怕也保不住!”

王采玉听懂他话里的意思，也猜到他心意。一直欺凌她寡母孤儿的蒋介卿，在蒋介石衣锦荣归后，换了一副面孔，非但拿出钱改换丰镐房门庭，对她也刻意奉承，几乎比自己强横的儿子还要孝顺。他沾了蒋介石的光，在溪口甚至奉化县城也成为头面人物，由于他曾经在政法学堂读过书，衙门和本地商会都给他送来聘书，他脸上笑纳，心里还嫌官卑职小，从来不去任事，干拿封禄。没想到蒋介石一下子又倒运，势必要影响他，当然着急。王采玉心里虽然为儿子的安危担忧，但面上仍然正气凛然，毫不畏缩和屈服。

“介卿，你尽管放心。”王采玉正色地又像告诫又像劝慰，“好汉做事一身当。我儿子靠自己出人头地，他有急难也绝不会连累别人，天大灾难，由我做娘的来担当!”

蒋介卿见有人出面顶罪，也就放心，可也因自己这种不光彩的举动而感到羞惭。在他临走前不得不敷衍一句：“万一有事，尽管来找我。我县城里有熟人，可以想办法!”

毛福梅等蒋介卿一走，轻声问婆婆：她丈夫的行踪为何不告诉介卿，请他设法保护。

“知人知面不知心。”王采玉冷冷地回答一句，不再多说。可是她心里始终为儿子担心，她知道衙门里的县官巡警，为了这笔巨额悬赏，谁不嘴馋心黑？当然要四处缉拿蒋介石，萧王庙也决不会放过，很可能儿子在丰路上就会被抓住，即使到了萧王庙孙家，琴凤娘舅又不在，舅母是少见世面的女流，怕也难保住外甥。

毛福梅更是急得发慌，竟向婆婆提出：自己到萧王庙去通知丈夫，或去看看动静，知道蒋介石是否安全。

王采玉为媳妇老实得有些愚笨而不满，连忙严峻地训斥：“你这岂不是引强盗进门?”可是想到媳妇原是一味好心，和自己一样，无非为丈夫担忧，于是她想出一个较为妥当的办法：要女婿竺芝珊以做生意为名，到县城去打听，如果蒋介石被抓，县城一定会有风声。

竺芝珊到奉化县城去了两天，傍晚回溪口，总给丰镐房带来不好不坏的消息。县衙门为了通缉蒋介石，像过去皇帝捉拿朝廷要犯一样，全力以赴。除了姓丁的以外还有两队巡警，分头到奉化各村去巡查,查得最紧的是蒋家在各地的亲戚:万竹蒋介石的外婆家,两个娘舅以为去抓赌讨债,吓得逃到母坟后面去过夜。岩头蒋介石的丈人家当然不会放过,可是毛鼎和在文元阊门口一立,像当年不许女婿上门那样,大义凛然地声称:他和这无赖女婿早就断绝关系,如果蒋介石逃到他家里,他会亲自送衙门究办。萧王庙孙琴凤家也去过,没找到"要犯",最后,蒋介石过去几个结拜兄弟家也一一包围,都扑了个空,连蒋介石的影子也没看见。

这神秘莫测的消息,使蒋氏婆媳在忧急中更增加疑惑和诧异。蒋介石明明是去萧王庙孙家,官兵怎么会没有搜到。难道他根本没有去,或者是闻风出逃,至今还没被捉住,又到哪里去了呢?没有可靠落脚点的逃亡像荒野里的兔子,更容易被狩猎者擒住甚至杀害。婆媳俩一天比一天忧急,心里越来越不安,又不敢出门,只有在报本堂蒋氏祖宗的灵位前叩头求告,保蒋介石平安无事。

在这两天里,有的亲友不敢上门,怕丰镐房的祸水泼到自家身上,有的在避人耳目下悄悄前来问个讯,倒是为蒋介石接生的昭仁婆婆和喂开口奶的胜坤娘,约同唐正兴的妻子一起进到报本堂,见了王采玉,忍不住老泪纵横,哭得很是伤心,好像蒋介石已经被抓杀头。王采玉见到她们,仿佛见到亲姊妹一样,也忍不住泪水淋漓,泣不成声,毛福梅含着泪一人一把热毛巾,代为揩干满是皱纹的老脸上的泪痕,哭了半天,还是担心蒋介石的安危,就决定一回去就要自己的小辈们四处去寻找,还对蒋氏祖宗发誓,如果有下落,一定让介石躲在自己家里,即使满门抄斩也要把蒋家后代保牢。

第三天傍晚,已经没有人上门探访,竺芝珊从县城回来,也没有任何音讯。婆媳俩正在忧急不安之际,萧王庙孙家的琴凤舅妈,忽然急促倥偬地坐了轿子到丰镐房,这位平时端庄温顺、衣衫整洁的长辈,居然满脸张惶,头发蓬松,三步两脚,踉踉跄跄,一路哭叫着:"采玉姑姑,采玉姑姑!"扑奔进来。

王采玉一听到琴凤舅妈的哭喊,心里顿时一阵怦跳。毛福梅看到她那付与平时完全不同的模样,肯定丈夫已经出事,吓得手脚发软,全身冰冷,忘了迎接和侍奉。王采玉上前握住这位至亲汗湿的双手,气急得一时说不出话来。

没想到琴凤舅妈泪水盈盈地盯视着王采玉,无限关切地高声询问:"介石,介石又闯祸了?衙门在抓他?"见王采玉痛苦地摇摇头,回答不出,就又像埋怨又像委屈地紧接下去说,"巡警到萧王庙我家来问我要人,我没有办法。"

"那你……"王采玉以为温顺胆怯的舅妈一定把藏在家里的外甥被迫交出,就绝望地低下头,唉声叹气。

"你儿子根本没到萧王庙我家来过,难道要我变一个出来?"舅妈摊开双手,神色端肃地说明情况,使人不得不信。

"真的?"王采玉大为意外地张大眼睛,还不放心地追问一句,"介石没到你家去过?"

舅妈连连摇头:"他到了萧王庙,还想逃得掉?"

婆媳俩总算放了心,可是又不免担忧,两人对目相视:"那他到哪里去了呢?"王采玉急得直蹬足。

舅妈环视四周,发现大门外有人在探视,就露出精疲力尽的样子,提出要求:"我这几天一直没睡好,刚才又赶路,真吃力,让我到房间里去歇歇。"

婆媳俩这才想到要好好接待这位对丰镐房有功的至亲,就一边一个扶着她到素居,上楼到王采玉房里。毛福梅忙着铺床，王采玉请客人宽衣上床时，舅妈蓦地转身去把房门关上，回头来，精神十足，拖住婆媳俩，兴奋而又低声地报喜："你们放心。介石躲在我家里，没有被巡警捉去!"

王采玉察看她宽慰的神色，她又是郑重其事地到里屋后才说，可以相信是真情，说的是实话，不过儿子怎么会没有被搜出呢?

舅娘来不及坐定，要福梅注意房门外，就一五一十地把惊险的经过，语气急促地讲了出来：蒋介石由陈泉卿伴着到萧王庙，琴凤娘舅不在，舅妈理所当然地担当起保护的责任，陈泉卿走后，他们正在考虑在什么地方藏身，街上传来嘈杂声，一定是衙门里的巡警来捉人，蒋介石一时找不到躲处，只得爬上阁楼去。巡警由那姓丁的领头带着，闯进孙家，琴凤舅妈吓得瑟瑟发抖。丁领头先问："蒋介石来过没有?"舅妈不知该如何回答，当然不能说来过，可是也不敢否认，怕搜查出来，就有窝藏犯人之罪，就结结巴巴地回答："不，不知道!"丁领头要巡警们四处搜查，自己抬头看到一个不见亮光的阁楼，知道是孙家贮藏杂物的地方，也是最好的躲人之处。当巡警要爬扶梯上阁楼时，他摆手阻止，亲自上楼。他像壮声势地故意把木梯踏得咯咯响，爬了一半，不再上去，将上半身扑在梯上，伸长头颈，朝搁楼里望去，仿佛看到了什么，又好像什么也没看到，就高叫一声："没有! 没有人!"很快地从楼梯上跳了下来，对众巡警一挥手："走!"

"那姓丁的实在看到你儿子，是他有意放掉他!"琴凤舅妈最后道破蒋介石逢凶化吉的经过和其中奥秘。

王采玉从紧张中宽松下来，但是无限激动。她把这个姓丁的当作蒋氏门中的救星，如果人在眼前，她真的会跪下来谢恩，就急忙问舅妈："那姓丁的叫什么名字? 我要去好好谢他!"

"我后来打听一下，他叫丁志国。"舅妈说，"当初是琴凤保送他去考武秀才，这次他怕连累琴凤，就放过你儿子!"

"丁志国!"王采玉回头叮嘱媳妇，"你要记住! 以后一定要像恩人一样报答。"

琴凤舅妈又往下说，蒋介石逃过难关后，又和陈泉卿一起，乔装改扮，翻山越岭，逃到宁波，仍由琴凤舅舅帮忙，从宁波搭舢板到上海，一上十六铺码头，就坐海洋轮去日本。舅妈在萧王庙卖掉十几亩田，给外甥当路费。

"介石又到日本去了!"婆媳俩带着经国，到报本堂祖宗灵位前流着泪叩头求告，"但愿早日太平，阖家团圆!"

琴凤舅妈忽然想起："介石临走托付琴凤，要我转告你们，经国一满六岁就一定要送他进学堂读书。"

王采玉欣慰地拍拍孙子的头："这也是丰镐房的家风!"

三四　绑架“财神”

蒋介石到达日本后不久，第一次世界大战爆发。孙中山因袁世凯在打败讨袁军后，强迫议员选举自己为正式大总统，下令解散国民党，感到十分气愤；同时目睹国内外的国民党人，因革命失败，意志消沉，散漫懈怠，使“三民主义”无从实现，于是提出改组国民党为中华革命党。蒋介石追随孙中山，与廖仲恺、朱执信、陈其美等一起共商再次讨伐袁世凯。

蒋介石逃脱了袁世凯的魔掌，可是奉化县衙门发出的通缉令一直不断地在溪口四周震响。蒋家的很多亲友，连蒋介卿在内都不敢到丰镐房来。宁波的孙琴凤娘舅因有包庇蒋介石嫌疑也被衙门传讯，不得不和舅妈一起逃亡到上海。王采玉听到这消息后，就谢绝所有热心关怀蒋家的乡亲，怕别人为自己连累，现在整个丰镐房只有祖孙三人，反正吃穿住都已齐备，就从早到晚，紧闭大门。

县衙门还是每隔三天来查问一次。王采玉不管你是呼五喝六，还是哄骗劝诱，就是一问三不知，连正眼也不看他们一眼。巡警们也知道时局未定，不必过分得罪丰镐房，还是留个后步，就履行公事地逗留片刻，甩手走掉。毛福梅放心地松口气。躲在她怀里的经国，这时才敢扑到祖母身上，委屈地哭了起来。王采玉抚摸孙子乌黑的头发，温和地安慰和鼓励：“不用怕，你要学你阿爸一样，烈性刚强！”可是她心里暗暗担忧：袁世凯抓不到蒋介石，决不肯罢休，会不会像三国里的曹操，捉徐庶的母亲做人质？自己人老骨头硬，啥也不怕，万一媳妇孙子遭殃，既对不起亲家，也愧对蒋家祖宗，她每当巡警上一次门，就要加重一分心事。

十天以后从不来溪口的亲家毛鼎和，派了他的儿子毛懋卿来对福梅说：“姊姊，阿姆生病了，想你，要你回去看看！”

毛福梅久未见到娘亲，平时暗暗想念，今天听到娘有病，急得哭了出来，可又不敢做主，怕丈夫回来知道又会责难，便去禀告王采玉，听凭婆婆吩咐。

王采玉先关心地向毛懋卿询问亲家的病情，不待媳妇开口，就要她立即带了经国去岩头。她是想趁此机会让福梅母子到娘家去躲避，有毛鼎和保护，比住在丰镐房太平。

“你到你娘家去多住一些日子，半年几个月都不碍，一定要等到亲家姆病好！”她慷慨而热诚地叮嘱媳妇。

“可是，你婆婆一个人，我不放心。”毛福梅既为自己母亲的病而焦虑，又为留下婆婆一个人担当灾难而不安。

王采玉神情凝重地从她那张坚牢的木椅上站起，眸光冷凛，气沉声重地回答：“自从我做女儿起，一直到出嫁，经过多少灾难风险，我一直硬挺住身体顶住，都顶过来了，我还会怕啥？”对福梅，“你回娘家去，禀告你阿爸，我儿子出事，连累他女儿，我心里实在过意不去。我儿子不孝，过去得罪丈人，请他老人家原谅。不说我也明白，亲家母生病一定为了想女儿外孙引起的，我将来一定上门赔罪。至于眼前这场灾难,我还要求你阿爸伸出手来帮一把。我儿子的事我来料,我只求亲家保护好我的孙子,也是他的外孙,经国是我们毛、蒋两家的命根啊!”她老泪纵横,泣不成声,将经国紧紧拥在怀里,泪水滴在经国脸上。

毛福梅在婆婆和弟弟催促下,既舍不得也不忍心马上离开。她就和弟弟懋卿一起,把丰镐房里里外打扫干净,还为婆婆整理好添换衣服和足够吃上几天的菜肴,才依依不舍地带经国上轿。经国抱住祖母的两膝不放,祖母半抱半牵地一直送媳孙俩到大门口,孙儿坐上轿子还在叫“阿娘”,她忍住眼泪,狠狠心将大门关上。

毛福梅和儿子经国合坐一顶轿子,在弟弟懋卿伴送下,赶到岩头去。她心神不宁地默默思忖:自从出嫁以来,这是第三次正式回娘家。第一次是生头女婿上门,结果介石胡闹生事,被严厉的父亲赶出门,反要她从此不许再回娘家。第二次奉婆婆之命回岩头探亲,不巧介石被捉进监牢,她求阿爸帮忙救他出牢,他非但不见情,还拳打脚跌把她好不容易怀孕的胎儿流产。喜事变成灾祸!这一次丈夫被通缉,她母亲生病,婆婆也为了让孙子避难,要她回岩头,不知道将来又会发生什么事。真是满腹心事,六神不安。

毛福梅一进毛家大门,见到父亲,扑地跪倒。毛鼎和将女儿扶起,牵着外孙一起上楼。毛母一听到女儿的脚步声,要大媳妇扶着她坐起身,毛福梅扑到母亲怀里,亲热而伤心地悲泣,声声哀告:“阿姆!阿姆!女儿不孝,到今天才来看你!”

毛鼎和倾听女儿诉说经过后很是愤慨,这次他倒并没有责怪女婿,因为他懂得反对袁世凯的道理,而是抨击县衙门那些贪官污吏。他知道蒋介石已经脱险而安心,又为丰镐房常受惊扰而不宁,便拍胸担保,女儿外孙住在岩头,凭他毛鼎和在奉化的威信和地位,谁也不敢来碰他一根毫毛!他对蒋介石这个女婿不满甚至厌恶,可是自己女儿所生的外孙他却很宠爱。从第二天起,他就带了经国在村里街上,四处游玩。逢人便说:“这是我嫡亲外孙,是我心肝宝贝!”每天上下午两次,带外孙到他开的南货店去,伏在柜台上,观看街景和来往的人。经国长得方头大耳,圆目阔嘴,面相很像他母亲,性格也和母亲相似,这越发使外公疼爱,就要伙计,搬出店里的糕饼糖果,任他拣食,还怕小孩感到厌气,就命令伙计带到岩头四周游玩,又为了安全,不得离开村口一步。

毛福梅像当年少女时代一样,孝顺地服侍亲娘,她娘看到离别多年,难得见面的女儿又回到身边,格外亲热。母女俩谈不完旧话,诉不尽别离之苦,毛鼎和虽对强横的女婿不满,可是也觉得蒋介石很有志气,在女儿的求情和劝慰下,渐渐回心转意。毛福梅身在娘家,和亲人们天天欢乐相叙,而一颗心常常挂念夫家,一想到严正而慈祥的婆婆,如今孑然一身住在危机四伏的丰镐房里,不免担心。母亲也懂道理,就要女儿每隔一时去丰镐房探望,还带了不少吃食用品孝敬婆婆。

王采玉自从媳妇孙子离开后,独自一人住在这宽敞进深的屋茅里,人都走了,显得冷冷清清。白天,她在报本堂求佛念经,声声木鱼,无限凄凉;到了夜里,阴阴森森,她灯也不点,默默地昂坐在黑暗之中。有时她心灰意懒再也受不住煎熬,正想在黑夜中把自己的生命消灭。但是为了丰镐房,为了儿孙,她不得不振作精神,硬挺住自己度这无尽期的漫漫长夜。除了女婿竺芝珊常来照顾,媳妇每隔几天来探望一次外,还有曾经和毛福梅同学的陈志坚曾冒着风险要来和她作伴,被她谢绝。她宁愿单身一人,即使天崩地裂,也要苦渡难关。

在一个苦风凄雨的秋夜,王采玉还在报本堂念经,忽听得围墙上发出细微响声,又瞥见一条黑影从上跃下。她正要惊呼，有人窜到她身前，叩头叫唤：“介石阿姆，是我，王恩溥！”

王采玉像见到了自己儿子，亲切地急忙扶起，王恩溥先向老人问安，又悄声相告：“介石回到奉化，不能来探望你，要我带信，请你老人家放心。”

“他在哪里？”母亲急于要知道儿子行踪：“难道他不知道风险？衙门还在捉他！”王恩溥不回答，怕老年人会泄漏风声，可是应该让这位深明大义的母亲知道，正被通缉的儿子此来的目的。

“他不是来冒风险，而为了反对袁世凯筹划革命经费，不得不来，你不用担心，有我这帮弟兄保护，决不会出事！”说罢，又对蒋母叩个头，然后蹑足走出报本堂，消失在黑暗中。

离溪口几十里路的畸山，住在村里的首富夏全木，他因运柴起家发财，在上海、湖州等地开了十余家商店，还在家乡办了钱庄，很早就在畸东村造屋买田。蒋介石少年时，曾经和王恩溥、陈泉卿等在夏家屋宅旁的树上排沙袋练铁拳，压坏树枝，遭到训斥。最近夏全木经商归来到家乡休养。一天雨后天色暗淡，有人送来大红请帖，说外地有一大商人要谈一笔生意，要请夏全木亲自去县城商议。夏全木听说有钱可赚，起身就走。门口停着一顶轿子，六个轿夫健步如飞，一口气抬上雪窦山。夏全木正感到诧异，连忙问是否走错路。轿夫不答，将他抬到山上的一座茅屋前停下，从屋里走出王恩溥，十分客气地迎接夏全木进屋。

屋里坐着一个三十岁左右的男子，见到夏全木，连忙起身，恭敬行礼。王恩溥在旁介绍：“这位是溪口丰镐房的蒋介石先生，今天特地请夏老板来商量一件大事。”

夏全木早就听到蒋介石大名，知道他曾追随孙中山，荣任团长，现在又被袁世凯通缉出逃日本，怎么又回溪口来，而且要与自己商量大事？他一时不明白蒋介石的来意和目的，就发呆地望着对方。

蒋介石却要人搬出一桌接风酒，十分丰富，请夏全木坐上席，蒋介石与毛恩溥陪坐左右。其他几个抬轿的原来都是盟兄弟，分坐末位，蒋介石倒酒后，开门见山地说明请夏全木上山的用意：

“全木先生，我阿爸蒋肇聪，是溪口玉泰盐铺老板，恐怕你也认识，就是不认识也一定知道。我是他独养儿子，小时候我很顽皮，曾经和结拜兄弟到畸村贵府门口练功，拗断你家树枝，你出来骂了一顿，我非但勿记恨，还想等我有了钱，一定照价赔偿。”说到这里，仰起头呵呵一笑，又接着说，“后来，我去日本留学，参加同盟会，辛亥那年我回国推翻清朝，又光复浙江，为革命立下犬马功劳。”说了半天，客人还不明白他的意图，蒋介石自己不喝酒，在殷谨地向客人敬酒后，才道出真意，“去年反袁世凯的二次革命失败，孙中山先生要我们准备第三次革命，可是我们经费不足，大家向各方面筹划。全奉化都知道，你夏老先生非但赞成推翻满清，而且拥护革命，财产充裕，热情爱国，我这次不惜冒生命危险，到奉化来，请夏老先生慷慨解囊，热心捐助。我愿意把我这颗值三千银洋的人头换你夏老先生一万大洋的捐助！”

这明明是绑架，把“财神”接来进行敲诈，可是蒋介石嘴里滔滔不绝的一大套道理，说得夏全木一时不知该如何应对，前几句的奉承、称赞使人难以回绝，末两句的威胁又令老人不敢违抗。可是一万大洋毕竟不是小数，不能马上答应，于是哭笑不得地搔搔头皮，眼前一桌菜肴他一口也吃不下，仿佛是要谋害他的毒药。

王恩溥亲自拿来砚台笔墨，请夏全木写封家信：“我说一句，你写一行。”

夏全木拿笔的手出了冷汗，微微发抖，他心里很不甘心，可又怕蒋介石没达到目的会翻脸无情，说不定性命难保，于是只得屈从地照蒋介石的话，一句句写下来："请速筹款一万银圆，以十日为限，送往来人指定地点，切切！我在此一切均好，请勿挂念。"最后署上自己名字时，顿时感到头昏眼花，连笔也拿不住，王恩溥立即将他扶进内房去。

在以后十天内，蒋介石不知躲到什么地方去了，由王恩溥天天用美酒佳肴款待"财神"，还不断地向"财神"宣传"三民主义"，要他为"三次革命"贡献力量。同时派人把那封家信，在第二天的深夜送到夏家。夏家正为主人失踪而焦急，突然有人送来夏全木亲笔家信，还口述了送款地点，方才明白主人被绑架，可是一时拿不出一万大洋，立即叫来湖州店里的"阿大先生"夏云寿和上海店里的账房夏生耀，一起商量，两人分头筹款，终于凑足了一万银圆，在"土匪"指定的上海法租界某旅社交款。

蒋介石又在雪窦山露面了，他为了给"财神"送行，办了一桌比"接风"更丰盛的酒席，而且满面春风地捧杯敬酒，笑着阿谀财主：

"夏老先生真是德高望重，深明大义。在此国家兴亡之际，热心革命，慷慨解囊。贵府亲属已将全部捐款交付，我明日即命人送老先生回府，阖家团圆。"

在这十天内，夏全木真是食无味，夜难眠，一直担心，他为被敲诈去一万银圆感到肉痛，又怕筹款不到或家属去报官，使事情陷于僵局而遭毒手。现在蒋介石亲口告知事已办妥，心里顿时一宽，又想到自己毕竟付出巨大代价，像身上割掉一块肉，便忍不住苦笑，哑子吃黄连，说不出的苦。

"我们这次对夏老先生是好请好放，不打不相识，反倒成了好朋友，"蒋介石正色地接着说，"我有一句话掏诚奉告：你回去千万勿露出风声，也不要报官，我现在是在缉之身，你告不告都一样。你告了，官要抓我，也抓不到，而对你倒很是不利。如果不告，留条后路，'三次革命'成功以后，我蒋介石有仇报仇，有恩报恩，你一定会得到好报！"

当晚上半夜，蒋介石和陈泉卿早一步离开雪窦山，到了下半夜，才由王恩溥监护着"财神"下山，坐轿回畸村。夏全木回到家里，闷声不响，也不许家里透出一丝风声，外面一点也不知道他曾经被蒋介石绑架"接财神"。过了一天，他带了全家去上海，从此不再回到奉化来。

因为蒋介石当"土匪"绑架财神，是为了筹集"三次革命"的经费，所以奉化人后来就称"土匪"为"三次"。

三五　四明山避难

正当蒋介石等人从各处筹集到经费，准备再次发动武力讨伐袁世凯时，袁世凯却先下手为强，不惜出卖国家主权，接受日本帝国主义提出的“二十一条”，还表示要复辟帝制，实现他的皇帝梦，对上海方面也加强统治，任命曾镇压讨袁军的郑汝成为上海镇守使，企图扑灭革命党。

陈其美为了重举义旗，再次反袁，从日本赶回，在法租界露飞路渔阳里5号设立秘密机关，与也从日本归来的周淡游一起密谋。

“要讨袁，必先除去袁世凯在上海最主要的爪牙郑汝成!”陈其美断然地决定先打破袁军的缺口。

曾在日本东京警监学校卒业的周淡游提出：不能正面攻打防备严密的镇守使署，擒贼先擒王，先须设法先将郑汝成除去，使镇守军群龙无首，才能一举扑灭驻守上海的袁军，于是，在与革命党人杨虎、孙祥夫等商议后，周淡游先去寻找同盟会会员吉林人王晓峰。王晓峰又推荐精于射击的王明山，两人由周淡游带领去见陈其美。陈其美告诉他们：袁军上海镇守使郑汝成于明天去日本驻沪总领事馆，参加日本天皇登极典礼，日领事馆在黄浦路(今中山东一路)，外白渡桥是必经之地，也是除去郑汝成最合适的地点。周淡游又和他们研究了行动细节，交给他们郑汝成照片一张，弹壳枪两支和二枚炸弹，以及可能需用的二十枚银圆。王晓峰自少读书，深明大义，视革命为己任，常常恨不能抛头颅，洒热血，干出一番轰轰烈烈的大事，为国献身。与他一起结伴经商的王明山，结为生死相托的知己。士为知己者死，义不容辞。

十一月十日，郑汝成穿一身军装，坐着汽车，左右两旁昂立着侍卫，威风凛凛地驶近外白渡桥时，潜伏在桥架后的王晓峰从左边迅速跃出，举起炸弹，向汽车投掷，轰然一声，将车顶炸去，同一时刻，王明山从右边冲出来，对车厢内开枪射击，可惜仅仅半尺之差，射中侍卫。郑汝成下车疾奔，仓惶逃命，王晓峰像猛虎一般追了上去，扯住对方衣襟，不让脱身，然后连开数枪，打得郑汝成满身是血，当场毙命。

王晓峰和王明山见大事告成，正要撤退，被随车的侍卫兵截住，在附近巡逻的英租界巡捕也闻声赶到，他们不及逃跑终于被捕。在审讯时，两人在法庭上慷慨陈词：“郑汝成帮袁世凯叛反民国，吾等为民除贼，使天下知道吾人讨贼之义!”不久，二位勇士被解到镇守使署，惨遭杀害。

郑汝成被刺殒命，是讨袁军向全国发出三次革命的胜利信号，这惊人的消息传到奉化，全县震动。县衙门怕革命党又会重来，自身难保，再也不敢公开缉拿蒋介石。只在暗中更严密地防守，怕奉化的革命党也会趁机攻打县衙门。丰镐房的至亲好友又陆陆续续来探听蒋介石的下落。王采玉自从王恩溥前次来告知：蒋介石回奉化后，她始终担心，现在从这消息里猜想到儿子一定去上海参加这场行刺，虽也不安，直到报上登出被抓的“凶犯”名单内没有蒋介石名字，暗暗宽心。然而她不露声色，别人问起，她佯装不知。郑汝成的死不仅使她在黑暗中看到了光亮，她期待着更大的胜利，希望儿子再一次凯旋而归，荣宗耀祖。

在上海的蒋介石并没有参与对郑汝成的行刺，但是王晓峰和王明山的牺牲，使他愤慨不已，复仇的火焰在他心里熊熊燃烧。他将从绑架夏全木敲诈来的一万圆的银票，扔在众人面前，信誓旦旦地紧握双拳，口吐壮语：

"一不做，二不休，杀掉郑汝成，就该占领上海滩，讨袁军要直捣北京城，活捉袁世凯！"

"介石，你的革命精神诚属可嘉，"陈其美在激愤中保持谨慎，"不过，要克复上海不能凭一时之勇，必须从长计议。"他又以总司令身份，任命蒋介石为参谋长，并要参谋长筹划进一步在上海发动"三次革命"的作战步骤。

商议结果，决定在一个月之内做好一切准备工作。先派人联络驻沪海军肇和舰上的一些将士，率先起义独立，再串联应瑞和通济两舰响应。然后以十六铺为根据地，分队进攻警察总局、工程局、电灯电话局，同时江南制造局、上海县城及闸北积极配合，估计在一天之内，可克复租界以外的整个上海。

蒋介石作为参谋长，使用他从世界军事书，尤其是巴尔克战术书上学来的种种战术，详密地对这场战役作了设想和计划。他把在奉化绑架夏全木勒索来的一万银圆里扣除两百元，余下的和周淡游从日本归国时仅带的日币七百余元，全作为活动经费。蒋介石在他的日记上，用隐语记下肇和舰起义的暗号，如"以学校开会"代表"实力发动"，以"礼堂打钟"暗示"海军开炮"。

在这一个月里，蒋介石一有空闲，就去见姚怡琴。为了避人耳目，不到香雪楼，而是去八仙桥姚怡琴家里。她丈夫不在，蒋介石就在此过夜。姚怡琴为他一次次受到挫折而忧愁，这次听说他又可以东山再起而高兴。两人亲热得难舍难分，姚怡琴竟提出决心与丈夫离婚，终身跟随蒋介石。蒋介石嘴里答应，心里犹豫，便推说等革命大业成功后，当正式与她成亲。

十二月五日下午，蒋介石亲自坐了小汽船到黄浦江上观察督战，预定计划是在下午四时，革命党人夺取肇和舰后，立即发炮轰击江南制造局，各路人马同时响应。不料，到了规定时刻，革命党人虽然夺取了军舰而舰长却不肯交出炮弹库房的钥匙，自己又找不到，库房的铁门打不开，又急又慌，乱成一团。而在江上的应瑞和通济两舰，因不见讯号，不敢动弹，南市的江南制造局、上海县城和闸北等各路人马响应计划也遭到挫折，可是已经暴露，引起北洋军注意，立即四面围集，将革命党人团团包围，等肇和舰好不容易找到炮弹，为时已晚，不能及时发出信号，应瑞和通济临时变卦，南市和闸北的革命党人惨遭捕杀。在黄浦江上的蒋介石，见起义失败，满腹愤慨，颓丧地坐船登岸，赶回环龙路益祥里 5 号的总机关去，刚和陈其美等会面，就有人送来情报，法租界巡捕房要来搜捕。他们沉痛地互道珍重后，蒋介石先一步离开上海，临走前，他又特地到八仙桥去向姚怡琴要回藏在她那里的两百元，匆匆告别。

姚怡琴听说革命又遭失败，沮丧而失望，禁不住哭了出来，仿佛这段露水姻缘将会就此断绝。蒋介石百般慰抚，还表示决心，革命不成功，他誓不为人，也要姚怡琴千万勿灰心，耐心等待。两人正在亲昵谈情时，楼下有人敲后门，还传来酗酒的丈夫粗鲁的喊声。蒋介石不愿被人撞见，更怕会走漏风声，就要姚怡琴下楼去开门，等醉汉刚踏进后门，他就从亭子间的窗口，一跃跳了下去。

蒋介石本来也想去日本，比较安全，可是三菱洋行去日本的轮船，每逢礼拜三才开一班，必须要等上几天才能上船。他考虑在这几天里的安身之处，最后，决定去找避难到上海来的孙琴凤娘舅。他见到两位恩重如山的长辈，叩头就拜。慈善热肠的舅妈对这位外甥，和自己儿子还一样亲。见到他狼狈逃亡的样子，怜惜得热泪盈眶。琴凤娘舅正在对他鼓励时，突然从里屋冲出来王恩溥，结拜兄弟在这种情况下见面，真是又欢欣又激动。

“我一听到你们杀了郑汝成，又要攻打制造局，就一口气从奉化赶到上海，帮你们出一臂之力，没想到……”王恩溥说明来意后，没有将不吉利的话出口，接着解释和询问，“我找不到你，就找到琴凤娘舅家来，大家正在为你着急！你打算到哪里去?”

当琴凤娘舅听到蒋介石要去日本，先镇静地思考一下，然后摇摇头：“这几天，巡捕房防得紧，特别是外洋船码头，从早到晚有‘包打听’巡逻。他们有你的照片，休想从他们眼皮底下溜过去！依我看，你先还是到宁波，到我的新顺木行去躲一阵再说。”

于是娘舅派人到十六铺码头买了两张江平轮的上舱票，蒋介石穿一身长袍，扮作生意人样子。王恩溥短衫长袄，手提藤箱，像是用人，合坐一辆马车，到达十六铺码头后，匆匆上船。

次晨，轮船到宁波，靠江北岸码头。王恩溥和蒋介石一前一后，混在人群里上岸，刚出码头，蒋介石就发现前后都有人在跟踪，他故意落后两步，隐约地感觉到自己身后的跟踪者却继续快步向前，追逐王恩溥。他知道本人因化了装，还没有暴露，可是王恩溥的危险将会累及自己。他就顾不得有生死之交的盟兄弟，为了保住自己要紧，就趁人不备，转身钻进旁边拥挤的人流里，然后快步窜进一条小弄。刚进弄口，就听到后面码头外的人群里，爆发出一声喧哗，一阵混乱。他一时心慌，不管盟兄弟的安危，加速脚步，一口气奔到开在小弄另一端毛瑞尖柴爿行里，躲在木柴堆里，一动不敢动，连气也不敢透。过不多久，听到外面声响渐渐平息，出去看热闹柴爿行伙计陆续回来，边走边说：“抓住一个革命党!”蒋介石想到这里不是安身之处，就偷偷地溜出柴门，混在人群里，到琴凤娘舅开在浩河街的新顺木行去。

木行的阿大先生(经理)一见蒋介石，身上像浇了一桶冷水，连话也说不出来。他拉蒋介石到里屋，关上门，轻声密谈：“你们上海一吃败仗，宁波风声就吃紧，又要抓革命党。可是警察和密探一时认不出你，就钉牢他们熟悉的王恩溥，你能逃脱真是菩萨保佑，不过……”他用苦恼的目光望着蒋介石，“我这里怕保不住你。”

蒋介石低头沉吟，心里明白：留在宁波，无异瓮中之鳖，可又不能走回头路去上海，只有到山里去躲避。考虑几个去处都不合适，最后选定万竹娘舅家。外婆早已不在人间，两个娘舅一痴一憨，所以衙门对他们也不太注意。可是他的嫡堂娘舅王贤甲，是当年为蒋肇聪与王采玉做媒的王贤栋的兄弟，他对蒋、王两家虽不及王贤栋那样忠心耿耿，然而因亲戚关系也自然关心，逢到丰镐房有什么喜庆或灾难，他和王贤栋一样，出一臂之力，热心照料。后来年老怕烦，就难得离开家门，与丰镐房逐渐疏远，这恰恰成为蒋介石躲藏的最理想地方，可不像王贤栋那样受人注意。于是，在木行阿大先生的安排下，蒋介石打扮成押货的伙计，头戴氊帽，身围兜裙，搭一条运木材的小船，白天钻在木堆里，晚上睡在船板上，从宁波出发，过奉化，沿着流溪，到达万竹。

船到万竹时，正好傍晚，蒋介石怕被人看见，不立即上岸。直到天黑，村里已一片寂静，他才悄悄地摸黑向山上爬去，好在他小时候经常到这里游耍做客，熟门熟路，毫不费力地就找到了贤甲娘舅家。

身材魁梧、相貌堂堂的王贤甲没想到多年不见的外甥，竟在深更半夜来敲门做客，他也知道蒋介石被衙门通缉，没想到被通缉的犯人突然逃到自己家里来。他真是又惊又喜，喜的是他心爱的外甥没有被捉，惊的是不知道如何安排这个四处围捕的犯人。他除了老妻外，不去惊动同住在一个宅里的儿媳们，只有王贤甲第六个儿子良汉，年纪最小，也最机灵，在父母与蒋介石低声交谈时就惊醒，看到面熟陌生但已经大名鼎鼎的表哥就喜出望外地出来招呼。

谨慎细心的王贤甲，一面招待蒋介石吃点心，一面捋着长须，默默思考，等外甥吃饱肚子，他就提出：眼前风声很紧，万竹也不安全，就建议趁别人还没有发觉，连夜到四明山去隐藏。

坐了几天几夜的小船，已经疲惫不堪，蒋介石真想好好睡一觉，可是看到王贤甲严肃而又不安的神色，猜想是这位娘舅胆小怕事，借口推托，就故作为难地低头不语。

“不是我不留你，”王贤甲看到外甥的表情，就真挚而又充满感情地表白心意，“和你同船来的人，难保不起疑心，万一走漏风声，你遭到不测，我不怕顶罪名，可是怎么对得起你的娘亲呀！”

只要一提起母亲，蒋介石心里就猛然一震，眼前立即浮现出她那副为了儿子身心俱瘁的端肃而又慈祥的面容，一想起她为了丰镐房常年忧愁的心情和望子成龙的崇高心愿，使他顿时振奋精神，毫不犹豫地同意上四明山。

去四明山躲避，不是三头两天的事，需要备足吃食和必需用品，于是王贤甲要妻子赶紧取出现存的干粮，把储藏着的芋艿、笋干和吃剩的萝卜干，一起装进盒篮里，还带了棉被和替换衣服，由良汉挑着，父子二人伴着蒋介石摸黑出门，走小路，绕山径，直奔四明山。

四明山座落在宁波西南角，离万竹有两百多里路。在少年时代就跟随王恩溥用铁砂练就一双“飞毛腿”的蒋介石，把两天路程在一天半里就走完。王良汉年轻力强，也能赶上，只是苦了王贤甲，汗珠把长须也湿透了，也不得不气喘吁吁地走一阵，歇一回地由儿子扶着朝前走。他们好不容易走到四明山山脚下，那里有不少住屋，还有一家带买吃食的小客栈。王贤甲再也走不动，就在客栈里歇脚，可是蒋介石认为这里人多口杂，很不安全，便和良汉一起爬上山顶，在一个被称为“四窗岩”的石室里过夜。第二天天亮，金黄色的阳光从那天然形成的四个石穴外面射进来，这是个奇怪的现象，亮光能从东南西北四个不同方向的穴洞照入，室内成为中通明星表之光，所以当地人就以此作为山名——四明山。

蒋介石在四窗岩的石室里，白天足不出户，夜里枕岩而眠，也不许良汉离开一步，住在山脚下客栈里的王贤甲，对人说是到四明山来遨游，每天上午上山带足可以供三人吃的食物，也躲在石室里和外甥闲谈。他认为蒋介石志高气扬，目前落难，将来必有出息，口口声声教训儿子，要以表哥作为榜样。蒋介石满腹心事，考虑自身的安危，也为毛恩溥担忧，然为了排遣时光，也常常背诵一些古书教学表弟，还讲述有关四明山的典故：它是天台山别支，古代刘晨、阮肇来此采药，遇到仙女，唐朝诗人刘长卿曾颂赞它：“苍岩依天立，复石如复屋。玲珑开窗蒲，落落四明目。”

第三天清早，蒋介石突然醒来兴高采烈，要到石室外面去练拳，一面告诉良汉，昨夜做了个好梦，自己又飞黄腾达、衣锦荣归。良汉听了高兴地为他鼓掌。

王贤甲今天比往日提早爬上山顶，也没带食物，一见到蒋介石，紧张地拉着他钻过石室，开口就说：

“不好了！昨天夜里有人从宁波路过这里，在客栈过夜，告诉我一件传遍宁波的新闻：你的结拜兄弟王恩溥被捉进衙门官府拷打逼问，要他供出同党下落，他死不开口，官府把他绑到宁波西门外，杀头！”

蒋介石被这突来的噩耗惊愕得目瞪口呆，坐倒在岩石上，全身冒出冷汗，连手脚也顿时软瘫无力。

“王恩溥去刑场，一点不怕，也不悲伤。在五花大绑下，挺胸叠肚，大摇大摆朝前走，马路两旁挤满了人，看着他过去，当他走到一家水果摊时，摊主恭敬地送上一只苹果，他咬了两口，要刽子手从他手上脱下一只手表，送给摊主，作为答谢。很多人都哭了。他却激昂慷慨地一边走，一边高声吟得：‘铁丸穿心三分热，钢刀过颈一时凉。’二十年后，我还是个革命党！”

蒋介石听到这里，既悲痛又感动，再也压制不住，哇的一声捶胸顿足，号啕大哭。

王贤甲怕被别人听到，连忙走近来劝慰。蒋介石蓦地站起，握紧拳头向空中一挥：“我要为我盟兄报仇！”说着竟迈步冲出石室去。

王良汉赶紧帮父亲把表兄拦住。王贤甲正色厉声地喝止：“你自身也难保，还要报仇！”又沉稳地告诫这个暴躁的外甥，“我打听过了，眼前宁波比较平静，你在这里不是久留之地，不如经宁波回到上海去，再作道理！”

依照蒋介石的心思，王恩溥既然为他牺牲，他应该办好后事，还应该去慰抚恩溥的遗属。王贤甲告诉他：王恩溥尸体已由盟兄弟沈新成收验，送到亭下安葬。恩溥的家属也已经躲避，无从寻找。最要紧的是自己赶紧脱身，于是就在当日黄昏，蒋介石偷偷下山，在王贤甲父子伴送下到宁波，再坐新顺木行运木材的船去上海。临别时，蒋介石求告娘舅：“有便请到丰镐房去告诉我娘，我平安无事，来不及回家叩头告别了。请你把我带来的两百元送给我娘，给她修丰镐房，也算是我做儿子的一片孝心。”

王贤甲送走了蒋介石，买了两包礼品，假装运货因来，路过溪口，和儿子一起到丰镐房去探亲。

王采玉看到难得光临的堂兄，不由得一呆，先在报本堂寒暄一番，然后到素居客堂里去坐谈心。毛福梅送上茶，还要儿子经国向舅公叩头。王贤甲这才不慌不忙地把蒋介石在王恩溥被捕时逃脱，避到万竹，又由他亲自伴送到四明山的经过，慢慢地一边捋着胡子，一面说，从头讲到底。

王采玉先是紧张，毛福梅吓得手脚也发软，然后渐渐地放下心，透过气来。在知道蒋介石已经脱险，临行时还要娘舅带口信问候母亲，王采玉忍不住泪水淋漓。毛福梅不知该如何向这位长辈感谢，忽然，婆婆要媳妇孙子三个人一起，跪倒在王贤甲身前，王贤甲也慌忙跪下还礼，嘴里连声：“不敢当，妹妹！快请起！”

“你贤栋、贤甲两位表哥，是我儿子救命恩人。”王采玉虔诚地含泪道谢，又要孙子连连叩头，“我丰镐房自后再能荣耀，子子孙孙决不忘记你们的大恩大德！”

王采玉虽然因儿子脱险而庆幸，可是对儿子的怀念，时刻盘萦在心里。蒋介石两次避难回奉化，都不能见上一面，更增加老母的思念之情。为了要亲眼看到儿子，虽然他经历了九死一生的劫难，可还是和浙江“光复”衣锦荣归时一样，老母的思念之情。在她的记忆中，儿子虽然桀骜恣横，却是个威武刚强的英雄好汉。这些年来，他历尽九死一生的劫难，身心一定受到无数伤害，她不放心非要亲眼看到儿子不可。就顾不得自己体弱有病，要福梅将已经在武山小学读书的孙子经国暂时寄托给外公家。婆媳二人只说是到宁波上亭河太公的坟，然后不顾风浪寒冷，悄悄地到上海住在孙琴凤家。

孙琴凤立即告知蒋介石。母子相会，泪水淋漓，毛福梅在一旁陪着落泪。蒋介石吃着妻子亲手烧的家乡菜，一边吃，一边谈。母亲一边聆听，一边伤心。蒋介石夸张地叙述自己如何一次次脱险，母亲听到紧张危急时，为儿子担忧不安，知道儿子突破难关，转危为安后，激动得老泪纵横。她要儿子千万不能辜负曾经爱护他救他性命和帮助他渡过灾难的诸亲好友，决不可以忘恩负义，为人在世，滴水之恩要涌泉相报。

婆媳俩在上海只住了三天，蒋介石就催她们回乡。对见面后的妻子始终默默无言，临别时才说一句："要孝顺婆婆，要经国用功读书。"母亲看到了儿子，总算放心，可是她内心暗暗遗憾的是小夫妻俩不能团圆，她多么希望再有一个孙子，就频频叮嘱儿子，等时局太平，一定要回奉化溪口，合家团聚。

王采玉又从密缝的内衣袋里掏出贤甲娘舅带给她的两百元钱来还给儿子。

"丰镐房是蒋家祖宗传下来的房产，有几十年了，虽然又老又旧，可是光复那年，你介卿阿哥出钱，小修过一次，还可以住，你为了革命，受苦受难，我住得再好也不安心，常言道'屋宽勿如心宽'，你还是拿去派重要用场吧。"

蒋介石一再推辞："就是不修房子，你阿姆拿去，买些吃吃，穿得好一些，我儿子在外，吃再大的苦，也心甘情愿。"

蒋母不忍违拗儿子一番孝心和好意，可是她也不愿拿这笔钱用来自己享受，她要做好事，为了给蒋家积德，为了给自己的娘家增光，更为了报答乡亲，一回溪口，就把这两百元钱全数拿出来，在溪口通往万竹的必经之地赤泥岭上，盖了一座供人休息的凉亭。顾清廉老师还写了两副楹联：一副为："行行行行行且止，坐坐坐坐坐何妨。"乡人就称它为"休休亭"。另一副更具文采而寓深意："为民乎为利乎休休且去，爱国者爱乡者缓缓而行。"在这二十个字里，显示出一位乡下老母为国为民的一颗忠诚爱心。

三六 娶妾的波折

一心想当皇帝的袁世凯原定于民国五年，也就是1916年1月1日举行登极大典。登极地点在紫禁城内三大殿，按五行更替之说，洪宪王朝以火德王天下，尚赤，所以三大殿内一律改漆红色。又为了他生得又矮又肥，坐在原先皇帝的宝座上很不好看，就重新制造腿短、背低的御极宝座，耗费四十万银圆。他听到各地都有人反对，而且有的地方已经有行动，上海的陈其美，虽几次武装起义反袁遭到失败，然而革命决心始终不渝。在上海已无法开展活动，便派从奉化回来的蒋介石到江阴去，帮助革命党杨啸天，运动当地的袁军，宣布独立。革命党占领了江阴炮台，对长江下游的袁军以重大威胁，不幸仅仅维持了五天，因得不到外援，同时炮台内部因发生变故而失守，遭到反击。蒋介石狼狈地由两名卫士护送，脱险回上海，又悄悄地去日本，和戴季陶等一起活动。

袁世凯在各地的反对声中，感到恐慌，担心坐不上皇帝宝座，就迫不及待地突然颁布“圣旨”：“皇帝于12月13日早上9时三刻在居仁堂登极。”官员们仓惶失措，来不及穿礼服，很多人就穿了便服去朝贺，叩头的叩头，鞠躬的鞠躬，一片混乱。袁世凯的龙袍还没有做好，也不能戴“叠羽冲天冠”，仍旧穿着那套大元帅戎装，又序位颠倒地将龙座摆设在龙案前头，他左手扶龙座，右手屈向前伸，频频点头接受朝贺者致意。他又下旨改民国五年为洪宪元年，袁世凯就这样急急匆匆“关门怕见人”地做了皇帝。不到十天，蔡锷在云南发动护国运动，浙江、贵州、广东、广西等省纷纷响应。袁世凯吓坏了，从还未坐热的宝座上跌下来，宣布取消帝制，收起龙袍皇冠，恢复他不想当的大总统。

蒋介石听到袁世凯下台的消息后，立即转回上海，与陈其美一起准备再举义旗，讨伐袁军。袁世凯也知道自己暴露了妄图当皇帝的野心，引起众怒，陷于四面楚歌之中；如果不把反对他的人除去，就连大总统的宝座也难保。他的劲敌是孙中山，而孙中山的得力主将就是上海陈其美。他决定先礼后兵，软硬兼施，非要把这个对手消灭不可。

袁世凯派他的手下，找到了陈其美的亲戚，到陈其美家里去。在寒暄一番后，便取出七十万圆的一张支票，说这是袁世凯送给他的一笔厚礼。陈其美一听就明白是来贿赂自己，一句话也不说，把将支票扔到亲戚面前，亲戚神色尴尬，临走时郑重告诫：“大总统曾经吩咐，这七十万圆他不再收回，你不要，他就用这笔钱来对付你！”

陈其美连刀枪也不怕，更不在乎威胁，事实上他这时需要钱用，为了继续反袁的经费，正在四处筹措。过了不久，平时和他十分接近的革命党人李海秋来找他，说是有一家煤矿要向日本人借款，需要一位日本人信得过的有名人士作担保。事成后，担保人可得佣金十分之四。陈其美当然愿意。于是，约定于五月十八日，到法租界萨坡赛路(今淡水路)他的寓所签订合约。陈其美这一天特别兴奋，签了合约，自己就可以拿到一笔巨款，作为革命经费，把袁世凯置于死地。听到有人叩门，他亲自去打开。突然从门外闯进来两名暴徒，举起手枪，一连数枪，将陈其美击倒。

陈其美被刺殒命，全国震惊。孙中山十分悲痛，亲自撰写祭文，誉称他为"生为人杰，死为鬼雄"。可是这不幸的耗闻，也使一些人畏怯。蒋介石等害怕自己也会遭到陈其美一样的命运，在上海尽量不公开活动，可是，孙中山为了向袁世凯显示革命的决心，当革命党人居正在山东起义时，就派蒋介石前往协助。他刚到山东，居正的起义军因兵力太弱，没有成功。蒋介石又悄悄回沪。直到袁世凯忧愤而死，全国振奋。可是袁世凯留下一批余孽，成为割地自封的军阀，霸占一方，欺诈掠夺，互相残杀，使全国百姓成为受害最深的牺牲品。孙中山为国为民，便与廖仲恺、朱执信等一起去广州召开国会，当选为大元帅，誓师北伐，扫除祸国殃民的军阀。

蒋介石接到孙中山自广东来信，要他南去协助，这对正在落魄中的蒋介石是个令人振奋的信号，认为因此可以重振旗鼓，再发威风，于是把可望飞黄腾达的喜讯禀告母亲，再与姚怡琴夸下海口后依依惜别，赶紧去广东。不料事与愿违，在广东拥有地方势力的粤军头领陈炯明，只让他担任小小的作战科主任，既无权又无实力，而且歧视外乡人，对他种种挑挤，蒋介石感到屈辱，个人欲望既不能满足，反成为虎落平阳被犬欺，实在忍无可忍，再也不管革命利益和孙中山的劝导，贸然提出辞职拂袖离开。

在这一年里蒋介石蛰居上海，除了与已回国的张静江、戴季陶常有往来，叹叹苦经，发发牢骚外，平时很少活动。现在陈其美的寓所已遭破坏，只有暂宿在环龙路革命党办事处内，在感到苦闷和寂寞孤独时，就去八仙桥姚怡琴家去宿夜，满足情欲。

姚怡琴的丈夫姚天生，知道妻子与蒋介石有暧昧关系，可是害怕妻子的雌威，加上也能借口勒索，便睁一只眼闭一只眼，只有胡搞蛮缠，有时候还加以威胁，想诈取到更多钱财，作为赌本和把鸦片烧成烟灰。姚怡琴虽然不怕他，也觉得讨厌。蒋介石更担心他一不顺心就会把自己出卖，一时无法解决，就在法租界蒲石路（今长乐路）新民里 13 号借一间石库门的前房，作为幽会的秘密住所。姚天生发现这个秘密后，自己不敢出面，去告诉怡琴的父亲姚小宝，无赖加上撒泼，冷笑地威胁，如果姚家的女儿跟了别人，也就失去他这个入赘的女婿，半子之靠的希望就成为泡影。姚小宝虽然心爱女儿，不喜欢这个女婿，但想到怡琴既不是自己亲生，招来的女婿也是为了续嗣，失去了姚天生，岂不要断绝香烟，绝子绝孙？而蒋介石是革命党又是大官，决不肯改姓姚，做他的上门女婿，所以他比姚天生更为坚决，竭力反对怡琴与蒋介石结合，而且到妓院去大吵大闹，一定要女儿与蒋介石断绝来往。

姚怡琴内心非常痛苦，丈夫容易对付，可是将自己抚养长大的父亲却难通融，品行卑鄙的丈夫，任他唾骂，对威严的父亲跪着哭求也没用，她绝望了，又实在不愿与蒋介石分离。她知道跟着姚天生将走向死路，随从蒋介石会有出头之日，即使做小老婆也有胜人一筹的光彩。她与蒋介石商量，他只沉着脸，一言不发，逼急了就两脚一顿骂一声，说一句气话："大不了我带你到日本去！"又无可奈何地苦笑，"眼前我们只有过一天算一天！"

乖巧的姚怡琴想了个主意，去找她的堂姊姚月英。姚月英是她父亲的兄长姚云显的大女儿。姚云显年轻时从家乡到上海，学做红帮裁缝，后来自己开店，生意兴隆，把家属都接了出来。大女儿月英长大后嫁给地产商人，生活优裕。姚怡琴与月英在小时候，常在一起玩乐，到上海后，各奔东西，堂姊成了有钱人家的富太太，而她沦落为妓院的侍佣，富贵与贫贱，相差太大，悬殊过多。生性傲气的姚怡琴自觉无颜见人，也不愿低声下气去求告过去地位平等的近亲，从无往来。这一次为了自己的终身，想请月英去向父亲说情，解决与姚天生这段婚姻，这不是借钱，无非求个人情，对方不会有什么为难，自己也不会下不了台。

她初次去堂姊家，穿着得整整齐齐，还从采芝斋带来苏州特产。一进门见到月英，就亲热地“姊姊！姊姊！”一路叫进去，两人紧紧握住手，半天不放松。月英把她当作贵客一样，奉为上宾，要女用人用漆盘送上盖碗茶。两人又说又笑地回忆童年时代的欢乐生活，月英还是像过去一样叫怡琴“阿巧妹妹”。怡琴听了既感到亲切，又怕她还不知道她近年来的情况，不免惶恐，笑得有些勉强。月英看在眼里，想到多年不见的堂妹忽然上门，心里一定有事，看她的表情，似乎难以启口，于是像小时候同进同出那样亲热地拉着怡琴的手，一起到楼上卧房去。

两人在布置讲究的房间里坐定后，怡琴神色凄然地刚说了一句：“姊姊，不瞒你说，我这几年……”

“不用说了，”月英轻轻地举起手阻止，用同情的目光望着妹妹：“我都知道。我们一直在记挂你！”又恳切地自动讨上来问讯，“你妹妹有啥难处，尽管说。”她准备拿出一笔钱来帮助妹妹渡过难关。

姚怡琴为姊姊的热情关怀和慷慨所感动，未开言，就先泪水直涌。她一边哭泣，一边叙述不幸遭遇。月英一边听，一边陪着流泪，最后，怡琴提出要求时，她先沉吟一下，然后一口允诺：“宝叔是我长辈，我没资格和他攀谈。不过，我一定帮你忙，替你想办法。”她没有把办法告诉怡琴，因为心里并无把握，不过，看她神情，听她口气，她一定会尽心尽力，帮忙到底。

第二天，姚月英就到自己的父亲家里去，将怡琴的遭遇和要求说了一遍。姚云显感到为难，认为他的兄弟姚小宝很有道理，当然不肯失去已经入赘他家的女婿，否则他这一族就要断了香火。姚月英早就想好办法，只要求父亲去与姚小宝说情，从中调解，其他一切都包在她身上。

姚云显在宁波路朝阳楼茶馆找到了兄弟姚小宝。他每说一句，对方就三摇头。最后，姚云显又气又急，拍拍桌子，再也不顾情面地指责姚小宝：

“你再听我说几句，我不再多说了。”他将手指对准小宝的胸口，像要戳到他心里去，“你那个进门女婿姚天生，本来姓沈，不是我们姚家的人，怎么会接你的香火？他又贪吃懒做，烟酒嫖赌，样样都全！你女儿嫁给他，反要养活他，为了他委屈地到妓院去当用人服侍婊子！你这做阿爸的怎么对得起她？你丈人非有这样女婿，脸上也不光彩！还不趁早把这个混账东西赶走，你女儿也有出头日子！”

当初，是姚小宝做主，招沈天生为进门女婿，改姓为姚，当作儿子，以为从此到老有靠。没想到天生放荡不羁、腐化堕落，不仅害了女儿终身，也给姚家门第丢脸。他看在眼里苦在心里，女儿满含泪水向他哭诉，他把眼泪朝肚里吞，他明知是自己把枷锁套在女儿头上，可再也无法把那枷锁去掉。这枷锁也像千斤石一样沉重地压在他自己心上，把他的心也压碎了，今天兄长直率地道出他郁积的心事，再也压抑不住，眼里涌出老泪，说出他难言的隐情。

“我都明白，比你们谁都明白。可是，我也有苦衷，只是我说不出口……”

“我来替你说，”姚云显怕被旁人听到，压低声音向小宝耳语，“因为你那个女婿改姓了姚，你把他当作儿子，要是赶掉他，你怕断了后代，是不是？”

姚小宝黯然地低下头，心想谁也无法解决这个难题。

“我女儿月英想得周到，已经有了办法。”姚云显得意地把办法说了出来，“我和二房里你的二哥云官说定了，如果你把你女婿天生退掉，就把云官的儿子春芳立嗣给你，都是姓姚，又本来有血缘关系，是你天公地道，货真价实的继承人。比起外姓人的滥料女婿要实在得多。你心里可以铁定，别人也没有闲话！”

姚小宝忽然省悟，开了心窍，从心里笑了出来，连忙向兄长斟茶，要求姚云显一手包办。

事情很快就办成。姚天生在外欠了一身债，正被逼得走投无路，他回家逼妻子，姚怡琴有意回避，不理睬他。债权人威胁他：三天之内不还清，送官究办至少要吃三年官司。正在这时，姚云显把他叫到茶馆，以吃讲茶的形式，答应他代还欠债，还送给他一笔钱，让他今后做小生意，条件是解除与姚怡琴的婚约，今后他不再是姚家的入赘女婿，仍姓他原来的“沈”。天生明知自己成了一条被赶出门的癞皮狗，虽不甘心，可也无法挽回，只得咬咬牙在契约上划押盖手印，拿了钱去还债。他丢了老婆，也丢了脸，离开上海，不知去向。

套在姚怡琴身上的无形而沉重的枷锁去掉了，换上蒋介石作为定情礼物馈送给她的金锁片。他们在酒店里办了一桌喜酒，又从秘密幽会的住所，搬入贝勒路(今黄坡南路)369号新屋公开同居。

两人从露水姻缘到正式同居，姚怡琴虽是促成这段良缘的主动者，蒋介石也不是凭一时冲动，他初识姚怡琴时，被她的年轻美貌所吸引。在奉化的原配毛福梅比自己大五岁，而姚怡琴却比自己小五岁。相差十岁的女人，等于是两个年代的新旧女性。前者生长在山里乡下，虽是大户人家出身，但从不抛头露面，只知道循规蹈矩、遵守礼节，平庸拘束得近乎呆滞和笨拙，既不懂打扮，也不会献媚，更谈不上情欲，在一起生活像一个古板的老阿姊，毫无乐趣。不是母亲做主，他决不会要她做老婆。姚怡琴虽出身低微，可是生活在上海这大都市中，又在风月场所混过，天生妩媚，加上修饰比起毛福梅来不知要好看多少！她既通人情，又懂风情，不管相处或分离，令人始终陶醉在她的吴侬软语和风流怀抱之中，是他在枯燥生活中梦寐以求的年轻情妇。蒋介石原来只企望在她身上得到生活的乐趣和情欲的满足，他过去也曾经同意秋瑾反对纳妾的主张，也知道自己的母亲定会反对。可是别人讲的道理终究无法摆脱本人的恋情和美色的引诱，何况如今木已成舟，说不定还能为蒋家生下一男半女，多一个后代继承丰镐房的香烟，不但满足个人的欲望，也对得起蒋氏祖宗。

三七　戏院里的会计

姚怡琴摆脱了与沈天生的畸形婚姻，也不再到妓院去当低贱的妓侍，仿佛跳出可耻的火坑，脱离了束缚的樊笼，一步跨进天堂。蒋介石以救命恩人自居，纳她为妾，然而为了维护自己的尊严，以及洗刷清除怡琴过去沾染在身上的污点，先要她把在妓院里取的花名怡琴改换，还为了叫唤方便，用同音不同字的名字“冶诚”；又不许她再与八仙桥的旧邻居和妓院的姊妹淘来往，断绝风月场所的旧情。

他们贝勒路的新居是沿马路的单幢楼房，楼下进门是砖砌花坛的天井，正屋有前后客堂，二楼除厢房、后房外，还有亭子间。蒋介石结束了流荡生活，在上海有了个正式的家，心里感到温馨和安宁。

可是，当蒋介石沉浸在热烈情欲的同时，内心深处时时提醒自己：千万不要因一时冲动和短暂的满足，忽视未来可能发生的种种麻烦，以至阻碍重大的前程。他并不担心社会上对革命党人纳妾的谴责，因为比他地位高的人已有先例，而且获得公认。他也不怕因此而引起家庭纠纷。他的不满婚姻也尽人皆知，软弱的毛福梅也不敢反抗。最使他忧虑的是：如果有一天因各种原因，他感到不能再和姚怡琴共同生活下去时，这个妓侍出身的女人，一定会死死咬定两人已成婚和同居为理由，不肯轻易离开，还会泼辣地向他讹诈和吵闹，他考虑再三，终于给他想出一个绝妙的主意。

就在他们同居后的第三天。他先海誓山盟地向姚冶诚表示爱情的忠诚，却又戏谑地怀疑她是不是始终不渝。

“你不相信我？”姚冶诚认真地表白自己的真情，“我不像你口说无凭，我可以黑字白纸，立下字据！”

“好，我给你打个草稿，”蒋介石连忙接口，“你照我写！”他拿出笔墨纸张，早有腹稿，提笔就写：

> 约言：冶诚自愿终身许主君为侍者，此后永不变心。倘背此约，任主君处罚。此证
> 主君惠存
> 姚冶诚自书

蒋介石读了一遍，姚冶诚没有听懂。她更不知道为什么称蒋介石为“主君”，又自认为“侍者”，其实蒋介石用“主”“侍”二字，代表两人的关系：不是夫妻，而是主仆，双方婚约也就成了女方自愿而背约受罚的卖身契！

姚冶诚虽没有正式进过学堂，也曾跟人读过书，会写字。她以为蒋介石要她立字据是自己

对婚姻的保证，就毫不犹豫地照着一个字一个字抄下来。她写得很吃力，也很认真，她将自己的爱心和对蒋介石的信任，化成一个个字，落在纸上，显示自己的决心。

蒋介石把那张“约言”看了一遍，称心地对姚冶诚微微一笑，然后放进口袋，准备好好保存。

姚冶诚又自认为是蒋家的人，就要蒋介石不忘写家信，他托在上海居住的孙琴凤娘舅在便中转去，在信里除了向老人问安，叮嘱儿子用功读书外，对妻子却一字不提。他把自己和姚冶诚同居的事告诉娘舅，然而要娘舅瞒住母亲怕老人家生气，赶到上海来吵闹。此外，他除了到环龙路办事处去料理一些党务外，只与附近住在同益里的戴季陶来往，有时就和戴季陶一起去环龙路张静江家。

张静江原名张人杰，是浙江吴兴南浔镇人。张家为南浔的巨富，镇上的财主有“四象八牛七十二只狗”。张家是“四象”之一，在上海开办通运公司和大纶绸缎局。在法国巴黎、美国纽约都有通运分公司，除经营生丝出口外兼营汇兑和珠宝生意。张静江在父亲死后，分得巨额遗产。他生性豪爽，乐善好施，可是体弱足蹩，不良于行。后随孙宝骑去法国，在公使馆充当商务随员。因职务之便，在上海与巴黎间经营古董贸易，获利甚丰。他是虚无主义者，逢人必谈革命，否定一切。1905 年，孙中山乘法国轮船时与张静江同船，他慕名拜谒，并热诚表示：“我深信非革命不能救中国。近年来，在法国经商，获资数万，愿意为先生效劳。如有急需，随时电告，当全力以应。”还约定暗号，以 ABCDE 为次序，每一字母代替一笔款数，A 为一万元，E 为五万元。当时孙中山并不在意。次年，孙中山自南洋至东京，经济困难，就试探地发电报给张静江。数日后，真有三万法郎汇至。又一年，孙中山在越南河内，以经营两粤军事需款，两次以 A 和 E 字暗号去电，张静江都如约汇来。自后，陈其美和周淡游等在苏浙各地举义都曾得到他的资助。他还和吴稚辉、李石曾一起，在法国刊行《新世纪》周刊，宣传反清革命。民国成立后，孙中山特邀张静江任财政部长，他也坚辞不就，毅然将家眷留在美国纽约，携带财产回国。讨袁失败，他寓居上海环龙路。孙中山筹组中华革命党，任命他为财政部长，在经济上支持革命活动。蒋介石等革命党人每月就从他那里领取生活补贴。两人因交往密切，便义结金兰，虽以兄弟相称，也成为蒋介石心目中的“良师”。

蒋介石与姚冶诚同居后，雇用奉化人厨司蒋小品为他烧配胃口的家乡菜，还从荐头店招来一个苏州老娘姨翠娥，给冶诚梳头、洗衣、打扫，姚冶诚服侍别人半辈子，现在轮到别人服侍自己，排场多，开销大，蒋介石从办事处领取的钱不够用，张静江和戴季陶等常常来做客，临走扔下一包赏钱，姚冶诚就用来付用人的工钱还有多余。张静江身为财政部长，眼看蒋介石生活拮据，可又不便动用经费，就借南京路外滩谋得利琴行楼上开办春柳剧场，请春柳社剧团演出。春柳社是李叔同在日本时发起主办的，和他合作的有欧阳予倩、马锋士、蒋镜澄，以及曾向日本剧坛名宿坪内逍遥博士学剧三年的陆镜若。他们提出“宁以营业殉宗旨，不因营业变宗旨”的口号，演出《黑奴吁天录》等剧，激起华侨在日本的反抗浪潮，深得留日学生的欢迎。辛亥革命后回国，一时找不到场子，多亏张静江出资支持，能在谋得利琴行楼上公演。演出《不平鸣》《社会钟》和根据莎士比亚《威尼斯商人》改编的《一磅肉》和改编自吴研人的小说《恨海》，招徕观众。张静江以前台经理的身份，派蒋介石到春柳剧场来当前台会计。

蒋介石自小爱唱粗俗而泼辣的宁波滩簧，与毛福梅成亲后，因为在岩头唱滩簧、舞龙灯而得罪岳父，被赶出门。他虽然负气，却也从此不再唱滩簧。到日本后，曾与戴季陶等一起看过春柳社由李叔同亲自扮演女角的《茶花女》，可是他对既没有唱，也不武打的新剧毫无兴趣，这次在剧场当会计，实际上是代张静江来管钱。他每天在开场前到南京路谋得利琴行的剧场来一次，在票房间一坐，看买票的何颂皋工作结束，将所收的票钱，交给蒋介石过目，蒋介石不屑一顾地只用目光扫了一下点点头，就要何颂皋放进一只公文包里，在散场后带到环龙路张家，他自己从来不驻场，也不进剧场里去看戏，等结账完毕，就打道回府。

原来在妓院里当侍佣，专门服侍妓女和嫖客的姚冶诚，过惯了风月场所热闹而又繁忙的生活，现在成了被关在金屋里的姨太太，住房比八仙桥高贵得多，还有男女仆人侍奉，日子也过得比以往舒适，就是过于清闲，反而觉得寂寞和冷清。蒋介石不在身旁时，她更感到孤单，只得独自一人，轻声轻气地唱着从妓院里学来的东西和自己小时候在苏州学会的小调，她生性喜欢唱，也爱看戏。现在丈夫当了剧场老板，就要求他陪自己上谋得利，可是蒋介石自称是革命党，还带兵打仗，从团长升到参谋长，堂堂大将去充当小剧场的会计，如果不是为了每月可拿到钱，补贴生活，实在不愿受此委屈。他每天出入剧场，总是戴帽遮面，低头进出，怕被人看到。自然更不肯陪妓院出身的小妾到公共场所露面，实在缠不过姚冶诚的恳求和发娇，就给她一张票，先要她单身坐车去谋得利，看完戏自己回家。姚冶诚明白蒋介石的心意，不予计较，只要有戏看，宁可独来独往。

有一次，她坐在场子里看《恨海》。剧中女主角因丈夫吸毒沦为丐贼的悲剧，使她想起自己的身世，不禁悲愤交集，失声痛哭，引起坐在后两排的一个女看客注意，发现是她，不等散场就过来招呼。姚冶诚一看原来是堂姊月英，两人相见，又是惊喜又是亲热，等不到看完戏，姚冶诚就以主人身份，热诚地请堂姊到自己家里去做客。

蒋介石虽然曾命令冶诚不许外人到他寓所来，可是姚月英是嫡堂姊姊，还是冶诚和前夫离异、脱离苦海的恩人，非同一般，理当盛情招待。那位堂姊眼见妹妹和蒋介石同居后，非但地位和身份与过去大不相同，在生活和气派上也步步上升，她很高兴有这样的亲戚时相往来，说不定从商的丈夫靠蒋介石的关系也能大展鸿图，于是分外热络和巴结。蒋介石不让冶诚到谋得利看戏或外出探望亲友，她就亲自上门。先是一礼拜两次，后来为了给像关在鸟笼里的金丝雀的妹妹解解厌气，就天天带来两个小姊妹，一起搓麻将。姚冶诚在妓院里早就学会，可是因侍佣的身份，不许上台面，现在当了太太，闲来无事，便和上海滩公馆里的太太、少奶奶一样，终日打牌玩乐，全身心地沉溺在方城之战中，她打牌输少赢多，她还从妓院里学来的打牌抽头的办法，一天下来，足够明天买菜。

蒋介石现在有了个安定的家，还有娇美小妾侍奉，每月也有虽并不富裕然而固定的收入，可是总是感到委屈和不服，他常常想到：小时候自封“大将”，去过日本学武，回国后又南征北战，显赫一时，真的成了革命队伍中一员大将，可是如今时运不济，革命低潮，被迫流落上海滩，成了守候在办事处的值班，还要到戏院去当一名小小职员，这怎么不令堂堂团长意志消沉，情绪低落，他平时就深居简出，一清早，洗净水面后，在天井练武功，又独自在楼上前房，坐在写字台前埋头读书。在这一段时间里，他看了不少古书：《宋鉴》《明鉴》《庄子》等，还遍阅《曾国藩文集》《王阳明文集》以及《天演论》、林泽《拿破仑本纪》《西洋通史》。在读书前后，关上房门，摒弃外界一切声息，独自在木椅上静坐，静坐时心里默念《孟子》养气章、曾国藩主静箴等，静坐后开始默祷，祝祷“建成党国，救济民生，人心趋正，母体寿康”等几条，好像“和尚念经，管他有心无心”。有一次，孙中山来沪，他到张家去拜见，吹嘘自己默坐静养之功。孙中山为他写了“静敬澹一”四字，又告诫他必须有实际行动。于是，他花费不少时间，撰写几篇关于党务、军事方面等文章，呈送给孙中山，表示自己的军事才能和对党国效忠的决心。

有一次，因看书过多患了目疾，多亏姚冶诚服侍，半月后才痊愈。姚冶诚劝他不再看书，他骂了声："浅薄，无知。"继续用功。

可是，每当他在静坐养病、读书和写文章时，从楼下传来的打牌声，夹杂着输者哀叹、赢家欢叫，特别是女人们尖声和娇笑，穿进耳朵里，使他在心烦意躁中更不得安静。读不进书，还打断文思，素性暴躁的蒋介石最初碍于情面，竭力压制怒火，只能掷下书本笔墨，在房间里来去踱走。到了夜里，客人一走，他忍不住埋怨冶诚，先是含笑嘀咕，再就瞪眼责叱。姚冶诚是一百个赔不是，笑着道歉。到了第二天，在赌友到来之前，她就先柔婉娇媚地用软声软气的苏州话向丈夫打招呼："我不是要赌钱，实在是一个人在家里太冷静。你不是看书就是写字，我不敢来惊动你。你又不让我出去看戏，我想出去走人家，也不放心你一个人在屋里，只有请几个姊妹淘来搓搓小麻将，无非是解解厌气。我一定关照大家声音轻一点，勿许笑也勿许叫，不让你心烦讨厌，你看阿好？"

于是，蒋介石因心爱和体谅这位会奉承讨好的小妾，只得让步。他把自己关在楼上工作，可是冶诚和她的麻将搭子，先是轻声轻气，一遇到"自摸"或"勒子"，就忍不住碰台拍手，又笑又叫起来，这突然爆发的声响，常常使在静坐中的蒋介石吓得一跳。他再也耐不住，只得怒恼地双脚在地板上狠狠一蹬。他无处出气，就在日记上发泄内心的怨愤："冶诚赌博不休，恶甚！恼甚！"有一次，姚冶诚打麻将，欲罢不能，赌兴正浓，便挑灯夜战，一直打到天亮。蒋介石清晨苏醒，不见平时伴睡身旁的娇妾，火星冒头顶，大声呼叫，楼下赌博立即停止，客人散去。冶诚匆匆上楼，还未赔笑道歉，他就破口大骂，连少年时代常挂在嘴上的脏话也骂了出来，冶诚一点不回嘴，只笑吟吟地服侍他起床。他余怒未泄，只得又在日记上出气："早晨未起床时，瞟见楼下电灯尚明，甚恨冶诚不知治家法，痛骂一场，娶妾之为害实不胜言。"

蒋介石既在姚冶诚身上得到情欲的满足，又为她的不良习气感到烦恼，就在这既是爱也有气，又欢乐又吵闹中过着表面美满幸福内心暗暗不悦的小家庭生活。直到同年黄梅季节，天气的炎热，使暴躁的蒋介石更为烦焦。在五月中旬的一个午后，空气闷热，他伏在桌上文章写了一半，文思就被楼下的麻将声打断。他想看书，又被冶诚赌友的笑叫声扰乱。他再也忍耐不住把文章撕成碎片，将书扔到地上，霍地站起身，披上长衫，口袋里塞了一把钞票，携带日记簿和纸笔，咚咚走下楼去，穿过客堂，连正眼也不对冶诚她们看一眼，铁青着脸，赌着气，直冲到门外，叫了一辆小黄包车："到一品香！"

上海自开埠以后，最早的新式旅馆是"三东一品"，即"大东""东亚""远东"和"一品香"四家。原是西菜馆的一品香自四马路迁至西藏路后，因设备新，地段好，可供富商宝眷们在阳台上观赏跑马，所以生意兴隆，房价也高。蒋介石要了个西南的小房间，既可清静，价钿也低。可是从家里带来的烦躁情绪仍然使自己不能安下心来写文章，写了几句，就把纸捏成一团，好不容易等到傍晚，他带的钱不多，不够在一品香餐厅里吃高价西菜，就到宁邦状元楼去吃咸果大汤黄鱼，然后坐车到外滩谋得利琴行，他等何颂皋买好票结了账，就独自一人在外滩游荡，让从黄浦江上吹来的凉风，吹散郁积在心胸里的闷气。

他回到一品香，感到疲惫和虚弱，左思右想，越想越气，一夜失眠。第二天早晨，他觉得头痛发热，周身不适，他难得生病，不免惊惶，他又为了赌气，不愿回家，就到虹口一家日本医院去，要求住院治疗，又想到晚上不可能去春柳剧场，就请医院护士打电话给张家向张静江请假。

在家里的姚冶诚，以为蒋介石有事外出，和往常一样，不是找朋友闲谈就是去戏院管账，便自顾打牌。到晚上十点，牌局终止，赌友们互约明天再来后散去，还不见丈夫归家，总以为他在外游荡，也不在意，就自己先上床，头一倒就睡熟，一觉醒来天已大明，才发现蒋介石一夜未回，不禁慌张，不知道是发生什么意外，还是因和她赌气到妓院去宿夜。她等到十点钟过后，才打电话给戴季陶问讯，又由戴季陶转问张静江，这时张静江已知道蒋介石请假住院。姚冶诚听到后，以为蒋介石一定遇上灾祸，也可能像陈其美那样被刺受伤，就惊恐万分地赶到医院去。

蒋介石经过医生检查，诊断为伤寒，如果不及时治疗，也可能病情加重，就要他吞下几颗药片，又打了针，安静躺下。蒋介石为了安全也不愿与人交往，住进二楼特等病房，一人一间刚躺下不久，还未入睡，姚冶诚就来了，她一进门，娇声呼叫三步并两步朝病床扑来。蒋介石在病痛中，从眼缝里瞟了她一眼没有理她。姚冶诚她询问跟随进来的护士后，才知道丈夫得了重病。不免焦急，心想这可能是自己昨天因打牌冒犯了他，负气出走，在外饮食不当，又不知在哪里荒唐一夜，受了风寒才患上这种严重的伤寒症，但不管怎样自己多多少少有些责任，也难怪他对自己有所怨恨，就比平时更娇媚温存地奉承服侍。她要来一盆热水，想为蒋介石擦面，蒋介石将毛巾推开，她准备喂药，他拒绝，却请护士把药片塞进嘴里，还咕嘟咕嘟吞了三大口开水。她为他塞紧棉被，他故意掀开。她娇声娇气地和他讲话，他闭上眼皮，闷声不响。姚冶诚用自己的热脸贴对方的冷面孔，心里很不高兴，她不愿再在这尴尬的场合里尽讨没趣，就推说家里有事，还装着笑脸向不理睬她的强横丈夫告别。一出病房，关上门，就从鼻孔里出气，哼了一声，赶回家去，和昨夜约好的牌友们尽情地打一夜麻将。

第五天，医生因蒋介石病情有所减轻，姚冶诚在上午烧了菜送来。蒋介石虽因医生关照，不准进食，可是仍做出对她生气的样子，厌恶地将姚冶诚用筷子搛着的菜推开，嘴里还含糊不清地咒骂："我不要看到你！"任凭姚冶诚婉言劝慰，百般探问，他就是不理不睬。她再也承受不住就收敛笑容，重手重脚地收拾起带来的美味菜肴，又冷言冷语地低声埋怨。

"我一番好心服侍你，没想到反而受你冤枉气。我不过和姊妹淘搓搓小麻将，解解厌气，每天抽来头钱还不是为了贴补家用！有啥错？怪只怪我是小老婆，就三钱不作两，被人欺侮，当你的出气筒！"说罢，头也不回，拔脚就走。蒋介石愤怒地握紧拳头，足顿床头，连叫三声："滚！滚！滚！"

这是姚冶诚自从和蒋介石同居后，第一次委屈地责怪对方，也受到对方从未有过的辱骂，她为了表示反抗和发泄内心的气愤，不再来医院，可是仍不放心地每天要厨司蒋小品送来可口的饭菜，蒋介石问起她，蒋小品照女主人的叮嘱回答："太太说：她要搓麻将没空来。"

蒋介石气得竖眉瞪眼，恨不得把送来的饭菜连碗扔到门外，他把蒋小品当作冶诚，指着鼻子咬牙怒骂："你回去告诉她，我，我要……"他没有把一刀两断的话说出来，但是已经开了头，不能收，只得改口："我要给她颜色看！"又以家乡最难听的骂人话收尾。

当夜，他满腹气闷，便补写了这几天的日记泄恨："……近日冶诚嗜赌而不侍我疾，且出言悖谬，行动乖违，心甚愤恨之……冶诚来院，余见之心甚愤恚，病症加剧……"

写了日记，他真的感到浑身不适，头疼欲裂，躺在病床上，哀凄忧伤，犹如离家千里的游子，孤单无援。此时此刻，他情不由主地想念家乡、老母和他虽不喜欢但处处依顺他的妻子，自少年时代起，他每次闯了祸或受到委屈，就熬住痛憋着气，硬着头皮回到家里，严厉的寡母总是谆谆教训，温存慰抚和含着泪鼓励，使他懂得道理，感到温暖，振足勇气，丰镐房成了他经受苦难时的庇护所和振足勇气，重上征途的起点站。这些年来，他为了逃避通缉，不能回家，他是多么想念慈爱而又严正的母亲啊！即使是他不喜欢的妻子毛福梅，每逢他在危难或受苦时回家，一不如意，就在她身上出气，甚至打骂。可是她总是百依百顺，从来不敢回一声嘴，说一句不满的话。事后，他心里也感到有些悔疚，可又不肯开口求谅，过去生活一直不安定，无法接母亲来上海享乐，如今总算有了个家，可是母亲一定会反对儿子纳妾，更看不惯妓院出身又爱赌博的女人，而且她势必要携带福梅和孙子一起来，大小老婆见面同住一屋，真是为难又尴尬，说不定又会闹出一场灾祸来，好事变坏！如今，他自己也因和冶诚争吵而不愿回家，可是医院又不是久住之地，如果到奉化去，既不敢向母亲交代纳妾的事，实在也不想见到毛福梅，真是左右为难，不知如何是好。

住在上海的琴凤娘舅知道外甥生病无人照顾，连忙派人去到奉化，把毛福梅接来，蒋介石正难熬地躺在病床上，病痛加上孤寂，突然见到妻子又是欣慰，也有些惶恐。前几天，他还在怨恨姚冶诚，惦念毛福梅，没想到近在上海，该来服侍的宠妾，就因为挨了几句骂，赌气不来，而远在家乡，过去一直受欺的妻子，却毫不记恨，急急赶到上海。相比之下，他也良心发现，深深感到悔恨和内疚，可是骄横惯了的脾气，使他一时放不下面子，对毛福梅只轻声问一句："阿姆好吗?"毛福梅仍像过去在家里一样默默无言，小心服侍。她不顾疲劳地一天三次从娘舅家到医院，烧菜送饭。平时，一个人坐在离病床远远的墙角里，不敢动弹，不敢说话，更不敢瞌睡，只低下头，也不敢正眼地瞟望着丈夫，不像是已结婚十多年的妻子，护士们都以为是特地从乡下雇来的女佣。

蒋介石有了毛福梅来服侍，三天不到病体渐渐恢复，可是内心却越来越不安，他害怕姚冶诚会突然跑来撞见，也担心毛福梅会知道自己已纳妾，万一两人相遇，自己将如何对待？在医院里，堂堂革命党闹出大小老婆争风吃醋事件来，岂不要被社会上人士嗤笑？他为了息事宁人，就借口不放心母亲和经国，急急催毛福梅回奉化。

过了两天，张静江和戴季陶受姚冶诚委托，前来劝导，姚冶诚已听到毛福梅来上海服侍丈夫的风声，害怕因此自己会失去蒋介石，就表示认错，希望丈夫回家休养。

蒋介石也需要温馨的家庭生活，便不再固执，可为了面子，嘴上还说是看在老朋友面上，才勉强答应。

三八　蒋纬国的来历

蒋介石生了这一场大病，皮包骨头，头发脱落大半，显得十分憔悴。他不再到春柳剧场去上班，在家休养。

姚冶诚自知理亏，自从蒋介石回家后，她专心服侍，也停止打牌，想尽办法，博取丈夫欢心。

这一年，孙中山在广东计划团结进步力量，打击各地军阀，他终日为国事操心，有时亲身来沪，或写信商讨。张静江为了避人耳目，也因丧妻而重新结婚，就离开环龙路旧居，以重金购买静安寺路上一幢洋房。蒋介石与戴季陶除非必要，很少登门，他们每隔几天便去一次环龙路革命党办事处，逗留半日，交流情况，也便于接待来往党人和收发函件。

一个秋高气爽的午后，蒋介石正和戴季陶在总部的楼上谈论时事，楼下先传来叩门声，接着当差的毛延寿上来通报，说是有一个日本中年男子，手抱一个男孩来找戴季陶，有要事相商。

戴季陶听到从日本来人，还带着一个孩子，竟紧张得连戴着的眼镜也掉了下来。他一面嘱咐当差不许让任何人进门，一面声音发抖地恳求蒋介石下楼去和那日本人见面，同时还不放心地对蒋介石附耳密语。

蒋介石点头答应，他们在日本时关系密切，连生活隐私和风流韵事也不保留。1915 年，蒋介石因反对袁世凯被通缉逃亡到日本，与戴季陶一起同吃同住同遨游。戴季陶因饮食不当而生病，进医院治疗。医院里的日本女护士金子自己是孤女，见这个中国青年身在异国，孤单一人，无人照料十分同情，除了医务之外，在生活方面也热情侍奉，一日三餐，特地从家里烧好美味可口的菜，还跪着身子一匙一匙喂到病人嘴里，病人的一切动作，她都在旁小心侍候，不断慰问和谈笑。她那银铃般的声音使戴季陶感到亲切和温馨，美丽的白衣天使不但护理他的病，还陶醉了他的心，他病愈出院，就以感谢为名，请金子到自己家做客，蒋介石也在一旁作陪。几次以后，蒋介石对这个美丽的日本少女，情不自禁地也茁生爱慕之情，见金子对他亲切，也曾追求过她，后来发现，戴季陶和金子格外亲热，内心不免嫉羡，可是碍于情面，只得识趣地避开。不久，戴季陶竟得意地对他讲述自己的隐秘：他一次一次地苦苦追求金子，金子也一次一次接受让步，最后终于成了情欲的俘虏。蒋介石奉命回上海，戴季陶便正式与金子同居。几个月之后，金子怀孕，正巧上海为了再次发动讨袁，需要加强力量。戴季陶便趁机借口离开日本，在与金子告别时，依依不舍，口口声声答应不久即回。他到上海后，蒋介石曾问起金子，戴季陶却躲躲闪闪，不作正面回答。可是从此他不再去日本，金子来函，他也不回，一年之后便断绝音讯。现在有一个日本男人带了孩子找上门来，使戴季陶和蒋介石都感到惊奇和疑惑。金子自己为什么不来？那孩子又是谁？戴季陶叮嘱他要矢口否认。蒋介石因不知道来者的目的，就一面走，一面思考应该如何应付，才能达到圆满结果。

蒋介石命当差开门迎客人进门，那日本男人穿一身玄色日本和服，四十多岁，长相敦厚朴实，完全是日本平民的相貌和神态。他领了一个三四岁的男孩，一见到蒋介石，就双手扶膝，弯下腰，恭恭敬敬地行个日本礼节。

“我是山田纪三郎，是金子姑娘的邻居，也有些亲戚关系。金子姑娘于 1916 年 10 月 6 日生下一个儿子，”他随手指指伫立在身旁的男孩，接着声音悲凄地往下诉说，“真是不幸，金子姑娘在产后，生了一场重病，不治而死。临终时，把儿子托给邻居们，要我们把她唯一遗留在人间的儿子，送还给这男孩的父亲戴季陶先生。她还说，戴季陶可以遗弃没有正式结婚的妻子，可是总不应该不认亲骨肉的儿子吧！”

蒋介石听到金子姑娘已离开人间，不禁黯然，因为自己在日本时对金子也曾有过恋情，他又关切地望望那男孩，男孩一直畏怯地低下头，一副可怜的样子。蒋介石不免动了感情，可是他立刻记起刚才戴季陶的叮嘱，就不得不做出冷漠无情的表情，一口回绝：

“戴季陶不在这里。”

纪三郎有些慌张，也感到疑惑，连忙解释：“是金子姑娘亲口告诉我这里的地址！不会错！”从衣袖里摸出一张歪歪斜斜写着中文地址的皱纸，递给蒋介石。

蒋介石接过一看，认出是金子的笔迹，也是她临摹戴季陶的字迹而留下的遗墨。纸已发黄，有几处墨迹也被泪水浸得模糊，引起蒋介石无限伤感。

“你为什么不早来中国？”

“金了姑娘去世时，这孩子刚满一岁。邻居加上金子生前的亲友一起供养。可是谁也抽不出时间，也拿不出这笔路费，就无法实现金子姑娘的委托。足足等了三年，在这三年里，我们时刻惦记姑娘的遗嘱，都想把她的儿子送还给父亲，我们辛辛苦苦积下钱，凑满路费，趁我有假期，就带了孩子到上海来找戴先生，了却我们三年来的心愿，没想到——”这位好心的日本人再也说不下去，悲伤得流出泪水。

蒋介石为了代戴季陶推卸责任，故意说谎：“谁叫你来晚了，戴先生去年还在上海，现在再也找不到他了！”

纪三郎沮丧地拍拍男孩的头，又是悔恨，又是凄怆。当他重又抬头看望蒋介石时，从已经绝望的眼神里闪烁出希冀的光亮。

“我记得金子姑娘还说过，万一找不到戴季陶，可以找一个姓蒋的，他和戴先生是好朋友，和金子姑娘也很要好，一定肯代为收留她的儿子。”

蒋介石没想到，应该由戴季陶负担的责任竟会落到自己头上，他惶恐得立刻摆手拒绝，口吃地回答：“不！不！”不知道是否认自己是蒋介石，还是不肯接受孩子。

蒋介石的回绝，更使这位日本人焦急和气愤，他直起腰，理直气壮地大声训诫：

“我好不容易把金子姑娘的儿子带到中国来，不管是不是找到戴季陶，决不会再把孩子带回日本去，否则我们对不起金子姑娘，也不能让这孩子成为死了母亲又找不到父亲的孤儿！”他双手颤抖地把男孩推到蒋介石身前，深深地鞠个躬，又是恳求又是哀告，“先生，请你先把这孩子收下，送给戴季陶吧！”说完，一转身，撒腿就跑。

男孩不愿离开三太郎，哭着追上去，没走几步，跌倒在马路上。行人好奇地围上来观看，蒋介石怕引起麻烦，就奔上前去扶起孩子，赶紧抱了回去。

在办事处楼上的戴季陶一直心神不安地在窗缝里窥听，见蒋介石竟把男孩接回来，真是气得满面通红，双脚直跳。他把孩子关在门外后，低声埋怨蒋介石：

“我关照你不要收下，不要收下，你怎么……”

“我是竭力帮你推掉，”蒋介石无可奈何地叹口气，“可是我没办法！”

“我更没有办法！”戴季陶急得要哭出来，“你知道，我那位太太是雌老虎，家里已经有儿子，我又是个佛教徒，从来没有人知道我在日本有情妇，还生了个私生子，现在儿子送了来，事情被拆穿，我今后日子难过，也没有颜面见人！”

蒋介石明白戴季陶的难处，可是又为心爱人金子的不幸遭遇而感到悲伤，就情不自禁地叹息一声，流露出真情。

“不过金子也真可怜，她和你生下的孩子，我们总不能推辞不管呀！否则，岂不辜负她对我们的一片爱心和信任。”

戴季陶也知道蒋介石在日本时曾追求过金子，而且回国后还常常惦记着这位日本少女，从他刚对才对金子爱怜惋惜的口气也听得出他心里仍蕴藏着这段恋情，这个政治理论家的头脑里灵机一动，就要蒋介石把关在门外的男孩领进来，一对有些浮肿的眼睛，从镜片后对孩子望了又望，然后问蒋介石：“你看，他像谁？”

蒋介石早就看出他像谁：“像他母亲——金子！长得很英俊，比我的儿子漂亮。”

“也比我老婆生的儿子好看，我倒是很喜欢！”戴季陶有意无意地又问一句，“你喜欢吗？”

蒋介石从男孩英俊的神色上看到了金子的美丽的面貌，随口说出：“我也喜欢！”

戴季陶双手一合，高声欢叫：

“阿弥陀佛！那就给你做儿子吧！”

这提议虽出乎蒋介石的意外，也恰恰符合他的心愿。他过去追求金子未能如愿，现在能侥幸地获得她生育的儿子，在这小生命身上能尽情地倾注对金子的爱情。更重要的是，他虽然已经有了个儿子，看来毛福梅不会再生；冶诚和自己结合后，也无喜讯，独子皇孙不保险，成双搭对才可靠，尤其是当初为儿子取名，小名“建丰”，是取“丰镐房”的第一个字，谱名“经国”，是用《国语》中“经之以天，纬之以也”的首句第一个字。“可是有‘丰’无‘镐’，使房名残缺不完整，有‘经’无‘纬’，更不合《左传》里‘经纬其民’的要求。”蒋介石一直为此感到遗憾和暗暗着急，如今从天上飞下来一个男孩，既和自己有些因缘，戴季陶又非送人不可，而那男孩比经国又伶俐又英俊，和自己竟也有些相像，正中自己下怀，就毫不犹豫地接受下来。

戴季陶见蒋介石肯接受，非常感激，就将原是自己的亲生儿子去认蒋介石为父亲，赶紧把男孩推倒在地，向蒋介石叩头：“快叫阿爸！”

男孩以为自己真的找到了父亲，也就高兴地叫了一声，倒地就拜。

蒋介石将他抱在怀里，称心地哈哈大笑：

“我已经给你取好名字，你姓蒋，小名建镐，谱名纬国，连名带姓叫蒋纬国！”

三九　妻妾相逢

蒋介石领了纬国，兴冲冲地坐车回家。姚冶诚看到丈夫忽然抱来个日本孩子，感到惊异，心想其中定有缘故，可是自己与蒋介石不久前发生过争吵，这几天才开始和好，言辞行动必须小心谨慎，不能再惹对方生气，就扮着笑脸询问。蒋介石毫不隐瞒地说出蒋纬国的来历，又兴高采烈地表示已认作自己的儿子。姚冶诚半信半疑，可嘴里却连声道喜，她连忙要厨司蒋小品到衣装店里去买一套现成的长袍短衫袄鞋袜，一边亲自为蒋纬国香汤沐浴，洗头剪发，在她手里，一个穿着和服、乌嘴乌脸的日本小孩顿时变成清秀端庄的中国儿童，她不断地称赞，在那小脸和手掌上亲了又亲。

蒋介石在一旁越看越欢喜，心里为自己意外地获得这半个儿子而高兴，经国虽然是亲生儿子，可是无论是相貌还是举止行为和脾气，平庸呆板，迟钝木讷，处处像他讨厌的妻子毛福梅，怎么看也难使自己称心。纬国是朋友的儿子，却处处像自己在日本时邂逅的意中人金子，而且伶俐可爱，讨人喜欢，从心底里感到满意。

“把他交给谁去抚养?”他开始考虑。

姚冶诚从蒋介石的考虑中，很快就感觉到自己在家庭中和丈夫心里的地位。蒋介石纳她为妾，也希望她能生一男半女，有了个后代，也就使她成为蒋氏家族中正式成员之一，可是从发生私情到成为妾室，足足两年多，毫无喜讯。蒋介石嘴里不说，内心不悦，怪不得常常借故寻事，发脾气，甚至外出。这样下去，总有一天会反面无情，将她抛弃。如今又领来一个男孩当作儿子，他自己有了后代就更不把这无后的小妾放在眼里，她一定要保住自己在家里巩固应有的地位，就毫不顾虑，把抚养的责任，仿佛母亲爱护自己亲生儿子一样，不再犹豫地承担了下来。

“那还用讲？你的儿子就是我的儿子，”她对丈夫一脸媚笑，又亲热地把纬国紧紧抱住不放，“我来抚养，保证你称心如意!”

既没有父亲，也从未得到过母爱，又在异国经受折磨的孤儿，突然回归祖国，成了父母双全的宠儿，受到从未身受过的亲热、爱怜和温暖，仿佛在阴雨中茁生的小草，蓦地披上阳光，变得生气勃勃，玲珑乖巧。他见到蒋介石，先敬爱地鞠躬，亲热地叫唤一声“阿爸!”然后扑到他身上，让阿爸香面孔，又双手围住蒋介石头颈，亲了又亲，对姚冶诚更是亲热，终日依偎在她怀里，就像找到了早已失去的母亲。

蒋介石自从有了纬国以后，宛如得到一个求之不得的心爱宝贝，只要一见到纬国，平时故作尊严的脸上，立刻绽出喜悦的笑容，他紧紧抱住儿子，用劲亲儿子的脸，欢欣地与儿子谈笑，都不足以表白做父亲的爱心，高兴起来，就扑倒在地，要儿子像他童年时一样“当大将”，骑在自己背上，装成马一样来去爬走，嘴里还哇哇叫着：“大将来了！快跑！快跑!”姚冶诚有趣地在一旁咯咯发笑，还怂恿儿子：“马走不快，打！快打!”纬国真的伸手拍打蒋介石的屁股，做父亲的非但不生气，一边喊："我走快！走快！"一边加紧朝前爬，左摇右摆，差一点把儿子摔下来。

蒋介石享受到家庭的天伦之乐，便想念起未能和儿子团聚的老母亲。他怀着兴奋的心情，也为了使母亲欢愉，迫不及待地将她有了第二个孙子的喜讯写信禀告，信由孙琴凤娘舅亲自送到奉化。不久，孙琴凤回上海带来口讯：王采玉听到又添了一个孙子，高兴得合不拢嘴，在知道这个孙子的来历后，准备亲自来上海，把纬国接到奉化去，由她亲自来抚养，以便减轻儿子生活上的负担。

蒋介石不敢让老娘到上海来，因为他一直对奉化隐瞒纳妾的事，如果被娘发现，非但一场团聚的喜事要闹得不欢而散，恐怕连上海这个小家庭也保不住，他焦虑地与琴凤娘舅商量，决定借故推托，表示不久当亲自带了孙儿去拜见祖母。

正当蒋介石左右为难之际，从张静江那里又传来孙中山发自广东的来信。孙中山在信里先感叹："革命党内部因朱执信、邓铿等忽然夭折，使我如失左右手。"又批评蒋介石："性刚和嫉俗过甚，常与人龃龉难合，可仍寄予期望，惟兄勇敢诚笃而知兵望牺牲己见，降格以求，为党，非为个人也。"蒋介石读后，感动得泫然欲涕，冲动地欣然遵命。只是此去，至少一年半载，对纬国很不放心，将他留在姚冶诚身边不太可靠，准备送到奉化去由祖母抚养。

"你一走，纬国又到奉化去，留我一个人在上海?"姚冶诚含笑反问。

蒋介石也不放心姚冶诚单独在上海，怕她积习难改，又会无拘无束地终日打牌，可又不知道该如何安排，不禁踌躇，一时无以回答。

"我也到奉化去！"姚冶诚忽然提出主张，而且振振有辞地陈述理由，"我做你小老婆，你一直瞒着你娘，可是我要跟你白头到老，你总不能瞒一生一世！我虽然出身不好，常言道丑媳妇总要见公婆，何况我对你有过恩情，你娘不是要你'有恩必报'吗？她的孙子纬国现在由我在抚养，这次我以纬国养母的身份，伴纬国回乡，岂不冠冕堂皇，名正言顺?"

蒋介石过去也一直在考虑，将纳妾的事，在适当的时机禀告母亲。事到如今，时间紧迫，也是最好的机会。只是他担心带了姚冶诚冒然回乡，定会惹威严的母亲生气，万一吵闹起来，又骂又打，使自己下不了台，在儿子面前丢脸，还要遭亲友们嘲笑。

"你不用担心，更不必害怕，你娘通情达理，你老婆又是贤惠的妇道人家，我冶诚见过世面，走过码头，在妓院里，我三教九流，妖魔鬼怪都对付得头头是道，难道还不会应付她们贤妻良母?"她眉飞色舞地为自己吹嘘，又想得细心周到地提出要求，"最好你要你那位好心的娘舅先到奉化去打个招呼，在婆婆面前说我几句好话，让老人心里有数，就不会一见面就发火，来个当面开销，我可吃伊勿消！"

蒋介石暗暗称赞她聪明圆滑，解决了难题，就先去和琴凤娘舅商量，然后准备行装。姚冶诚特地到苏广成衣铺去做一件浅蓝色阴丹士林布旗袍，还为经国和纬国各人定做一套中山装，又买了各种礼品，准备做人情送人。然后，退租贝勒路住房，解雇用人，挑了个黄道吉日动身。

多亏孙琴凤娘舅事前到奉化去劝服王采玉，王采玉知道儿子瞒住自己在外纳妾，很是气愤，可是听到姚冶诚出身贫苦，曾在蒋介石急难时出力相助，不但使蒋介石在上海能过安定生活，还尽心尽力抚养纬国，尽到了做媳妇的责任。王采玉在姚冶诚所作所为的一件件好事面前，怒气也就渐渐平息下去，倒过来反去规劝毛福梅。毛福梅早就料到丈夫因厌恶她会去嫖妓和纳妾，现在果真要了小老婆，当然更要把她遗弃，一颗心像被刀割一样痛苦，可是木已成舟，生米煮成熟饭，而且中国有一句老话：大丈夫三妻四妾不足为奇。蒋介石现在非等闲之辈，长年出门在外，要个小妾也应该，而且连一直庇护她的婆婆也来讨情，自己没有人支持，又加上害怕横蛮的丈夫，虽然满腹怨恨和委屈，也只得默默承受。她躲在房里，抱了儿子，含泪度日，等待丈夫带了小老婆和别人的儿子进门，她最担心的还是那个妓院出身的姚冶诚，风月场所出身的女人，一定娇艳、轻浮、厉害、泼辣，一进门就要仗势欺人，骑在她老实人头上，以后还怎么做人？她特地从城里接陈志坚来溪口，说是作伴，实在是为了给自己壮胆。

蒋介石回到家乡时，心里也忐忑不安，准备被母亲训骂，与毛福梅吵架，姚冶诚却早有打算，事先打听奉化的习俗，想好一切对付办法，蒋介石虽连连叮嘱，她只是含笑点头，低声回答："晓得，晓得！我心里有数，你尽管放心！"

轿子到丰镐房墙门口，姚冶诚故意落后两步，要轿夫拿了用箱子和藏篮装着的礼品和衣物，慢慢地跟在丈夫后面走进去。蒋介石带了纬国在报本堂拜祖宗，她庄重地立在门槛外，低垂着头，一动不动，等丈夫和纬国向坐在靠背木椅上的王采玉叩过头，她才不慌不忙，慢慢吞吞地走进去，先恭恭敬敬地称呼一声"婆婆"，再端庄地跪下去叩头，然后拿出礼品，双手奉上请婆婆过目后，放在祭案旁，才脸带笑容，携着纬国的小手，伫立在一旁。

妓院出身的女人居然不是矫揉造作、妖艳浮荡，而是出乎想象的朴素淡雅、仪态适当、循规蹈距和知情达理，这使王采玉觉得意外，初见面就有了好感，她为了维持婆婆的庄严，也考虑到身为"大将"的儿子的自尊，不好在人前训斥，也为了抬高原配毛福梅的身份，就要来做客的女儿瑞莲伴冶诚到里屋去见毛福梅。

毛福梅在房里真是胆战心惊，她担忧受小老婆欺侮，又畏惧横蛮无理的丈夫，虽然有陈志坚在一旁安慰和鼓励，但始终心神不定，像是有祸事临头，听到房外的脚步声，一颗心就怦跳起来。不料姚冶诚一进门口，就笑吟吟地唤叫一声："姊姊！"竟跪在地上行礼。毛福梅吓得手足无措，陈志坚暗示她还礼，姚冶诚起身后，又叫纬国："快点给阿姆叩头！"送上礼品时，姚冶诚开口"姊姊"，闭口"姊姊"，叫得又亲热又真诚，使毛福梅面红耳热，心软气平，嘴角挂着笑，局促得说不出话来，还是陈志坚在旁代为对答，姚冶诚懂得陈志坚在蒋家的地位，便对她又尊敬又亲密，口口声声称"阿姊"，别人眼里看来，她们初次见面，却像知心朋友一样，比谁都亲热。

原以为是一次训骂吵闹、不欢而散的见面，却在中心人物姚冶诚的周旋和应付下，仿佛春风吹融了严寒的冰河，变成气消怒散、欢欢喜喜的合家团聚。在围桌吃饭时，她既恭敬地敬酒，又热情地搛菜，还口口声声向婆婆认错：没有及早来孝顺长辈，对毛福梅则敬仄地赔礼，将坐在她身边的蒋经国拥在怀里，还讨好地奉承婆婆有含饴弄孙的好福气，又称赞福梅养了个大头大脑、相貌堂堂的好儿子，一定能光大门第、荣宗耀祖，将来比谁都有出息。王采玉婆媳经不起奉承，对姚冶诚开始亲近。

饭后，蒋介石以严父的口气，考问经国在武山学校读书的情况，校内虽有毛福梅娘家岩头来的毛同福当教师，可是总认为自己的儿子一定要拜名师才有成就。他想起过去在宁波箭金学堂求学时的顾清廉先生现已受聘到奉化进锦溪学校教书，就特地请到丰镐房，面试儿子。顾清廉对学生的儿子，格外亲切，考查后认为经国"已有启悟，天资虽不甚高，然颇好诵读"。结论为"此子可教"。可是溪口离城较远，来往不便，蒋介石决定让儿子仍在武山读书，同时请王欧声老师来家课读补习，他还诚恳地请陈志坚留在溪口，住在丰镐房，当不满六岁的纬国在家老师，陈志坚曾与毛福梅同学，也曾教经国识字，现在又要教纬国读书，她谦逊地接受蒋家的盛情邀请，也以能担任母子三个的教师而深感荣幸。

姚冶诚为了能在溪口安身，也让丈夫的乡亲承认她在丰镐房的地位和身份，就拿出积蓄多年的私房钱，买了礼品，以蒋介石的名义，送给婆婆娘家的两位舅公，还要孝顺福梅的父母，就像对待自己双亲一样，送上厚礼，连福梅的两位兄弟也都有份；再特地办了两桌酒席，邀请几次相助的恩人琴凤舅舅夫妇，当初为王采玉做媒嫁到蒋家和曾救助过蒋介石避难的万竹王贤甲、王贤栋兄弟，婆婆的堂兄也是福梅的媒人陈春泉，丈夫的两位姊妹瑞春和瑞莲两夫妻，连蒋介石落难后一直因怕事不来丰镐房的同父异母哥哥蒋介卿也请到，还有为蒋介石接生的昭仁婆婆，喂开口奶的胜坤娘，既是邻居又有亲缘的唐正兴夫妻，连老带小，熙熙攘攘，坐了满满两桌，姚冶诚又是敬酒，又是行礼，那些长辈个个乐得喜笑颜开，临走捧了一堆礼物，祝贺王采玉有两个贤惠媳妇和一对宝贝孙子，真好福气，丰镐房非但子孙满堂，还要事业兴旺！

到了夜里，毛福梅自己让出房间，要丈夫与姚冶诚同房。姚冶诚怎么也不肯，愿意与陈志坚作伴，与经国与纬国同睡，双方推让，最后还是由婆婆做主，先进为大，原配理应前于偏房。

蒋介石不敢违背母命，而毛福梅怕因此得罪丈夫而要受到谴责，所以在关上房门，整理好被衾后，就低卑而畏怯地背着身站在梳妆台旁，低垂了头，两眼茫然地凝望姚冶诚送给她的一块绿绸衣料。坐在床沿上的蒋介石，眼望着毛福梅那副畏缩可怜的样子，不禁回想起过去的日子，她自从嫁到蒋家后，受尽委屈，终日默默地操劳家务，侍奉婆婆，为了丈夫担惊受怕，还百依百顺，而丈夫却暴虐无情地冷待她，厌恶她，甚至打她骂她，她受尽折磨没有一句怨言，人前不敢落一滴眼泪。以往他每次虐待她后，心里也有些后悔，在日记上写下："我待毛氏已甚，自知非礼。"这次他公然娶小老婆回家，明明是对她最大的打击，使她伤心绝望，可是她竟也默默忍受，倒像是自己做了错事一样，尽量躲避，仿佛老鼠见到猫，缩在屋角落。她因身心交瘁而比前几年显得衰老，她那懦弱的性格和委屈的神色，引起他恻隐之心，从内心深处感到对她抱歉和怜悯，可是他不愿开口向她道歉，也不肯认错请求原谅。在一阵踌躇之后站起身走到她前面，低唤一声"福梅"，随手将她拥抱在怀，准备在她不识抬举而反抗时就把她推开，然而毛福梅连挣脱的勇气也没有，只得顺从地由他摆布。

第二天，蒋介石理直气壮地带了姚冶诚和经国纬国兄弟到桃坑山去祭祖。蒋介石让冶诚和纬国合坐一顶轿子，自己带了经国行走，他自己曾练过铁砂腿，快步如飞，矮小的儿子怎么赶得上他，他就连声教训，怪他愚钝无用、木头一根，又命令他背书。蒋经国越是害怕，越背不出，结结巴巴，要哭出来，又被父亲大骂，骂得他眼泪也不敢揩，平时好动的蒋纬国坐在轿子里感到很不舒服，就自动跳下来要和蒋经国一起走。蒋经国有弟弟作伴，也就活泼起来，兄弟俩同走同玩，很是快乐，蒋介石眼见两个儿子异常亲热，心里也高兴。不料纬国在奔跑时猛地摔跤，蒋经国正要把弟弟扶起，蒋介石赶上来将他一把推开，嘴里责怪纬国，两眼却瞪住经国，在他身上出气，狠狠骂了一顿。

蒋介石在家里住了五天，因有重任在身，匆匆离开，急上广东。

姚冶诚在丈夫走后，俨然以丰镐房当家人自居，清早起来，毛福梅打扫庭院，她侍奉婆婆宽衣、揩面和漱口，还自动要求为婆婆梳头，过去毛福梅梳头时，太用力，手势过重，常常梳落几个头发。她梳的"保母头"虽结实牢靠，但紧压着王采玉后颈，扭头时有些牵动，不太舒服，而且显得老气，还花功夫。姚冶诚在妓院里为妓女们梳惯新式的"横爱同"头，她先用篦子轻轻梳理头发，又轻巧灵捷地将几个绞花绕成～形，像一朵饱满的花朵贴在头后，再插上一支碧绿玉簪，真是又快又好又漂亮。她还一面梳头，一面和婆婆谈谈笑笑，使一生忧急愁苦的王采玉，现在每天早晨第一件事就增添过去从未有过的欢乐，闷在肚里的话再难开口。

姚冶诚还以代毛福梅操劳为名，下厨房，烧小菜，宁波人吃咸，苏州人吃甜，吃了一辈子又咸又臭的海菜棵、盘冬瓜和咸黄鱼的奉化人，难得尝到又甜又香的葱烤鲫鱼、糖醋排骨和蛤蜊炖蛋等苏州名菜，觉得格外鲜美可口，在婆婆连声称赞时，姚冶琴却专吃毛福梅烧的咸菜大汤黄鱼和梅干菜，还赞不绝口，不使毛福梅难堪。当陈志坚教纬国读书时，她既坦率而又诚恳地提出要求："我命苦，小时候没读书，一个字也不识，是个'亮眼瞎子'，和介石实在不相配。志坚姊姊，我也拜你为老师，以后叫你'先生'，求求你，拿我与纬国一起收为学生，教会我读书写字。我此生此世不会忘记你大恩大德！"陈志坚不敢当她的老师，但看她真是诚心诚意，不好推辞，就在教纬国时，同时教她认字。姚冶诚既聪慧，也真用功，不到一个月，认识的字，比毛福梅读了两年的书还要多。毛福梅自愧弗如，王采玉满意地表示以后与儿子通信，不必烦劳旁人，可以由姚冶诚亲自动笔书写了。

姚冶诚还为了巩固自己在蒋家地位，竟提出全家去县城玩乐，她带大家到照相馆留影，拍全家福，王采玉特地要孙子蒋经国与他自己合影一帧，成为她与蒋经国唯一留在人世的照片。

这年，奉化连下大雨，溪口发生水灾，丰镐房不能住人，王采玉和毛福梅留下看家，要姚冶诚带了经国、纬国随同陈志坚到县城去，住在西门。陈志坚自己的家在北门，为了照顾，搬来同住。蒋经国就此进龙津学堂，由顾清廉老师亲自教导，姚冶诚待陈志坚像亲姊妹，经国在父亲严格的训导下，遵守礼节，每天上学，由陈志坚姨妈带着，经过北门，一定要向志坚的老母亲敬礼，老人也高兴地塞给他喜欢吃的蒸芋艿头，带到学堂去饿了时充饥。纬国跟在后面，有时和哥哥赛跑，有时抢芋艿头吃，兄弟俩又吵又好，惹得乡邻们哈哈大笑，终身不嫁的陈志坚，既与福梅、冶诚亲密相处，又对她们的儿子视同己出，成为丰镐房异姓的家族成员了。

蒋介石到广州后被任命为粤军第二支队司令，比原来的作战科主任升了一级，但是仍在陈炯明部下，是个空头小司令，他提了几次的作战计划，陈炯明置之不理，还冷笑地嗤之以鼻，他感到不服和气闷，不久，被调到福建，住在鼓浪屿半山上一间朝东的屋子里，他因过于闲散而烦躁，更有"英雄无用武之地"的怨恨，便面对南国的月色海景，口吟韵句，发泄内心的愤慨和满腹牢骚："明月当空，晚潮怒汹，国事蒙混，忧思忡忡，安得乘宗整之长风，破万里浪以斩蛟龙！"

当他收到姚冶诚手笔的家书时，意外地惊喜，为自己能找到这样能干而聪慧的女人陪随而自鸣得意，也由此对毛福梅的委屈感到心安理得。他更关心两个儿子的学习，对经国提出严格要求："兹寄汝《说文解字》四本，可请王先生照予所定课程教授也。……读书第一要当心听讲，认识一字，须要晓得一字之解说，不可读过便算。汝在家，对亲需要孝顺，对长上需要恭敬。走路不可轻佻，需要稳重……年岁渐长，更要自知道理，力求上进，不可贪玩！"还要经国读《说文提要》《字雅》与《小学》。

在这一段悠闲的时间里，他有了读书的机会，除重温中国古籍外，还阅读了《西洋通史》《世界大战史》等书，他为了想再进一步了解世界列强的兴衰和军事的高低，就向孙中山提出要去欧美考察三年，孙中山认为国事重要而且形势紧急，不容懈怠，又照顾他的出国心愿，就派他去日本，代为慰问日本友人犬塚胜太郎并访见头山满等。不到一个月，他便回国，在航海途中倚栏长叹："迩来感慨身世，恍若有亡，倾东海之水，岂能涤我愁肠！"

四〇　合　家　欢

蒋介石在广东因不愿屈居在陈炯明部下又归家心切，便以出国为借口，从日本回到上海。他在上海没有住址，就住在戴季陶家，两人又一起到静安寺路拜访张静江，大发牢骚，甚至谩骂。张静江的规劝和戴季陶的埋怨都不能压制他满腹怨怒，同时，他归心如箭，到南京路买了大包小匣的补品糖果，坐船回乡。

全家人都欢欣地迎接蒋介石，蒋介石却是不同对待。他照过去那样先恭敬地孝顺母亲，奉上补品，再将从广东带来的手帕、袜子各人一份，分给大、小老婆。姚冶诚抢在前面，又说又笑地大献殷勤，送上毛巾和热茶。又要蒋纬国扑到父亲怀里亲热地叫唤，蒋介石高兴地拿出一包糖来，塞在小儿子小手里，还捧住他亲了面孔，笑着问："阿囡，想不想阿爸？"

蒋经国自从父亲回家后，一直畏怯地缩在毛福梅背后。母子俩闷声不响立在一旁，婆婆看不过去，心里责怪儿子有偏心，也埋怨大媳妇不会做人，就叫孙子："经国，你去问你阿爸要糖吃。"毛福梅这才醒悟过来，将儿子从身后拉出来朝蒋介石那边轻轻一推，蒋经国畏畏缩缩向父亲走去。

蒋介石勉强含着笑，朝经国点一点头，姚冶诚却识趣地拿了一包糖，代丈夫塞给经国，还讨好地说一句："应该先给阿哥！"

吃饭时毛福梅去厨房烧几样丈夫爱吃的菜，姚冶诚不愿让人看出自己抢毛福梅的地位，也到厨房去，一起把菜搬出来，自己坐在末位，一面搛菜一面口口声声称赞福梅姊姊的烹饪。蒋介石除了尊敬母亲外，只对蒋纬国特别热络。谈到读书时，他严肃地教训经国还须用功，对纬国的健康活泼和学习成绩表示满意，他当着众人面毫不隐瞒地说出心里话："经国可教，纬国可爱。"话虽简单，却显露出他对两个儿子的不同心理和态度。毛福梅听了，内心沉悒，姚冶诚得意地嬉笑。可教的蒋经国对父亲更害怕，蒋纬国可爱地将一块干菜肉塞进阿爸嘴里。

王采玉知道儿子这次又因意气用事而回家，就埋怨他脾气暴躁，不顾仁义，也辜负孙中山对他的期望。第二天，她向蒋介石提出："你在上海生病，为娘在家里担心，曾到雪窦寺去许愿。后来你病好了，到广东去，我又向菩萨求告，望你一路顺风，青云直上。现在你平安归来，阖家团圆，我理应还愿到普陀山去施'千僧斋'，顺便再求菩萨，但愿你以后消除灾难，前程无量！"

蒋介石也正想陪母亲到普陀山去进香，顺便游山玩水以解愁闷。老母为了他劳苦半生，时刻担忧做儿子的应该多尽孝心，使母亲玩乐高兴。当王采玉要全家出动时，他迟疑地提出"福梅要管家，经国要读书"的借口，阻止妻儿同行。姚冶诚心灵乖巧以"阿娘欢喜大孙子，福梅姊要侍候婆婆"的理由，促成全家出游，高高兴兴去普陀山。

普陀山是孤悬在浩瀚海洋中的一个岛，苍古绵邈的山丛，峭拔耸秀的峰峦，盘亘数里的沙滩，密悒深邃的林木，怒涛骇浪的大海，庄严辉煌的殿宇，使这孤岛成为神秘的海天佛国。普陀山以供奉观音大士为主，普济寺是观音菩萨的主刹。王采玉肩挂香袋，手持清香，口念“阿弥陀佛”，吃力地迈着伶仃小脚，十步一躬，虔诚地上山。进入宝殿后，在香烟缭绕中，肃然跪拜。

“大慈大悲观世音菩萨，信女王采玉，求大士保佑我儿子逢凶化吉，前途无量，出人头地，荣宗耀祖，保佑他们夫妻和睦，白头到老，保佑我孙子长命百岁，荣华富贵。”这位自小信佛，曾在娘家庵堂里当过带发尼僧，为了培育儿子，经历无数苦难和惊吓，她对自己已经毫无所求，面对未来的命运，只有将一切希望寄托神仙的保佑。

全家拜佛之后，纬国吵着要出去游玩，姚冶诚也想观看风景，蒋介石禀告母亲，一起同乐，王采玉因上山拜佛，感到疲劳，加上一对小脚，无力攀山越岭，只想在寺里休憩。毛福梅听到婆婆不走，自己也留下来陪伴。蒋经国不敢单独跟随父亲出去，就靠在母亲身旁不动。蒋介石也正盼望毛福梅不在一起，免得扫兴，可是八面玲珑的姚冶诚不让人们看到自己得宠而让福梅受奚落，就表示通达情理，也要留下来服侍婆婆，蒋介石发急了，沉下脸责怪：“你不去，纬国啥人管？”姚冶诚趁此做人情，向蒋经国招手：“那么经国也去，和你弟弟一道好不好？”

王采玉也正为福梅母子被冷落而不安，福梅是小脚，还是不去为好。可是孙子毕竟是个孩子，当然想玩，只是怕他父亲，不敢离开母亲，现在冶诚出来解决，使大家都高兴，就催经国赶快跟随冶诚去游玩。

兄弟俩手拉手在前跳跳蹦蹦，一路行走。蒋介石和姚冶诚身靠身在后跟随，孩子们蹦蹦跳跳攀山、跌跤。蒋介石总觉得经国不及纬国活泼、聪明，称赞冶诚的养子，姚冶诚却认为经国耿直、忠实，偏爱福梅的亲生，他们说说笑笑，先到普陀山东面进入梵音洞，是观音大士现身之处，也是厌世者舍身之地。他们在潮音洞内，在潮声吼啸中抬头看“天窗”，他们又到潮阳洞看太阳，蒋介石心急走得快，本来走在前面的两个孩子慢慢地落后，姚冶诚走得腰酸脚痛，苦叫着快回普济寺去。

在寺里的王采玉，稍憩一下，就由福梅伴着到各殿阁堂庑去继续烧香拜佛，求神保佑，全寺有二百处，她们只走了一小半还不到，老年体衰的婆婆支撑不住，由也已疲惫的媳妇扶着回寺，仍在后殿休息。蒋介石他们尽兴归来，全家吃了素斋，见时间不早，连忙赶回溪口。

蒋介石离家去广州前，老母谆谆教诲，要儿子服从孙中山，尽忠报国。姚冶诚为他准备行装，舒舒齐齐，一样不少。毛福梅插不上手也说不上话，只会每餐烧丈夫爱吃的鸡油芋艿、干菜烧肉，经国在父亲走前，还是天天到城里上学，每天下午也总要赶回来和弟弟纬国相聚。蒋介石认为这样会使他读书分心，不许他回家。毛福梅舍不得儿子独自住在县城，虽然有陈志坚照应，总不安心。纬国更不愿失去一同游玩的伴侣，吵着也要住到县城去。大家正为此烦恼，想不出办法，姚冶诚却提出一个使大家满意的主张：托陈志坚在城里找一间房子，她与纬国搬过去，和经国住在一起，使经国在县城有个家，祖母和母亲也就可以放心。

这个唯有姚冶诚能想出来的安排，得到所有人赞成。王采玉心里明白：儿子娶了一妻一妾，同住一屋，眼前虽和睦相处，日久必有争吵，毛福梅见姚冶诚对自己虽然尊重和谦让，可是她有丈夫的宠爱，来丰镐房不久，已处处占到上风。相比之下，自己的地位却显得低落。丈夫一走，姚冶诚无形中就成了主人。常言道：“可以同天下，不能合厨房。”一个家里更容不得两个主妇，还不如让她离开，另立门户，则自己仍旧是丰镐房唯一主妇。姚冶诚在提出这主张前，先摸透别人的心思，也考虑本人的处境，她为了让婆婆和丈夫放心，也不使毛福梅难堪，更希望自己能自由自在，少受管束，宁愿到县城去，以照顾经国为名，过悠闲的生活，还可以落个好名声。

于是，在蒋介石离乡的前一天，就由陈志坚介绍，在奉化县城西门街的周家租了两间房屋，姚冶诚在蒋介石走后，就带了经国和纬国去住，还热情地邀请陈志坚来同住。除了照顾经国外，还教纬国和她自己读书认字，她和陈志坚日夜相处，无话不说，口称老师，亲若姊妹，对经国和纬国也同样对待，爱护备至，比亲生儿子还要亲热。她每逢假日，带了经国、纬国回溪口，拜见祖母和母亲，婆婆夸她贤惠，毛福梅不无感激，一家人亲亲密密，共享天伦，王采玉在安乐之余，仍挂念既孝顺又强横的儿子，不知道要等到哪一天才会跳出逆境，不再倒霉，从此平平稳稳，青云直上。

四一　妻妾分居

蒋介石到广州，就奉命去漳州粤军总部协助工作，他眼见自己仍未受重用，屡次提出建军方案和作战计划，都被陈炯明扣压，还讥嘲他是乳臭未干的宁波小郎，他气愤不过，不愿再在此逗留，遭受委屈，十天之后，便以想念家乡为由，向总理告辞。

孙中山因蒋介石不安心工作，有些不满，便含笑埋怨："热血男儿志在四方，应以国家为重，你怎么才来不久，就要回家？是不是舍不得妻儿？"

"不是，"蒋介石满脸愁苦地回答，"我是想念老母。我离家时她身体欠安，做小辈的很不放心，想回家去探望，随即归来。"

孙中山曾经耳闻蒋母非同一般的悲惨身世，知道她茹辛含苦忍辱负重，面对人生道途中一次次严酷的灾祸厄运，她为了后辈的前程，不惜担惊受怕，身心交瘁，始终怀着慈母心肠而又坚韧刚介地要儿子尽忠报国，冒着风险走在时代的前列。革命领袖为一个普通母亲的忠贞节烈和嘉言懿行所感动，昂然起身用毛笔蘸满浓墨，苍劲雄浑地在洁白的纸上书写四个大字："母仪天下"。

蒋介石接在手里代老母向孙中山道谢，自己也为母亲感到自豪和荣耀，他就借此理由回乡，见了老母，双手把孙中山的手书呈上。

王采玉自认为是出身乡间的妇道人家，教子向上是做母亲应有的责任，做梦也没想到，救国救民的伟大人物孙中山在国事繁忙中竟对微不足道的老人如此器重和垂爱，还郑重地予以褒奖，真使她感激涕零，惶愧不安。她几乎要跪下来对天叩谢，又频频教导儿子：一定要忠心耿耿追随孙中山，直到革命成功。

毛福梅见丈夫回来，先到丰镐房，心里就很满足和欣慰。她乘他们母子交谈之际，高高兴兴到灶间去准备饭菜，等她捧了丈夫爱吃的菜肴回到客堂时，已不见蒋介石的影子。

"他等不及，到县城去看儿子了！"婆婆嘴里埋怨儿子，目光向媳妇表示歉意。

毛福梅双手拿着两碗菜，在门口呆立。她明白丈夫到丰镐房来是探望他母亲，到县城去是看他的小老婆和别人的儿子纬国，心里根本就没有她和经国母子俩。刚才迎接丈夫时一颗沸热的心，顿时变得冰冷。她强持平静，双手颤抖地将小菜放在桌上，又从饭桶里盛了一碗饭，哽咽地唤一声："婆婆，你吃饭吧！"泪如雨下，还不让婆婆看到，转身离开。

王采玉理解媳妇的悲苦心情，难受得也吃不下饭，就要女婿竺芝珊赶到县城去，告诉儿子，明天一定要住到丰镐房来。

蒋介石到县城西门街周家，一见到冶诚和纬国，就喜笑颜开，将带来的糖果塞到纬国手里，叫着："囡囡！囡囡！"纬国也亲热地用手臂围着父亲的头颅，蒋介石不管儿子已经长高了，还要他骑在自己脖子上，在房间里绕着圈子走。正在这时候，经国放学回家，他兴冲冲踏进门槛，猛抬头看到父亲，意外加上惊愕，仿佛绵羊看到老虎，畏畏缩缩呆立一旁，还是姚冶诚要他叫声“父亲”，把丈夫带来的糖装到他手里。蒋介石看到经国这种局促不安的神态，加上他长得越来越像毛福梅，心里更不高兴，厌烦地挥挥手，又忽然严厉地责问读书是否用功，习字有否进步，还要经国拿出课本来检查、考问，吓得经国说话口吃，汗水淋漓。要不是姚冶诚说好话为他解脱，恐怕连夜饭也吃不成。

姊夫来通知蒋介石明天一早回丰镐房后，他立刻想到这一定是毛福梅因嫉妒而出的主意。他既是母命难违，又不愿见妻子，不由得心烦气躁，恨得连连拍桌，在经国身上出气。姚冶诚不愿让外人听到，软声软气劝慰丈夫，到夜里同床时，就在枕边唉声叹气，含着泪诉说内心的苦痛：

“我知道自己身份，到溪口来要夹着尾巴做人，一来勿使你为难，二来盼望你娘勿看轻我。我对福梅姊比自己阿姊还亲，处处讨好她，迁就她，可是她对我总是隔层肚皮隔颗心，勿冷勿热，这也难怪她，掉手是我，也是一样。我住在丰镐房，真是左右勿是，很难做人，要是少做少管，婆婆要埋怨我贪吃懒做，多做多管，福梅姊会疑心我抢她位子……”

“所以，我让你搬到这里来！”蒋介石肯定她当时的做法。

“你不回来，倒相安无事。你回到家，住丰镐房还是到我这里，就不会太平。”

“我喜欢住哪里，就住哪里。我堂堂‘大将’，谁好管我？”

“你娘就管你，你是孝子，娘的命令敢不听？再说还有你蒋家门的乡亲，总是站在原配一边，看不起我这个小老婆，以为我勾住你灵魂，不让你回老家。”

蒋介石也觉得非常为难，一时又想不出办法，就赌气地“哼”一声，手指床沿，叫喊起来：“我明天就走！”

“你拍拍屁股可以走掉，我呢？我以后日子怎么过？当初你接我来丰镐房，大家因为怕你，也看在婆婆面上，对我客客气气。你明天一走，婆婆再一发火，大家就拉破面皮，骂上门来！我是低三下四的小老婆，不好还嘴，他们人多，我单枪匹马，一人一口涎吐就能把我淹死！”

“不会！不会！”蒋介石嘴里这么说，心里也不免焦虑，尊严的老母要是一发脾气，真会不顾情面，纳娶已经不对，不能再错上加错，害得姚冶诚在蒋家站不住脚。

“我倒有个主意。”机灵聪明的姚冶诚心思多，也有办法，“你以后要常常来奉化，难道每次都为了住在哪里，花脑筋动嘴皮生闲气？依我看溪口和县城相差不远，都在一个地方，就很难分开。四周乡邻又都是熟人，你一举一动全落在他们眼里，人多闲话多，是非也多。最好我们换一个地方去住，大家眼勿见为净！”

“你的主意好！”蒋介石又手拍床沿，称赞姚冶诚，同时因她的主意，促使自己想好出路，“纬国不是可以进学堂读书了吗？我提出应该进新式学校。奉化没有，只有宁波有，你就伴他到宁波去住，我回家也就和你住在一起。”

第二天，蒋介石带了纬国去见母亲，不等老人开口责怪，先就提出要住到宁波去的理由。王采玉因为这事有关儿孙前途，也没想到儿子是否别有用心，也只得答应。蒋介石又为了逃避母亲要他住在丰镐房的命令，推说即刻要去宁波，为纬国联系学校，就此辞别。回到县城，与姚冶诚商量自己先到宁波，托琴凤娘舅为纬国办理入学手续，同时要冶诚立即准备行李，带了纬国，告别祖母。

姚冶诚去向王采玉叩头辞行时，满含泪珠，口称不孝，不能侍奉婆婆，又依依不舍地拉着福梅的手，一声声“姊姊！姊姊！”称赞福梅宽容大量，好心有好报；夸奖经国才学出众，蒋门有后，又委屈地自叹命苦，为了扶养纬国，不得不像水上浮萍那样跟着四处奔波，不能享受阖家团聚的欢乐。她这一番动人肺腑的甜言蜜语，说得庄重尊严的婆婆气消怒息，反过来对她同情和爱惜，心地善良的毛福梅更是感动得热泪滚滚，心里悔恨自己不该对冶诚猜疑、嫉妒和冷待。她说不出千言万语，只会紧握对方的手衷心地连声道谢。

经国和纬国在这一段时间相处后，仿佛亲兄弟一般亲热，同进同出，同玩同读，虽然是异父异母，却像一胎所生的骨肉同胞，今天骤然分别，真是难舍难分，临到分手时，却忍不住哇地哭了出来。

蒋介石已在宁波江北岸花墙弄饯家借了一间房屋，接冶诚和纬国住了几天后，又回奉化去告别老母，当夜回来，第二天就动身去上海，再乘火车到广州。

当时，粤军头目陈炯明，为了实现他的“粤人治粤”，由他一统天下的宗旨和计划，在驱逐非广东籍并与敌人勾结的军阀陆荣廷之后，他的头衔和实权已经超过孙中山：陆军部长广东都督、粤军总司令、两广最高检察长。他目中无人，排除异己，出兵讨伐桂系，要担任作战科主任的蒋介石率先出征。蒋介石的各项作战计划都被否决，而桂系已经反攻，陈炯明束手无策，只得派蒋介石到前线作战，惠州一役他虽取得小小的胜利，但最终未能消灭桂系军阀，蒋介石反被陈炯明责以贻误军机。他一气之下，顾不得孙中山对自己的期望和培育，又一次不辞而别回到上海，再去宁波。他害怕母亲谴责，不敢回溪口，也不用见到令他厌恶的毛福梅。就在宁波和姚冶诚、纬国一起，上普陀山，去雪窦寺，登妙高台，观千丈岩，每天在日记上描绘家乡的风景：“……在飞雪亭畔，倚崖侧乔松，鸟瞰千丈岩瀑布，会大雨，树杪重泉，飞珠喷玉，山色甚奇，登妙高台，南向突出，三面凌云，惟见众山之小，诸流之细，亭下屋舍俨然……”在攀登到雪窦山顶时不禁感慨万千，吟诗一首，以抒胸怀：“雪山名胜东南最，不到三潭不见奇；我与林泉盟在夙，功成退隐莫迟迟。”

不久，接到戴季陶的信，孙中山因公莅临上海，命他立即回沪。又在母亲的催促下，当即动身离开宁波。他也正想去上海，为了向张静江领取活动经费，作为家用。

上海已经没有住所，蒋介石就住在戴季陶家。第二天两人到静安寺路张静江那里去。

张静江的妻子姚蕙在美国因意外事故死亡后，他经人介绍，与朱逸民结婚，朱逸民出身书香门第，芳龄二十，从容大方，温恭文淑，颇有大家风度。结婚以后，张静江一心要将他失去母亲又身在国外的五个女儿接回国来，共享天伦之乐。张静江的大女儿蕊英，瘦弱温婉，朴实无华，戴一副深度眼镜，二十多岁，看上去像三十左右的中学教师；二老儿芷英，貌不出众，却精明能干。母亲死后，她主管家务，俨然以“小妈妈”自居；三女儿芸英，生得秀丽俊俏，服饰讲究，也最活跃，喜爱跳舞，像一个外交家，终日和人交谈，不知疲倦；四女荔英，长得端庄娟丽，举止高雅文静，喜爱绘画，富有艺术气质，是父母心里一位高贵的公主；最小的女儿倩英，只有十二岁，年龄最小，读书最多，姊姊们称她是最有前途的小妹妹。五妹妹从小在外国娇生惯养，又受西方文化的熏陶，最近正沉溺在丧母的哀痛之中，骤然回到古老而落后的中国，要与年龄相差不多的继母相处一起，总不免格格不入。朱逸民心里也感到不安和惶恐。在年长的丈夫竭力慰劝和鼓励下，她终于负起继母的责任，又甘愿与女儿们姊妹相称，尽心尽力以慈爱和真诚去融洽彼此的感情，她想方设法，将静安寺路的寓所里最舒适的房间让给她们，还雇用女佣专门服侍，自己又学会烧菜，满足她们的食欲。她又托人介绍大女儿蕊英进忆定盘路中西女中去当英语教师。二女儿芷英不想读书，留在家里帮助继母料理家务。朱逸民表示对她信任，将家中的开支费用，全交给她经管，还高兴地听从“女儿”的指使。以下三个姊妹，先后进入中学，可是她们长年生活在国外，习惯于讲读法文和英文，中文课却跟不上学校的课程，朱逸民就特地请来一位姓杨的老教师，在她们放学后，在家补习国文。

五姊妹对这位继母，由陌生和隔膜逐渐变为熟悉和亲近，彼此心里虽然仍有难以消失的猜忌和狐疑，因为都受过教育，有一定修养，也为了张静江，就尽力维持家庭的和睦气氛。

蒋介石曾经见到过朱逸民，这次是在张静江结婚后第一次见到他的续弦夫人，他既赏识朱逸民的温恭大方，又暗暗嫉羡张静江居然能娶到这位年轻美貌的妻子，相比之下，自叹弗如。

戴季陶和蒋介石稍坐片刻后，孙中山翩然来到。行动不便的张静江从坐椅上站起，蒋介石连忙赶到门口，迎接孙中山进入客厅，朱逸民又恭敬又殷谨地献上热茶。

孙中山刚坐定，就严肃地询问蒋介石：为什么回家这么久，不去广东？探望老母是人情之常，可是也不能忘了革命。蒋介石正要用想好的理由搪塞，孙中山就直率地指出：“我曾经在信晨向你指出：你嫉俗过甚，与人龃龉难合，而且自以为是，极易冲动。这不论对革命和个人都会败事！”

蒋介石虽有满腹牢骚，在孙中山面前，只得红着脸、低下头，顺从地聆听教诲。张静江为了不让蒋介石难堪，把话题转到共商国家大事。孙中山计划在广东成为国民党的军事基地，北伐消灭军阀。这次是为筹划军费，特地来上海与张静江商议，同时命令蒋介石在近期内即去广东，协助他建立军队。

蒋介石像军人一样，霍地站立，接受命令。

正在此时，门铃响起，朱逸民开门迎进一位少女。少女踏进客厅，见到有陌生男客，拘束而腼腆，含羞得头也不敢抬起，急于要躲进隔着幔帘的内室去。朱逸民却含笑将她拉住，郑重地向她介绍。

“这位就是你最敬崇的革命领袖孙中山先生，还不赶快敬礼。”

那少女没想到会亲眼见到自己心目中最伟大的人物，一时感到惶恐和紧张，又忍不住朝他觑一眼，深深地低头鞠躬。

朱逸民指着那少女，告诉几位贵宾：

“她是我娘家的邻居，姓陈，带到我家里去玩，我帮助她做功课。我结婚后，两人舍不得分开，就到这里来和芸英和荔英一起补习。她帮姊妹们学中文，姊妹们教她英文。她能写能读，成绩很不错！她听说您孙先生主张亲苏联共，还特地到上海专修学校攻读俄文呢！”

少女被称赞得满面绯红，额前的刘海披了下来，人们看不清她的面庞。

“你学成以后，准备做什么事来报效国家呀？”孙中山用慈祥而深湛的目光注视她。

“我——我还是个女学生。”她开口了，声音很轻，可是字句很清晰。她的回答既谦抑又坚定，“我希望将来能做一个对国家有用的人。”

孙中山开朗地大声笑了起来：“你们青年人真是可敬可爱。我们国家就要靠你们青年，不分男女，立志革命，使中国成为强盛的国家！”又转向戴季陶和蒋介石，“这位小姐很聪敏，也有志向，是我们革命女性的好榜样！”

那位少女受到革命领袖的夸奖，既高兴又羞愧，她向三位贵宾礼貌地鞠躬后，赶快躲进内室去。

蒋介石在少女向他行礼，抬起头的一刹那，才看清她的面庞，不禁发愣。她那浓密的前刘海遮住双眉，身后的长辫、秀灵的双眸、挺直的鼻子、饱满的脸蛋，使他猛然想起一个熟人——他初恋而又忍痛分离的表妹毛阿春！

四二　追求爱情

那位姓陈的少女是浙江镇海人，祖居骆驼桥陈家村。浙江一带以产竹著名，各类竹可制作各种用品，如手工业的竹椅、竹榻、藤床、藤箱等，最大的出路是用来造纸。她父亲陈学方就是个经营多种土产手工纸品的商人，来往于镇海和上海之间，后经亲友介绍，和苏州吴家攀亲。吴家千金安祥端庄，儒雅和蔼，受人敬爱，更为难得的是她自小在家塾攻读《诗经》，知书达理，在当时社会，像她这样有才有德的女性，真是难能可贵，令人赞佩。婚后定居上海西藏路一幢有庭院的住宅里。陈父年老体弱，曾患中风，终日卧床，一切家事全由能干的妻子料理，加上自己是商人，对政治风云毫不关心。养了两女一子。次女小名阿凤，长得比姊姊清秀，比弟弟聪明。成长后进蔡元培创办的爱国女子学校，取了个外国名字"珍妮"！她勤奋读书，成绩出众，希望自己成为和母亲一样的女性。她母亲也期望女儿能超过自己。今年阿凤虚岁十四，长得比她姊姊还要高大丰满，在人们眼里已是一个十七八岁、情窦初开的成熟少女，这就更引起母亲的关心。母亲在经书和传统遗俗中深知守节和贞操有关一个女人的名声和命运，就教训女儿不许触犯"男女授受不亲"的禁规，不准与任何男人同室而居，同席而坐，甚至上学读书也不准与男性同路而行。可是爱国女子学校的校风恰恰比较开通，女学生不但要体操练武，还有不少男老师讲课，有的女学生还在校外与男青年交友，母亲担心女儿会受到不良影响，就要她停学，在家自习和帮助做家务。可是阿凤好学，求知欲强，希望自己成为民国时代的新女性，即使没机会在社会上靠自己的才能谋生，也能成为高贵人家德才兼备的主妇。

父母将阿凤当作掌上明珠，也不希冀这颗明珠被埋在土里，而是经过培育和磨炼，闪光发亮。正好隔壁邻居家的小姐朱逸民，比阿凤大五岁，两人交往，亲如姊妹，就要阿凤到她家去读书温课，母亲先不放心。有一天，女儿去朱家迟迟未归，她就不安地到隔壁去张望，发现女儿真的在朱逸民的帮助下，埋头读书，也就不再干涉。

不久，朱逸民嫁给张静江，搬到静安寺路张府去住。阿凤因失去唯一亲密好友而感到黯然。静安寺路离开西藏路有好一段路，朱逸民难得回娘家，她也不便去探望，只得一个人关在家里，寂寞和孤独使她感到怅惘和苦闷，生活失去了乐趣，只有默默叹息。三个月后，朱逸民回娘家时特地来看她，了解她的心情之后，告诉她：张静江的五个女儿回国读书，在家请老师补习，她希望阿凤也能去参加，既可以向国外来的张氏姊妹学习英文，她也能帮妹妹们复习中文，还可以学到在家庭和学校里得不到的种种知识，陈母听说到革命前辈张家去温课，一口答应。

陈阿凤就在第四次去张家里，见到了孙中山，她一回到家，忍不住兴奋地叙述经过，陈氏夫妇和当时所有人一样，对孙中山无限敬仰。这位革命领袖在千万人民的心里有至高无上的地位，女儿居然能见到他，而且还亲切地谈过话，感到万分欢快和荣幸，由此也对张静江夫妇增加了信任。

隔了一天，陈阿凤去张府，又遇到了蒋介石。

蒋介石最近天天和戴季陶一起，到张静江家来聚谈，商量重要大事，其中之一是孙中山提出的要他们筹集军费。张静江认为必须开掘财源，才能不断地应付这笔巨大的支出。他在上海商界，颇有实力，也有名望。商业人仕中可称姣姣者。没想到今年初成立"上海证券物品交易所"时，选举理事和监察人时，当选人全被虞治卿、盛丕华、闻兰亭等人包了去。张静江因只得一万票而落选。他为了争夺权益抬高自己地位，便与一些也未当选的朋友孙棣三、吴嘉谟、张秉三等人发起成立"恒泰号"经纪人营业所，资本总额为上海通用银币三万五千元，每股一千元，共三十五股。张静江为了在总股内占优势，除了自认五股外，还以蒋介石的名义认四股，陈果夫认一股。蒋介石当然为能当股东而高兴，可是又拿不出现钱而着急，张静江拍拍脑，一手包了，还准备让蒋介石和陈果夫在营业所里任职，每月可领取一笔生活补贴。订立契约时，蒋介石用"蒋伟记"印章，下面又签名"中正"，表示自己是孙中山的忠实信徒，张静江还准备另外成立"利源号"经纪人营业所，自己与戴季陶各一股，而蒋介石认三股，钱也由他垫付，该所由戴季陶负责，契约上面戴季陶代蒋介石签名。

那天，陈阿凤也去张府。在归家途中，竟不期而遇到了蒋介石，好像是偶然相逢，事实上是蒋介石从张府出来后，事先算准时间，在她必经之路上暗中等待。上次在张府匆匆一瞥，因为阿凤和他表妹相像，蓦地引起他过去的回忆。初恋的失败惹恼他大闹喜堂，在婚后与毛福梅一段和谐的生活后，脑海中表妹的影子才渐渐隐没。随后，姚冶诚替代了毛福梅，也不再记得毛阿春。今天与毛阿春貌似的陈阿凤忽然出现在眼前，而时髦年轻的女学生和粗野风俗的乡下姑娘以及轻佻、浮躁的风尘女子相比，显得更是聪慧颖敏、幽雅文静，使他感到异常新鲜和为之动心，他现在远离家乡，冷冷清清，孤单一人栖居上海，得不到家庭温暖，生活乏味，情欲更不能满足，真想与一个知音的女性交往、谈心，解除寂寞，抒发襟怀，倾吐衷曲，既可接上已经断了的初恋的情丝，又可在她身上找到表妹和妻妾三人都没有的时代女性最可贵的灵颖和风情，使自己的生命重又涂上青春的光华，所以他一看到阿凤，就迫不及待地像猎犬追逐小兔般跟踪，放声呼唤。

陈阿凤回头，发现蒋介石，不免吃惊，一时记不清这男子究竟是谁，以为是恶少，便张惶地掉头就走。

蒋介石却紧追不放，也想到她可能没有认清自己，就自我介绍："我们上次在张家见过面，我是蒋……"

陈阿凤一经提起就回想到当时的情景，她不知道他的名字，也没看清他的脸。事后朱逸民告诉她：原来是和孙中山一起的革命党。今天偶然相逢，而且还特地来和自己招呼，也就不该失礼，便立定下来，羞怩地微微鞠躬，又不知应如何称呼，没有开口。

蒋介石却像联珠炮似的提出一连串问号："陈小姐回家了？家住在哪里？什么路？远不远？我送你，陪你一起走好不好？"

陈阿凤来不及回答，最后听到对方要陪自己回家，吓得脸色也发白。她始终记得母亲的教训："男女授受不清，不能与男人同行。"如果和一个并不熟悉的异性同行，还一起回家，岂不要遭到母亲严厉的训斥，不许她出家门，一步也不能再到张家去读书，从此将失去一切自由。她要赶快躲开他，慌急地对他摆摆手，嘴里含糊地拒绝："不要送　不要送！"再也顾不得礼貌，转过身，加快脚步朝前逃去。

蒋介石无论对事业还是爱情和婚姻，都有他自坚定不移的信条："想要得到的，非要到手不可。"他小时候当大将，长大后要成为军事领袖，在广州陈炯明部下达不到目的，就辞职不干。他当年失去初恋的表妹，就向妻子毛福梅出气。现在在陈阿凤身上看到了表妹的影子，再也不能放弃，决不让阿凤在自己手里逃走，做出不在意的样子，向朱逸民打听阿凤的住址，第二天就擅自登门去寻找。

不知道是陈逸民记错，还是故意说错，陈家所在的路名是对的，门牌号码却有出入。蒋介石找了几家，都不姓陈。最后沮丧地经过一家门口时，正巧一个衣饰整齐的老妇人出来，回头向屋里叮嘱："阿凤，我去去就来，门不要上闩！"

蒋介石听到"阿凤"名字，知道找对了地方，等老妇人走远，不顾一切，推门进入，先快步经过院子和摆满花盆的石栏走廊，朝传出缝纫机声的小客厅走去，从落地长窗外窥见正在埋头做女红的陈阿凤。他满心欢喜地急遽推开窗门，大声叫唤她的小名："阿凤小姐！"

陈阿凤猛抬头，看到这个不速之客，慌得立即站起，上次自己在路上被他跟踪，回家后不敢告诉母亲，害怕会受到谴责，没想到今天他竟闯上门来，被人看到如何是好？便急促地朝着他叫："出去！出去！"

蒋介石非但不为自己的鲁莽举动表示抱歉，反责怪阿凤不该拒绝见面。

"你真不客气！我好不容易找到你，不为别的，只想和你交个朋友，中山先生不是也称赞你，鼓励你吗？我就担当责任，来帮助你。"

陈阿凤紧张得心慌头昏，没听清楚他在说些什么，只有拼命挥着两手，要赶他出去。

蒋介石还以为阿凤因少女怕羞，和受到旧礼教的束缚，不敢与男人接近，就准备嗔怪她缺少时代女性的勇气和反对封建落后的精神，他刚开口，要长篇大论去说服对方，刚才出门买东西回来的老妇人，听到客厅里传出男人声音，赶紧进屋，厉声喝问："你是谁？"又问女儿，"阿凤，你怎么让他进来？"

蒋介石知道这位老妇人一定是阿凤的母亲，虽然她态度严厉，很不客气，但因为是少女的长辈，不敢冒犯，也不得不对她尊敬。他连忙露出笑容，介绍自己："我名叫蒋介石，"发现陈母并没有对他的名字感到兴趣就炫耀自己的地位和身份，"我是张静江的朋友，追随中山先生的革命党。上次在张家，和中山先生一起开会时见到过令爱。"

阿母半信半疑地朝女儿瞧一眼。阿凤再也不敢隐瞒，也认为蒋介石的介绍能消除母亲的疑心，肯定地点点头后立刻红着脸躲到里屋去。

"蒋先生，"陈母对这位既是孙中山的部下，也是张静江的朋友，不好怠慢，就和蔼地询问，"请问你到舍间来，有何贵干？"

"我十分爱慕你女儿的才貌，很想和她交朋友。"平时恣意任性的蒋介石，自认为直言不讳，豪爽直率，是大将风度，军人性格，能使平民百姓信任和服从。

熟读经书，遵守礼教的陈母，眼望着这个三十多岁，头发微秃，浓眉挺鼻，两眼炯炯，声音粗浊的男子，虽有军人的威武，但谈吐和行动未免过于鲁莽，使人难堪和反感。老人心里怏怏不乐，收敛和蔼的笑容，神情严肃地教训对方。

"蒋先生一定读过圣贤书，也身受中山先生的教导，不论是古代还是时代，凡是懂礼节、守规矩的男子，交一个女朋友总是先征求那位小姐的同意和得到对方父母的允许，何况我家阿凤年纪还小，我作为母亲有保护的责任。我不赞成你的行为！可是因为你是张静江先生的朋友，又是中山先生部下，我不好怠慢，只是请你下次不要再上门来了。”

陈母端庄肃穆的神色和道义并重的言辞，使强横的蒋介石感到局促和窘迫，他沉默片刻后，不忘礼节地对老人鞠躬，讪讪离去。

客人走后，陈母叮嘱女儿：以后不要再去张府读书。当晚陈父回家，陈母认为这仅仅是一件偶发的事件，就没有在丈夫面前提起。

陈阿凤因失去求学的机会而懊丧，也认为无法向朱逸民交代而为难。可是母命难违，也怕再受到蒋介石的纠缠，也只得守在家里，不出门口一步。

蒋介石受到陈母的阻挡，在张府又等不到阿凤，更增加对她的思念。他一定要和理想的情人见面，即使短短一次交谈也好，可是想不出别的办法。

他天天要到恒春号营业所去上班，在该所经纪人张秉三的坐镇下，和陈果夫一起，接电话，听行情，有时当“伸手”，向客户标明股票上落的数目，有时在报纸上“划线”，记录市场涨跌。陈果夫是陈其美的侄儿，按辈分，蒋介石与陈其美是结拜弟兄，是果夫的长辈，可是两人只相差五岁，蒋介石为了拢络对方，就弟兄相称。这几天，蒋介石抢着接电话，乘机打给陈阿凤。

已经渐渐恢复平静的陈阿凤，突然接到电话，一听到蒋介石的声音，一阵心跳，赶快将听筒挂上，过了一会，电话铃又响，她习惯地拿起听筒，又听到蒋介石的唤叫：“是阿凤吗？阿凤！”阿凤慌得连忙回绝，“你不要打来，不要！”一边轻声回答，一边挂断电话，她想从电话机前逃走，又担心他再打电话来，被母亲接到。她真是左右为难，从早到晚，心神不定地在电话机旁守候，等电话铃响又怕接电话。

第二天下午没有接到电话，却传来了叩门声。她出去开门，有一个中年男子交给她一封信，说要等回音。她拆开一看，署名是蒋介石，约她见面，她还没看完，就把原信交还给来人，嘴里一连声：“不！不！”砰地将门关上，算是给蒋介石的回音。她在门后等了片刻，听不到叩门声，就放心地回到厅里。母亲问她就谎骗有人找错了门。

陈阿凤在白天忐忑不安，到了夜里床上失眠。自从在张府初次见面，他在路上跟踪，又闯到家里来，又是电话，又是送信。他一次次热烈而急迫的追求，也一次次撩动她那颗少女的心弦，使早熟而又天真的她，第一次尝到爱情的甜味，像绽放的花苞，被浪蝶拨弄，得喷土芳香，连连颤动。见面、追逐、铃声、信札和他那温柔的唤叫，都是爱神的信号；而自己的烦恼、惊喜、失眠和等待，也就是信号的回响。她怕见他，母亲也不让自己见他，可是又偏偏想他，忘不了他。他那威武而又鲁莽的形态，不断地在她脑海里浮现，他的喊声始终在她心里回荡。

一次次拒绝和阻挡，蒋介石非但不灰心，反使这个固执己见和恣肆独断的英雄恼羞成怒，不达目的决不罢休，他顾不得羞耻，理直气壮地去向朱逸民求援。

“我生平有三大志愿。”他开门见山地说出自己伟大志向，“一是追随总理孙中山先生，将来成为他的继承人，所以改名蒋中正；二是要成为中国唯一的军事领导人，以武力来统治中国；三是有一个终身相伴的理想妻子。”这三者我都还没有达到，我愿以毕生精力追求和实现。

“你不是已经结婚了吗？”朱逸民微微一笑。

“我是结过婚，可这是令人痛心的结婚！蒋介石愤慨地诉说内心的不满和怨恨，“完全是父母之命、媒妁之言的封建婚姻！她比我大五岁，长得又老又丑，没有文化，也不懂道理，还缠着一双小脚！她只会烧菜、洗衣、扫地、侍奉婆婆！自从结亲以来我和她没有一天闺房之乐，也从没讲过一句体贴的知心话，她更不懂革命道理，这怎么能是我的终身伴侣？”他夸大其辞地数落妻子的种种缺点，将不满婚姻的责任推在对方身上。

“你不是还有个姓姚的……”朱逸民接着问。

“哦，是的，是的，”蒋介石不提防朱逸民会提出姚冶诚，他不假思索，就给答复，“她当然比我家乡的妻子好，在我急难时也帮助过我。可是——”感慨地长叹一声，“我纳她为妾，只是报答她的恩情，而她毕竟出身低微，恶习难改，一有空闲，就打牌聚赌，我规劝她，她还出言悖谬，行动乖违。我这堂堂革命党人，岂不要遭人嗤笑，要不是她抚养纬国，我真想将她……”

朱逸民为他得不到美满姻缘而惋惜，不禁感叹：“理想的终身伴侣，实在是可遇不可求啊!”劝慰这位苦恼的丈夫。

“我遇到了!”蒋介石再也压制不住兴奋地说出来，“就是你的好朋友阿凤!”

朱逸民感到意外，诧异地问：“你喜欢她?”

“她年轻，有文化，具有时代女性的气质和修养，也有其他女孩所没有的朝气和上进心。否则，她怎么会是你家的座上客，能和从外国来的张家小姐一起读书，连中山先生也称赞她、鼓励她呢！还不是我理想的伴侣?”

“不过，”朱逸民总觉得蒋介石未免一厢情愿，“不知道阿凤心里怎么想，她对你是不是……”

“我知道，她一定同意!”一贯自以为是的蒋介石又十分肯定地自说自话，“我欢喜她，她也欢喜我。”

“她向你表示过?”朱逸民半信半疑，也认为这位“武将”信口开河，不可能是事实。

“没有机会!”蒋介石不得不说明原因，“阿凤是个少女，难免怕羞，可是她家里的老娘，满脑子封建观念，是我与阿凤之间最大的阻难。”像对待救星一样，向朱逸民拱手致敬，“张太太，这件事只有依靠你鼎力相助，玉成好事，我蒋某永世难忘。”

朱逸民感到为难，可也不好意思当面拒绝，只得敷衍地应允：“不能心急，我想办法让你们先交朋友，将来再说。”

四三　狂热的求爱

朱逸民为了让蒋介石和阿凤见面，打电话到陈家，假称自己身体不好，想念阿凤，希望能见到她。

陈阿凤本来就因为这几天没有去张府读书温课，心里不安，知道她的好朋友朱逸民有病，更是焦灼，可又不敢做主，只有请示母亲。陈母通情知礼，要女儿带礼品去探望，还要代她向女主人问候。

朱逸民接待阿凤，含笑相告，自己仅仅是头痛，无关紧要，只是为了想念方请她来。接着，关切地反问阿凤：

"你好久没来读书，姊妹们都记挂你，是身体不好，还是家里发生什么事？"

陈阿凤正有满腹委屈，要向这位亲密的大姊倾诉衷肠，便将蒋介石跟踪她，上她家，被母亲拒绝，也不许她再来陈府的经过，吞吞吐吐地叙述一遍。最后，既苦恼又无奈地流出眼泪。

"这也怪蒋先生太鲁莽、太性急了。你母亲不了解他的底细，当然不肯让女儿和他交朋友。"于是，她把蒋介石参加革命、跟随孙中山立下不少功勋的经过，约略地说了一遍。

陈阿凤对蒋介石也不了解，只以为他是个鲁莽的军人，听到朱逸民的介绍，才对蒋介石有了好感，可是她反认为两人在各方面都相距很远，加上母亲反对，很难成为朋友。

正在说话间，蒋介石突然进来，向女主人行礼后，就对陈阿凤直率地提出：

"陈小姐，我打了几次电话，又写信给你，你为什么不回信？我有很多话要对你说。"

陈阿凤惶恐得两颊绯红。她想躲避，一站起身，就被朱逸民拉住。她感到窘迫，求援地望着女主人。

蒋介石的来到，可能是偶然碰巧，也许是朱逸民有意安排他与阿凤见面的机会，所以在她安定了阿凤后，婉言劝告："阿凤，既然蒋先生有话要对你说，你们就一起谈谈吧。在我家里，你可以放心。"说罢，借处理家务为名离开。

蒋介石毫无顾忌地坐在陈阿凤身旁，一开口就像演讲一样，滔滔不绝炫耀自己对革命的贡献。他那夹杂着奉化口音的宁波话，越说越快，吐沫随着他的话不断地喷出来。陈阿凤拘束地低着头，默默聆听，好在她也是浙江人，听得懂他讲话的内容，比刚才朱逸民讲的更具体、更生动、也更夸耀。她渐渐地被他的英勇而光荣的革命行动所吸引，就不自主地侧过脸望他几眼。在目光里，有时为他担忧，有时代他高兴，也有赞赏和庆幸。随着心理的变化，眼前的蒋介石由粗暴化成威武和庄严，他那硬声硬气的宁波话听上去也变得铿锵有力。当蒋介石最后认真而又恳切地询问她"难道我不配做你的朋友"时，她已心软意服，无言以对。可是蒋介石还苦苦追问："你同意不同意?"她只得开口推托："我要问过母亲，由她决定。"

陈阿凤是借口，蒋介石却把它当真，霍地站起，要阿凤一起去她家："我们就去问她老人家!”

陈阿凤吓得连忙退缩,发急地对他摆手,话也说不出来。

在内厅等候的女主人,这时走了出来,假装不知道他们之间发生的事情,诧异地笑着问:

“谈得怎么样?”

“她同意和我做朋友!”蒋介石兴奋地叫喊出来,一点也不考虑少女的羞窘,只顾自说自话下结论。又双手一摊,“现在就去问她母亲。”

陈阿凤畏缩地躲到朱逸民身旁,朱逸民用手围住她腰呵护她,一边微笑地敬告蒋介石。

“蒋先生,你们军人做事就像打仗一样! 太心急了! 欲速则不达!”精明的女主人为了玉成好事,提出一个两全其美的办法,“阿凤母亲不同意女儿交男朋友,你上次去又给她留下不好印象,要是今天你们双双一起去,更要惹她生气,哪里会答应! 依我看,最好是先请人去和她谈谈你的情况,让老人家对你有所改观,像刚才阿凤对你一样,说不定就会得到她同意。”

蒋介石立即拱手道谢:“那就拜托张太太了!”

朱逸民摇摇头,“你先不要谢我,还要问过阿凤,她是不是同意?”

陈阿凤知道朱逸民在取笑自己,就不回答,只微微一笑,算是同意。蒋介石高兴地望着阿凤直笑。

陈阿凤被笑得不好意思,也担心蒋介石会再缠住她谈话,就向朱逸民告别。不料蒋介石还是不放过她,要送她回家。陈阿凤害怕出事,正想回绝,可是朱逸民却在一旁鼓励,使她再也无法推辞,蒋介石就兴奋地跟随她出门。

一路上,陈阿凤怕被熟人看到,一直低垂了头,默默地急促前行。蒋介石迈着他绑过铁砂袋练出来的一双“飞毛腿”,急急跟随,比阿凤还走得快。他一边走,一边喋喋不休地说话。陈阿凤心慌意乱,一句话也没听进去,快要走近西藏路时,她心里更不安,就轻声恳求:“蒋先生,不要送了,不要……”

蒋介石边走边谈,两眼一直牢牢地盯住阿凤的脸。他看得很仔细,也很出神。陈阿凤称不上美丽,然而比起福梅来年轻,具有青春的朝气和皎秀;比姚冶诚娴淑文静,更令他倾倒的是她有一种其他女人少有的高雅风度。他越看越欢喜,从心里发出热烈的感情,也升起不可压抑的占有欲望。正在情欲冲动中的他,那里能让她离身,就连忙伸手拉住她手臂,朝附近一条小路一指:“我姊姊就住在这里,我带你去看看。”说罢,不管阿凤是否愿意,强拖着拐进小路去。

陈阿凤不能脱身,可又不好在马路上挣扎,怕引起人注意,嘴里说着:“我不去,不去!”身体却不由自主地被拖着向前。她羞赧地低着头,怕被人看到也不敢看到人,只跟着走了二三十步路,迷迷糊糊地走进一幢房子去,也没看清是住家还是店铺,反正到了一个从未到过、也未见过的地方。只听得蒋介石与谁打了个招呼,又拉着她走进一个房间。她这才抬起头观望,这房间在底楼,又小又暗,摆设着简单的家具:一张床,一张桌子,两把坐椅。除了她和蒋介石,没有一个人。她正诧异地要问,蒋介石关上房门,回身向她走近来,两眼露出淫欲的眸光,满脸嬉笑着向她求爱。

“阿凤,我真喜欢你,爱你,我再也不能等待……”他张手将阿凤拥住。

从未亲近过男性的陈阿凤身体突然被一个粗鲁的男人拥抱,惊骇得喊叫了起来。她并没想到对方是欺骗自己,要强占她,只怪他太无礼貌,太粗暴,万一被人看到和知道,她少女的贞操和家庭的名誉将要蒙上不白的耻辱! 阿凤于是不顾一切,用力将蒋介石推开。蒋介石还不肯放手,她发急呼叫:“你不放开,我要叫了!”蒋介石见她严正而气急的神态,怕她真的会出声叫人，只得把手松开。陈阿凤就趁机冲到门前，打开房门，逃命似的朝外奔去。

房间里只剩下蒋介石一个人，旅馆的茶房还探头探脑地在门外张望。他气愤地把门关上，双手捧着头坐在床上。刚才一股强烈的情欲冲动，一下子消失了。这位自负每战必胜的大将竟在小小的情场上遭到失败，不禁气馁，也有些懊悔。他不应当把这位纯洁无邪的少女当作过去狎邪的妓女和妖媚的姚冶诚，即使她心里愿意，自己也不该如此心急，吓坏了还未懂人事的少女。欺骗和妄动，是一个男人品质低劣的暴露，会给她留下坏的印象。刚才在张家她好不容易答应和他交朋友，又要为他粗暴的行动而严加拒绝。如果阿凤回去把经过告诉她父母亲，引起她家庭的愤怒，则更是不堪设想。如今唯一能解救的是朱逸民，请这位既热心又通达人情的主妇来挽回难堪的局面。

蒋介石重又回到张府，把事情经过毫不隐讳地告诉朱逸民。朱逸民先皱眉静听，又含笑埋怨，最后答应帮忙。她毫不迟疑地打电话给陈阿凤，用温和而又关切的口气问："你到家了？一路上没有什么事吧？"探听口气。

陈阿凤受到惊吓逃回家，心一直在怦怦乱跳。她不敢告诉家里，怕母亲知道了，非但自己要挨骂，还要连累逸民姊，一场好事要变成祸祟。在她安静下来，细细回想后，觉得蒋介石只是过于急躁和鲁莽，也是出于对她强烈的爱慕和恋情，仿佛一个军人急于要打胜利，才发生过份举动，并没有任何恶意邪念。倒是自己不该惊惶失措，使人难堪，不免暗自感到愧恧和歉疚。接到朱逸民电话，听到她温和的慰问后，立刻想到对方已经知道事情的经过，而来试探，便若无其事地回答："路上很好，请你们放心！"听到母亲的脚步声，就不再多说，把电话挂断。

陈阿凤的回答，使朱逸民和蒋介石放下心，朱逸民还自信地告诫蒋介石："我了解阿凤的心理。她对你是有好感，可是她毕竟还只是个十五六岁少女，她母亲又管得紧，怕损坏名声。以后，你一举一动都要谨慎小心。"

蒋介石接受朱逸民的忠告，可是他目前急于要与阿凤和好，不免焦灼："以后怎么办？怎么办？"

"以后？"朱逸民略加思考后，心里有数，可是仍用征询的口吻问，"由我出面，去和阿凤母亲谈，只有把这一关打通，别的事都好办，你看好不好？"

蒋介石正苦于自己束手无策，也最害怕陈母。朱逸民曾经帮他与阿凤撮合，这次肯亲自出马，去陈家说情，真使他感激不尽，他立刻放下"大将"的架子，向比他小几岁又是女流的朱逸民，不惜打躬作揖连声道谢。

第二天，朱逸民带了礼品，坐车到静安寺路陈家去做客。她思想有准备，如果陈家知道昨天发生的事，怒气未消，她就代蒋介石去道歉认错，其他的话等将来再说。当她按过门铃，陈阿凤来开门，笑着欢迎她时，她轻声细语地代蒋介石向她赔礼："阿凤，昨天的事，是他不好，要我来向你道歉。"见陈阿凤只是腼腆地微微一笑，像是默认，并没有任何其他反应。可是她还不放心，又问："你母亲不知道吧？"又见阿凤摇摇头，这才完全定心，也肯定阿凤对蒋介石已经产生难以摆脱的感情。

陈母像自己亲戚一样接待朱逸民。阿凤也亲近地坐在身边，双方寒暄一番后，朱逸民先从丈夫张静江如何帮助孙中山谈起，借此抬高自己身份，引起陈母的尊敬和信任。接着一一介绍张静江的革命党朋友，戴季陶、居正等，最后才提到蒋介石，她向母女俩把蒋介石的家庭、出身、学识和去日本求学以及回国后跟随孙中山从事革命，在艰难中屡立功勋等情况，连称赞带吹嘘地详述一遍。有些事迹连陈阿凤也不知道，听后陡然增加对蒋介石敬爱之情。可是陈母却像记起了什么，回头问女儿：

“蒋介石？是不是上次来过？”

陈阿凤最怕母亲提起这件事，不知道该怎么回答，只有赧然地点点头。

灵敏的朱逸民却早有准备，立刻接口：

“就是他。他那一次实在冒昧，我今天特地来代他向你老人家赔礼道歉。”

“他是军人，难免豪爽粗鲁！”陈母好像很体谅蒋介石的行动，可是当时自己曾责备过他，今天也要为自己辩白，“不过，他要和我家阿凤做朋友，这未免……”

女儿羞红了脸，再也不敢坐下去，借口回避到房里去。

朱逸民就干脆提出：“他实在喜欢阿凤，只希望能和阿凤做朋友，没有其他意思。”

“自从民国以来，西洋风气传到上海，年轻人讲自由恋爱。不过，在我们老辈人的心里，男女婚姻，过去是先相亲再结婚，现在是先交朋友。虽然是一样，不过最后还是要由父母决定。”陈母有条有理地说明男女婚姻的步骤后，又提出实际而带有决定性的问题，“请问张太太，蒋先生要和阿凤交朋友，是不是为了将来……”

朱逸民只能模棱两可地回答：“如果朋友交得好，两人真合得来，也就可能……”

陈母微微点头，默想片刻后又正面提问：

“既然这样，做父母的就应该郑重其事。我见过蒋先生，他长得果然威武英俊，又久经沙场，难免见老，恐怕年龄也不小了吧？”

“唔，三十多了？”

“三十多岁？”陈母异疑地追问一句，“为什么还没有成过亲？”

“他——”朱逸民没想到对方会提出这重要的疑问，她知道蒋介石曾结过婚，还纳了妾，可是在这位严正而又敬爱的老人前，不该说谎和任何诓骗，就实言相告，“他结过婚！不过他不满这件婚姻……”

陈母不等朱逸民解释，就正色地阻止：

“他已经结过婚，就不该再交女朋友！我女儿宁可不嫁，也不能让她去做人家小老婆！我做娘的舍不得，她爹是场面上人物，也不能坍台！”看到朱逸民面色尴尬，不能让她下不了台，就婉言相告，“你张太太是一番好意，可惜这件婚姻没有缘分，不能勉强。请你代为转告蒋先生吧！多谢！多谢！”

朱逸民自知理亏，也感到为难，不该认为陈母无情，也不能埋怨自己无用，这要怪蒋介石本人，一件理想姻缘受到实际情况的阻碍，终难成功。她对陈母敷衍几句，也不想再见阿凤，就匆匆告辞回府，去给蒋介石回音。

陈阿凤虽然躲在房间，一直倾听外面动静。她的心怦怦跳动，等待喜讯，梦幻着美好的未来，等听到朱逸民回答蒋介石已经成亲，她那颗跳动的心顿时往下一沉，全身无力，一直呆呆地伫立在房门后。直到母亲送走客人来看她，对她警告：“从此不许再去张府，不准再见蒋介石！”她一想到自己受蒋介石的骗，便难过得鼻子一酸，在母亲面前又不敢哭，只得把忍在眼眶里的泪水，在心里流。

陈母一直没把蒋介石上次追求自己女儿的事告诉丈夫，今天媒人上门提亲，就不得不说了。陈父钟爱女儿，也盼望她嫁个如意郎君，蒋介石虽然不错，只是已经成亲，不能委屈女儿。他听后一言不发，双眉紧蹙，心里多一分烦恼的心事。

四四　写　休　书

蒋介石委托朱逸民到陈家去说情，抱有很大希望。总以为像打仗一样，旗开得胜，马到成功。他坐在张府等待喜讯，没想到朱逸民带回来的是陈母对他的求亲表示拒绝。正像他过去每次打仗那样，遭到失败。在他听到陈母拒绝的理由时，在绝望中顿时觉悟，迫使这件理想姻缘破灭的罪人，原来就是毛福梅！这该死的女人，为了她，自己与初恋的表妹毛阿春分手；为了她，成亲十多年，没有享受过欢忭的闺房之乐；为了她，只得与庸俗低贱的妓侍姚冶诚同居，虽然满足了情欲，也增加生活中的烦恼。这一次，又是为了她，好不容易找到理想伴侣，在热烈的追求下，爱情的果实已经成熟，却因为自己娶过妻子而遭拒绝。妻子！妻子！像毛福梅这样的女人，那里配得上做他蒋介石的妻子？不是姻缘，是孽缘！不能再让这段孽缘继续下去！他决定要将毛福梅像眼中钉一样从他身上拔去，把她在自己未来美满生活里赶掉！

当天下午，他搭船去宁波。浩浩渺渺的海洋，到了夜里，在乌黑的苍空下，被猛烈的海风刮得浪涛汹涌，船身在翻腾的海浪中颠簸。他睡在船舱里，翻来覆去，心神不宁，盘算着要把毛福梅退掉，也得有个响当当的理由。她又没有犯"七出"之条，而且亲眷邻舍都夸奖她是溪口出名的贤妻良母。婆婆更是呵护这个由她做主的贤惠媳妇，所有的人都不会同意他平白无故地退婚。何况上次他带姚冶诚回乡，妻妾见面。姚冶诚固然能说会道，哄服了婆婆和福梅，毛福梅作为原配，见丈夫带小妾进门，不可能不生气，也不会没有痛苦，可是她看在婆婆份上，也给丈夫面子，更不使家庭失和，被人讥笑，就百般忍受，对姚冶诚还姊妹相待，冤家成了亲人。这一次，如果他公开提出因为要和陈阿凤结合，要将妻子赶走，非但要犯众怒，严厉的母亲决不会答应，亲亲眷眷也不同意。毛福梅再软弱可欺，怕也不肯忍受！他虽然下了决心，但不知道该如何进行，才能达到理想的目标。

清晨，船到宁波。他不去离码头很近的江北岸花墙弄姚冶诚住的地方，怕节外生枝，而是坐轿径直到溪口。

丰镐房里的人因蒋介石突然回家，平时清静的宅里顿时增添热闹和欢乐。毛福梅放下正在缝纫的经国的新衣，慌忙到灶间去，准备丈夫喜爱的饭菜。蒋母刚念完经，和儿子一起坐在客堂里，关心地问长问短，儿子却心不在焉地随便敷衍，他的脑海里正在盘算如何解决难题。

吃午饭时，蒋经国背了书包回家。父亲用惊异的目光看他，祖母高兴得欢叫起来："真巧！今天你阿爸回家，你怎么也回来吃饭？"毛福梅起身，也兴奋地帮儿子去拿碗筷。

"我——我——"蒋经国看到父亲，像老鼠见猫，吓得话也讲不顺口，"我同学看到阿爸。老师——要我回来。"

在一旁的毛福梅，瞥见老实的儿子，在严厉的父亲面前，畏怯地呆立不动，就上前去拉他坐下，给他盛饭。

蒋经国刚低下头吃了一口饭，蒋介石又对他发问：

"我要你读的书，都读过了吗？"

"读，读过了。"蒋经国嘴里含着饭团，来不及咽，话也就说不清楚，使父亲怀疑他在说谎。

"你背一段《孟子》给我听听！"蒋介石要当场考查。

蒋介石从来没来要求儿子读过《孟子》，而是蒋经国自己找来粗粗看过，记不得全文，还不知道父亲要他背哪一段，又不敢问，只得放下筷子，坐得笔直，微昂起头，临时想到一句，背一句："……夫抚剑疾视曰：'彼恶敢当我哉！'此匹夫之勇，敌……"他因为害怕背错，再心里一慌，就背不下去。

也真凑巧，蒋介石在广东时，和陈炯明争吵，陈炯明骂过他是"匹夫之勇"，现在儿子正好背孟子这句咒骂的话，无意中触犯了他。他浓眉一皱，严声命令：

"不用背了！可见你平时不用功，连短短一句话也背不出！"越说越生气，"吃好饭，立刻回学堂，不许再到家里来。"

毛福梅见经国委屈地低下头，两眼满包泪水，不敢哭，也不再吃饭，便代为辩白："今天是他老师放假，来看你阿爸。"

"我不要他来看我！"蒋介石是借骂儿子来咒诅妻子，"我也不想看到他。"还加重处罚，"从今天起，到放假为止，要他一直住在学堂里！"

蒋母听不下去，向儿子说明情况：

"经国不住学堂，每天回家。"

蒋介石两眼直瞪，不好对母亲回嘴，便怒责妻子：

"我当初不是命令他住在县城读书的吗？你怎么可以让他回来？"

"婆婆想孙子，"毛福梅搬出蒋母来抵挡，"她老人舍不得经国住在外面，他太小了……"

"你乱话三千！"蒋介石接口，"我阿姆从来是训诲不倦，教子有方。为了要我求学上进，我十岁多一点，就送我到葛竹外婆家读书。后来还让我飘洋过海去日本留学。难道她心里就舍得？还不是为了我的前程？没有阿姆当年一番苦心，也不会有我今天的成功！可是你，明明知道经国又呆又笨，又不用功读书，你还不让他离开你一步，到县城去住读！我知道，你不是舍不得，而是故意违背我的命令！"

一连串的责骂和冤枉，犹如一块块大石压得毛福梅透不过气、抬不起头。她不敢辩白，怕引起丈夫更厉害的恼怒，就像过去那样，低垂了头，委屈忍受。蒋母却为媳妇不平。几次想阻止儿子，都插不进嘴。她也恐怕惹恼了倔强的儿子，难得回家，又会一气走掉。而胆小的经国，见娘也为自己遭到咒骂，又是难过又是害怕，忍不住"哇"的一声哭了出来。

蒋介石气愤地一拍桌子，桌上的碗盅都被震动。他直指儿子的头额，大声喝令：

"不许你吃饭，马上回学堂去！"说罢，霍地站起，将儿子从椅子上拖起，朝外一推。同时，他也想就此收场，怕母亲出来干涉包庇。刚挑起的风波，又会平静下去。就故作生气地离开，走上楼去。踢开房门，倒在床上生闷气。

留在客堂里的祖孙三代，左右为难。毛福梅紧紧抱住儿子，悲痛得热泪滚滚。年幼的经国，不敢留，又不想走。望着母亲啜泣不休。蒋母近年来身体衰弱，一激动就气喘吁吁，她也舍不得孙子从自己身边离开，可是要说服固执强横的儿子也很困难，只得一边叹息一边慰抚，说等儿子脾气过后，由她出面说情，使儿子改变主意。

蒋介石在房里侧耳倾听楼下客堂的动静，只有福梅母子俩的呜咽哭泣，经国并没有服从自己命令离家去县城。他在怒恨中萌发出一个绝好的主意。他所厌恶的妻子毛福梅，论人品，和行为，贤惠娴淑，尊老爱幼，刻苦耐劳，待人和睦，在她身上找不到任何退婚的理由。十多年来，自己对她百般欺压、冷待和凌辱，而她始终百依百顺，忠贞相待，就更没有离掉她的借口。唯一使她难以忍让的是要她和相依为命的儿子分离。今天真是一个不可错过的机会，他下决心，要向她挑起一场吵闹，作为离婚的导火线，将这段孽缘的婚姻炸得粉碎。

“福梅！”他站在房门口，对楼下大声呼叫，“你和经国一起上来！”

毛福梅突然听到丈夫发出严厉的命令，像要面临一场可怕的灾祸，恐慌得两腿发软，用求援的目光望着婆婆。胆怯的经国吓得脸色发白，畏缩在祖母身前。王采玉以为强横霸道的儿子又要在妻子头上出气，大不了恶骂几句，在老母面前谅他也不敢耍无赖，就轻轻地慰抚媳妇两句：“不用怕！上去！”也要孙子跟着上楼。

毛福梅携着儿子，仿佛攀登山顶一般，两腿发软，艰难地一步步踏着楼梯，慢慢地走上去。蒋介石等得心急，在房间里吼叫：“还不上来！”毛福梅才慌急加快脚步。

王采玉虽然鼓励媳妇上楼，也不放心，正要跟随在后，只听得房间门在毛福梅进去后，被蒋介石“砰”地关上。她就在楼梯脚下等候。

蒋介石坐在四仙桌旁靠背椅子上，脸色铁青，两眼朝天，用生硬的口气训斥：

“你违背我命令，不肯送经国到县城去住读，一定要留在你身边，这样下去，他非但要荒废学业，还会跟着你学坏！”他握紧拳头，像大将发布军令，“我决定把他带到上海去！由我来管！”

毛福梅先是一愣，立即惊恐地叫起来：

“经国跟你到上海去?”她惶悚地将儿子紧紧抱在怀里，怕被抢走，一面对丈夫苦苦央告，“求求你！求求你！千万不要这样！”

蒋介石并不要把儿子带走，只是威胁妻子，想趁机引起一场争吵。见她软弱地哀求自己，就更霸道，露出一脸凶相，冲上前去，大声叫嚷：“我现在就带他去！”

不等他伸手，经国吓得逃到母亲背后，毛福梅张开双手挡住丈夫，回头催叫儿子：“快逃！快逃！”经国跌跌冲冲扑到门口，拉开门，连奔带跳地逃下楼去。

蒋介石没想到平时怯弱的妻子，竟敢反对丈夫，放儿子逃走，还挡住自己，他感到失去做丈夫的尊严和威信，火星冒头顶，就张手在她脸上重重打了一个巴掌。想把她打退，自己冲出门去。

毛福梅被打得头昏眼花，可是她顾不得痛，就不让丈夫去追赶儿子，就双手拉住他的衣襟。阻止他的行动。这更激起蒋介石的怒恼，一手抓住她脑后的发髻，像对待死敌一样，对她的胸口和肩膀猛击。毛福梅拼命挣扎，可是发髻被紧紧抓住，无法脱身，她只得用双拳乱打他的面孔。蒋介石侧转头回避，手里一松，被毛福梅挣脱逃出门口。

“反了！反了！你竟敢打你丈夫！”蒋介石狠唬唬地追出房去。边走边骂：“你这‘娘希匹’！”

毛福梅眼见丈夫追赶出来，怕他下楼去抢走儿子，就一面急叫：“经国！快走！快走！”一边毫不畏惧地兀立在楼梯口，挡住丈夫。不让他下楼。

蒋介石没想到她越来越强硬，竟敢阻拦自己，再也遏止不住满腔怒火，咬紧牙关，颚骨突出，一个巴掌朝妻子身上打去，站在楼梯口的毛福梅，猝不及防也站立不稳，一个踉跄，在楼梯上翻滚下去，躺在地上，昏迷不醒。婆婆和经国急遽上前，儿子抱住娘的身体哭叫，王采玉为媳妇拨开头髻散落后披盖在脸上的乱发，用拇指压她的人中。一边气愤地抬起头，责骂儿子："你这无赖！我要狠狠教训你一顿！"

蒋介石也预料不到妻子会被自己打得滚下楼去，心里顿时升起一个邪念：她死了倒好！可是他也害怕，如果真有不测，自己就有谋害罪名，岩头毛家决不罢休，将受到社会舆论攻击，和法律制裁。当他看到毛福梅渐渐苏醒，又听到母亲怒斥时，就不服地还嘴："老婆打丈夫，这还了得！"说罢，又恐怕母亲真会像他儿时那样拿柴爿打自己屁股，就回避地躲进房去。

楼下，祖孙俩只顾照料毛福梅，将她扶到躺椅上，婆婆还点香朝观音菩萨求拜，祝愿媳妇平安无事，合家和睦。

蒋介石像牢笼里的猴子，在楼上房里来去踱走。他想及早离开丰镐房，但更重要的是要把毛福梅就此退掉。他拿定主意，毫不犹豫地从五斗橱抽屉里拿出毛福梅平时练字的笔墨纸砚坐下来，定一定神，然后提笔挥毫，洋洋洒洒，犹如他平时写论文那样，书写他理由充足，自以为是的退婚书。因为他不认岳父，便以书信方式写给与他尚能谈得来的内弟毛懋卿：

"我辈生于今日，自由人权，逐渐伸张，博爱人道，亦渐见端绪，人生幸福，可期达到圆满境域，如言人生观，当有无穷希望，最高乐趣也。然一回顾环境，以及现在家庭，不禁悲痛系之，我辈不言中国家庭之善恶，只言所处家庭有否乐趣、有否幸福而已，我不希望家庭有圆满之幸福，我只求家庭对我无痛苦而已。我尝以为家庭之间，只有忍耐将事，得过且过，不致决裂太过，于人于己，不为已甚，则于愿已足。故十年来，闻步声，见人影，即成刺激，顿生悲痛者，亦勉强从事，尚未有何等决心，必欲夫妻分离也。不幸时至今曰，家庭已不成为家庭，夫固不能认妻，妻也不得认夫，甚至致我与我慈母水火难灭之至情亦生牵累，是则夫不夫，妻不妻，而再加之以母不认子，则尚何有人生之乐趣也。"

他将家庭失和的责任全推在毛福梅身上。又为了曾纳姚冶诚为妾，以及将来可能和陈阿凤结婚，势必要与毛福梅离婚，而阐述理由：

"……我辈自身，全受新社会之教育，而偏处于旧社会之家庭，故以良心言，一方面对于新社会自当竭力鼓吹竭力实行，但一方面于旧社会又不能不维持旧道德，以免社会指摘，故所处地位困难万分，若有可以敷衍，孰愿趋极端者？又尝论置妾为人生最不道德之事，且身为下贱之婢妾，必无良善之心，故每思一为痛改，解放婢妾，以赎前愆。惟中国社会之恶习，以及腐败之法律，以置妾为常事，以离婚为耻辱，故社会上宁使其作最无人道置妾之事，而不许人谈最光明正大离婚自由之语，故使人欲自振拔刷新，为人间第一等人而不可得。我今可以一言奉于兄曰，我今日之与令妹离婚，第一目的，在使扫除痛苦，以求精神上的幸福；第二目的，在使解放婢妾，免为终身堕落之人，决不妄求肉体上之快乐，有所谓以副作正者也，此言可以对众宣布，以鉴我日后个人之信用为何如？"

他写了几张信笺，还言犹未尽，就理直气壮地讲述对人生幸福的理解；而恰恰与前文相反，暴露出他个人的私欲：

"且人生定理，欲求个人幸福之满足，故不得不并求他人幸福之满足，今日我所受之痛苦之悲惨，想他人亦必受我相等之痛苦与悲惨也；我欲求我幸福，不得不免除我所受之痛苦悲惨。"写到这里，他也觉得过于泄露自己私欲而不顾及他人，便将笔锋一转："我欲免除我所受之痛苦悲惨，又不得不免除他人痛苦悲惨，如兄之为我设想，免除我所受之痛苦悲惨亦当为令妹着想，免除其所受之痛苦悲惨也。”他巧妙地将退婚的事由，自己与毛福梅各人一半，又将责任推给毛懋卿，是否为他的妹妹的幸福考虑。接着，他又不厌其烦地重复他的痛苦和要求：“我今日所下离婚之决心，乃经十年之痛苦，受十年之刺激而成者，非发自今日临时之气愤，亦非出于轻浮之武断。须知我出此言，致此函，乃以至沉痛极悲哀之至情，作最不忍心之言也。高明如兄，谅能为我代谋幸福，免我终身之苦痛，明知此事兄不忍闻、不忍道，但此事非兄生菩萨心肠，为之解决，不惟我陆沉苦海，永无生趣，即令妹在我陆沉苦海，永无生趣，即令妹在我蒋家，亦决无人生之乐趣也。”最后，他决绝地提出：“我今以至沉痛至慎重之语，敬告足下曰：‘自中华民国十年四月三日发此离婚书后，即与令妹毛福梅永生断绝夫妻关系。’此蒋中正与毛福梅离婚之书，即可为永远之凭证。至于亲戚关系，亦完全脱离，其间私人情义，则对令父母，我可以父母相待，对令兄弟，我可以手足相视，以后私人情义，或因此离婚而反增进，如当断不断，仍旧敷衍隐忍，非特令父母令兄弟以后与我激起恶感，即对于我自己的慈母，亦不能无母子断绝之至不幸之事。”在以极为严峻的字句予以威胁后，又加上一段有警告意味的结束语：“言至此处，沉痛已极，为我而害令妹一生之幸福，为令妹而致我一生之痛苦，且害我与我亲戚及母子之乐趣，分离则满足双方之幸福，隐忍则增加未来无穷之祸害，是非利害，轻重缓急，请与令妹自图之。倘兄能怜我今日悲哀之至语，准我与福梅离婚，则请示。我所欲言，无不可商之事，否则惟有诉诸官厅而已，言不尽意，伏维鉴察。”

一封退婚书，写了整整十二张信笺，厚厚一叠。他把来塞进信封，又用饭粒封口，然后像完成一件大事地松了口气，身体靠坐在椅子里休息片刻。可是他脑海里片刻也没有休息，始终在思考如何稳妥地把这封信连同毛福梅一起送到岩头毛家去。

在听到楼下已经安静下去后，就整整衣服，将信藏在袖内，开门出去，缓步下楼，进到客堂。只见毛福梅头发蓬松，低沉了头，拥着经国，悲伤地坐在竹椅上，听到丈夫脚步声，立即露出恐惧的目光，抱紧儿子，畏缩一团。而母亲还未消气，兀坐在红木靠背椅上，等儿子下楼来准备教训。蒋介石在这严重沉悒的氛围里，骤然转换神色，从满面凛然变为无限悔歉。上前一步，对母亲双膝跪下，低头禀告：

“阿姆，儿子不孝，惹大人生气，望乞恕罪。今因孙中山先生在上海等候，有要事与儿子相商，我不能久留在家，侍奉母亲，即刻就要动身。过后再回家来尽孝心。”不等母亲回应就站了起来，转身对妻子，脸上露出勉强笑意，语气也较婉转，“福梅，刚才我一时粗鲁，勿要见怪。我有书信一封，你亲自带到岩头去，交给你哥哥懋卿。我们的事，信里都讲得清清楚楚。你父母兄弟，看到后自会明白。”

毛福梅疑惑地望着丈夫似笑非笑的脸，不知道这封信是祸是福，也不明白他肚里是善是恶，不敢接信，回头向婆婆请示。婆婆也猜不透儿子写信的用意，半信非疑地追问一句：“你信里写些啥?”

蒋介石却坦然回答：“我们过去做错了事，害人害己。但愿从此改过，今后能太太平平，合家安宁。”他话里有话，不露痕迹地泄露心意，可又不让别人听出内中实情。

王采玉一向认为儿子孝顺，这次也一定有悔过之意，就不再疑心，向媳妇点头。

毛福梅在婆婆示意下，放心地接过信去。蒋介石见婆媳俩受到自己蒙骗，就发出会心微笑。然而还不放心，临行还请求母亲：“阿姆，我看还是让经国住到县城去读书，免得天天来回。”

蒋母不愿再为孙子的事引起争吵，为了息事宁人，随口答应。蒋介石走出门口，又停步回头，和蔼地告诫妻子：

"今天来不及，你明天一定要亲自把信送到岩头，不许耽搁！"

四五　婆婆求媳妇

毛福梅一夜不曾合眼。睡在她脚后的经国，白天受到惊吓，大做恶梦，手足乱颠，胡言乱语。母亲只得爬起身，对儿子轻轻抚拍，温柔安慰，心里又是怜惜又歉疚。她又不时地从枕头下拿出丈夫写的那封信。真想知道信中内容，可是她不敢拆，拆了也看不懂。她平时听到过丈夫讲话滔滔不绝，都是大道理。也看到过丈夫做文章，下笔千言，写了满满几张纸。在这封信里也一定是讲得头头是道，把错的也说成对的，使人口服心服。她又回想到日里，蒋介石为了经国，把她又骂又打，还将她从楼梯上推下来，手臂和足踝留下伤痕，肿痛不止。丈夫的狰狞面目和凶狠行为使她心悸。可是他临走时态度骤变，是新婚以后从未有过的和蔼和温柔，难道他真的回心转意，自认过错？还是害怕母亲责打，哄骗过关？他又要她送信到娘家，信里是向岳父母赔礼道歉，还是有其他用意。她左思右想，猜测不定，弄得神志恍惚、心烦意乱，两眼直瞪，盼望天明。

东方刚透露晨曦，她就起身梳妆。从镜子里看到头额上有青紫伤痕，就披下刘海遮住。她拿出结亲时从娘家带来的嫁时衣，藏在箱子里已十多年，纽扣上还纤着红绒，穿在身上竟像新的一样，装扮舒齐，去叫醒儿子，自己先到灶间去烧点心，让经国吃了去上学。

王采玉也比以前起得早，嘱告正在吃点心的孙子：

"你还是听你阿爸的话，住到县城去读书。他就是吃相难看，心里是为你好。"

蒋经国舍不得离家，可又惧怕父亲。现在祖母对他婉言吩咐，也就答应。吃罢早点，挟着书包就走。毛福梅要他带上添换衣袜，不放心地送他出丰镐房。他伫立在门口，两眼茫然地望着儿子远去的背影，不知为什么，心里涌起一阵离别的悲伤。

一顶青布小轿，由两名轿夫抬着，来到丰镐房前停下。那个熟悉的轿夫向正要回进屋去的毛福梅招呼，说是蒋先生昨天特地到街上，和他们约定：今天一早来接毛福梅坐轿去岩头娘家。

毛福梅没有想到丈夫抓得这么紧，又想得如此周到，连轿子都替她准备定当，看来是他因自己的粗鲁行为而表示歉意，而且特别宽赦放她回娘家探视。她不禁由忧虑转为欢欣，兴冲冲去禀告婆婆。

王采玉也感到意外，认为儿子真的悔过自新，便高兴地嘱咐媳妇："你去岩头，代我望望亲家。你对他们说，过去介石不懂道理，得罪长辈，我会要他亲自去赔礼！"又对毛福梅鼓励，"你好久没回娘家了，你阿姆一定想你。这次趁空就多住几天。反正经国住在县城，有啥事体我会调排。"

毛福梅急忙回房，拿了一套衣衫袄袜，还郑重地将丈夫写的信藏进怀里。向婆婆叩别后，坐轿离开丰镐房。

自从结婚到今天，已经有十多年，这还是第五次回娘家，每次到娘家前后，不是吵，就是闹。总是欢欢喜喜来，悲悲戚戚回，每次至少要半年不能过太平日子。自己日夜想念爹娘，可不敢去探望。爹娘天天惦记女儿，也怕她受委屈而不盼望她来。回娘家本来是出嫁女的喜事，而在毛福梅身上却成了罪孽。这一次，蒋介石却自动提出要她到岩头，还专门要她带一封信给娘家，婆婆肯定儿子是回心转意。她心里也这样巴望，坐在轿里，闭目，合掌，口念“阿弥陀佛”，祈求观音菩萨保佑，从此夫妻和和睦睦，合家团圆幸福。

毛福梅的娘家，看到难得回来的女儿，突然出现在门前，都感到意外，也十分高兴。全家急急忙忙赶到大门口来迎接。毛福梅见到亲人，又受到这么热情欢迎，从心里感到温暖。她先请年老的父母，坐在椅上，自己恭敬地跪下来叩头。父亲毛鼎和开怀大笑，母亲扶起女儿，唤一声女儿，禁不住泪水盈盈，但立即换上笑容。毛福梅又一一向兄嫂行礼。侄儿们也趴在地上向她叩头，她像对待自己儿女一般，亲热地搂在怀里。

全家坐定后，母亲一面端详女儿，一面问候。看福梅在回答时，笑容掩不住幽悒，声音有些沙涩。她的面貌虽经梳妆修饰，可是眼角和唇边，已露出明显皱纹，发鬓也过早长出白丝。当问到她丈夫时，她在众人前不得不装出和悦的神色，连连点头，又不得不解释。

“他长年出门，很少回家。”

毛鼎和对这个自命不凡又蛮横无理的女婿，印象很坏，毫无好感。后来又知道他纳妾进门，更是生气，一直代女儿感到委屈。今天听到福梅还在维护这个无情无义的丈夫，再也压抑不住：

“他出门去做什么？”

“孙中山要他去广东办事，是国家大事，非常重要！”毛福梅以此作为蒋介石很少回家的理由。

毛鼎和不屑地“哼”了一声，还想再问纳妾的事，毛母连忙用眼色阻止，用话岔开：“男子汉志在四方，就顾不得家里。”

毛福梅怕父亲又会责备蒋介石，连忙声明：

“不过，他也没有完全不顾家。昨天还回来看望我们。”又加一句，“今天又要我特地到岩头来问候两位老人家。”她瞒过夫妻一场殴打的事实，却以自己被派到娘家探视来博取父母的欢心。

慈善好心的毛母，一面高兴地接受女婿的问候，一面笑着埋怨女儿：“他难得回来，团聚，你作啥来不及来娘家？等他走后再来，也可以多住几天。”

“他，他来了就走。”毛福梅不得不说了。

“就走？”毛母慌急问，“是不是又……”以为夫妻又吵架。

“没有！没有！”毛福梅不敢把经过告诉父母，连忙摇手否认，“他说有事情，不得不走。”又为了安慰双亲，和使他们相信，就将自己半是希望半是猜测的丈夫的托付，提了出来，“他临走时，好像很过意不去。向我婆婆认错。又要我送一封信来，大概是——”她还不知道信里的内容。不敢说，也说不下去。

“写给我的？”毛鼎和坚持固执和自尊，“我不看！”

毛福梅从怀里取出信来，本来担心丈夫不是写给父亲，会使老人生气，没想到毛鼎和自己先回绝，就不再有顾虑，亲自送到二哥毛懋卿手里。

"二阿哥,你拿去看,看好了再告诉阿爸。"

毛懋卿虽然感到意外,可是知道姊夫和他最谈得来。蒋介石做了官,他也一直希望能得到提携,只是没有机会,父亲也不许。今天姊夫把重任交给自己,真是又惊又喜。他拆开信封抽出厚厚一叠信笺,怕家里人说笑干扰,就兴冲冲躲到里房去,细细阅读。

毛福梅在客堂里与娘家人闲谈。她母亲关切地不断询问,从她婆婆一直问到经国。多时没有看到外孙,真是想念得很。毛福梅一一回答,尽量挑好的讲,使长辈们高兴。可是她心里始终悬挂在丈夫的那封信上,希望弟弟尽快看好,讲给大家听后,可以安心。

她弟弟毛懋卿从头往下读信,读得头上冒汗,身上发冷,信里一句也没有悔改和赔罪的话,却毫无情面,而且杀气腾腾地公然提出要与毛福梅离婚。虽然讲得头头是道,可是每一段,每一句都像一道道命令,向毛家宣判死刑。他越读心里越急,读完后,怨恨地将信笺扔在地上,心里恼恨这个无理的姊夫:这么重大的事,理该让姊姊自己知道,也应该直接通知父母,怎么可以写信给他,要他向父母、姊姊转告这可怕的噩耗!他岂不成了蒋介石的代言人。别人包括家里的亲人,都要以为郎舅之间有什么勾结,串通起来害自己的姊姊!

毛鼎和在外面等得不耐烦,心里也急于要知道这讨厌的女婿如何向丈人求情、赔罪,自己可以恢复失去的尊严,在岩头村族里也有面子。他连声催促懋卿,其他的人也等待懋卿出来宣读这封重要的信。

毛懋卿不想出来,也不敢出来。可是父亲在客堂里催急,又不得不出来。他咬一咬牙,下狠心走到客堂,在客堂门口又蓦地停步,举起手里的信,语无伦次地嗫嚅了半天:

"他……信上……要,……要……"

毛鼎和对儿子的无能实在生气,开口责问:"要啥?"

毛福梅看到弟弟尴尬的神色和吞吞吐吐的谈话,心里猛烈怦跳,知道丈夫一定提出不合情理的要求,可是她万万没有想到……

"他要——"毛懋卿自己难以出口,就宣读蒋介石信里最主要的一段话,"要与毛福梅永生断绝夫妻关系!"怕引起误会,连忙追加一句,"这是他信里写的!"

这短短一句话,犹如突如其来的晴天霹雳,将毛家所有的人都震得目瞪口呆。柔软脆弱的毛福梅,平时受尽凌辱欺侮,再也经不起雷霹似的猛烈轰击,一阵撕裂的心痛,昏厥过去。

全家慌乱,毛鼎和暴跳如雷,气愤地打儿子一个耳光,厉声命令:"快去把那混账媒人叫来!"

毛懋卿代姊夫受屈,不敢违抗,就捧了脸,逃逸似的奔出去,到榆林村去找陈春泉。陈春泉听了也发呆,他早就知道蒋介石夫妻不和,可是忽冷忽热也凑合了十多年,还养了个儿子。没想到时至今日,竟会提出离婚!他身为媒人,理当有责任。平时上街,遇到毛鼎和,老人在他面前发些牢骚,但情面有关并没有责怪。今天再也不能逃避,也不敢去见毛鼎和,就坐了便轿,亲自到溪口去找表姊王采玉。

王采玉自从媳妇去娘家后,倒是非常安心。因为这次是儿子自己要福梅到岩头去探亲,而且他从未有过的和蔼神态对待妻子,请她去送信。信里十有九是他回心转意,向岳父母赔礼。媳妇心里不很安定,她还劝慰和鼓励,临走还希望媳妇趁机在娘家多住几天。果然,直到傍晚,还不见福梅回溪口,想必她和家人团聚,共享天伦之乐。她越想越高兴,特地在报本堂蒋氏祖宗的灵龛前,上香祈求:但愿丰镐房从此太太平平,家和万事兴。

她刚祈求完毕，大门外有人叫喊。前来陪伴的女儿瑞莲，应声去开门。接着脚步杂乱的跟进来她多时未见的表兄陈春泉。一见到王采玉，就满面怨愤地埋怨：

"采玉，你儿子又闯祸了！"

王采玉一时发愣，以为蒋介石又遭到歹徒袭击或官府通缉。这是她那时运不济的儿子几十年来不断发生的常事，所以也并不过于紧张，只担心地询问："又出啥事体？"

陈春泉一顿足："他要福梅去岩头，给她家里送一封信。你知道信里写点啥？是一封退婚书！他要和福梅离婚！"

王采玉像被无情的铁锤迎头一击，惊忧得倒退一步，两眼盯视着陈春泉，喉咙被气塞得说不出话来，浑身瑟瑟发抖。

陈春泉又发牢骚又是责备："鼎和太公要和我这个媒人评理！唉，我做了这个倒霉媒人，一年到头吃'霉浆'！阿妹，你儿子不讲道理，你也真是糊涂，把好好的一个贤惠媳妇退掉！这可要被万众人骂煞的啊！"

王采玉仿佛从恶梦中惊醒过来，神色庄重地挺身兀立，向陈春泉毅然点点头，说一句："你陪我到岩头去！"就迈动小脚自顾朝门口走去。

别人先被她突发的举动所怔住，随即追赶上去阻止。陈春泉更是发急："天快黑了，路又远，你不能去！"女儿瑞莲也竭力劝阻。

王采玉稍一迟疑，还是急遽地往外冲。陈春泉又死死拦住："过一夜再说！我明天陪你一起去！"

王采玉停住不走了。她站在外墙大门口，眼见天色渐渐昏暗。街上一片肃静，雇不到轿子，看不见行人。她茫然地呆立一会，突然从心坎里冒出一阵悲愤，连哭带说地朝天呼喊：

"过一夜！过一夜，我可怜的媳妇，这一夜怎么过啊！"老人跌足悲叹，仰首长嚎！

这一夜，乌云如墨，星月无光。溪口和岩头，咫尺天涯，两地阻隔，阻不住平时影形相随的王采玉与毛福梅之间的魂绕梦牵，隔不开婆媳俩二十多年风雨同舟的隆情厚谊。被丈夫退婚回岩头的毛福梅，蜗宿在笼罩着悲怆凄婉气氛的娘家，睡在她过去做女儿时的小梁床上，满腹怨屈，泪水洗面。既愤恨丈夫的无情，又悲叹自己苦命。她想起结亲后一件件伤心事，二十多年来自己对暴虐无情的丈夫，百依百顺，受苦忍辱。一年四季像寡妇似的独守空房，孝心侍奉婆婆，悉心抚育儿子，亲邻都称赞她是少有的贤妻良母，是溪口望族蒋家门中的贤惠媳妇。她在十多年凄风苦雨中，事事谦让，处处隐忍，始终过着委曲求全的愁苦岁月。她期待丈夫回心转意，将希望寄托于儿子身上。如今希望落空，期待到的却是将她退婚，离开儿子，被赶出丰镐房！

今夜的丰镐房，失去了以往与婆婆寸步不离的毛福梅，顿时变得冷落寂寥。王采玉躺在住了几十年的老房里，黑暗中一盏如豆的灯火，更令她感到无限孤独和凄清。一桩桩令人心酸的往事，轻烟似的在眼前飘过。儿子从小顽劣强横，为了驯服他，费尽心血和受尽磨难委屈。又为了使儿子收敛野心，就尽早为他成亲。毛福梅真是百里挑一、十分难得的贤惠媳妇。不料桀骜恣肆的儿子在壁陷困境中，对世事的不满和怨恨都发泄在妻子身上，将亲人当作冤家仇人。谁都以为是美满婚姻，却被蒋介石蹂躏成心碎的孽缘。毛福梅没有任何过错，却受尽惊吓、折磨、欺侮和虐待。多亏婆婆安慰她、呵护她、支持她、鼓励她，又有她独养儿子经国成为她唯一的希望和在婆家生活下去的支柱，才使她能含冤忍屈地走完人生道路。不料强横的介石竟得寸进尺、变本加厉地要夺走媳妇心肝宝贝的儿子，还冷酷无情地强迫退婚。如今，毛福梅被退回娘家，一定痛苦万分，悲观绝望。此时此刻，她浸淹在波涛汹涌的苦海里，最需要的不是站在海岸边上旁观者的怜惜、同情、埋怨和咒骂，而是曾与她共生死同命运的亲人伸手援救和道义上的呼吁。眼前唯一支持她、最理解她的痛苦，也最有力量帮助她的只有她的婆婆！王采玉昂头眺望窗外夜空，悲切地连声唤呼："福梅，福梅，我的好媳妇，我明天就来看你！"

在深夜里呻吟和挣扎的毛福梅，似乎听到了从遥远空中传来婆婆的呼唤，使她在昏沉中立刻想到和自己相依为命的王采玉。自己的亲娘与她相处十九个欢乐的春天，而与婆婆共度了二十个悲苦的秋日。在这漫长而黯淡的岁月中，多少次丈夫对她的折磨和肆虐，都在婆婆的抵挡下躲避；无数次遭到委屈和焦忧，全靠老人真挚亲热的爱抚，才得到安慰和宁息。这一次，她心爱的媳妇竟遭无辜退婚，知道以后一定会满腹怨愤。衰老荏弱的老人怕会受不住突来的打击，万一病倒，岂不是无人侍奉？可是自己已被退到娘家，再也不能去丰镐房，向敬爱的婆婆尽孝心。此时此刻，她在痛苦的深渊里，最挂念的是离开她的儿子和不能再见面的婆婆。明天，她一定要父母带信给婆婆，请她宽恕自己不辞而别，原谅媳妇不能再侍奉孝顺，恳求老人代媳妇照管孙子经国，大恩大德，来世图报。

第二天一早。王采玉吩咐女儿将孙子经国从县城接回溪口，随即雇了两顶轿子，和表兄陈春泉一起赶到岩头去，轿夫在陈春泉的叮嘱下，快步行走。可是王采玉还是嫌慢，不断催促，轿夫们只得气不喘、脚不停地急步飞跑。比平时提早一个时辰到岩头，轿子停在文元閶门外，陈春泉见毛家大门紧闭，寂静无声，感到诧异，只得上去叩门。

毛鼎和早就起身，像一尊韦陀菩萨，端肃地朝南坐在客堂里。他一脸阴沉，满腹怫恨。毛家是岩头一带的望族，在奉化小有名声。他既是德高望重的族长，又是世代经商的富绅。平时热心公益，乐善好施，受到四乡八村尊敬。他位高权重，恪信礼法，治家有道，教子有方。没想到心肝女儿却偏偏嫁一个薄情郎。既强横，又无赖，非但女儿受尽委屈，还蛮不讲理地与岳父家断绝来往。按照他的威严和脾气，几次要到丰镐房去把蒋介石狠狠打骂一顿。可是既要顾虑"家丑不可外扬"，又怕女儿受更大委屈就忍声吞气，竭力压制怒火，百般忍让，不料这一次，强盗女婿竟然提出退婚！这不仅仅逼女儿退到绝路，也是使岩头毛家遭到不堪忍受的耻辱。更为气恼的是媒人陈春泉，得到风声居然害怕逃逸！毛鼎和为了对付这严重而难堪的打击，先不许家里人出门也不准外人过来，以防家丑泄露，他又苦思冥想着：如何可以既不让好女儿再受委屈，又能挽回毛家名声，还惩罚万恶女婿的万全对策。

门外的陈春泉敲不开门，只得代王采玉传报：

"溪口丰镐房亲家母来了！"

听到是王采玉亲自来到，全家惊呆，毛鼎和一时拿不定主意，他的妻子却惶急地催促开门。毛懋卿等小辈全看着父亲的脸色，不敢动手。毛福梅从里房急遽赶出来，想迎接怀念了一夜的婆婆。可是又不敢做主，外面又响起叩门声。这次是王采玉温和而又谦卑的唤呼："我来拜望亲家。"毛鼎和突然站起，要女儿福梅回里房去，不许她与蒋家的人见面，同时要儿子懋卿拿来那张退婚书。然后开门，让亲家进来。

王采玉未踏进毛家大门门槛，心里就感到羞愧和惶恐，这是她第一次上亲家门，不是欢欢喜喜两亲家见面，而是心虚神怯地前来认错赔礼。她平时庄重持强，今天却变得低卑赧颜。怪只怪自己儿子顽劣不肖，又为了舍不得贤惠媳妇和维护可怜的孙子，即使蒙受天大耻辱和委屈，也心甘情愿。她低着头跟随陈春泉进入客堂，听到亲家母出来相迎，两个老妇人，为了儿女的婚事，增添不少白发和皱纹，可今天是初次见面，即使在这尴尬的场合，也不得不在悲戚的眉目下挂上勉强的笑容。当王采玉谒见毛鼎和口称“亲家公”时，他居然负气凌人地坐在太师椅上，正眼也不对客人看一眼，只冷冷地说一句：

“你们已经把我女儿退婚，还叫啥亲家不亲家！”

王采玉立即说明：“这是我不肖儿子造的孽，我一点不知道，多亏春泉阿哥告诉我，今天特地来向亲家赔罪，接福梅回去！”

毛母听到王采玉要接女儿回婆家，真是求之不得，就急忙走到里房门口，高兴地朝里呼唤：

“福梅，你婆婆来接你了。”

毛福梅身在里房，一颗心始终悬挂着，暗暗倾听客堂里的动静。她惊喜婆婆的突然来临，也多么盼望能见老人家一面。她正为父亲严厉的责备而不安，蓦地听到母亲呼叫，就不顾一切，跌跌撞撞，赶到客堂，见到王采玉凄惨而又亲热地喊一声：“婆婆！”跪倒在地，抱住婆婆的两腿，放声恸哭起来。

王采玉激动得老泪直流，她抖栗的手慰抚毛福梅蓬松的头发，悲声劝告：

“我的好媳妇！你又受委屈了！我今天来接你回去！……”

还没等亲家说完，毛鼎和将手在椅上重重一拍，将退书一扬，怒声阻止：“你儿子忘恩负义，亲笔写了休书，断绝夫妻之情，我女儿还有脸进你蒋家之门？”

王采玉扶起媳妇，真挚而恳切地向毛鼎和求情：

“亲家公，千错万错，是我儿子错！也是我做娘的错，没有教训好儿子。他没良心，我做婆婆的不能不懂道理，他无缘无故退婚，我今天亲自上门，接媳妇回去！”

“你儿子作恶多端、闯祸、害人，你做娘的来做好人？”毛鼎和扭过脸，不理王采玉，“我女儿不是一条狗！主人高兴，喂它肉吃；一不喜欢，就一脚踢出门！”

王采玉受到亲家训斥，但知道自己理亏，只有继续认错，也表白自己对媳妇的爱护：“天地良心，福梅是天下难得的好媳妇，我一直把她当作自己女儿一样，我那不孝儿子每次欺侮她，都像割我肉一样心痛！”

毛鼎和从王采玉嘴里听到自己女儿受蒋介石欺侮，可见毛福梅平时在婆家真是受尽虐待，就更为恼火，对亲家厉声责诘：

“你儿子不是人，是一只恶狼！把我女儿咬得浑身是伤！你今天要福梅回丰镐房，他恶习不改，还是要打她骂她，再把她赶出门！我做父母的怎么忍心！还有没有面孔见人！”回头对女儿，正色询问，“你丈夫把你退掉，难道你还厚着脸皮回去，再讨他骂，遭他打？被他像狗一样赶出来？我娘家也不会再收留你了！”

毛福梅先以为婆婆到来，是和过去一般，对受委屈的媳妇婉言劝慰，没想到会是将被退婚的媳妇重新接回去。她是又悲又喜，又感动，对这位二十多年影形不离、相依为命的婆婆真是感恩不尽。在身旁的母亲也含泪而笑，为女儿感到高兴。可是威严的父亲却异常固执，不肯让女儿去婆家，也是怕她再吃苦，和受欺侮，虽然满口气话，也是出于对亲生女儿的爱怜。她也想到婆婆虽然接她回去，丈夫仍不肯罢休，说不定还会遭到更大的灾祸。当父亲再一次拒绝婆婆恳求，还语重心长地告诫自己时，她真是觉得左右为难，无所适从，不知该如何是好。一阵伤心，忍不住低头啜泣。

王采玉知道，自己是不是能接回媳妇，还在于毛福梅本人。她走近去，握着媳妇伤痕斑斑的双手，比往日更温婉、更亲热地望着媳妇泪痕滢然的脸庞，哀婉沉痛地苦苦诉说：

“福梅，你在娘家是珍珠宝，嫁到我蒋家变成一棵草。不要说你的爹娘心痛，我婆婆也于心不忍。常言道‘十年媳妇十年婆’，我是过来人，做媳妇时也吃过不少苦，决不会自己当了婆婆，再要我的媳妇吃苦！何况你福梅贤德贤惠，有教养，懂道理，在溪口也是人人夸口的好媳妇！你对长辈孝顺敬重，我也把你当作亲生一样看待……”

“是呀！”毛福梅哽咽着回答，“你婆婆待我再好没有。”

“福梅啊，你嫁过来后，蒋家一切事体，上上下下，里里外外都由你来担当。你还为蒋氏门中养了个独根独苗的经国，使蒋家祖宗有了后代。你阿公已经故世，丈夫又长年在外，你上侍奉老，下抚养小，你真是丰镐房的脊梁骨！一天也少不得你！我那该死儿子嫌卑你，我可稀奇你！经国也离不开你！福梅，福梅！你就看在蒋家祖宗份上，看在我这一把老骨头面上，还有你儿子在屋里等你，你就跟我回去，回去吧！”

毛福梅满含泪水地聆听着。婆婆每一句意真情切的话，使她从心底涌起悲痛的情绪。她这位尊敬的婆婆，平时庇护她、偏爱她、怜恤她、帮助她，今天又出自肺腑地来央求她，也是把她从绝路上接回去。难道自己还不感动，不答应老人苦苦要求？再能忍心拒绝她，使她失望？她正要开口同意，瞥见父亲严厉的神色和警告的目光，也想到回去后蒋介石凶恶的脸色和狠毒的打骂，甚至会虐待经国，便禁不住一阵悚栗，全身像寒噤似的抖动着。

王采玉从媳妇悸惶不安的神色里，看出她迟疑地不敢回去，也不愿回去。老人绝望得顿足长叹，神色忧愤，悲怆地对媳妇哭诉：

“你不回婆家，我也不再回丰镐房！我接不回你好媳妇，也无颜见蒋家祖宗。我只有，只有跳河自尽见阎王！”说罢，迈动小脚，踉踉跄跄朝门外冲去！

王采玉这个动人心魄的举动，使所有的人惊愕。陈春泉连忙上前拦住，毛鼎和夫妇也慌急叫唤。王采玉犹如下了决心，用力挣脱陈春泉的手。

这时的毛福梅，惊骇而又震动，又像被钉住一样，迈不开步。她突然惨叫一声：“婆婆！”全身软瘫，跪倒在地。用双膝跪至王采玉身前，两手紧紧合抱住老人双腿，撼动人心地回答：

“婆婆，我……我跟你回去！”

婆媳俩伤心地抱头恸哭。全家陪着落泪，连固执持强的毛鼎和也禁不住暗暗哽泣。

四六　王采玉的遗嘱

蒋介石在那天把退婚书交给毛福梅后，离家去街上，雇了轿子，要轿夫明天一早到丰镐房接福梅回娘家。随即他又特地去邻近的毛太昌盐酒店，找老板毛颖甫。毛颖甫与蒋介石父亲蒋肇聪既是同学又是同行，两家店铺同业相助，也有银钱往来。蒋肇聪是溪口镇上出名的“埠头黄鳝”，常常给镇里的乡民调解讼事纠纷。毛颖甫曾进宁波政法学堂读书，懂得法律。蒋肇聪为了办案子，也总要向毛颖甫请教。蒋肇聪死后，那位毛太昌盐酒店老板，不忘旧交，对蒋家的寡母孤儿常以送礼为名，暗中接济。蒋介石去日本求学，他还亲自送钱到丰镐房去资助。丰镐房始终记得毛颖甫的恩情。蒋介石对这位父辈也很尊敬，这次见到毛颖甫，一来拜访谢恩，二来有事相托。他不说自己退婚的事，只称此次回家夫妻失和，毛福梅负气回岩头。可能她娘家会来争吵，恳求毛颖甫多多关心，有任何动静，立即告知。

蒋介石安排定当，就到宁波去会见姚冶诚。姚冶诚有陈志坚相伴，抚育蒋纬国。白天送纬国上学后，她在这里找不到“麻将搭子”，只得独自一人在屋里用牌九牌“通五关”。她想到蒋介石将来必有出息，说不定会当上大官。蒋介石过去在人前嫌鄙毛福梅时，总说她年纪大，不好看，又无文化，上不了台面，不配做官太太。她自己所以得宠，因为年轻好看，有手腕，会交际。然而几年一过，人老珠黄，长年关在屋里，不见世面，还不是和毛福梅一样？毛福梅是原配，明媒正娶，有婆婆庇护，还养了个儿子。蒋介石虽然厌弃，也奈何不得。而自己出身低贱，又是姘居，人人蔑视；在蒋介石心里也只是个可以满足情欲的玩物而已。同居以后，蒋介石曾几次因她赌博而毒骂，甚至离家出走。实在是不吉祥的预兆。此后，他推说要来往广东，自己单独在上海活动，把她留在宁波，又不常来看望，岂不是和毛福梅一样，有意对她冷落？她内心苦闷，忧虑，又不能对人诉说。还要做出怡然自得的样子，终日与纬国作伴，想在这养子身上得到安慰，和自身的保障。

蒋介石今天突然光临，她喜出望外，特别亲昵和热情，然而蒋介石除了和纬国亲热地一起玩乐外对姚冶诚只敷衍几句，谈些家常。已经没有过去相会时热诚，尤其见到陈志坚，神色尴尬。当陈志坚问起他有否回溪口，他吞吞吐吐，支吾其辞。不敢在毛福梅的结拜姊妹面前透露退婚的事。他本想在退掉毛福梅后，又要遗弃姚冶诚，才能和陈洁如匹配良缘。毛福梅因争夺经国而与丈夫打骂，成为退婚的理由，在姚冶诚身上却还找不到任何借口。何况毛福梅去岩头后，还没有确实音讯，如果他的愿望实现，就再来对付姚冶诚。所以，他在宁波心不在焉、敷敷衍衍地过了一夜。第二天，假称有事，回到奉化县城，住在原先与毛颖昌约定的陈杏佳家，等候回音。

到了晚上，他独自一人，在卧室里来去踱走，玄思遥想。这房间是二十年前他带毛福梅到县城读书时，向陈家租住过，景物依旧，人事全非。当年，他进凤麓学堂，毛福梅与陈志坚一起在作新女校求学。新婚夫妇，融融洽洽，在这里享受过难忘的闺房之乐。如今旧地重来，夫妻竟成了冤家，还强迫她离婚，虽然是自己平时厌恶这个愚昧老婆，而追求陈洁如是主要原因。他想起毛福梅二十多年来，不论他如何欺凌、折磨她，总是忍气吞声，百依百顺。这次退婚逼她走上绝路，一定要使她痛苦万分。他心里不竟有些怜悯，更为自己既退婚，又对她打骂，还与母亲争辩等粗莽举动而感到有些悔疚。他就在灯下写日记，记下自己的心情，但不愿提毛福梅的名字，只写着："以后对母亲及家庭问题，总须不出恶声，无论对内对外，愤愤无似之际，不伸手殴人，誓守之终身，以赎昨日弥孽也。"他在只给自己看的日记里，默默地向毛福梅表示歉意，还暗自许诺，退婚成功后，想办法送礼道谢。

第二天正午，溪口的毛颖甫知道王采玉已经将媳妇毛福梅接回丰镐房，以为家庭的争吵已言归于好，就高兴地派人送信到县城去。蒋介石接信又气得双脚乱跳，昨夜仅有的一些悔疚之意，立即变成满腔怒火，恨不能马上赶到溪口去，大闹一场。可是他不敢公然去和母亲对抗，只得竭力压制自己，恼恨地在日记上发泄内心的怨愤，文字语气与昨日的缱绻歉意完全相反，恢复他恣意激愤的本性，连笔迹也变得粗犷："……见颖甫来讯，知毛氏又回我家，心甚愤之。母亲老悖一至于此，不仅害我一生痛苦，而且阻我一生事业，徒以爱子之心，终欲破镜重圆，适足激我决绝而已。"他耐着性子，在县城蜗居，探听消息，思考对策。自知只有先将福梅退婚，然后扔掉姚冶诚，才能与陈洁如结合。

两天之后，他衣冠整齐，佯装无事地回溪口。他在街上一出现，就有人向丰镐房报讯。毛福梅吓得面无人色；蒋经国也籁籁发抖，王采玉要她们暂且回避到楼上房里去，自己在报本堂点燃香烛，抖擞地端坐在她那张靠背木椅上。

蒋介石知道退婚最大的阻挡就是自己的母亲，而天不怕、地不怕的他，唯一畏惧的也就是母亲。可是他又自命为孝子，决不能有任何忤逆的行动。就打定主意，先耐心劝服和好言恳求，万一不能如愿，即使是母亲，也只有翻脸无情，任何人不能阻挡他与陈洁如的姻缘。

他踏进丰镐房大门，镇静地迈步走向报本堂，远远瞥见坐在堂前神色凛然的母亲，就比平时更为恭敬地上前，跪下叩头。

"阿姆，不孝儿子上次匆匆告别，今天特来赔罪。"

"用不着向我赔罪！"王采玉对蒋介石像他小时候每次闯祸回来那样，沉着脸教训，"你应该对你丈人、丈母赔罪，对福梅赔罪！"

蒋介石一听母亲口气，知道退婚成为自己无可宽恕的罪责，非但要他收回成命，还要向毛家以及福梅赔罪。事先的谋算遭到失败，与陈洁如的姻缘也因此要断送。可是专横恣意的他决不肯就此罢休。对严厉的母亲不能公然反抗，只有做出委屈的样子，苦苦央求。

"阿姆啊，不是我儿子不讲道理，不懂礼法，实在是我和福梅没有缘分，不能配婚。如果这样糊里糊涂拖下去，非但终身受苦，也不会有好结果！"

"受苦？你受啥苦？"王采玉愤然责骂，"倒是福梅嫁过来后，足足吃了二十年苦！你长年不回家，害得她独守空房，可她还是把丰镐房管得像模像样，又替你养了个儿子。你偏偏还不知足，娶了个小老婆，又另外领了个儿子，你这明明是厌弃她、欺侮她！这还不算，现在还得寸进尺把她退婚！你到底有没有人性！良心被狗吃了？"老人为了儿子变得无情无义而生气，指鼻怒骂，"你小时候对我孝顺，听我话。长大后出门几年，当了官，却越变越坏，变得忘恩负义！"

蒋介石非但没有能说服母亲，反被斥责。他生平最不愿被人骂为"忘恩负义"，尤其是出自自己母亲之口，更令他难堪和羞愤。他知道这事已经无法挽回，就顾不得孝子的名声，再也不肯退让，就一反过去对母亲恭顺的神态，将脸皮冷冷地往下一沉，斩钉截铁地提出抗议：

“我已经把她退回娘家，你阿姆就不该再把她接回来！我是革命党，又是军队里的‘大将’，大丈夫一言既出，驷马难追。我一定要把她赶出去。丰镐房里有我没她，有她没我！”

王采玉霍地从椅子里站起，直挺挺地昂立在报本堂中央。她全身抖颤，神色庄严，目光如火，厉声回绝：

“你竟对我娘说出这种断情绝义的话来！我也告诉你，只要我活一天，我也要我的贤惠媳妇留在我身边，不许你这个不孝不义的孽子进丰镐房大门！”伸手朝外一摆，“你给我滚出去！”

蒋介石怎么也没有想到，平时对儿子寄予极大希望和爱心的母亲，今天为了呵护媳妇，竟会如此严酷和狠心。她为了媳妇，宁可舍弃儿子，还坚决果断地将他驱逐出门。他从小到大，虽然受到过母亲无数次责骂和怒打，也有很多次强逼他出门读书和离家逃难，可是在打骂中蕴藏着一颗爱惜的慈母之心，每次在目送儿子远行时，双眼里总是暗噙着伤心的泪珠。可是今天不再是忍痛的送别，而是狠心的驱逐；不是出于无奈的打骂，而是深恶痛绝的咒诅和决裂。他一贯自以为是的自信心顿时动摇，从不认输的骄气也消失殆尽，他在庄严冷峻的母亲面前，不敢再反抗。但是他也不肯认错，不甘屈服。如果让步将会破坏他与陈洁如的姻缘，也会断送自己无可限量的前程。他不愿在丰镐房多逗留片刻，怕在母亲的压力下又会继续痛苦的婚姻生活。他更不愿再见到毛福梅，怕被自己退婚的妻子又和自己同房。他表示气愤和懊丧，也表示责怪母亲，狠狠地顿了顿足，转身负气奔出丰镐房！还发泄怨愤地用力将大门“砰”地关上。

来家的时候，蓝天白云，阳光辉朗；离家时，乌云滚滚，天愁地惨。蒋介石的情绪也由来时的雄壮变成失败的黯伤。他的脚步越走越慢，心情越来越沉重，自己往何处去？以后的事又怎么办？他不想去宁波，既无法把毛福梅退掉，就不能与姚冶诚断绝。他也不能回上海，既不能把障碍除去，就不可能和陈洁如结合。像过去他几次出征，都失败而归。而这次在个人私生活上也惨遭失败。失败！失败！这两个字使他意志消沉，悲观绝望。他更想到自己枉为“大将”，胸怀壮志，可是在辛亥革命后，原以为青云直上，却不料屡遭厄运，郁郁不得志。孙中山先生召他去广州原以为可大展鸿图，偏偏陈炯明百般阻挠，还受到中山先生批评，至今流落沪滨，当剧场伙计，交易的小职员。在婚姻生活上，空有理想追求美满，然总不能如愿。事到今天，非但未成良缘，竟然落得无家可归了。他思前想后，对往事已觉悔恨莫及，对未来深感前途渺茫，不由得万念俱灰，身心交瘁。以前，他每逢家事婚姻而烦恼时，总写在日记上：“家事如沸，思之悒闷，非出家远遯不克负尘俗之累。”好几次要与福梅脱离，而未成，满腹怨恨曾写下：“环境难打破，只有出俗为僧而已。”但是，只有写在纸上，发发牢骚而已。今天被母亲驱逐出门，势难挽回，已往他自己逼上绝路，也只有出俗为僧，皈依佛教。从此了却尘缘，六根清净，再也没有烦恼和痛苦了！

一刹那间，他下了决心，抬头仰望雪窦山上的寺院，加快脚步，往前直奔。

走不多远，阵风吹过，阴霾天空中洒下雨点，由稀而密，织成一张密匝的水网。蒋介石身上被淋得透湿，无法再上雪窦山，抬头回望，只见武山脚下，有一个武岭庵，坐落在杂草丛中，为了躲雨，蒋介石顾不得寺院庵堂，反正都可以出家当和尚，就抱了头，狼狈地直蹿进去。

武岭庵因地处荒僻，异常冷清，平时很少有人来进香，加上年久失修，整个庵宇破败不堪，庵里供的神像也蒙上厚厚一层污尘，面目不清。庵里长久无人看管，在阴雨中显得更是凄凉。

蒋介石脱下湿衣，双手抱胸，抵挡寒气，等到雨停，天色昏黑，更不能上路。只得栖宿在这破庵里。他从屋角找来几束枯疡的稻草，可能是乞丐们在此过夜留下的，他就垫在屁股下，背靠着吹不到风的墙角落，先是腹中饥饿，加上寒冷，无法合眼，备受无家可归的苦楚。他自小没有受到过饥寒交迫的艰苦，不由得想起家庭的温馨和欢乐，到了深更半夜，他困倦已极，正昏昏欲睡，又不知从哪里出来的跳蚤，在他全身爬动，既吮吸他的鲜血，又留下奇痒难熬的肿块，惹得他心烦意恼，一夜未曾合眼。等到天亮，他再也没勇气上雪窦山去当和尚，怀着满腹怨恨和愁怅，披着尚未干燥的衣裳，像思凡还俗的和尚，偷偷地离开武岭庵，径直回上海。

上海没有家，蒋介石就住在恒泰号经纪人营业所里。当时张静江因交易所生意兴隆，就将正在筹备中的利源号提前开张。张静江和戴季陶各一股，蒋介石由张静江垫款，竟占三股，经纪人虽然由吴梅岭出面，蒋介石因在股权中轮到第三位，就成为营业所的主管。他从恒泰搬到利源来住，营业所的一个小间当卧室，一天三餐，吃"包饭作"送来的饭菜。可是饭冷菜淡，不合"宁波咸骆驼"的胃口，他宁愿到状元楼去吃咸菜大汤黄鱼，空闲的时候就约了戴季陶一起到张静江家去做客。好在他事先没宣布回乡退婚的计划，事后也不必对任何人提起失败的经过。别人问起，只说是回家探望母亲。可是心里始终因退婚不成而烦恼，更为无法向陈洁如交代而愁闷。戴季陶识破他的心事，暗中规劝。张静江夫妇问他为何不到陈家去时，他总是双眉紧蹙，摇头叹息。

在奉化溪口丰镐房，王采玉一场吵闹，赶走不孝儿子后，再也忍不住悲痛，放声恸哭。毛福梅听到哭声，拉着经国，急急赶到报本堂，只见婆婆泪流满面，呜咽不已。原来刚毅坚强的老人，像受到沉重的无情打击，刹那间变得憔悴和羸弱。媳妇知道是为了她才引起这场母子争吵的祸祟，便万分歉疚地跪了下来向婆婆认错："都怪我不好，害婆婆生气。"婆婆却因自己未能使儿子回心转意，而愧对媳妇，双手颤抖地扶起福梅，反过来向她赔礼："是我做婆婆的对不住你，害得你受苦。"婆媳俩互诉苦情，泪眼相对，忍不住抱头痛哭，在一旁的经国也扑上来，哭成一团。

自从这一天起，王采玉躺在床上，一病不起。一天天消瘦下去，精神也一天比一天萎靡，终日气喘，咳嗽不止。毛福梅请医求佛，侍奉汤药。婆婆见她日夜辛劳，事必躬亲，很是不安，便叫来女儿瑞莲作伴，还叮嘱她们不要让外人知道，免得把退婚和母子争吵的家丑传扬出去，遭受亲友乡邻嘲笑。更不许她们去通知蒋介石，她表示死也不想再见到这个忘恩负义的忤逆不孝。可是毛福梅眼见老人的病越来越重，害怕万一有不测，自己担当不起责任，就和瑞莲商量后，分别通知玉泰盐铺的介卿、婆婆的娘家，以及与蒋家最亲近的毛琴凤舅舅。

蒋介卿一叫就到，其实他已知道退婚的事，却佯装不知，他既要顾全王采玉的面子，又不敢得罪这个同父异母的弟弟。过去他们之间为了财产有过争吵，后来，蒋介石得势，蒋母不计前嫌，还予以抬举。如今革命党势力虽然消沉，可世事难料，说不定蒋介石还会有出头之日，对病重的后母更是不该怠慢，就以长子的身份，派人到上海去报信，顺便路过宁波，通知姚冶诚。

姚冶诚一直以为丈夫还在溪口，听到婆婆病重，连忙带了正在读书的纬国，赶往丰镐房。见到病卧在床的婆婆，顿时双眼涌泪、亲热唤呼，代替瑞莲和福梅，比她们更是周到体贴地服侍婆婆。同时要纬国和经国一起，围在床前，不许离开一步。她没见到丈夫，看到福梅她们的神色，心里猜到几分，可也不敢问。等孙琴凤舅舅到达，向瑞莲悄悄地探询时，她侧着耳朵偷听到，原来婆婆的发病是因为蒋介石将福梅退婚。她不由得大吃一惊，暗暗思忖：丈夫为何要退掉福梅？决不会是为了她姚冶诚，可是婆婆和福梅一定会怀疑到她身上，以为她在从中挑拨，离间与原配的感情，再说，丈夫这突然的举动，事先一点没有在她面前露过风，也一定有不能让她知道的秘密。这使她不得不怀疑猜忌，内心更是忐忑不安。现在在众人面前，她只有佯装不知，也不露出心事和异样的神色，仍像过去一样，一心一意侍奉婆婆，让人看到自己是个毫无私心、与此事并无关系，完全是忠诚尊老的好媳妇。

在上海的蒋介石知道母亲病重，猛烈受到沉重的打击，仿佛遇到了巨大灾难。他心里明白，原来身体衰老的母亲，这一次一定是为了他生气才暴发成重病，万一有不测，自己就成为被世人唾骂的不孝罪人。他再也不管营业所多少忙碌，自己可以赚多少钱，就撇开一切，当天坐船去宁波。第二天早晨，船抵江北岸码头，一时雇不到轿子，就撒开曾经练过铁砂腿的两脚，飞奔溪口丰镐房。

就在这天早晨，王采玉病势突然转重。只见她瘫卧在床，昏迷不醒，在两个媳妇焦灼地轻声唤呼后，才像从恶梦中渐渐苏醒过来，微睁双目，泪水淋漓，嘴唇颤抖，想说话，又说不出来。毛琴凤娘舅俯身询问："采玉姊，你有啥话要说?"王采玉微微叹息。毛福梅伤心得眼泪直涌，呜咽出声。姚冶诚怕被病人听到，请她避开，自己上前安慰婆婆："我们已经派人去叫介石了。"

王采玉一听，闭着眼，把头直摇，仿佛她不愿意见到这个不孝儿子。孙琴凤连忙对姚冶诚摆手阻止。

正在这时候，蒋介石赶到。他满头大汗，手脚慌乱，一路唤叫："阿姆！阿姆!"进入母亲房间。人们让开一条路，他扑到床前，跪倒在地，悔恨交加，泪水汪汪，悲痛地哭声叫道：

"不孝儿子来了！都是我不好！求阿姆饶赦我!"

王采玉刚才还摇头不想见到儿子，顷刻间听到自称不孝的蒋介石居然归来，感到意外，而且万分激动。几十年相依为命的母子终于能见到最后一面，自己一生劳劳碌碌、忧忧愁愁，全是为了这个不争气的儿子。骂也是爱，打也出于爱，打在儿身，痛在娘心。一心巴望他出人头地，荣宗耀祖，平平安安，全家欢乐。谁想到他事业不利，夫妻失和，害得做母亲的日夜挂念，天天分忧，到了风烛残年，竟又闹出退婚的家丑来，使丰镐房声名狼藉，曾受孙中山总理褒扬为"母仪天下"的自己也无颜见人。正在绝望而遗憾地离开人世之际，不孝儿子又和过去一样，在闯祸后悔过地跪请饶恕。今天他也一定回心转意，痛改前非，不会再将毛福梅退婚了，多少天来悒闷在胸，忧急成病的心事，顿时像一块大石头落地，感到宽慰和放心。只是自知病入膏肓，再无生望，便在弥留人世的最后片刻，振作精神，对儿子说出最重要的愿望：

"……我死后，不要把我和你父亲葬在一起。"

蒋介石早就听到母亲的嘱咐：因父亲与他的两个前妻徐氏、孙氏同葬，她不愿屈居第三，并希望另找闲杂野鬼不会侵入、清白自高的"甲字穴"安葬。

在儿子点头答应后，王采玉又提出第二个遗嘱：

"……把我家房屋腾出来，办一所……学堂……"

这是王采玉在修筑丰镐房，和在赫泥岭上造一座供行人休息的休休亭后，一直怀有为溪口后辈考虑的宏大愿望，作为她的儿子当然答应。

慈祥的老人临死还惦记着别人对她家的恩德。虽然因为多说了话，有些气喘，但她仍挣扎着谆谆叮嘱：

“……切勿忘记，对蒋家有恩德的……亲戚……朋友……邻舍……”她还想举出他们的名字，可是一股气塞涌了上来，咳嗽不止。

“我知道，我知道！”蒋介石为老母抚摩胸口，一面回答。

王采玉在回过气来以后，合上眼皮，聚集起人生最后的精神和微弱力气，从死神的劫持中，竭力回头向儿子瞪视，在她那即将永远消逝的慈母眸光里，充溢着对儿子最后的期望，还气呃地竭力吐出低弱而谁都能领悟的断续字句：

“……你要……和……福……梅……”一阵剧烈的气喘，使她再也说不出话来。

蒋介石听到了，虽然母亲没有说完。可是在场的人都明白这临终遗嘱的意思。毛福梅见婆婆在死前还惦记着自己，顿时伤心得悲痛欲绝，感激涕零地跪了下来。而蒋介石正在犹豫不知该如何答应，见母亲呛咳，就跨到床上，将身体垫在母亲背脊后面，一边轻轻捶抚，一边焦急唤呼，想使母亲平息气急，从危亡中抢救过来，就在这顷刻之间，王采玉吐出最后一口气，离开人间。

全家恸哭，孙琴凤娘舅示意劝阻，然后每人手握一支清香，跪在王采玉尸体前，默默致哀，祈望在人间历尽苦难而万人敬仰的老人，在安静中永离人世。

四七　“为了革命”而退婚

王采玉死于民国十年(1921年)六月十四日，自从那天起，丰镐房一直笼罩在忧伤的气氛里。蒋介石跪在母亲遗体前，想起她悲怆的身世，和几十年来茹辛含苦地支撑日渐衰落的家庭，又历尽艰难、风险，将儿子抚育成人，令人敬仰和悲痛。这位被孙中山褒扬为“母仪天下”“教子有方”的伟大母亲，非但得不到任何报偿，最后竟被素有“事母至孝”的儿子，在一场吵闹后，气悒而死。蒋介石又感到无限疚愧，悔恨和沉痛，禁不住号啕大哭。他为了对自己和向别人表白“孝心”，次日清晨，跪在灵台前，书写一篇祭文，哀婉沉痛，情真辞切。然而在字句中隐约地蕴蓄着难以明言的忏悔和痛心。

“悲莫悲于死别，痛莫痛于家难，哀莫哀于亲丧，苦莫苦于孤子。呜呼，天胡不吊，夺我贤慈，竟使儿辈，悲痛哀苦至于此极哉！……迨后先考中殂，家难频作，于此二十六寒暑间，内弭阋墙之祸，外御横逆之侮，爱护弱子，督责不肖，维持祖业，丕振家声，何莫非吾母诚挚精神，及无量苦心有以致然也。呜呼，吾母艰苦卓绝之志，既如此其甚，而不孝冥顽不灵又如彼。回忆当时，忧危之情，愧惶几若天地。……自今以往，外应族恤，内主家庭，安静得吾母复生，再好我独承劳怨也；且复谁能容我狂愚，恕我暴戾，抚慰我激愤，曲谅我苦衷，为我代苦代忧至死不恕如吾母者乎？……”他将母子的一场争吵，说成是母亲因曲解他的苦衷而代人受过。既为自己的“不孝”辩护，又将责任推在激起他暴戾和激愤的毛福梅身上。最后又以难辞己咎而痛心疾首地自责，“吾惟痛吾母以爱护儿辈而凋瘵，以教养儿辈而病困，而又独为不肖一人以牺牲其身，虽上升兜率，无所遗恨，唯生者之罪恶苦痛，自此益难为怀矣！……从此抱恨终身，不知生存于人世，复更有何意趣耶？其惟勉图报亲，借慰地下之灵，未减儿辈罪孽于万一，以聊舒终天之病恨乎！呜呼，其可得耶？其不可得耶？母而有灵，鉴斯哀忱。”他在亡母灵前，悲声诵读祭文，痛哭流涕，坐地不起。

王采玉一死，平时与婆婆影形不离、相依为命的毛福梅，犹如突然失去支撑自己的石柱，全身坠落在黑魆魆的万丈深渊里，呼救不应，求死不能。她抱着婆婆遗体，绝望地放声恸哭一场后，就昏昏沉沉地呆坐在王采玉平时供奉的佛像前，默默念经，为敬爱的婆婆超度。姚冶诚探听到奉化丧礼的风俗：长辈死后，儿媳一天四次哭灵，越是伤心，越显得有孝心。她就在四次以外，还不断地号哭，引起前来吊唁者的注意，承认她是蒋家媳妇。

在成殓之后，蒋介石为了尽孝道，遵守亡母生前的遗嘱，请了一位风水先生，四处寻找王采玉要求葬身的“甲字穴”。他们跑遍奉化，花了足足有半个月的时间，最后终算选中离溪口北三里的白岩山鱼鳞岙中垄的一块小平地。据风水先生称：从山上望下去，圆滚滚地鼓起的山岙恰似弥勒佛的肚皮。肚皮中央的那一小块平地，等于是“弥勒佛的肚脐眼”。而蒋氏祖宗摩诃太公曾以弥勒佛为师，这块“宝地”就应该是生贵子的王采玉安葬之处。蒋介石很是满意，就委托他的同父异母的哥哥介卿筑坟，他白天亲自到坟地监工，直到晚上，才回丰镐房。为了哀悼母亲，始终愁眉苦脸，默默无言。每天夜里，一吃好晚饭，就以守孝为名，独自一人睡在母亲房里。实际上是他不愿与妻妾见面、接近，怕纠缠不清。人们以为他闭门思过，他却躺在床上，想念陈洁如，考虑以后如何对付毛福梅和姚冶诚。

足足花费四个月时间，蒋母的坟墓才告筑成。山脚竖起一座高达六公尺的三门石牌楼，中门上首刻着"蒋母墓道"四个大字。一条卵石砌成的山径，两旁种植松树，直通上山。半山筑有"墓庐"，二门"慈庵"内有平房十间，供子孙扫墓和守孝住用。室内挂着王采玉的遗像。屋中立一石碑。蒋介石特地请孙中山撰祭文一遍，由谭延闿书写，刻在石碑正面，反面是"孤哀子蒋中正泣述"的《先妣王太夫人事略》，系于右任所书，记述王采玉的身世、经历及抚育儿女的嘉言懿行。慈庵后面不远处就是蒋母之墓。墓碑正面刻着由孙文题字的"蒋母之墓"，上面扇形应拦刻有"壶范足式"四字。两边别头柱上刻着一副对联，上联是"祸及贤慈，当日顽梗悔已晚"，下联为"愧为逆子，终身沉痛恨靡涯"，是蒋介石自撰，由张静江书。

孙琴凤和蒋介卿一起查阅黄历，选定十一月二十三日为安葬吉日。蒋介石四处发帖邀请。孙中山因公务繁忙，不克分身，就派许崇智代表他来灵前祭奠。戴季陶、居正等也分别从上海和广州赶到溪口。毛福梅在婆婆死后，挑起主妇担子，安排家务，接待亲友，井井有条，面面俱到，受到至爱亲朋的赞赏。姚冶诚也不甘落后，施展出毛福梅无法做到的应酬工夫。她和戴季陶等原本熟悉，凡是外地来吊唁的贵宾，都由她亲自招待，敬重而又亲切，得到大人先生们的赞扬。大家都在蒋介石面前夸奖，认为他有福气娶纳贤妻能妾，应该感到满足，可是蒋介石有苦说不出。他很不希望她们出头露面，在人前招摇，受人注意，被人称赞，这将为自己准备遗弃她们而带来不利。

送葬队伍，浩浩荡荡，吹吹打打，前有"开路先锋"开道，后有六十四名和尚念经。孝子孝孙，披麻戴孝，手执哭丧棒，跟随在二十四名杠夫抬的"龙头杠"棺材后面，哭哭啼啼，从丰镐房一直步行到鱼鳞岙，足足走了两个时辰。等到落葬完毕，已是正午。蒋介石请众亲友回溪口，吃好"豆腐饭"送客。当天晚上，他仍回到鱼鳞岙，不要任何人作伴，独自一人睡在墓庐的一间小屋里"守孝"。

孝子在亡母坟旁守孝是奉化的风俗礼节，蒋介石却为了借机躲开妻妾，也可以乘此苦思冥想，考虑一个如何将毛福梅退婚，又顺带摒弃姚冶诚的既官冕堂皇，又不露私心的理由。他费了五天功夫，写出与妻妾脱离关系的一份文书。文书写得异常巧妙和狡黠，为了不和妻妾正面接触，也不需要对方回答和否认，而是以父亲的身份向两个儿子交代。

"余葬母既毕，为人子者一生之大事已尽，此后乃可一心致力于革命，更无其他之挂系。余今与尔等生母之离异，余以后之成败生死，家庭自不致因我而再有波累。余十八岁立志革命以来，本已早置生死荣辱于度外；唯每念异母在堂，总不使以余不肖之罪戾，牵连家中之老少，故每于革命临难决死之前，必托友好代致，留母遗禀，以冀余死后聊解亲心于万一。今后可无此念，而望尔兄弟二人，亲亲和爱，承志继先，以报尔祖母在生抚育之深恩，亦即所以代余慰藉慈亲在天之灵也。余此去何日与尔等重叙天伦，实不可知。余所望于尔著者，唯此而已。特此条示经、纬两儿，谨志毋忘，并留为永久纪念。父泪"

蒋介石书写完毕，诵读两遍，非但满意，还十分得意。他以"忠孝不能两全"为理由，表达自己参加革命后唯一挂念的就是母亲，可也不愿连累家庭。如今老母已死，就毫无挂牵，又为了以后不再波累家庭，可以一心为革命，就不得不与妻、妾离异，他毫无私心，倒是完全为了别人考虑。他要与家庭告别，也不希能再能重叙，书此以示决绝。

他守孝三月，以尽孝心。但是他的心早就飞到上海，希望能与陈洁如早日见面，结成良缘，以免变卦。就以张静江要他去上海同商国事为由，提前离家。十一月二十八日，他突然从母坟回到丰镐房，坐在报本堂上，要他的两个儿子将他们各自的母亲叫来。毛福梅见丈夫神色凄怆，目光黯伤，对她也和蔼可亲，猜想是他既为母丧而悲痛，对妻子过去的无情也有悔过之意定是前来向她表示歉意。姚冶诚从未见过他这种哀伤的表情，而且也不正视自己，更没有一丝过去那样对她亲切的意思，心里感到诧异。可是她很泰然，自认为任何人无法欺侮她。

蒋介石先要两个儿子跪下，然后从口袋里摸出这份用毛笔写得端端正正的文书，开始朗读。将“余今与尔等生母之离异”一句，读得含含糊糊，提到母亲时读了两句，声音发抖，在读到“唯每念老母在堂，总不使以余不肯之罪戾……”后，突然声音哽咽，热泪泉涌。读至最后几句，他又恢复常态，以教诲的口气，要两个儿子“谨志毋忘”。

毛福梅并没有完全听懂蒋介石这篇用文言写的“文书”，可是一听到“离异”两字，知道就是离婚。没想到这个狠心的丈夫，非但没接受母亲的遗嘱，而且在她死去婆婆没有依靠之后，竟下毒手坚持把她退婚。她像受到突然的雷击，手足冰冷，一阵心痛，气噎得昏迷过去。

对姚冶诚更是意外的打击。她万万没想到蒋介石把她和毛福梅一起扔掉，顿时火冒三丈，气愤填膺，正要和蒋介石拼命，看到毛福梅昏倒，就连忙赶过去扶起，悲切地连声唤叫。

经国和纬国惊恐地扑过去，围着他们的母亲，又哭又叫。

蒋介石在这一阵混乱中，把那张文书放在祖宗灵案上，趁别人不注意，悄悄溜出报本堂。

姚冶诚等毛福梅苏醒，透过气来后，就想到要和蒋介石评理。她回头不见人，急忙赶到丰镐房大门外，蒋介石已经走得无踪无影。她恨不能破口大骂，只见街坊邻居从四处走来。她只得气吼吼回进去，将大门“砰”地关上。

四八　喜酒代婚礼

蒋母王采玉逝世，孤哀子蒋介石痛失慈母，悔恨忧伤，天天守灵，满面泪痕。可是在他悲哀的心里，也暗自为从此消失妨害他生活自由的压力而感到安心。在交出强迫妻妾“离异”的文书后，更像是由此摆脱婚姻的枷锁，迫不及待地赶到上海去，追求他倾心渴望的陈洁如。

他先去张静江家，悲切地陈诉丧母的悲痛，正想婉转地相告自己已与妻妾离异，不料朱逸民用同样忧伤的口气通知蒋介石：陈洁如的父亲也已于两个半月前的九月七日，因突发心脏病，猝然去世。

蒋介石顿时一怔。他没想到陈洁如和他在同一个短时期内遭到相同的丧亲之痛。既是同样的不幸，也可以因此去除蒋、陈婚姻相同的障碍。

蒋介石立即去静安寺路陈家。陈家门外，因丧事贴出的白纸黑字的一副挽联，经四个月之久，日晒雨淋，已经脱落，黑漆剥落蚀的大门显得孤独和悲伤。他轻叩门环，无人应。他再叩，大门启开一条缝。门内的陈洁如看到蒋介石，先是一怔，只见他脸色变得憔悴加上忧急。四个月前蒋介石答应回奉化将毛福梅退婚，并非难事，竟拖延这么久，难道退婚未成？蒋介石见陈洁如误会，便推门入内，告知母死办丧事，找坟墓以及“守孝”，最后掩不住内心的喜悦，从口袋里面掏出退婚文书的副本，递给陈洁如作为证明。

陈洁如当然信以为真，十分高兴。当她接过退婚文书时，陈母闻声，从卧房缓慢地走到客厅。见了蒋介石，先神色肃穆地责问一句：

“你去奉化这么久，今天才来？”

蒋介石见了陈母，赶忙上前行礼。陈母非但避开，不受礼，还向摆设在客厅里的陈父的灵台一指，正色地命令：“应该先向亡灵祭拜。”

蒋介石自知失礼，连忙撩起长袍，对着陈父的遗像，以未来女婿的身份，十分隆重地行三跪九叩大礼。礼毕，蒋介石将刚才对洁如说的因母丧而办理后事，以致迟到的原因重述一遍。陈洁如还将他刚才交给她的退婚文书副本双手递给母亲，希望慈爱而又严肃的母亲允许她和介石的婚姻。

出于这两个正期待喜讯的青年男女充满信心和喜悦意料之外，陈母不出口“允”或“不允”，却异常严肃地说出一大段古训：

“自古以来在朝为官者，凡父母丧亡，必须由皇帝御笔亲自批示，回乡守灵，三年内不得回朝，更不能参予任何喜庆宴会，何况是本人父母的丧事，更不该举办喜庆大事。”指指介石，“你即将去广州任军校校长，不能例外。”

陈母这一番道理，使蒋介石目瞪口呆，不知所措。陈洁如也感到迷茫不安，莫知所从。两人相对而视，刚才喜悦的眸光顿时失色，犹似罩上一层阴霾，心灵沉浸至绝望的边缘。

整个屋子像在暴风雨前夕，彤云密布，压得人透不过气来，一片阒寂。

没想到陈母又开口了：

“婚礼不能办……”一顿，望向两个正陷入绝望的青年——一个是自己的心爱女儿，一个是孙中山先生竭力推崇，而且即将成为国家的主将，岂可拆散这对美满婚姻？于是在严肃嘴角旁露出一条隐约可见的笑痕，缓缓开口，声音平稳，说出一句使所有人意想不到却挽回命运的一句话来：

“可是喜酒还是要喝的！”

这一句话，仅仅是八个字，就像暴风雨前密密阴云后面突然射出一道闪亮耀目的电光，让人在黑暗中看到光明，接着一声响雷，震动全屋。

蒋介石从陈母这一句话里知道，她既守古训又不阻碍儿女的婚事，连忙拉着还在迷惘中的洁如，向陈母跪下，口称岳母大人开恩。

陈家转愁为喜，可是陈母还是谨慎小心。陈家办喜事不露声色，也不能张扬，要洁如请张静江的太太朱逸民带她五位继女蕊英、芷英、芸英、荔英、蒨英——虽是不同年龄，个个是时代女性，交游广、办事能力强——来举办喜事，既不能向外张扬，又要办得喜气洋洋。五位姊妹商量后，不对外办请客喝喜酒，由她们亲自去买菜，鸡、鸭、鱼、肉不能少，喜庆的干果也不缺，芷英还去买来一对大红蜡烛，先摆在客厅里，表示陈家在也喜事。三位姐妹亲自下厨，各尽所能，烹饪中、西菜肴。朱逸民还带来法国葡萄酒，陈母也捧出浙江名酒专供女儿出嫁作为嫁妆的“女儿红”，不请外客，就是陈母、蒋介石、陈洁如、朱逸民和她五位继女，团团圆圆一桌，为蒋介石办了一次称心如意的喜酒。

喜酒后，朱逸民命她的两个继女芸英、荔英，将客厅里的一对大红蜡烛，作为“花烛”送新郎新娘进入“洞房”。陈母在女儿进洞房前悄悄地叮嘱：洞房不同床。女儿不懂母亲话里的意思。蒋喝得酩叮大醉，倒在床上。新房关闭，新娘与新郎是不是洞房不同床，谁也不知道。

第二天早晨，蒋介石和陈洁如早起，洗漱完毕，整理衣发，双双步出“洞房”，向陈母请安。

陈母肃穆地坐在亡夫的灵台前，像一座庄重的石像，蒋介石和陈洁如一怔，不知又发生什么大事。只听得陈母先低声唤呼女儿的小名“阿凤”，接着将蒋介石昨天奉上的退婚文书副本一扬，提高嗓音：

“不能凭一张纸、一句话，就证明这退婚是真是假！”不等蒋介石声明，又严厉地叮嘱，“就算是真，那位毛氏是为了你阿凤才被逼退婚。你有罪过！”

这句话使一对新婚夫妇吓住，不知如何是好。陈母又开口，口气似命令：“阿凤，你一定要亲自去奉化一次，眼见是实。要如真的已经退婚，你是当事人，应该去向那位毛氏赔礼。这是我陈家百年的家规！”

要一位时代女性到封建闭塞的乡村去和一个无知无识的所谓“糟糠妻”下跪求情赔礼！这岂不成为笑话，也很难做到！蒋介石和陈洁如立刻想到：奉化蒋家门中的父老们，对为“革命”而退婚的大事，从来不同意。如果见到“新夫人”竟亲自上门，一定会恶言恶言的怒骂甚至会有野蛮举动。蒋介石虽然能保护她，可是这令人难堪的场面，陈洁如能忍受得了？

陈洁如却异常镇静，她也想象到自己去奉化必然会遇到从未遭受过的难堪和不文明的举动，可是母命难违，自己又是个时代女性，为革命敢说敢当，她竟一口答应。

蒋介石没想到陈洁如毫不犹豫地去自己的家乡，准备担当一切无理而不文明的场面。他向陈母表示，过两天一定起程。回到住址，写信给他唯一可信托的堂兄蒋介卿，奉告一切经过必须妥为安排，免生意外事件。写后立即派人送到奉化蒋介卿手里。

四九　登门赔礼

蒋介卿从堂弟信里知道丰镐房将会发生一件会轰动奉化，乃至全国的大事，使未来的黄浦军官校长的蒋介石将受到难堪，甚至会影响他的前程。这位堂兄竭力保持冷静的头脑，动脑筋想办法，他毕竟学过政法，处理过乡间不少大小案件。凭他八面玲珑的本事如能说会道的处世才能，奉化出名，岂可在这件事上跌跤？他思考着手的步骤，边想边朝丰镐房走去。等走到丰镐房门口时，已胸有成竹。他一进大门，就命人通知毛福梅，说自己求见。

毛福梅未下楼，尚留在溪口的姚冶诚却急匆匆地冲进报本堂。她不知从那里已经听到风声，说蒋介石新娶的太太要到丰镐房来，将已经离婚的毛福梅赶出奉化，正满腹气愤。见了蒋介卿就像找到了对头，撒泼地在椅子上一坐，神气活现地双手一指，头一抬，说出一番自以为是的道理来：

“福梅姊被强迫退婚，任人欺侮，可是我这个小妾还在，谁在我太岁头上动一根汗毛，那个强抢我们的老公竟然敢上门来。福梅姊人老实，我姓姚的可不是好吃果子，一定要和你们拼一个你死我活，看看谁的本领大。”

尽管姚冶诚气势汹汹，撒泼无赖，可在蒋介卿眼里只是一个“纸头人”，一戳就穿。但他压住心火，冷言冷语地回答对方：

“你别以为介石在退婚文书上称你为妾，那是抬举你。谁不知道你的出身，是什么东西，一笔烂账！毛福梅已经忍让了，你有啥资格撒泼。你又不知道我堂兄弟蒋介石的暴躁脾气。一发火，当场打得你头破血流！把你赶出丰镐房！”

姚冶诚还作最后挣扎：“我有纬国保驾。”她想去找到外面游耍的蒋纬国。

蒋介卿冷笑：“纬国又不是你的亲生儿子！你要识相！”

这一次姚冶诚顿时软了下来，像泄了气的纸球。

蒋介卿进一步威胁，但语气温和，像是好心劝告：“你赶快回你的房间去，不许露面，懂吗？”

姚冶诚心领神会，低垂了头，全身无力地离开报本堂。

蒋介卿知道最使他为难的是如何说服毛福梅。这些年来，因蒋介石的步步高升，说他趋炎附势也好，说他回心转意地罢，他一改过去欺侮王采玉婆媳的冷待和残仁的面目，变为亲切和善。王采玉已故，毛福梅虽一直受蒋介石欺凌，但她有一个蒋介石的亲生儿子经国一直在她身边，俨然是丰镐房的女主人。没想到蒋介石在母亡后将她退婚，这位贤德贤能的大嫂受到莫大委屈，日日夜夜沉浸在痛苦的深渊里，这次，那位他们从未见过的陈洁如居然敢亲自上门，是示威，还是有其他更令人难堪的举动，难以猜想。蒋介石在信中要他去说服毛福梅：“不许为难，更不准动蛮。”他真能说服？一肚子委屈的毛福梅真能被说服？他无可奈何，又不得不做，便和蔼地要姑太太蒋瑞莲请毛福梅下楼，说介卿有事求见。

蒋介卿等了半晌，时间仿佛过得很慢很慢，他心里感到越来越沉重、不安。如果毛福梅不接见怎么办？在这位堂房弟弟面前又怎么交代？自己上楼去见她？刚动步，又觉得不妥，忐忑不安的心，跳得越来越快，手脚都冒出冷汗，这是他办民政事以来从未接到过的民事诉讼。

瑞莲告诉正蓬头散发、面色憔悴、卧倒在床的毛福梅，说介卿在楼下报本堂求见。毛福梅先是一怔，即刻想到难道蒋介石因上海那个女人拒婚而反悔，要回奉化来重归于好？先请介卿来说情？于是她在瑞莲相帮下，先将乱发梳理，披了一件上衣，匆匆下楼，见到介卿，施了礼，等介卿开口。

能说会道的介卿这时竟开不出口，便客气地请女主人先坐，后敬茶；然后咳嗽两声，神态和蔼地将脑海里反复几次的话，吞吞吐吐地说了出来：

“介石到上海，去陈家，陈家老太不准办喜事，又严正庄重地责怪介石弟，说不应该退婚，并且要女儿，就是那位陈女士亲自到奉化丰镐房来向你堂嫂赔——”他把“礼”字改为“罪”。

蒋介卿说得含含糊糊，毛福梅一时听不懂其中的实际经过。

于是，能说会道的蒋介卿发挥他的晓以大义的叙述：

“我也没见过这位姓陈的女人，听说是书香门第出身，有一次孙大总统看到她，只见她知书达理，又会讲俄国话，就要介石和她成双成对。”他轻声地在福梅耳边加一句，“孙大总统自己有太太，还和宋庆龄结婚。如今介石要到广东黄埔军校当校长，将来是打倒军阀的北伐司令大将军！那位陈女士是时代女性，正好匹配良缘！”

毛福梅这才听明白，原来介卿在赞赏陈洁如，她嘴里不说，心里思忖：自己比丈夫大五岁，小脚女人，又生得老气，不识字，十十足足一个乡下女人，怎么跟随介石到军校去当校长夫人。不但要坍台，也会使介石丢尽面子，还对不住孙大总统！真是自愧弗如，自贱自卑！就默默地低垂了头，不答不语。

蒋介卿见自己的晓之以理的办法已见效，就开口直说：“明后天，那位陈女士要到丰镐房来赔罪，希望你也能以礼相待，切勿——”他觑一眼毛福梅。

毛福梅还沉浸在自惭自省中，听到明天姓陈的女士要来赔罪，倒有些不好意思，就低下头，要瑞莲扶自己上楼。

第二天，蒋介石果然带了陈洁如来到奉化。轿子前后两旁跟随便衣的随从，以防意外。一路上，原来准备捣乱的父老乡亲，在蒋介卿连吓带哄的劝阻下，竟缄默无声，有几个讨好未来军校校长和他的新夫人，还在丰镐房门口放爆仗，表示欢迎。蒋介石含笑地向大家频频点头。一对新婚夫妇踏进打扫得干干净净、挂满宫灯、显得富丽而喜庆的报本堂。瑞莲的丈夫竺芝珊在大门口迎接，先到报本堂后面供着先祖先辈灵位前叩头祭拜，然后默默地站立在报本堂前，恭候毛福梅。

毛福梅这一天起得早，在佛堂里念经拜佛后，在介卿“晓之以理”的劝服下，等待“新夫人”到来。她也正要亲眼目睹这位陈女士究竟如何，听到瑞莲轻声相告：那位陈女士已经在楼下等候，请福梅下楼见礼。

毛福梅依旧是布衣、布裙，一副庄严朴素的打扮，跟随瑞莲，步态端正，一步一步下楼到报本堂。

陈洁如一见到毛福梅步入报本堂，先上前搀扶，到王采玉平时常坐的结实的椅子上，然后从早已准备好的油漆茶盘里拿过一杯有红枣、桂圆和莲心的富贵茶，亲近地口称“姊姊，请用茶”，还向毛福梅恭敬地深深弯腰、鞠躬。

毛福梅自踏进报本堂后，一直低着头。听到陈洁如亲热地尊称自己是“姊姊”，不禁抬起头来，张目观看，只见陈洁如并没有上海时髦女士的烫发、满面脂粉和锦衣绣服，炫耀自己美貌，而是穿一件褐色旗袍，不敷脂粉，保持洁白而清秀的面容，戴一副金丝边眼镜，显示自己是一位有文化、高素质的时代女性。陈洁如这一特有的朴实而高贵的气质，真正符合革命的军校校长夫人的身份。这初次见面，给毛福梅留下了非常满意的印象，就迫不及待地请她坐在自己身边的椅子上，还告诉瑞莲叫来经国和纬国见礼。经国老实，见了陈洁如鞠躬，不知如何称呼，纬国灵活，鞠躬后称一声：“上海姆妈！”

一直默默无言地观看事态发展的蒋介石，看到这令他满意的“见面礼”，禁不住含笑点头。他非常赞赏他堂兄介卿先“以理服人”，后“以情动人”的人生哲学。可是不能久坐，再也无话可说，就提出告辞，离开丰镐房，去到乐亭休息。陈洁如起身，向毛福梅告辞，毛福梅也不相送，仍由瑞莲伴着送上楼，在佛堂里念经。

蒋介石提出到乐亭居住。乐亭是 1924 年蒋介石兴建其母之坟慈庵时，顺便把原来的文昌阁拆建，改名乐亭。在他自撰的《武山乐亭记》中，除描绘乐亭周围的风景外，称乐亭是“世外桃源”，今天，当着陈洁如，焉可居宿在丰镐房，就第一次将乐亭作为理想的住宿地。乐亭有客厅闺房三间房，供随从人等居住，宽大而安静。蒋介石与陈洁如在当夜由蒋介卿安排的宴席，喝酒取乐。蒋介石一时性起，竟想在乐亭为陈洁如补办婚礼。陈洁如冷静地阻止，很好的会面，不要再引起毛福梅的嫉恨，意外惹事。蒋介石这才收起“雅兴”，可是又提到蒋经国的前途。在奉化只能接受私塾教学，只有到上海才能学到新时代的知识，准备明天向毛福梅提出，不知道她肯不肯放手，让唯一的亲生儿子离开。

次晨，蒋介石、陈洁如和竺芝珊来到丰镐房辞行。毛福梅带了经国已在报本堂等候，并特地烧了两碗“酒酿水潽蛋”，作为送行佳肴。蒋介石只管吃。事先商量由毛福梅尊重和信任的陈洁如开口。她先将经国拉到自己身前试探：

“姊姊，我真喜欢经国。”她亲切地抚摸经国的头发，“可是他在奉化这小地方，读私塾，求不到真正学问，太可惜了。我想带他到上海去读书，学到新知识，将来前途无量！”

毛福梅没想到陈洁如临走会提出她事先没想到的建议。她对陈洁如印象好，从内心里佩服，她的请求也的确是为了经国考虑，是为了经国的前途，但是她一时决断不下让儿子离开自己。

性急的蒋介石怕毛福梅后悔，就直截了当地下命令：“你既然答应了，今天就让经国跟洁如走！”

今天！此刻！出于所有人的意外，毛福梅又像受到离弃她的丈夫的威胁，一时拿不定主意，坐倒在椅子上。曾目睹这位父亲毒打自己母亲的蒋经国却躲到母亲身边来，不敢动弹。这时的陈洁如了解蒋介石的用意和急躁脾气，怕因此会惹恼这个未来的“校长”，又会发生吵闹，喜事变成灾祸，惹父老家乡们对自己不满，于是她挺身而出，不顾蒋介石的面子，神色凛然，又敦厚温和地向毛福梅表白自己的真心实意：

“姊姊，你放心，你将经国交给我，我一定好好保护他，不让任何人欺侮他，”又晓以大义，“经国是介石的亲生儿子。我虽不是经国的亲生母亲，可他是蒋家唯一的后代。以后有什么事，有我担当！”

毛福梅终于被感动了和说服了。她将紧紧依偎着自己的儿子，温和地推向陈洁如，还要他向这位“上海姆妈”叩头！

蒋经国忠厚老实，听从母亲的话，走到陈洁如身前，跪下叩头。陈洁如连忙将他扶起，抱住，拥在怀里。报本堂所有的人都流泪，连蒋介石也为陈洁如敢于担当而因此解决他的心事而暗暗高兴——儿子到手了。

儿子要立刻动身离开，母亲不禁慌乱。竺芝珊洞悉毛福梅的心事，不会让经国与残暴而又离弃她的丈夫住在一起，便自告奋勇：“经国到上海，住到我家里，他的一切饮食起居我和瑞莲一定会好好照顾，请你放心好了。”

走了！儿子要走了，而且走得这么匆忙，经国自从出生到现在，整整十三年，一直与之相依为命，日夜相伴的亲生骨肉，穿着她在油灯下亲手一针一针缝制的布衣衫裤走了。她要去拿儿子的添换衣袜，陈洁如答应到上海为经国买新衣。她这才放心，可是可怜天下父母心，她终于放不下心。生离死别是人间最悲痛伤心的事，怎么这么早就发生在自己身上！

早就准备好的竹竿轿等在门口。蒋介石催促上轿，竺芝珊和瑞莲带着行李杂物自上轿，最后陈洁如携着蒋经国的手，合坐一顶轿子。经国临上轿，忽然回身向母亲磕头，毛福梅哭得泪水模糊双眼，等她拭去热泪，张目观儿时，儿子已经离去，越去越远，已经见不到人影，她很久很久，犹似一棵即将枯萎的老树，在朔风下摇摇晃晃，伫立在丰镐房大门前，却不倒下，她要等儿子回来。

五〇 蒋经国离母

竺芝珊家住上海南市石库门房屋楼下前后厢房，前厢房是竺芝珊和瑞莲房间兼客厅，后房是儿子小珊卧室，蒋经国来了，两人同床。两个少年常常在丰镐房相遇，彼此熟悉而热络。

蒋经国随表兄小珊到附近的万竹小学读书。万竹小学是开明人士创办，偏重实验。整天除上算术、国语课外，由教师带领学生办银行，由学生当经理、会计和客户；又开九家商店，由学生自任老板、职员和雇客，星期日也不例外。开始感到新鲜，日久乏味。于是竺芝珊将蒋经国转学到浦东中学。每周放假一天，蒋经国不能回乡探母，只得每月一封家书寄到奉化，他从来没写过给长辈的信，不文不白，聊表寸心。

浦东中学以中学的程度教学。老师不但向学生灌输科学知识，还讲历史、地理。又上时事课，对广东的黄埔军校加以称赞。蒋经国因父亲蒋介石在军校当校长，便引以为傲。

蒋介石去广东黄埔军校荣任校长，孙中山等国民党先辈在张静江的资助下，已筹备完毕，以孙中山提出的“联俄联共扶助农工”政策，与共产党合作。双方提出招考教官和学员。孙中山为名誉校长，蒋介石是校长，政治部主任是共产党员周恩来。周恩来每次见到蒋介石，先行军礼，口称“校长”，彬彬有礼。他还引见了苏联顾问鲍罗廷，懂俄文的陈洁如担任翻译。礼仪交流，互相尊重，成为国共合作的重要基础。共产党员任教官的有叶剑英、聂荣臻、恽代英、肖楚女等，国民党员任教官的有王柏龄、俞飞鹏、白崇禧、顾祝同、陈诚等，体现国共合作的强大力量。

孙中山聘任蒋介石为军校校长，是有前因的。他记得当年自己被广东军阀陈炯明扣留，欲加谋害，上海便派蒋介石来广东。他乘陈炯明不备，将孙中山送上永丰轮，悄悄离开广东，等陈炯明发觉，下命予以炮击。曾在日本学炮战的蒋介石，毫不犹豫地在船上开炮还击，终于救出孙中山。孙中山称赞，蒋介石一人等于两团兵！

在蒋介石来军校不久，孙中山即要他去苏联考察。蒋介石到达苏联，已是社会主义国家，与中国相比，面目一新。苏联人民在列宁和斯大林领导下，学习马列主义，加强军训，人民节衣省食，艰苦朴素，抵御外侮，想使苏联早日成为“各尽所能，各取所需”的共产主义国家。他还在苏联看到特务组织，认为自己也应该有保护党国的秘密组织，准备成立“军统”的前身“蓝衣社”，因为国民党的党旗是蓝底。

蒋介石回国后，立志贯彻孙中山“联俄联共扶助农工”的政策。有人编谱黄埔军校校歌：

“打倒列强，打倒列强！反军阀，反军阀！国民革命胜利，国民革命胜利！”这是北伐军的主旨，国共合作的伟大信号。

1925 年 5 月上海发生“五卅惨案”，蒋经国受到父亲蒋介石在黄埔军校“打倒列强反军阀”的影响，勇敢地参加上海学生反对日本和英国残杀中国工人顾正红的活动。整整三个月，游行、开会、上街宣传，顾不得回奉化探望母亲，毛福梅望子心切，又知道儿子被浦东中学开除，心急如焚。竺芝珊担心蒋经国闯祸，便写信给蒋介石，蒋介石急回信，要蒋经国去北京进吴稚晖的外语学校。蒋经国也知道自己被开除，“五卅运动”也不知如何结束，便去北京。不料北京学生也正在展开反对军阀政府的运动。蒋经国对军阀恨之入骨，积极参加示威游行，竟遭到军阀政府逮捕监禁，出狱后，因危机四伏没有去处，只得应蒋介石的要求去广东。

蒋介石率领的北伐军节节胜利，名声大振。国民党内却开始分裂，事由是北伐成功后，在何地建都。武汉以国民党的孙科为首，成员有胡汉民等人，与军校相比，处于劣势，于是孙科等邀请因中山舰事件避居外国的汪精卫。汪精卫等认为辛亥革命的导火线在武昌起义，应建都武汉；蒋介石却认为孙中山先生在上海“光复”，以非常大总统名义定都南京。两者相持不下。

蒋经国到广东后，既不能在军校任军官，又不甘当小兵。苏联顾问提出最好的去处是苏联。在孙中山逝世后，于1925年在莫斯科成立的“孙逸仙大学”正向广州招生。蒋介石经鲍罗廷推荐，自认是国民党员，应该继承中山先生的遗志，让儿子去苏联学习，表示自己仍在“联俄”。陈洁如非但同意，还给经国一笔钱，叮嘱他在去苏联前一定要去奉化和亲生母亲毛福梅告别。

与蒋经国同行的有十余名学员到上海后，由竺芝珊安排其住宿。他与妻子特别关照，不得外出。因赴苏联需要候船，瑞莲亲自带领蒋经国乘船去宁波，也要求蒋经国穿长袍，化装成商人，不坐竹竿轿，怕引人注意，快行快走，直奔丰镐房。瑞莲先走一步，告知毛福梅。毛福梅听说儿子归家，喜气洋洋在报本堂等待。蒋经国进丰镐房大门，见了亲娘，直扑上去，叫一声：“娘！儿子来了。”跪倒在地。

毛福梅既意外，又惊喜，一句话也说不出来。蒋经国诉说经过，自己只能在家逗留两天就去苏联。

“两天？”毛福梅以为儿子归家，从此母子俩可以长期相聚，不再分离。两天的时间太短促了，令人心酸；又听说儿子要去苏联，苏联在哪里，知道是外国后，又问离奉化有多远。蒋经国也说不清楚，只能回答：“很远！很远！”最后他不想说，又不能不说的伤心话来，“以后，不能常来拜见你娘了！”

儿子这一句话使娘亲激动，顿时泪水直流。

竺芝珊为了不让母子俩一直沉浸在悲伤中，就要妻子赶紧下厨烧菜煮饭。毛福梅要亲自动手，烧儿子要吃的宁波猪油汤团、炒年糕、咸菜肉丝年糕汤，拿手菜也是蒋介石爱吃的咸菜黄鱼汤，还有剥皮乌贼、大烤海瓜子等，又是菜，又是点心，吃得蒋经国心满意足。这都是儿子在外地，以及到苏联后，吃不到的的食品。儿子吃，母亲一直在旁看。看儿子吃得香，她高兴，恨不得将以后两年的食物在两天内吃下肚去！儿子知道娘的心意，故意多吃，吃得嘴香肚饱。母亲不想多谈自己的伤心往事，只是一遍一遍地问儿子去外国吃不惯，怎么办？苏联冰天雪地，一定要多穿衣服。她和瑞莲一起在油灯光芒下缝制崭新的棉袍，边缝边落泪。晚上，蒋经国与娘亲同床，还并头而睡。母亲频频叮嘱：出门要当心。蒋经国昏昏欲睡，最后他安慰母亲：“两年后，父亲北伐胜利，我在苏联孙逸仙大学也可毕业。到时就可合家团聚，皆大欢喜。”

这是蒋经国当时的希望和实话。母亲也盼望儿子的希望早日实现。

第三天，天蒙蒙亮，街上无人，蒋经国由竺芝珊伴着，悄悄出门。毛福梅由瑞莲扶着，在报本堂相送，蒋经国越走越远，毛福梅热泪盈眶。不知何年何月才能母子重聚，共庆天伦之乐。

1925年孙中山逝世，举国悲恸。他的遗志是“革命尚未成功，同志仍须努力”。武汉方面都是文职官员，无一兵一卒，一枪一炮，唯独蒋介石的北伐军才能完成革命。于是蒋介石得意洋洋，一旦成功，就能实现他少年时代“登台拜将”“自称为王”的将军梦。当他率领北伐军抵达上海时，军校政治部主任共产党周恩来提前来到，发动武装起义，蒋介石命令先锋队的白崇禧在上海郊外龙华飞机场驻兵，坐山观虎斗。汪寿华起义成功，成立军政府。政府要员中竟有虞洽卿、王晓赖等人，却无驱逐军阀残余有功的杜月笙和黄金荣。于是蒋介石脱下军服，换上长袍，悄悄地去拜望过去曾叩拜为老头子的黄金荣。黄金荣就要杜月笙设法清除汪寿华等人，杜月笙成立“共进会”，邀请汪寿华到杜公馆来共商大事，汪寿华在“五卅惨案”时，与杜月笙都是工人运动的首要骨干，就毫不犹豫地坐车去华格皋路杜府。杜月笙预先告诉张啸林：“不要‘做’在我家里，自己上楼回避。”汪寿华来到，只见张啸林坐镇客厅。他刚要踏步进去，客厅外走廊左右冲出两名暴徒——高鑫宝和芮瑞庆，用布袋将汪寿华头部套住，又出来两名暴徒将他塞进麻袋里，开车到龙华，活活打死！工人纠察队失去主将，群龙无首。杜月笙和张啸林用从白崇禧那里送来的枪刀，以“清党”为名，屠杀共产党员和工人。宝山路顿时血流成渠，呼啸震天。蒋介石就率领国民军白崇禧进驻上海，自己成为清除“异党”北伐成功的“中国第一领袖”。

蒋介石违背全国人民意志，残暴“清党”的行为引起全国震怒，众声讨伐。武汉政府宣布蒋介石破坏孙中山“联俄联共扶助农工”的重大决策，下令开除蒋介石北伐司令的官职，逼使他“下野”！

在孙逸仙大学读书的蒋经国因是北伐司令的儿子，特别受到优待。如今蒋介石叛变，在大学负责校务的共产党员王明就要蒋经国以蒋介石曾虐待其母亲至今又叛变革命，坚决地和父亲断绝关系，书信公开后，轰动一时。

蒋介石被逼下野后，一时无去处，只得回丰镐房。毛福梅一见到他就披散头发，一把抓住他胸襟，高声叫骂：“还我儿子！还我儿子！”蒋介石这才懊悔不该送儿子去苏联，表示自己联苏。可他哪里知道“清党”的结果竟是如此下场。他还不出毛福梅和他的亲生儿子蒋经国，只得低声下气地劝慰毛福梅上楼。他虽身败名裂，无权无势，但仍不甘心。离开上海后，无意中在广东见到了宋美龄母女。宋美龄年轻美貌，使他迷魂，宋家子女都曾去美国留学，毕业后回国，名噪一时，他目前已与社会主义国家苏联绝交，难道不能投靠英、美等正兴旺发达的资本主义国家？而宋氏家族正是最好的桥梁。于是他竭尽全力与宋家接近，期望自己达到比北伐司令更高的宝座。

五一　宋氏三姐妹

生于1861年的宋耀如，广东文昌县（今属海南）人。原姓韩，名教准，少年时过继给宋姓堂舅，改姓宋嘉树，字耀如。8岁到美国定居求学，取名“查理·约翰·宋”，受洗入基督教。1881年肄业于北卡神学院，1885年毕业后作为美国传教牧师派来上海，在吴淞、昆山等地布道，后经商，经营印书馆。娶上海徐光启后代倪桂珍为妻。生女霭龄、庆龄、美龄，子子文、子良、子安。他经商成功，通过上海商界各种关系，帮助孙中山，曾任同盟会司库。他以虹口寓所创办基督教青年会，也成为革命党活动基地。与孙中山共同反清达20年之久。他的长女宋霭龄，1890年生于上海，又名爱琳，英文名爱丽丝，就读于上海中西女塾。自小聪明智慧，父亲送她去美国深造，19岁获卫斯理女子大学文学士学位。1910年，回国；1912年，由父亲推荐，任孙中山英文秘书。宋霭龄因嫁孔祥熙，就由二妹宋庆龄任孙中山英文秘书。

孔祥熙生于1890年，山西太谷人，早年经营钱庄，觉得没多大出息，1901年留学美国，毕业于耶鲁大学。辛亥革命后回国，据考证为孔子75代后裔。任山西都督阎锡山顾问。1924年赴粤，任广东革命政府财政厅厅长。1927年任武汉国民政府财政厅厅长。

二女儿宋庆龄崇拜孙中山，支持“联俄联共扶助农工”的政策，任孙中山英文秘书。她曾去美国，在威斯里安学院毕业。留美时广交朋友，回国后，又与苏联第三国际联系。在与孙中山合作过程中，茁发爱情。父亲宋耀如反对，称孙中山已有妻室，还有儿子孙科。宋庆龄不顾一切，居然离开家，去和孙中山结婚，孙中山实在因为自己需要志同意合、政治主张相同的助手，终于结为良缘。

年龄比宋庆龄小一岁的宋家长子宋子文，1893年生于上海。早年就读于圣约翰大学，后去美国留学，入哈佛大学，获经济硕士学位。1917年回国后，先在汉冶萍煤铁公司当顾问，不久即在上海商界、银行界积极活动。1923年应孙中山邀请，担任两广盐务稽核所长。曾任广东革命政府财政厅长、武汉国民政府财政部长。1927年3月27日，受命到上海主持财政。

小妹宋美龄，出生于1899年农历二月十二日，自小聪明美丽，是宋家人的宠儿。她中学毕业后，父亲送去美国，在威斯里安学院深造。回国后，与刘纪文恋爱。

蒋介石下野后，见到宋母与宋美龄，不但一见倾心，更重要的是想东山再起。于是他以孙中山的北伐未完成为由，在南京成立国民政府，聘任孔祥熙为财政部长，宋子文为行政院长。他努力追求宋美龄。宋美龄却以蒋介石比自己大十岁为由，又正与刘纪文热恋中，加以拒绝。于是在美国读文科又能说会道的宋霭龄出场了。她先说孙中山比宋庆龄也大，而且刘纪文只是一名小职员，前途渺茫，而蒋介石继承孙中山遗志继续革命，前途无量，将来北伐成功，他定是一国元首。宋美龄心里为自己的将来考虑，不免引起波澜。她唯一反对的理由是她全家是基督教徒，规定只能一夫一妻，而蒋介石早有妻室，而且去广州办黄埔军校时，又娶了陈洁如，人人皆知是蒋夫人。蒋介石闻讯后，即与人商量，说明原因，要陈洁如到美国去暂时避让。陈洁如母亲在蒋介石"下野"时，忧愤离世。她单独一人，感到前途渺茫，也就答应。蒋介石送她五万美金去美国船上，得识中国诗人苏金华，写诗出版。到美国后，才在报纸上看到蒋介石在报上公开声明与妻子毛福梅和陈洁如离婚，与宋美龄结婚的消息，几乎昏倒。在国内不熟悉她与蒋介石的结合过程的人，反说她是逼毛福梅和蒋介石离婚的报应。毛福梅知道后先为陈洁如叹息。更知道一切事由都是因蒋介石"忘恩负义"的本性。

陈洁如在美国稍住数月，即回香港。改名陈璐，口述回忆录，由文史学家唐德刚整理并作序。在写作过程中，蒋介石亲笔写信，希望她停止写作。蒋经国也准备出钱收买。陈洁如置之不理，直到出版。她曾领一养女，嫁给陆久之，所以陆久之成了蒋介石女婿。她从此在人间消失，不再露面。

蒋介石与宋美龄结婚，自己在上海无家，只得暂居宋家。宋美龄的闺房就成了他们的新房。可是蒋介石爱吃中国菜，宋美龄习惯吃西菜，于是在饮食上未免争论。这时宋老太出场了。她先批评女儿固执，吃中国菜何妨，语气中也透露出对蒋介石因饮食小事而与妻子失和的不满。宋美龄从此改吃中国菜，蒋介石有时也吃西菜。

蒋介石在当上国民政府北伐军的委员长后，身份变了，自小养成的暴躁脾气未改，对待侯他的下属，稍不顺心就暴跳如雷，又打又骂，吓得侍奉者不知所措。宋美龄闻声赶至，先将侍奉者劝出，然后婉言规劝丈夫："你现在是委员长，打骂下属，传出去有伤名声。这样吧，以后你有事，先告诉我，我做得不对，可以打我骂我！"蒋介石听了心动，从此两人在彼此之间，不叫名字，而是以英语"Darling"（亲爱的）相称。

1927 年 12 月 1 日，蒋介石与宋美龄正式结婚。因宋美龄是基督教徒，必须在上海举行宗教仪式的婚礼，请中华基督教青年会全国协会总干事余日章证婚。男方主婚人特地从奉化请来蒋介卿，女方主婚人为宋子文。先在上海西藏路慕尔堂举行宗教婚礼，再到戈登路上海最豪华的西式大饭店大华饭店补行另一次公开仪式。证婚人有谭延闿、吴稚晖、蔡元培、何香凝等。蒋介石身穿两套长礼服，宋美龄则为白缎旗袍，他们按照西方风俗交换婚戒，在结婚证书上签名。

同年 4 月，宋美龄尊重丈夫的地位和尊严，提出也必须按照中国人的习俗，回溪口祭祖。蒋介石感到有些为难：宋美龄在美国读书，习惯于西方生活，怎么能到中国山区乡间去祭拜蒋门祖先？更不放心在见到毛福梅时引起冲突，如何是好？可事实上，宋美龄的华贵服式、高雅风度和平易近人受到乡邻们的欢迎。他们到达溪口住在乐亭。宋美龄要部下向大家分享从上海带去的中西式馒头和面包。夫妇俩先到摩诃殿和王采玉坟墓祭拜。宋美龄去丰镐房，并不和毛福梅见面，只送上一盒上好人参和一件高贵的狐裘大衣。因毛福梅被丈夫遗弃是因陈洁如之故，与她无关，还敬重地送上礼品，使毛福梅心平气和，厚待客人。

蒋介石每日早起，锻炼身体，然后悄悄地来到丰镐房，见到毛福梅，两人相对无言，而毛福梅知道丈夫要来，早就准备蒋介石爱吃的又脆又香又甜的玫瑰白糖猪油馅的宁波汤团。默默地吃，吃后再回乐亭，宋美龄和他一起去丰镐房里的报本堂，向蒋氏祖先的灵位行礼。

蒋介石原以为受西方文化和上海等大都市的影响，宋美龄会对中国古旧的景色不满意，谁料宋美龄每到一处都赞不绝口，她还主张在溪口建中学、医院、中国旅行社和妙高台，作为新夫妇来奉化的住所，从上可俯览整个溪口的美丽景色。

毛福梅收到宋美龄的厚礼后，宋美龄虽回避与她见面，她却天天亲自下厨，烹饪蒋介石爱吃的鸡汁烤芋艿、梅干菜烧肉、咸菜黄鱼汤等美肴佳品，还特地烧了奉化特产芋艿头。她曾听说宋美龄知书达理，高贵优雅。她能以情动人，自己也应宽厚待人。

蒋介石回南京后，与宋、孔家族结成联盟。有了财富和势力，就能重登龙门，成立政府，成为国民政府的首领——“蒋委员长”。

五二　西安事变

袁世凯的帝皇梦刚醒，惊闻各地“起义”声起，吓得一命呜呼。他的北洋政府于是名存实亡，瓜分为各有列强支配的军阀：皖系吴佩孚、直系段祺瑞和奉系张作霖等。他们各占一地，混战一片。其中绿林出身的张作霖盘踞东北，白山黑水，物资丰腴，武备精良，不可一世。别系军阀既羡又妒，然而这位张大帅虽无文化，却能与各系军阀周旋，应付得体。他心目中最大的隐患是日本。在日俄战争前后，日本政府已经有数百日本平民到中国东北开荒，是一种移居占地的侵略政策，又派遣日本强悍武装“关东军”，以保护名义维持东北。平时又有官员出入张府，或威胁，或利诱，希望合作。张作霖的气势和霸道，自己做皇上，岂容他国插足，于是日本政府派特务将大帅炸死。大帅的儿子少帅张学良，曾进父亲设立的“讲武堂”，受到操练，还打过土匪，成绩优良，军部授予少校官职。他骄傲自满，自认为张大帅的接班人。他明媒正娶名门之女于凤至，之外还有不可告人的风流韵事。他既任性又放荡，吸食鸦片。上海发生“五卅惨案”，就亲自带兵到上海与工部局谈判，成功后又戒绝毒瘾。他精神抖擞到东北，奉父命到卧室里枪杀主张民主革命反对军阀的杨宇霆，后又悔恨。他意志不坚，反复无常。可是，父亲死于日本政府谋害，从此成为大敌，不可忽视。驻扎在我国东北的日本关东军随时随地可能发动侵略。各省军阀也蠢蠢欲动，想方设法侵吞东北。张学良自忖，虽已是少帅，然而年轻，又是后辈，怎能撑得起父亲横行不法传下来的这片天地。正在愁闷苦恼之际，蒋介石在南京，实行孙中山生前“打列强，除军阀”的遗志，伸长了手，“接纳”张学良，依归中央。“接纳”和“易帜”就是并吞“北伐”未完成的东北三省。张学良既意想不到，又喜出望外，他从此能由小小的保安司令升为中央长官和东北联军总司令，“东北军”也变成中央军。他对蒋介石非常感激，正要真诚地向他表“忠心”。蒋介石却亲切地握住张学良的手，称兄道弟。蒋介石以怀柔手腕控制张学良，张学良成为蒋介石唯命是从的忠实信徒。

1931 年 9 月 18 日，日本驻在中国东北境内的关东军突然炮击沈阳，同时在吉林、黑龙江发动进攻。当时蒋介石正主张先剿内、后御外的反共政策，命令张学良率领的“东北军”绝对不得抵抗，并抛兵至山海关内。日军见中国军不反抗，又蛮横地在 19 日侵占沈阳，接着分兵侵占吉林、黑龙江等省，短短三个月内，东北全境沦陷。

“九一八”那天晚上，张学良正逍遥自在地在北京戏园子里观看梅兰芳演出，副官急来报讯。他倥偬外出，接到蒋介石密令：不得抵抗，撤兵至关内。于是张学良成为不抵抗、丧失东北的罪人。他虽蒙冤，然不得不承受。此举激起全国人民愤怒，纷纷责问。蒋介石要他短期“下野”，去意大利避难。他率领的东北军 30 万人，完好无损，蒋介石下令名义上并入中央军。但东北军装备精良，官兵强悍，尽管他们失去地盘，远离自己的家乡、亲人，但仍旧只忠于张学良。他们同中央军合作只是因为再也不能从东北征税，不得不向南京财政部领取薪饷。实际上，他们是长驻在西安的一支独立的军队，张学良流亡外国，东北军官兵们的财产和亲友都留在东北，在日军控制下受尽折磨和凌辱，时长年久，变得越来越烦躁，蒋介石由此认为张学良回国比在国外好，免得他在外国揭穿不抵抗的秘密。如果张学良回国，可以使东北军服从中央。在他的批准下，张学良于1934年从意大利回国。

张学良在异国他乡，身穿洋装，和赵一荻出入跳舞场和高级餐厅，无人管束，更加放任，而且受到西方自由、平等、文化发达、思想浪漫的影响，观念和生活上开始“洋化”，但满腹委屈，也常常沉悒和烦恼。何年何月，才能得到全国同胞尤其是东北家乡亲人的谅解。他更怀念过去虽严肃然而神气的少帅生涯，他的东北军，不该承受不抵抗的责难。蒋介石召令一到，他如释重负，于1934年初从意大利回国。蒋介石欢迎他回来，立即被任命为“剿共”副司令，仅次于蒋介石的官位，可谓是连升三级，荣耀至极，满足了张学良的虚荣心和骄矜自满。在大众眼里，张学良这次回国是“浪子回头，改邪归正”，要做一个堂堂正正爱国抗日的中国将军。张学良受到如此隆重接待，但他仍难忘曾患难与共的子弟兵“东北军”，他从武汉赶到西安，受到东北军官兵热烈欢迎，并高声歌唱：“打回老家去！”提醒张学良以抗日作为自己至高的使命。张学良也感动万分，又去拜望西安国民党军队的长官杨虎城。杨虎城的身旁有地下党员，常暗示，中央军这次“围剿”延安，势必使仅有两千红军的共产党处于非常危险的境地，思想偏“左”的杨虎城一时无措，只有等待时机，希望有所变化，化凶为吉，期待张学良能从中解救重重困难。

蒋介石率领万余中央军，“敌弱我强”，有必胜信念。他到达西安后，立即布置军事，加强“剿共”力量，势在必成。他召见在西安的张学良，要他动员东北军配合作战。张学良竟晓以大义，说日军是共同敌人，先莫“剿共”，应成立统一战线，即孙中山‘联俄联共扶助农工”的三大政策，共同抗日。蒋介石拍桌大怒，竟破口指责张学良与延安共谋。张学良被辱骂退出，与杨虎城商议，决定先下手为强，于12日凌晨，枪声起，打死蒋介石卫队。蒋介石惊惶出逃，黑夜中竟爬到山夹缝里躲藏，还是被四处追踪的中央军发现，强逼回屋。张学良前来，先道歉，后声明为了成立统一战线。蒋介石强硬到底，死不应允，有官兵在蒋介石房里搜出他的日记，清清楚楚写明蒋介石的抗日大计和军事布置。张学良惊愕，明白蒋介石有抗日决心，“剿共”只是为了清除后患。这使张学良不知道在两难之间，如何解决。

蒋介石在西安的消息，顷刻传到延安。延安最高领导欢欣鼓舞，决定要张学良立即公审，枪决蒋介石，由延安与张学良组成政府。但向苏联请示时，斯大林却从长考虑：处死蒋介石，必将内乱，如日军乘机入侵，谁能担当？这使延安方面改变策略，考虑只有派周恩来到西安，因为他与蒋介石在黄埔军校共事，共同攻打军阀，这次也能从中调解张学良与蒋介石的对立和矛盾。

南京方面惊闻西安事变，何应钦主张轰炸西安，宋美龄认为轰炸西安，也会要蒋介石的命，自己又不敢去西安，怕遭受与丈夫同样的不幸。一位自称严先生的共产党员要亲见宋美龄，担保宋美龄去西安平安无事，而且能解决难题。于是宋美龄和宋子文搭机去西安。

在宋美龄抵达西安的同时，周恩来先来拜望蒋介石。他和在军校一样，见蒋介石时，先敬礼，后称“校长”。蒋介石明白，共产党怕延安在大规模“剿共”下面临危机，此来是代表共产党上层解决难题。他对周恩来像在军校共同合作一样，客客气气接待，然并不多言。直到宋美龄到达，作为蒋介石代言人，周恩来作为延安的代表，双方订立口头协议：（一）建立统一战线，共同对敌；（二）共产党停止推翻国民政府的武装暴动，延安苏维埃政府改名为中华民国特区政府(共产党可自愿在特区实施民主制度);(三)中共必须同意:取消红军,改为国民革命军;(四)释放爱国政治犯和名人志士;(五)以上等等仅是口头协议,不写书面合约。蒋介石为了早日脱身,只得应允。此外,宋美龄和张学良还私下会晤,要求周恩来向苏联斯大林提出将扣押不知去向的蒋经国释放回国。约议完成,张学良大功告成,问题是如何送蒋介石回南京。张学良考虑的是自己的东北军会不会阻拦,西安人民会不会反对,南京方面是否执行蒋介石与共产党的口头协议。最后张学良自告奋勇,作为人质,自称罪人,护送蒋介石回南京。他们的飞机抵达南京后,新闻记者采访他,他坦率地承认自己做错了,愿意接受审判。军事法庭判他十年监禁,他感到十分惊异,这不是蒋介石承诺的结果。后来蒋介石亲自过问,减为五年。从此他信奉从意大利受到的信仰耶稣教,在教义上理解人生,明明是自己对祖国立下大功,怎么立大功的人刹那间成为罪人。他才懂得:政治改变人的命运。五年内不坐监牢,而是被送到奉化,在中国旅行社软禁,受戴笠监视,终日在特务包围中不得自由。

西安事变在宁波报上刊出,并误传蒋介石舍身成仁,对蒋介石寄予希望并依靠的蒋介卿,顿时吓得中风猝死。向毛福梅报耗时,她才知道蒋介石在西安"遇难",从而对张学良恨之入骨,自己虽被丈夫遗弃,然丈夫是中国唯一当家人,岂可轻举妄动,而且张学良是蒋介石一手提拔,称兄道弟,这次竟下毒手,罪不可赦。听说张学良现在被软禁在奉化,她对这个忘恩负义的人,拒不见面。

蒋介石脱险回来,受到全国热烈欢迎,爆竹声铺天盖地,蒋介石的威信由此而提高。他回奉化,先厚葬为自己而猝死的堂兄蒋介卿,还亲自到丰镐房去告慰毛福梅。伴随蒋介石而来的宋美龄,悄悄地告诉"大姊":她盼望甚久的儿子经国,从苏联回来,母子可以团聚了。这一个意外的喜讯,使毛福梅对宋美龄留下美好的印象,同时期待这个喜讯早日实现,离开她十三年之久的儿子早日归来。

五三　毛福梅之死

儿子蒋经国离家远去苏联十三年，十三年中，母亲毛福梅从未离开丰镐房一步。丰镐房是蒋家祖辈遗留下来的奉化豪宅，如今被遗弃的毛福梅是这座豪宅内唯一的主人。丰镐房不能没有毛福梅，毛福梅也不能离开丰镐房。蒋家后辈称她为“大师母”。她平时吃素念经，初一、十五还要设斋施僧，人们就称她为“雅量夫人”。她倒喜欢这个称呼，因为“大师母”总脱不掉与蒋介石的关系，而“雅量”比喻气量大度的高贵品行。

毛福梅不忘本，每月两次，总有来自家乡的放排人，她小时候曾看到撑竹排的乡民，将她父亲商店的货物运来送去，父亲由此财源茂盛。现在那些曾为父辈效劳的后辈经过溪口时，毛福梅总要人到溪滩旁招呼，到丰镐房来歇足。那些在风雨下撑竹排的家乡人，穿着湿漉漉的簑衣，泥巴累累的草鞋，一群一群来到丰镐房，把丰镐房里里外外踏得四处是泥浆。毛福梅虽有洁癖，但皇帝也有“草鞋亲”，用人们不免口出怨言，她却劝慰：“人家出门赚辛苦铜钱，不要为难。等他们一走，我带头打扫干净。”还要用人用大锅烧饭，吃大鱼大肉，让“草鞋亲”吃饱，有力气再撑竹筏赶路。

毛福梅一个女主人居住在富丽堂皇的丰镐房，她有洁癖，每月两次要女佣将里里外外打扫得干干净净，把红木家具揩擦得精光锃亮，看上去像依旧风光的新宅。

毛福梅孤而不单。三日两朝，总有她旧日的义结姊妹瑞春、瑞莲、陈志坚和后来结识的张月娥、任富娥等，各自携带土产，前来探望。她们都是同病相怜、命运相似，惺惺相惜，互诉衷由，吃素念佛，乐善好施，大家集钱修庙，修桥铺路，施茶施粥，普渡众生。毛福梅总是以丰镐房名望，出钱最多。住在近处的小姊妹，当日回家住远处的瑞莲、瑞春、子坚等，在丰镐房宿夜，互诉往事，相对啜泣，各自安慰。

当毛福梅独自一人时，孤寂地卧在自己过去的新房内，一天不下楼，不吃不喝，在床上拥被睡觉。白天还好，一到夜里，从房里先传出悲泣哀鸣，然后放声大哭，哭声在空洞洞的丰镐房里震动屋宇。

上次，蒋介石从西安脱险回来，奉化溪口曾热闹庆祝。宋美龄还带来蒋经国归来的喜讯，毛福梅在欢喜中难免悬疑，那个失踪十三年、杳无音信的儿子归来是真是假？如果是假，绝不会认识亲娘和近亲。于是她和瑞莲夫妇商量，试探那个是真是假的蒋经国。

这一天终于来临。竺芝珊等人在离丰镐房半里路就要乡邻们列队欢迎。等蒋经国坐车携领苏联老婆和子女迈步前行时，大家好奇地观望。蒋经国身穿马褂长袍，见年长的鞠躬行礼，对年轻的摇手招呼。顿时引起一阵热闹呼声，跟随蒋经国一家到丰镐房。竺芝珊在大门外客气地招呼不让人们入内，丰镐房内有蒋、毛两家的近亲等候。蒋经国也一一点头招呼，行礼后，和苏联妻子、儿女恭敬地伫立在报本堂认亲。

第一位下楼步入报本堂的是瑞莲。她身穿绸衫裙，在客厅中央立定。蒋经国自小由她带大，十三年不见，比过去虽然见老，但形态依旧，面貌不改。蒋经国上前两步，口称“姑母大人”，恭敬地深深鞠躬。

全屋的人都发出会心的笑声。

第二位下楼的是毛家二舅父毛懋卿的妻子，因过去接触少，时隔太久，一时认不出是谁，不免一怔。多亏身旁有毛懋卿暗示，就想了起来，上前两步，口称“姨母大人”，深深鞠躬。

毛福梅在楼上，早有使女通报，蒋经国已相认了姑、姨母不错，哪里还会是假？她内心激动，还是尽量克制。一步步下楼，走进报本堂刚站定，蒋经国就扑上前去，跪倒在地，含着泪，亲热而恭敬地口称：“娘！我的亲娘！”他的苏联妻子和一对黄发碧眼的苏联儿女也一起跪倒在老人身前。

这时的毛福梅见到了分别了十三年，时时刻刻思念的亲生儿子，这是她有生以来最欢乐、最幸福的时刻。她张开双手，扶起儿子、媳妇和孙子孙女。合家团聚，使围集在报本堂内的亲朋好邻，忍不住拍手庆贺。

蒋经国不忘礼节，向母亲介绍自己的苏联妻子：“她叫方娘。”

“方娘？”毛福梅毕竟是中国人，“我怎么能叫她娘，应该改名为方良。”

儿子一听，十分同意，也满意，从此就叫自己妻子为“方良”。

见礼完毕，竺芝珊和毛懋卿请众乡邻退出，使女托红基盘出来，将盘内的酒酿桂圆水潽蛋一碗碗送到主客人手里。这是奉化乡俗迎接贵客的佳品；苏联方良和她两个孩子吃得津津有味，把碗底的汤也喝得干干净净。

接着，在报本堂里摆开一桌酒席，有荤有素，都是毛福梅亲手烹饪。她想起儿子小时候想吃的剥皮大蒜海瓜子、红烧肉等。在吃饭时她想起这十三年来，每逢节日，她总要在桌上多摆一双筷，多一碗饭，代替儿子在旁和她一起吃饭，不禁潸然泪下，今天儿子带着全家真的来了，就坐在自己身旁。她在儿孙的饭碗里，搛上各种亲自烧的菜肴，难道是做梦？是真的！又禁不住含着泪哭，又笑出声来。

饭后，蒋经国送上十万法币，这是宋美龄送给他的见面礼，现全部交给娘亲。毛福梅既感谢慷慨大方的宋美龄，也想起应该为儿子重新举行婚礼，要竺芝珊立刻筹备，在三天内举办。

席散后，蒋经国准备在丰镐房居住，竺芝珊告诉他，父亲早有准备，在乐亭旁筑造一座小洋房，房内有时新设备，还有一个书房，书房里满书橱中国古典经籍。蒋经国懂得父亲的用意，在苏联十三年，要他重读中国古代经典。

两天后，举办蒋经国与方良的婚事，轰动全城。家家兴高采烈，从日到夜点燃“高升”和鞭炮。丰镐房内宫灯高悬，挂灯结彩。报本堂堂内屋外，摆满酒席。亲朋好友、远近乡邻个个请到喝喜酒。这是奉化史上绝无仅有的盛大喜事。酒饮三杯，有人问蒋经国，如何在西安事变后能回国。蒋经国如实禀告：是张学良托共产党向苏联提出之故。毛福梅一听张学良名字先一怔，后省悟。散席后，立即亲自烹饪自己拿手的家乡菜，派人送给张学良，以赔不是。张学良先不明白，后即省悟。蒋介石忘恩负义，毛福梅知恩必报。北方人吃不惯南方菜，但对所有毛福梅烧的菜全部吃下，边吃边哭。

蒋经国虽与张学良不熟悉，却是久闻大名。毛福梅要儿子去拜访恩人。两人交谈后，成为知己，蒋经国并向张学良保证，他在不久将来，一定会让张学良解除“软禁”，恢复自由，为国家效忠。

1937年爆发“七七事变”，上海爆发“八一三”抗战。蒋介石早有准备，布置精良部队，三个月坚守上海，万众一心，共同对敌，最后“四行孤军”天下闻名。

蒋经国在国共合作、同仇敌忾的轰轰烈烈战火中，无心在奉化读书，写信给父亲。蒋介石立即批准，要他到后方江西。这一次，毛福梅因母子刚团聚，又要分离，不免难受，可是国难当头，儿子也有报效祖国的决心，哪里可以阻挡？也是阻碍儿子的前途，只得一口答应。送别儿子、媳妇和孙儿时，不禁热泪盈眶，蒋经国安慰她，一到江西，就来迎接母亲。

蒋经国到江西后，由江西省主席熊式辉分配担任江西省保安处副处长，又擢升为江西省赣州行政督察专员。蒋经国事务繁重，终日忙碌，可他在百忙中不忘在奉化的亲娘毛福梅，毛福梅更想念儿子。她知道儿子在异乡客地，吃喝起居都不习惯，就动员姊姊毛英梅的儿子宋继尧、二哥毛懋卿去江西任职，帮助解决儿子的起居饮食。当时江西省有一个日报社编辑是著名记者曹聚仁，他们几乎天天见面，交流新闻，成为知己。

蒋经国几次派人来接母亲去江西团聚，毛福梅兴高采烈地去了一次，母子相聚，可是看到儿子在江西忙碌，母亲去了会带给儿子很多麻烦，而自己也实在离不开她居住了一辈子的丰镐房，就此回奉化。

奉化粮荒，毛福梅派人到江西求助。蒋经国想方设法多次将粮食送到，为奉化解除饥荒。

1939年12月12日(民国二十八年农历八月初二)，因前几天接到江西发来电报，蒋经国决意接母亲去江西，因溪口虽未沦陷，然随时随地会被日军侵占，还特地为母亲挖了防空洞，以防不测。不料就在当天，从宁波方向飞来六架日本飞机，向溪口扔下无数炸弹。溪口镇顿时一片火海，居民四处奔跑逃命。乐亭化为平地，丰镐房却未命中。毛福梅因年老腿病，行动不便。她完全可以逃到儿子为她准备好的防空洞，而一时情急慌乱中，竟和一位教苏联媳妇中文的姓方的女老师往屋外逃去，刚到后墙弄，日机从低空扔下三颗炸弹，在她们身前爆炸了。

日本飞机飞走了，轰炸声没有了，溪口乡民们从四面八方拥向丰镐房，他们关心毛福梅。可是到处寻找却找不到，只得向县政府求援。何县长赶到，发动民工在丰镐房四周挖掘，终于发现两具尸体。那位老师被压得血肉模糊，毛福梅腿上有弹洞，料想是被日机炸弹射中，已气绝身亡。

噩耗急告江西，蒋经国立即携妻儿坐车赶路，两天两夜才赶到溪口。只见母亲毛福梅的尸体停放在摩诃殿内(按奉化习俗，凡死在屋外的人，不得在家祠或家堂内停尸)。摩诃殿是蒋氏远祖蒋宗霸的家庙。蒋经国先在母亲殉难处竖立亲笔书写“以血洗血”的纪念石碑，以示抗日决心，又为母亲选择坟地，他请示已遗弃母亲的蒋介石。蒋介石示告，先落葬为好。于是蒋经国就在摩诃殿旁将母亲安葬。蒋门两代“总统”，蒋介石将毛福梅遗弃，后来在台湾当选“总统”的儿子蒋经国，在母亲墓前石碑刻上“显妣毛太君之墓”。劳苦一生，委屈一生，为家乡造福一生的毛福梅在天之灵，可知足矣。

于2016年春节完稿